U0452297

胡塞尔文集

倪梁康 主编

关于时间意识的贝尔瑙手稿

（1917—1918）

肖德生 译

商务印书馆
创于1897 The Commercial Press

Edmund Husserl
DIE BERNAUER MANUSKRIPTE ÜBER DAS ZEITBEWUSSTSEIN(1917/18)
HERAUSGEGEBEN VON
RUDOLF BERNET UND DIETER LOHMAR

本书根据荷兰克鲁威尔学术出版社(Kluwer Academic Publishers)2001年版译出

国家社会科学基金重大项目成果

《胡塞尔文集》总序

随着胡塞尔1900年发表《逻辑研究》以来,现象学自始创至今已百年有余。"面对实事本身"的治学态度、本质直观的方法原则以及"工作哲学"的操作方法赋予了胡塞尔的现象学以一种特殊的气质。"现象学"不应当仅仅被理解为二十世纪欧洲哲学的一个重要流派或思潮的称号,由胡塞尔首创,而后扩展至以德法哲学为代表的欧陆哲学,进而再遍及整个世界哲学领域;而是应当在留意作为哲学流派的"现象学"的同时也关注"现象学"的一个更为根本的含义:作为思维方式的现象学。胡塞尔的现象学如今已经成为历史的经典。但由于他的研究所涉及的领域极为广泛,而且也因为他所给出的意识现象学的研究结果极为丰富,所以当代人仍然在不断地向他的思想回溯,一再地尝试从中获得新的启示。

胡塞尔著作等身,除生前出版的著作外,由于他长期的研究中始终以笔思维,以速记稿的方式几乎记下了他毕生所思,因此他去世后留下了四万页的速记手稿。出于对当时纳粹统治者的担心,这些手稿随后被人秘密带至比利时鲁汶隐藏起来,二次大战后才由设在比利时鲁汶大学的胡塞尔文库陆续编辑整理,作为考证版《胡塞尔全集》(*Husserliana*)于1950年出版了第一卷,现已刊行四十多卷。而另一包含十卷本《胡塞尔书信集》以及《胡塞尔年谱》

等文献在内的《胡塞尔全集－文献编》(Husserliana-Dokumente)至此也已出版十多卷。此外,胡塞尔的另外一些讲稿和手稿还被收到《胡塞尔全集－资料编》(Husserliana-Materialien)中,这个系列目前也已出版了八卷。如今还有多卷胡塞尔的文稿正在编辑之中。伽达默尔认为:"正是这一系列伟大著作的出版使得人们对胡塞尔思想的哲学兴趣经久不衰。"可以预见,胡塞尔研究在今后的很长时间里都会成为国际-国内哲学界所关注的一个课题。

汉语领域对胡塞尔思想的介绍由来已久,尤其是自八十年代以来,在大陆和台湾陆续出版了一批胡塞尔的译著和关于胡塞尔思想的研究著作。近几年已经有相当数量的关于胡塞尔现象学的博士论文和硕士论文完成和发表,而且许多迹象表明,这方面的研究方兴未艾。对此,胡塞尔文字的中译已经提供了并且还应当进一步提供基础性的支持。

2012年,由中山大学现象学研究所组织实施、由笔者担任首席专家的"《胡塞尔文集》中译"项目被立为国家社科基金重大项目。这里陆续出版的胡塞尔主要著作集便是这个重大项目的阶段性成果。

相信并祝愿这些著作的出版可以对汉语学界的现象学研究起到实实在在的推进作用!

倪梁康

2016年5月3日

目　　录

编者引论 ··· 1

第一编　论原初时间意识的基本结构：原体现、滞留和前摄的流动关联

第一篇　原初时间意识中滞留与前摄的交织・原体现与新奇之物的意识 ······································· 39

　第1节　原体现的意向性・注意的朝向一个当下新物、过去之物或者将来之物 ··· 39

　第2节　原过程流逝中滞留性意向性与前摄性意向性的编结 ········· 42

　第3节　现象学时间构造中"期待"（前摄）的作用・前摄性充实过程与滞留性脱实过程中双重意向性的连续变异 ··············· 45

　第4节　现象学时间对象性构造与时间构造中滞留和前摄的交织・现在意识和一个新事件的原体现难题 ······················· 48

　附录1　（关于第一篇文字第4节）：用图表展示滞留与前摄交织的几个尝试 ··· 52

第二篇　滞留与前摄的组合・充实等级性与当下意识・原过程图示 ··· 59

　第1节　滞留中的前摄——前摄中的滞留・一个新图表 ············· 59

第2节 作为充实过程的滞留与前摄的交织 …………… 64

第3节 滞留性与前摄性的充实过程包含一个无限后退？时间意识诸阶段 …………… 67

第4节 原过程：按步骤考察 …………… 71

第5节 原河流中关于进展的充实与脱实关联的新图示·滞留性与前摄性变异关联中体验时间的构造 …………… 75

第6节 最后构造的意识在每一个相位具有肯定与否定趋向·切身的当下作为变异的零点 …………… 79

第7节 关于诸时间对象的意识与关于河流的意识 …………… 83

第8节 关于现实性与非现实性的当下意识·最后的与神的意识 …………… 87

第9节 在其现实化与脱现实化的连续变化中河流的自身意识 …… 88

第10节 诸增补性问题·河流中的间断性 …………… 90

第三篇 原现前滞留性与再造性的当下化 …………… 92

第1节 感知、滞留、再回忆与想象中同一对象立义那里的明白性变异 …………… 92

第2节 滞留与当下化·有别于想象与图像意识的滞留不是再造，而是一个印象意识的要素·原现前与消退 …………… 98

第3节 再造和滞留·原现前与滞留性过去被给予性中的立义与立义内容 …………… 105

第四篇 关于消退现象的现象学 …………… 109

第1节 基本概念的引入：一个当下被给予性的连续消退，诸直观被充实与空泛的消退形式，一个活的或者无生气的延续统一性的消退 …………… 109

第2节 消退与滞留的连续统一体中直观贫乏化（变暗）和透视变小的难题·空间定位与时间定位之间的类似 ………… 115

第3节 一个无成效的解决办法尝试：在时间域中渐渐消逝或者透视变小期间可能涉及感性融合中的一个强度区别 … 120

第4节 一个新的解决方法尝试：时间透视可以理解成渐渐消逝事件的一个或多或少迅速的进一步缩拢·关于直观性和细微差别零点的确定 ………… 122

附录2 （关于第四篇文字）：直观消退和原声响与消退的滞留的关联的疑难理解样式 ………… 128

　　a）假定：有别于滞留的消退是实项的当下性，因而像"原声响"一样 ………… 128

　　b）把刚刚过去之物的直观意识设想成图像性的尝试·兼论再回忆现象学 ………… 133

附录3 （关于第四篇文字）：如果消退被确定为一个感觉素材，那么还如何区分感知、滞留与想象？ ………… 136

第二编　论原过程与其中被构造的带刚性时间秩序及流淌时间样式的时间对象性的被给予性

第五篇　直观的时间样式的河流与关于流淌的意识 ………… 141

第1节 引论：刚性的时间秩序与时间样式的河流·唯我论的与交互主体的时间·客观时间的构造·"现前时间"·时间与空间 ………… 141

第2节 一个关于流逝现前的流淌意识如何可能？瞬间素材的河流及其诸时间样式的河流·现象学的本质规律 ………… 146

第 3 节　现前域中流动的感知与关于流淌的活的意识·流淌现前的梯级排列 ……………………………………………… 152

第 4 节　河流原事实的不同阶段·河流中当下的出现与过去·河流描述中不同的反思视向 …………………… 157

第六篇　行为作为"现象学时间"中的对象·时间对象性与构造的原河流 ……………………………………… 161

第 1 节　内在素材的感知如何有别于这个感知的内意识？……… 161

第 2 节　原河流的被给予性与行为的被给予性以及行为相关项作为内在时间对象·内在感知的不同概念 ………… 164

第 3 节　内在时间对象的流逝与构造其进程的流逝平行，但并不真正同时发生 ……………………………………… 170

第 4 节　关于同时性概念：时间流逝的不同层面与时间秩序的统一性·《观念 I》学说 …………………………… 173

第 5 节　意向活动与意向相关项的时间性 ……………………… 176

第七篇　关于诸时间样式的学说 …………………………………… 181

第 1 节　感觉对象那里的原初时间构造·关于一个延续声音的新现在与过去现在的意识的关联 ………………… 181

第 2 节　一个新现在何以有别于另一个相同内容的现在？意识的流动与关于一个对象的延续的意识 ……………… 184

第 3 节　过程的时间形式与被构造的对象的时间形式·时间秩序与诸时间样式 …………………………………… 186

第 4 节　几个时间与这一时间·主体的与交互主体的时间 ……… 190

第 5 节　延续作为客观时间片段与主观被给予性 ………………… 192

第 6 节　时间作为全面的刚性形式与流淌的现在·诸时间样式与时间的被给予性方式 ……………………………… 194

第 7 节 补遗：内感知与外感知、再回忆与想象中的时间样式 …… 197

第 8 节 活的当下、滞留与再回忆中时间样式的时间性 ………… 199

第八篇 从意向相关项方面描述诸时间样式 ……………… 202

第 1 节 过去与将来中现在的变异阶段・关于时间变异的两个概念・一个时间对象的流动意识与流动的意识 ………… 202

第 2 节 河流和时间对象与时间片段的映射形式・时间与空间（关于术语） …………………………………………… 212

第 3 节 进一步研究时间对象性与时间范式视角之意向相关项与意向活动结构・适合时间构造的立义与被立义内容的样式同样恰当地适合空间对象的构造？ ………………… 214

附录 4 （关于第八篇文字第 3 节）：当下原本被给予的声音点是一个实项的意识内容？关于意向相关项的时间对象及时间意识中立义的问题域 …………………………………… 222

第三编 论原初时间意识分析中内容与立义模式的使用及无限后退的危险

第九篇 外感知与内在感知中立义与被立义的内容 ………… 231

第 1 节 外感知奠基于内在感知的时间对象 ………………… 231

第 2 节 关于不同地被形成的内在时间对象的活的作用与立义的把握 …………………………………………………… 233

第 3 节 外感知与内在感知中不同的立义概念・滞留、想象或再回忆的意向变异不包含新的立义 ………………… 239

第 4 节 构造时间的河流与核心素材的关系仍具有一个实项内容的立义形式？ ……………………………………… 245

第十篇 关于最后构造的原过程的时间性与可感知性的问题·一个无时间与无意识的原过程的假定 …… 250

第1节 客观时间和诸主观时间样式（定位）·诸重要的时间本体论公理 …… 250

第2节 客观时间、现象学时间与最后构造的意识流·无限后退的危险 …… 253

第3节 不同阶段时间对象的可感知性·带有把握的感知与不带把握的感知 …… 259

第4节 现象学的观念主义·现实的与观念可能的主体与时间对象的可感知性 …… 263

第5节 对时间对象的构造来说需要一个把握的感知？存在一个无时间的与无意识的原体验？ …… 267

第6节 进一步考虑该假定，即时间性的构造是一个无时间的和无意识的原过程的一个后来立义的实事 …… 272

附录5 （关于第十篇文字第5节与第6节）：关于原过程意识的问题 …… 276

  a) 问题的明确表达，是否原过程必然能够被理解为一个构造（也许合感知地尚未被把握的）时间对象的过程，或者是否只有在对原过程的一个后来反思中才可以谈论构造与意向对象 …… 276

  b) 把握不同阶段外部对象与内在对象的样式 …… 281

第十一篇 原体现、滞留与前摄中的内容与立义 …… 284

第1节 时间意识的基本事实 …… 284

第2节 原体现、滞留性的变异、想象意识 …… 286

第3节 原体现与滞留作为实项被包含的素材的立义 …… 290

第4节　滞留性的消退阶段作为一个实项内容的立义阶段 ………… 293

第5节　对立观点：滞留不是奠基于实项被给予的当下素材 ……… 295

第6节　本原意识与非本原意识·意识与把握 …………………… 296

第7节　当下原过程的本原意识中一个无限后退的危险·对一个非意向意识之把握的询问 ……………………………………… 300

第8节　甚至在前摄那里存在一个无限后退的危险？ …………… 302

第9节　解决办法的尝试：原过程当下的直接意识作为滞留性与前摄性间接性的两面连续性的界限 ……………………… 303

第10节　细微区分图示的尝试（图表） …………………………… 306

附录6　（关于第十一篇文字第9—10节）：上升的无细微差别性与间接性的解决办法模式的困难·滞留性下沉中的区别 …… 309

附录7　（关于第十一篇文字）：关于过去意识及其变异的标明 … 312

附录8　（关于第十一篇文字）：对图表中时间位置与过去的连续统一体的展示 …………………………………………… 313

附录9　（关于第十一篇文字）：原生活流的形式系统及其在图表中的持续变异 ……………………………………………… 317

附录10　（关于第十一篇文字）：原当下与过去作为形式与作为个体的被给予性·用公式展示滞留性的变异 ………………… 321

第十二篇　分析不带立义与被立义内容模式的原过程的一个尝试 …………………………………………………… 323

第1节　借助于立义与被立义内容模式概述分析由原印象被给予性与滞留性消退变异组成的河流·无限后退的异议 ……… 323

第2节　抉择模式的发展：在其出现与变异的渐渐消逝中原过程仍不包含立义·对原素材及其消退的反思性感知的把握通过自我，意即通过时间对象性的构造才要求一个对过程的

原素材的意向立义·消退变异之感知的特性……………… 326

第3节 研究(在这两个竞争模式中)原素材与消退作为时间对象构造的疑难·无限后退的危险……………… 335

第十三篇 通过证明构造时间的意识滞留性地回涉自身来规避时间构造中的无限后退……………… 340

第1节 难题状况的扼要重述：内在时间对象及其被给予方式的变化……………… 340

第2节 无限后退的异议：构造事件相位的体验自身不又是被构造的？……………… 342

第3节 超越论反思的两个指向：对构造河流的大河的指向与对被构造事件的序列的指向……………… 345

第4节 构造意识的起作用的原过程的统一性及其在后来反思中的倍增·一阶与二阶被构造的内在时间对象性……………… 349

附录11 (关于第十三篇文字)：扼要重述时间构造中无限后退及其新的可能性·原过程时间性的难题……………… 353

附录12 (关于第十三篇文字)：无限后退难题的抉择的解决办法尝试：时间对象性的意识与这个意识的"感知"必然相互联系在一起……………… 356

第四编 发生考察中自我性的与原素的时间性

第十四篇 我的体验流与自我……………… 361

第1节 还原到原初的、无自我的感性的时间性……………… 361

第2节 同一的、非对象的存在者与无时间的自我作为体验流起作用的极(原始状态)……………… 365

第十五篇　纯粹自我的时间关系 ······ 370

第1节　心灵内向性的本质形态·时间的原发生、自我与原素 ······ 370

第2节　纯粹自我与时间·自我作为全时的个体与作为次生的时间对象 ······ 373

第五编　论个体化现象学：诸经验对象、想象对象与观念对象的时间性

第十六篇　时间的流动与个体对象存在的构造 ······ 381

第1节　时间对象的个体性与同一性（事实与本质）：原体现与当下被给予性的个体性、连续的过去变异与同一的时间位置 ······ 381

第2节　当下的出现和消逝与客观-同一的时间位置、时间延续与时间秩序的构造 ······ 386

第3节　诸时间样式与信仰方式或存在方式的样式：诸时间样式按照事实与本质是进一步可区别的实存样式？ ······ 389

第十七篇　论个体化现象学 ······ 393

第1节　理念关系与事实关系＝特殊本质的关系与此物的关系·自然的个体化的形式先天与自然的被个体化的、认定质性的质料先天 ······ 393

第2节　此物·具体的、时间上被个体化的本质及其时间延展·形式考察中时间延展的分配或扩展（诸时间公理） ······ 397

第十八篇　观念对象的时间形式·被给予性时间与客观的时间形式 ······ 405

第1节　个体对象时间延展与普遍对象时间延展之间的区别 ······ 405

第2节　在诸感觉对象、自然对象与普遍对象上的这一时间与许多时间 ······ 408

第 3 节　构造意识与（个体的与普遍的）被构造对象的时间本质确定
…………………………………………………………………… 414

附录 13　（关于第十八篇文字第 1 节）：行为作为现象学时间中的事件·观念对象及其有别于个体对象时间性的超时间性……… 417

附录 14　（关于第十八篇文字第 1 节）：诸难题·时间统一性的不同形式·对个体对象进行事态陈述的时间有效性………… 419

附录 15　（关于第十八篇文字）：事态的时间关系·观念-同一的对象的无时间性及其时间的现实化………………………… 421

第十九篇　想象对象的时间延续·关于经验世界时间与想象世界拟-时间中的时间状况、时间关联与个体化…… 425

第 1 节　一个现实对象的绝对时间状况及其在诸想象对象上的缺失·现实时间状况与个体化、唯一性与相同性、纯粹自我所有经验的时间统一性………………………… 425

第 2 节　想象行为及其与其他想象行为或者与像感知与再回忆一样的现实性设定行为的关联………………………… 432

第 3 节　一个想象或想象世界的统一关联及其统一时间·每一个想象世界有其本己联系与本己时间………………… 434

第 4 节　在一个普遍概念个别化与一个现实经验或想象的统一关联中时间-空间个体化之间的区分………………… 437

附录 16　（关于第十九篇文字第 4 节）：诸本质明察与想象明察·以现实与可能对象为例的可能性意识与观点·一个现实世界与诸多可能的想象世界………………………… 441

第二十篇　想象中的时间与现时经验中的时间…………… 446

第 1 节　经验意向意义与想象意向意义之间的本质同一性·经验可能性与想象可能性………………………… 446

第 2 节 感知与纯粹想象中的时间位置·经验对象的统一时间秩序
与想象对象的不同时间秩序……………………………… 451

第 3 节 时间作为"感性"的"形式"与作为经验对象世界的形式：
通过内时间意识构造经验与想象及其意向相关项的一个统
一关联 …………………………………………………… 454

第 4 节 经验关联与想象关联之间的区别·这一个经验时间与许多
想象时间 ………………………………………………… 459

第 5 节 经验时间与想象时间之间以及在经验的不同时间瞬间之间
的"相合"·相合仍然不表明时间的同一性………………… 461

第六编 论再回忆现象学

第二十一篇 不同种类的回忆及其重复……………………… 467

第 1 节 重复构造的回忆、想起的回忆与模糊的积淀连同其对重又
朝向的刺激 ……………………………………………… 467

第 2 节 同一个过去的个体对象的几个不同回忆之间的同一性相合
……………………………………………………………… 470

第 3 节 概述：回忆同一个事件的不同种类的重复……………… 474

附录 17 （关于第二十一篇文字）：再回忆过程中的前摄与滞留·无限
的过去与将来 …………………………………………… 475

附录 18 （关于第二十一篇文字第 1 节）：关于回忆学说的重要注解：
以前之物的显露 ………………………………………… 477

附录 19 （关于第二十一篇文字第 2 节）：本质与"观念"·同一—精
确本质的观念化与观视·重复回忆的明见性作为同一性
意识的明见性的先决条件 ……………………………… 478

附录20 （关于第二十一篇文字）：重复与回忆：基于构造时间的意识
连续性的不同种类的回忆被给予性与重又被给予性 …… 481

附录21 （关于第二十一篇文字）：意识流统一性的被给予性・可能
回忆与期待系列的动机引发 …… 485

第二十二篇 回忆作为充实的现象学分析 …… 489

第1节 一个个体进程回忆的渐次明见性：朝向进一步确定的意向
及其理想的临界值 …… 489

第2节 回忆充实过程中不同种类的不明白性与不确定性・回忆中
的被动进展与主动进展 …… 494

第3节 当接近回忆与感知中一个对象时对实践观点与精确观点的
普遍区别・与不同兴趣相符的是不同的相即性形式 …… 499

附录22 （关于第二十二篇文字第1节）：滞留作为一种感知与再
回忆的明见性 …… 502

概念译名索引 …… 505
人名译名索引 …… 516
译后记 …… 517

编者引论

一

胡塞尔关于时间意识的"贝尔瑙手稿",是由马丁·海德格尔在其《埃德蒙德·胡塞尔的内时间意识现象学讲座》"前言"中首次公开提到的,这个讲座1928年发表在《哲学与现象学研究年刊》第九卷上。他在那里写道:"关于时间意识的进一步推进的研究,尤其是自1917年重新开始的、与个体化问题相关联的研究,将留待以后发表。"① 从那时起,许多人就在期望着这份材料的出版。

在胡塞尔的著作中可以概要地划分对时间问题之研究的三个清晰突出的,且在课题与方法上各不相同的时期。诚然,很多在这些主要修订时期之间出现的手稿表明,胡塞尔在这三个时期以外的时间里也一直致力于时间课题的研究。

第一个时期大致包括1905—1911年这段时间。这个时期随

---

① 参阅《埃德蒙德·胡塞尔的内时间意识讲座》,M.海德格尔编,载于《哲学与现象学研究年刊》第九卷,1928年,第367页。R.波姆新编为E.胡塞尔《内时间意识现象学(1917—1918)》,《胡塞尔全集》第十卷,海牙,1966年。

着为1904—1905年冬季学期撰写一个讲座而开始。1928年，M.海德格尔将这个讲座与"来自1905—1910年"的13个附录一起发表。这个讲座首先在1917年夏由埃迪·施泰因、此后由胡塞尔进行过编审。① 然而，已发表讲座的文本只有一部分，而且不到一半是基于这个每周四课时的1904—1905年冬季学期讲座②之上的。一部分1928年付印的文字产生于1909—1911年的研究手稿，但是若干部分与文字的新编源自1917年。③ 在《胡塞尔全集》第十卷的考证版中，这些工作与问题发展的不同时期在"增补文字"中得到了文献资料方面的证明。④

1917—1918年的贝尔瑙手稿所展示的是深入研究时间课题的第二个时期。它们产生于胡塞尔在贝尔瑙的两次休假逗留期间，直接与胡塞尔对他在1917年秋讨论时间课题的一批手稿的编

---

① 对此参阅 R.波姆《胡塞尔全集》第十卷，"编者引论"；以及1917年7月6日、8月7日、9月8日与1918年10月6日 E.施泰因致 R.英伽登的信，载于 E.施泰因《致 R.英伽登的书信集，E.施泰因作品第十四卷》，弗赖堡，1991年。

② 对此参阅《胡塞尔全集》第十卷，第22—30页，R.波姆的"引论"。这个讲座的标题是"来自现象学与认识论的主要部分"（档案馆-卷宗 F I 6,《论时间现象学》）。这个讲座的另一个部分被用于分析想象与图像意识，并且被刊印在《胡塞尔全集》第二十三卷；参阅编者的报道：E.马尔巴赫《胡塞尔全集》第二十三卷，第597页及以下各页；R.波姆《胡塞尔全集》第十卷，第13—18页。同一讲座的其他部分正准备在《胡塞尔全集》系列中出版，这部分研究分析感知和注意力。

③ 对此参阅《胡塞尔全集》第十卷中的脚注连同对原初手稿的暗示以及 E.胡塞尔《内时间意识现象学的文字（1893—1917）》（R.贝耐特编，汉堡，1985年）中偏离这部分的日期注明。

④ 对这些"增补性文字"内容的一个概要以及对胡塞尔在1899—1911年研究时间问题域之发展的一个概要，提供 R.贝耐特在其《内时间意识现象学的文字（1893—1917）》版本中的"引论"，同上，1985年，第11—57页。1928年被海德格尔刊登的这些"附录"（《来自1905—1910年时间意识分析的补充与补遗》，《胡塞尔全集》第十卷，第99—134页）原稿绝大部分（附录3与附录11的原稿除外）在手稿组 L II 中。

辑相衔接，它们是由施泰因汇集在一起的。胡塞尔自己赋予这个时期的意义可以从这一点上判断，即1927年他在罗曼·英伽登面前把贝尔瑙手稿称为"我的主要著作"①。从1926年起，胡塞尔便努力争取让他学生中的一位来编辑整理这份材料，但未有结果。后来这个任务被托付给奥伊根·芬克，他从1928年8月起便成为胡塞尔的私人助手。

第三个时期包含胡塞尔大约自1930年以来撰写的研究手稿，即所谓的"C手稿"。胡塞尔对这些手稿也有出版计划，它们同样应该由芬克来执行。在计划带有贝尔瑙手稿的第一卷之后，应该接着出版的是带有后来时间研究的第二卷。②然而，这个出版方案也没有超出计划的阶段。

为胡塞尔1917年在贝尔瑙再度研究时间问题域提供了外部动因的，是胡塞尔当时的助手E.施泰因。在从1916年10月开始做助手工作到大约1917年4月期间，施泰因一直在处理《观念II》的手稿。③可是，使施泰因郁闷的是，胡塞尔几乎没有把精力和时

---

① 参阅R.英伽登对胡塞尔信函的解释，载于E.胡塞尔《致R.英伽登的书信集，连同对胡塞尔的解释与回忆》，《现象学文库》第二十五卷，海牙，1968年，第154页。

② 例如，胡塞尔把它称为"自1930年以来的时间研究"，参阅1930年11月15日胡塞尔致D.卡易恩斯的信，载于E.胡塞尔《函件往来》，《胡塞尔全集文献》III，与E.舒曼的通信联系，K.舒曼编，多德雷赫特、波士顿、伦敦，1994年，第四卷《弗赖堡学生》，第32—34页(这本《函件往来》如下以通常名称惯例得到引用，即作为《胡塞尔全集文献》III，卷数，页码"，例如，《胡塞尔全集文献》III，第四卷，第32—34页)。"C手稿"主要源自1930—1934年。已经计划发表在《胡塞尔全集资料》系列中。

③ 参阅E.施泰因《致R.英伽登的信》，同上，1917年1月5日致R.英伽登的信，另参阅1917年1月18日、2月3日、2月20日、3月20日、4月9日、4月27日、7月6日致R.英伽登的信。关于这个修订目的，参阅1917年2月3日与4月9日施泰因致R.英伽登的信(同上)。

间用于她的这些工作成果上。① 在处理完胡塞尔于1913—1914年②对《逻辑研究》"第六研究"的一份加工尝试或更新尝试之后，E.施泰因在1917年夏转向"时间意识"卷宗。大概在1917年7月，她在某种程度上完成了对这些手稿的汇集。1917年9月初，她不无自豪地告知R.英伽登，现在，胡塞尔在贝尔瑙正紧张地研究时间课题："现在我在大师这里待三天，正在勤奋地探讨'时间'。"③在贝尔瑙假期逗留期间，也许胡塞尔首先编审了来自1904—1905年讲座被用于时间意识的这个部分，它在此期间在文字上做了大规模变动。在重拾内时间意识难题之后，胡塞尔紧接着便开始撰写所谓的贝尔瑙手稿。在黑森林贝尔瑙的两次假期逗留期间(1917年7月30日—10月1日与1918年2月1日—4月27日)，关于时间课题的文章已有可观的篇幅。④

---

① 参阅1917年3月20日、7月6日、4月4日以及4月27日E.施泰因致英伽登的信(同上)。

② 参阅1917年2月20日与3月7日E.施泰因致R.英伽登的信，以及4月9日致英伽登的信："我现在打算实现一个他已有的好想法：从第六研究出发，把表明一个统一关联的这些部分改造成短小的年鉴著作。"(同上)在《胡塞尔全集》系列中，胡塞尔《逻辑研究》第六研究的改写与新文本正准备出版。

③ 参阅1917年9月8日E.施泰因致R.英伽登的信(同上)。在1917年7月6日致英伽登的信中，施泰因报告："近来，我总是整理各叠新手稿，并且正是现在发现了'时间意识'卷帙。这些实事是多么重要，您的确最了解：构造学说与同柏格森的争论以及在我看来与同其他人的争论，如纳托尔普。外部状况是相当悲惨的：从1903年起的笔记卡片。但我很想尝试，是否可以由此作出一份拟-稿……"而后，在1917年8月7日致英伽登的信中，她写道："在上一个月我已经加工了胡塞尔的时间笔记，美妙的事，但尚未完全成熟。"

④ 在1918年8月与9月，胡塞尔同样在贝尔瑙度假，然而，他主要研究其他课题(参阅K.舒曼《胡塞尔编年史，埃德蒙德·胡塞尔的思路与生涯》，《胡塞尔全集文献》I，第227—230页)。

1916—1918年对胡塞尔及其家庭来说是一个悲伤的岁月。1916年3月8日,胡塞尔最小的儿子沃尔夫冈阵亡。1917年春,他较年长的儿子格哈尔特在香槟地区受重伤①,而胡塞尔的母亲尤丽叶·胡塞尔也于1917年7月初在维也纳去世。由于正在学期中,她的儿子埃德蒙德能够以最后一次机会去探望她的时间是在1917年5月。② 此外,变化无常的战争运气与德军的重大失败使胡塞尔极不平静。因此,胡塞尔想用增加工作来抵御时常令人抑郁的战争情绪。"也许只有这样,我才能忍受这些阴霾岁月,即我不停地关注我毕生的事业并且为此投入全部力量。"③

与所有这些不利的情况相反,胡塞尔在贝尔瑙假期逗留期间身心状况极好,每天工作约9—10小时。他写道:"在潮落潮涨多年之后,现在是最高潮位;这时人必须牢牢抓住这个恩赐。"④他为了有可能对他"关于时间问题的研究"做个了结,甚至推迟了他1917—1918年冬季学期关于"逻辑学与普遍知识论"讲座的第一节课。⑤

---

① 1917年9月他还在拉查赫特。参阅1917年9月27日胡塞尔致G.阿尔布雷希特的信(《胡塞尔全集文献》III,第四卷,第54页及下页)。

② 参阅1917年9月27日胡塞尔致G.阿尔布雷希特的同一封信,他在这封信中写道:"她的去世曾让我悲痛,而且现在仍让我悲痛。""我每天都想念亲爱的母亲,一如我想念可爱的沃尔夫,他的形象持续地萦绕着我。"(指的是胡塞尔的儿子沃尔夫冈。)

③ 1918年9月2日胡塞尔致曼克的信(《胡塞尔全集文献》III,第三卷,第421页)。

④ 参阅1917年9月27日胡塞尔致阿尔布雷希特的信(《胡塞尔全集文献》III,第四卷,第54页)。

⑤ 参阅1917年9月24日胡塞尔致海德格尔的信(《胡塞尔全集文献》III,第三卷,第128页)。上述讲座1910—1911年首次以"逻辑与知识论导论"为题被举行,而后1912—1913年与1914—1915年重复被举行,并且1917—1918年以改变了的标题"逻辑与普遍知识论"重又被举行。它以《逻辑与普遍知识论》为题被发表。《1917—1918年诸讲座,连同1910—1911年最初文稿的增补文字》,U.潘策尔编《胡塞尔全集》第三十卷,多德雷赫特,1996年。

无法确凿无疑地说出,胡塞尔有多长时间把在贝尔瑙形成的手稿视为对他以前的内时间意识分析的单纯增补与续编。但确定无疑的是,他清晰地意识到了新的方向,其在贝尔瑙对时间的分析已经接受这个新方向。在第一次贝尔瑙逗留期间(1917 年 7 月 30 日—10 月 1 日),他对其内时间意识现象学的研究工作做了喜形于色的表达。①

在贝尔瑙第二次假期逗留期间,胡塞尔继续保持极好的工作心境。② 诚然,胡塞尔也许带着好几个方案前往贝尔瑙。③ 因此,其中有他打算审阅一个由 E.施泰因整理的内容丰富的关于判断理论的卷帙。④ 关于时间难题研究的答复听起来还是始终令人兴奋的:"这时在寂静的高地山谷,一本巨著正向我逐渐形成——时间和个体化,根据原则对理性形而上学的一个改造。"⑤然而,就内容而言,这些描述甚至在 1918 年 4 月就包含了新的方向,并且胡塞尔现在把他的目标称为一门"以现象学方式被奠基的理性本体论"⑥。可

---

① 参阅 1917 年 9 月 5 日胡塞尔致曼克的信(《胡塞尔全集文献》III,第三卷,第 416 页及以下各页)。

② 参阅 1918 年 4 月 5 日马尔菲讷·胡塞尔致 R.英伽登的信(《胡塞尔全集文献》III,第三卷,第 179 页)。

③ 参阅 1918 年 1 月 30 日胡塞尔致海德格尔的信:"我带着大量手稿与书籍,并希望完成上面许多事情。"(《胡塞尔全集文献》III,第四卷,第 129 页)

④ 参阅 1918 年 4 月 5 日 M.胡塞尔与 E.胡塞尔致英伽登的书信(《胡塞尔全集文献》III,第三卷,第 179 页)。

⑤ 参阅 1918 年 3 月 28 日胡塞尔致海德格尔的信(《胡塞尔全集文献》III,第四卷,第 130 页)。

⑥ 因而,胡塞尔在 1918 年 4 月 5 日给 A.格里迈写道:"最终结果是一门以现象学方式被奠基的理性本体论与一个最深的超越论问题解决方法的合一,而且作为最严格的科学,这门科学将永远能够断言其客观有效性。"(《胡塞尔全集文献》III,第三卷,第 82 页)

是，他在其内时间意识研究与个体化难题之间察觉到一个紧密联系："因为我正在从事的并不是一门单纯的时间现象学——时间现象学不可能纯粹单独得到解决，而是从事个体化、个体的（即'事实上的'）存在一般——而且按其本质性基本构形——的构造的十分巨大的难题。"①在1918年6月8日致A.格里迈的一封信中，胡塞尔将其方案称作一门"个体化的现象学"，并且就内容而言把它与《观念II》的研究联系起来："主要是致力于一门个体化现象学，即与一门自然哲学和精神哲学的概念有关，《观念II》也属于此。"②

为什么胡塞尔没有出版从事这些重要课题的研究，原因之一是他的工作风格，这种工作风格突出地表现为一种不懈的、对总是新的明察的向前进取。他开始时的意图常常在于将一个业已启动的课题加以统一，使之能够有效地得到展示，而后却会一再地被新的难题牵着走。这些手稿逐渐积聚，而且对胡塞尔来说，把它们纳入一个统一的形式变得越来越困难。最后，他试图把这个任务部分地委托给他的助手或学生，如M.海德格尔和R.英伽登。E.施泰因首先紧张地从事于这些出版准备工作，后来是L.兰德格雷贝和E.芬克。③然而，进行这个合作非常困难。在兰德格雷贝与胡塞尔数十年之久的合作中，最终只有许多方案中的一个方案(《经验

---

① 参阅1918年4月5日胡塞尔致R.英伽登的信(《胡塞尔全集文献》III，第三卷，第179—182页)。

② 参阅1918年6月8日胡塞尔致A.格里迈的信(《胡塞尔全集文献》III，第三卷，第84页)。

③ 对此参阅R.英伽登《E.施泰因关于她作为E.胡塞尔一个助手的活动》，载于《哲学与现象学研究》第二十三卷(1962年)，第155—175页。

与判断》)得以实现。①

最早在 1926 年 4 月，胡塞尔已提议马丁·海德格尔准备出版基于已经由施泰因修订的关于内时间意识现象学的早期讲座稿与研究稿。② 情况很可能是这样的，即胡塞尔这时想到修订来自两次贝尔瑙假期逗留期间的内容丰富的研究手稿。但是，也许顾及其在马堡的讲座负担，海德格尔没有接受对速记研究手稿进行修订的工作。③ 于是，他从胡塞尔那里甚至只是得到来自 1917 年施泰因的亲笔加工稿，在详细审阅连同对文字做了微不足道的修改之后，他于 1928 年出版了这份加工稿。

1927 年 9 月，胡塞尔向 R. 英伽登提出这个想法，即他为其在

---

① 此外，在未完成的出版方案中还包括，由 E. 施泰因准备的《观念 II》与《观念 III》；由 L. 兰德格雷贝修订的《意识结构的研究》《意向相关项与意义》，由 E. 芬克修订的《笛卡尔式的沉思·第六沉思》等。在胡塞尔与其助手芬克之间合作的未完成的方案还包括汇编来自 1917—1918 年关于内时间意识的贝尔瑙手稿。

② 这个报道依据 R. 波姆在《胡塞尔全集》第十卷第 23 页及以下各页"编者引论"中的阐述，这个阐述以海德格尔的回忆报告为依据。在 1931 年 1 月 6 日胡塞尔致 A. 普凡德尔的信中，其中一段也述及了这样一些早期计划，在其中，关于可能与海德格尔合作开拓其遗著，胡塞尔回顾地写道："在我们之间曾反复谈到共同工作，谈到协助完成我的各项研究；谈过在我去世的时候，他应该接管我的手稿，出版较成熟的东西，总之，我的哲学应该继续下去——对所有将来工作的一个框架应该继续下去。"(《胡塞尔全集文献》III，第二卷，第 181 页)

可是，也有可能海德格尔后来才得到这份材料——也许甚至只是 1928 年初才得到。在书面证明中，1928 年 3 月 5 日胡塞尔在一页"时间-手稿卷边"上的一个提示被发现是最早的提及(参阅 1928 年 3 月 5 日致海德格尔的信，《胡塞尔全集文献》III，第四卷，第 152 页)，而后被发现的是一个对此标题的明确提示(参阅 1928 年 5 月 9 日致海德格尔信[1]，《胡塞尔全集文献》III，第四卷，第 156 页及下页)。对此另参阅 1928 年 7 月 10 日 M. 胡塞尔致海德格尔的信(《胡塞尔全集文献》III，第四卷，第 158 页)以及 1928 年 7 月 13 日胡塞尔致英伽登的信(《胡塞尔全集文献》III，第三卷，第 241 页)，在其中，胡塞尔指明，他对"讲座"尚未获得适合于《年鉴》的付印修改。

③ 参阅 R. 波姆的"编者引论"，载于《胡塞尔全集》第十卷，第 24 页。

1917—1918年在贝尔瑙形成的研究手稿的出版做准备。① 可是英伽登无法满足这个请求。于是，胡塞尔把贝尔瑙手稿托付给他的助手E.芬克，据说他可以以与胡塞尔合作的方式准备出版这些手稿。② 由于这一方案未能实现，E.芬克已经在1969年把这份材料移交给鲁汶胡塞尔档案馆。③ 因此，简言之，接下来应该探讨手稿材料本身以及在胡塞尔与E.芬克之间的合作。

贝尔瑙手稿存于L组中，其中包括近800页速写页面。在这里涉及各篇研究手稿，那就是说，在通常情况下，涉及带着时间问题域分析的各篇短拟稿，但是它们根据课题、处理方法与视角并不是同质的。在这里甚至可找到较早尝试性被保留的各篇拟稿，它们根据在其中被向前推进的命题和处理视角与其他拟稿有明确或不言明的矛盾。甚至论证与展示的质性以及分析的透彻性是有区别的。

在LⅠ组中存在的页面略不到一半（357页），其余页面在LⅡ

---

① 对此参阅R.英伽登的这些解释，载于E.胡塞尔《致R.英伽登的书信集》，同上，第139页与154页及下页。

② 最初的书面证据是1929年1月29日芬克为胡塞尔所做的一个计划提纲（参阅E.胡塞尔，《致R.英伽登的书信集》，同上，第171页及下页），以及1929年春芬克的一篇工作笔记（参阅E.芬克档案，Z-Ⅳ 76a，引自R.布鲁茨纳《对贝尔瑙时间意识手稿Ⅰ的修订》，载于《他者》第一期[1993年]，第360页，与注释12〈第376页〉），与1930年初胡塞尔致"布莱斯高的弗赖堡科学协会"一封函件的提纲（《胡塞尔全集文献》Ⅲ，第八卷，第87页）。

③ 在其他方案上的合作是较富有成果的。例如，参阅《笛卡尔式的沉思·第六沉思》，《胡塞尔全集文献》Ⅱ/1与Ⅱ/2，以及芬克在胡塞尔支持下出版的这两篇论文：《关于处于当代批评中的E.胡塞尔的现象学哲学》，载于《康德研究》第三十八卷（1933年），第321—383页；《E.胡塞尔的现象学想要什么？》，载于《事实世界》第十卷（1934年），第15—32页。

XXV 中（430 页）。看来，芬克首先按形式标准把整组整理成上述两个部分。L I 组包含 21 个卷帙，它们带着对 1917—1918 年时间问题域的分析。

L II 组首先包含材料，它已经被收入由海德格尔处理的讲座版中作为"各篇附录"，这涉及 L II 1—L II 10 和 L II 16—L II 20 这些手稿。此外，在这里甚至可找到这样的材料，对这样的材料芬克认为，它会被列入由 L. 兰德格雷贝修订的《逻辑研究》（*Logischen Studien*）拟稿，这就是说，被列入兰德格雷贝后来（1938 年）在题为《经验与判断》下出版的拟稿。① 出于同样的理由，芬克考虑把这些手稿放入对其任务不适用或已出版的手稿组，也只有少量来自 L II 组的材料能够被用于这个版本。

在胡塞尔遗稿的一些手稿组中，可找到对贝尔瑙时间的进一步分析，这些分析在课题上与时间研究相近。在为 E. 芬克的拟稿选择材料的时候，一些手稿未受到胡塞尔本人重视，从这些手稿中同样只有少量手稿可以被列入这个版本。在此，为了使这卷不再进一步增加，必须以严格标准来衡量意义重大的时间课题性，同样必须以严格标准来衡量文字质量。②

芬克在 1929 年春的一篇笔记中做了有关胡塞尔想法的报道，这些想法与其从事这些手稿相关："就贝尔瑙手稿的修订而言，胡

---

① 对此参阅 D. 洛马尔《关于 E. 胡塞尔著作〈经验与判断〉的产生与原始材料》，载于《胡塞尔研究》第十三期（1996 年），第 37—71 页，以及 R. 布鲁茨纳的提示，参阅上页脚注 2。

② 各篇内容丰富的拟稿在这些手稿中可找到：A I 20，A I 21，A I 22，A I 23，A III 4，A III 6，A III 11，A III 13，D 5，D 7，D 8。较短小的分析在 A I 36，A VI 19，A VI 22，B I 2，F IV 3，F IV 2 以及 M III 3 VII 中可找到。

塞尔希望：突出按其观点与1905—1910年时间意识相比的最本质的进展，'恢复布伦塔诺—亚里士多德学说'，在现象学的深化中，恢复过去的图表、个体化问题域，这种个体化问题域已通向'超越论逻辑'难题，在其中包含时间性学说，也包含观念对象的学说。（后者在其他关联中已经在出版；也许在兰德格雷贝修订的《超越论逻辑》中。）"①

试图使产生于贝尔瑙的手稿形成一个紧密而可以付印的形式，属于胡塞尔主导从事不同出版计划的一段时间，这些工作使他极其劳累、不时忙碌，而且有时使他直到精疲力竭的边缘，E. 芬克也一再地被吸收到不同出版计划中来。因此，约在1928年与1929年，紧张地从事《大英百科全书条目》、《阿姆斯特丹演讲》、《巴黎演讲》、对它们法译本与德文本进一步塑造以及《形式与超越论的逻辑学》的撰写与排印。② 此外，从事占据胡塞尔晚年的这些方案也被称作：试图撰写一部"系统的现象学基本著作"，而后撰写"第二部逻辑著作"，兰德格雷贝修订了这部著作，最终题为《经验与判断》（在死后发表），并且从事撰写《危机》。③ 紧张地从事不同

---

① 《超越论逻辑》是后来在题为《经验与判断》的被付印著作中的标题之一。引文原文参阅 E. 芬克档案中的手稿 Z-IV 76a，引自 R. 布鲁茨纳，载于《对贝尔瑙时间意识手稿 I 的修订》，载于《他者》第一期（1993年），第376页，第12个脚注。这也指明了 R. 布鲁茨纳这篇论文的续篇《对贝尔瑙时间意识手稿的修订：新观念—弗赖堡1930—1933(II)》，载于《他者》第二期（1994年），第367—395页。

② 胡塞尔《大英百科全书条目》提纲被刊登在《胡塞尔全集》第九卷（第237—301页），一如《阿姆斯特丹演讲》（第302—349页）。《巴黎演讲》及《笛卡尔式的沉思》的德文版也被出版在《胡塞尔全集》第一卷。《形式与超越论的逻辑学》的文字在《胡塞尔全集》第十七卷考证性的新版本中可找到。

③ 关于胡塞尔后期内容丰富的方案，参阅《胡塞尔全集》第十三卷、第十四卷、第十五卷，I. 耿宁的"引论"。1929年9月，M. 胡塞尔向英伽登做了有关从事（转下页注）

出版与方案是贯穿胡塞尔最后十年的一个特征;他始终一直"迫切地工作着"①。芬克对所有这些方案做出他的贡献,而且这些事他都完成得令胡塞尔非常满意,以至于在大量工作密集方案这一背景下,芬克准备排印贝尔瑙手稿不成是可以理解的。②

1931年2月,胡塞尔向英伽登做了有关其各项出版工作的进展的报道:"我想把笛卡尔式的(由芬克博士和也许由我扩展了的)沉思与贝尔瑙时间研究放入年鉴,芬克已经单独使贝尔瑙的时间研究形成一种文字上的统一(内容相当丰富)。"③甚至在接下来的

(接上页注) 关于"第二部逻辑著作"手稿的报道:"我先生在钻研这部著作而且非常累。"(《胡塞尔全集文献》III,第三卷,第255页)关于从事《欧洲科学的危机与超越论的现象学》的进程,参阅 R.N. 斯密德的"编者引论",载于《胡塞尔全集》第二十九卷,第11—65页。胡塞尔对此也清楚明白,即他委托给芬克做这些内容丰富的书面工作阻碍了芬克自己工作,参阅1936年7月30日胡塞尔致费利克斯·考夫曼的信(《胡塞尔全集文献》III,第四卷,第231页):"只是再用打字机打出,我将重又夺去芬克博士的时间;在冬季曾有大量时间,当时我多次改写了文字。"

① 参阅1929年12月2日 E.胡塞尔和 M.胡塞尔致英伽登的信(《胡塞尔全集文献》III,第三卷,第253页)。

② 胡塞尔在1930年3月写道:"在博士中我已把芬克博士培养成一位理想的助手。"(参阅1930年3月19日胡塞尔致英伽登的信,《胡塞尔全集文献》III,第三卷,第263页)即使在后来的岁月中,胡塞尔对作为助手的芬克的各项素质保持肯定性的评价,参阅1933年3月30日胡塞尔致 D.M.福林的信(《胡塞尔全集文献》III,第七卷,第89页)。1930年胡塞尔达到预定目的,即通过普鲁士教育部确保为其研究助手芬克提供资金,对此参阅1931年3月5日胡塞尔致格里迈的信(《胡塞尔全集文献》III,第三卷,第89页及下页)。这种经济援助甚对此持续到1932年与1933年。"关于一位助手的薪水[……],我这些丰富的书面工作与最后编辑这些提纲不可以缺少一位助手",胡塞尔事先已经试图从布莱斯高的弗赖堡科学协会获得一笔"在文献上完成我的关于时间现象学的研究"费用。对此参阅1930年初致布莱斯高的弗赖堡科学协会一封信函的提纲(《胡塞尔全集文献》III,第八卷,第87页)。

③ 参阅1931年2月16日胡塞尔致英伽登的信(《胡塞尔全集文献》III,第三卷,第273页)。1931年6月22日胡塞尔还继续原本地给 A.科瓦雷写道:"我想,在我杰出同事芬克的协助下,发表德文'沉思'的新的年鉴卷可能在圣诞节出版,此外 (转下页注)

1932年,贝尔瑙手稿的出版方案多次被述及。① 1933年底,胡塞尔建议芬克,应在芬克与胡塞尔两人的名义下出版"关于时间的著作"②。当时,著作标题原文是"时间与时间化"③。同样,在1933年底,胡塞尔宣布,他计划出版第二卷,这一卷包含"自1930年以来的时间研究"④。也许,在此这涉及遗稿组C的这些手稿。从现在起,贝尔瑙手稿这个被计划的版本常常被称为"第一卷",例如,被称为"关于时间起源著作的第一卷(由芬克博士基于1905—1932

(接上页注) 可能出版一份重要的(来自1917年及下一年的'贝尔瑙')时间研究。"(《胡塞尔全集文献》III,第三卷,第360页)另参阅1931年3月13日胡塞尔致兰德格雷贝的信(《胡塞尔全集文献》III,第四卷,第256页及下页),1931年12月22日E.胡塞尔与M.胡塞尔致阿尔布雷希特的信(《胡塞尔全集文献》III,第九卷,第80页),以及1932年1月7日致R.B.吉贝松的信(《胡塞尔全集文献》III,第四卷,第142页)。

① 然而,计划的命名有一个明确条件:"……而后在下一卷只以我新的(贝尔瑙)时间研究出现。这至少是一种可能性,我还不可能知道,它是否可能实现。"参阅1932年11月7日胡塞尔致兰德格雷贝的信(《胡塞尔全集文献》III,第四卷,第296页及下页),另参阅1932年1月7日胡塞尔致R.B.吉贝松的信(《胡塞尔全集文献》III,第六卷,第141页及以下各页)。

② 参阅1933年11月15日致D.卡伊尔恩斯的信(《胡塞尔全集文献》III,第三卷,第32页及以下各页),1933年12月31日胡塞尔致曼克的信,这封信预告在1934年复活节出版这部著作(《胡塞尔全集文献》III,第三卷,第512页),以及1933年10月11日胡塞尔致英伽登的信:"在构造的时间化中关于时间的第一卷(来自贝尔瑙1917—1918年'个体化'的难题)——根据手稿与交谈由芬克系统修订——差不多完成了(将署名两个人出版)。"(《胡塞尔全集文献》III,第三卷,第291页)胡塞尔1933年9月11日在致F.考夫曼的一封信中也述及了双重作者身份(《胡塞尔全集文献》III,第四卷,第197页)。

③ 参阅1933年12月8日胡塞尔致兰德格雷贝与帕托契卡的信(《胡塞尔全集文献》III,第四卷,第318页及下页),在其中关于第一卷,即关于贝尔瑙手稿甚至写道,它们仍然必须"被改成新样式"。

④ 参阅1933年11月15日胡塞尔致D.卡伊尔恩斯的信(《胡塞尔全集文献》III,第四卷,第32页及以下各页),以及1933年12月9日胡塞尔致D.卡伊尔恩斯的第二封信,这封信在这个问题上是几乎原本本的(《胡塞尔全集文献》III,第四卷,第38页及以下各页)。对于第二卷,胡塞尔同样说出一个大概可能的出版日期"约在1934年底"(同上)。

年期间的手稿,但由芬克独自拟就)"①。1934年7月,胡塞尔提议芬克进行一个完全由他本人负责的修订。②同样,在1935—1937年间,胡塞尔成功地确保为其助手提供资金,而且关于时间著作的这个共同方案还经常被提及。③

XXIX 虽然胡塞尔在其书信中一再表明希望早日结束,但是在其他大量出版方案之间贝尔瑙手稿的出版最终越来越多地陷入背景之中。诚然,芬克自己对时间难题的研究并非始终是毫无成果的。他对基于贝尔瑙手稿与可共同出版的关于"时间与时间化"论文的加工,变成一份他自己的关于时间的手稿,然而,据他自己所述,他已经销毁了这份手稿。④

---

① 参阅《胡塞尔全集文献》III,第四卷,第38页及以下各页,与1937年6月18日胡塞尔致M.法贝尔的信(《胡塞尔全集文献》III,第四卷,第83页)。

② 胡塞尔写道:"与此关联,我在关于时间的著作上一般还是放弃了合作。我仅仅想在出版后读读它,因此,尽管基于这些被您视为出发点的手稿,它将只是您的著作。"参阅1934年7月21日胡塞尔致芬克的信(《胡塞尔全集文献》III,第四卷,第93页及下页)

③ 参阅1936年1月7日M.胡塞尔致D.卡伊尔恩斯的信,"芬克博士还从事于时间-卷的研究,他进展顺利"(《胡塞尔全集文献》III,第四卷,第53页),1936年7月21日F.考夫曼致胡塞尔的信(《胡塞尔全集文献》III,第四卷,第228页及下页),1937年6月18日胡塞尔致M.法贝尔的信(《胡塞尔全集文献》III,第四卷,第83页),以及1937年3月2日F.考夫曼致胡塞尔的信(《胡塞尔全集文献》III,第239页及下页)。

④ 对此参阅来自O.波格莱尔的报道《弗赖堡现象学》,载于《哲学通讯》1996年3月第一期,第14页。另参阅O.珀格勒《随海德格尔的新道路?》,载于《哲学评论》第二十九期(1982年),第59—61页(再版于《随海德格尔的新道路》,弗赖堡,1992年,第164—201页)。芬克以前同事F.-W.冯·赫尔曼博士教授在1999年12月7日致R.贝耐特的一封信中保证:"当E.芬克让我看并且要我去阅读它时,我在60年代末已经拿到这份被捆在一起用打字机打出的样本。"

如果人们只是根据鲁汶胡塞尔档案馆中的资料做出评判,那么芬克首先完成了代替原文字母的文字。此外,他撰写了各篇札记连同各项发行准备工作,然而它们立刻注入了特有的考虑。此外,他完成了一系列计划提纲,这些计划提纲尽可能地按不同顺序展示L I组手稿标题的目录编排。

二

　　关于应该出版的文字的挑选，无疑，被决定考虑的只是1917年与1918年在贝尔瑙形成的这些文字。因此，在20年代早期遗稿文字中的个体化问题域的进一步发展，在这个版本中不再有效。同样，这些自身处在L组中的早期素材文字，芬克已经把它们列入单独一组，它们被留给早期文字现行考证版的修订（《胡塞尔全集》第十卷）。与此相反，除了几个例外之外，其余源自贝尔瑙的L手稿被收入这一版本，而且通常几乎完整地被收入。

　　更大的困难与挑选那些贝尔瑙手稿有关，胡塞尔本人已经把它们从其L组编排中排除了。面对来自L组手稿已经可观的篇幅及其实事上的统一性，在这种情况下不由得产生了一种限制性的选择处理方法。在这里主导性的是这个愿望，即适当展示时间个体化的问题域，这个问题域在L手稿中只是有限获得有效性的。在选择这些文字时应用的原则在于，尽可能避免重复并且只考虑那些在质性上高质量的手稿，在其中个体化问题域明确与L手稿的时间分析相关。尽管存在这些相对严格的选择标准，被列入贝尔瑙手稿这一版以及被归入单独一组的个体化的文字，它们还是清楚地表明了，时间个体化的实际问题与个体化问题域的逻辑的和本体论的分析是如何相互联系在一起的。

　　与挑选可以出版的文字相比，此后这些文字的编排提出了更大的难题。因为只有少量手稿可以查明其产生的确切日期，此外由于所有文字在一个很短的时期内形成，因而对这些文字进行一个纯粹按时间顺序的编排也是不可能的,且不能令人满意。必须进行一种尝试,即重构被处理的实际问题的系统关联。因此,这首先是一次大胆行动,因为完全缺少胡塞尔的相应说明。尽管胡塞尔偶尔在一份手稿第一面上确立了与其他手稿的关联,由此只在特殊情况下可以获得对编排不同文字的一个提示。因此,关于普遍实际问题的规定以及个别手稿的实事难点的规定,编排的视角必须通过编者得出。诚然,现在对此应该加以说明,即在贝尔瑙文字中只是涉及所谓的"研究手稿",这就是说,只是涉及这些文字,在其中胡塞尔试图借此获得关于整个系列实际问题的明白性,即他尝试了不同的与彼此也许矛盾的解决方法。在贝尔瑙手稿中,与业已确证的成果的展示相比,怀疑或者甚至于沮丧的措辞("因此,这叫人无法理解")①,以及疑难与有时矛盾地处理一个问题,其出现要频繁得多。由此也证实这个断定,即胡塞尔在一篇手稿里面常常中断其研究,重新开始或转向另一个实际问题。若干卷帙确实包含好些内部卷帙,但是,即使在那里也并非是这么回事,即一个卷帙有时由于实事上的原因必须通过编者被分成不同文字连同一个统一的内容。而后,视其哲学的重要性与对其他文字展示的独立性或从属性,这些文字要么被用作"文本",要么被用作"附录",或者在特殊情况下甚至完全被排除出这个版本。贝尔瑙研究手稿的独特特征在于,并非总能够把不同的、源自同一卷帙的文字与附录归入一个唯一的文字组,或者归入一个唯一的问题域。

还要谈到在系统视角下进行的把这些文字编排成六个不同的

---

① 参阅第二篇文字,第27页。

组，它们每一组都为一个主导性的具体问题所规定。目前，指明这一点就够了，即这些文字的划分只在一个唯一情况下（即在第三组中）能够以胡塞尔的一个不明确的提示为根据。编者意识到，他们对这些文字的系统的编排不是唯一可能的编排，并且正如对这些文字的任何其他分组一样，这个系统的编排不仅一目了然地产生了关联，而且同时也渐隐了其他关联。尤其适用于最初三组文字的是，尽管视角不同，在这些视角下它们探究在原河流与在其中得到凸显的时间事件（或内在时间对象）之间的关系，但是它们必须被视为一种统一。正如对这些文字的划分与编排，这些文字组的标题、大多数文字与附录的标题以及在这些文字与附录中的章节标题也源自编者。与《胡塞尔全集》的体例相一致，这些标题都加了尖括号。鉴于被出版研究手稿常常极其抽象与复杂的内容，这些标题有意相对详细地被拟定了。

三

胡塞尔早期的、最初由海德格尔而后在考证版（《胡塞尔全集》第十卷）中由 R. 波姆出版的关于时间现象学的文字，其出发点在于对时间的对象（延续的声音）或时间对象（声音的延续）的感知的描述。在对布伦塔诺和迈农著作，但也包括对詹姆斯、施通普夫、斯特恩等人著作的辨析中（顺便说一句，这在贝尔瑙手稿中是完全没有的），胡塞尔已经形成了这个信念，即对一个延续对象的感知虽然通常在一个延续的感知行为中发生，但是这个感知的延续尚未澄清，对一个对象的延续的感知是如何可能的。如同在其先驱那里一样，在胡塞尔那里，对一个时间延续的感知的分析也尖锐地集中到这个问题上面，即一个当下的行为是否以及如何能够感知到一个逾越现时当下的时间的延展。只有当时间对象先行的和现在过去的被给予性同时与当下的时间对象被一同把握的时候，一个延续才能当下地被把握，甚至胡塞尔的这一明察还活跃于同期文献的踪迹中。

XXXIII 对于这个与对一个对象当下的当下把握相联系的对一个对象过去的当下把握，胡塞尔最初使用了"原生回忆"这个名称，稍后胡塞尔使用了他新造的"滞留"这个术语。但是，从内容来看，他也许借此从根本上偏离了布伦塔诺或迈农，因为他既不把这种滞留理解为一种（合想象的）当下化行为，又不把它理解为一种事后综合的范畴行为，反而把它理解为感知本身的一种样式。由此可见，胡塞尔虽然一方面想坚持区分对当下声音的当下的（"原印象的"）把握与对过去声音的当下的（"滞留性的"）把握，但另一方面，胡塞尔却想明白知道这两种把握作为一个唯一当下感知行为的不独立要素。这曾是且始终是胡塞尔的基本直觉，在1904—1905年时间讲座做了那些不成功的尝试之后，胡塞尔在接下来许多年里都还在对这个基本直觉的规定进行分析加工。对"前摄"本质的探究，例如，对一个将来声音的当下把握的探究，在这里始终是次要的事。唯有在贝尔瑙手稿中，前摄特别是它与滞留的交叠才获得应有的重视。

在胡塞尔对滞留本质之规定的进展中，其对直观想象及其与再回忆行为的划界之本质的关注起着一种重要作用，这一关注同样持续多年，并且也还一直延伸到贝尔瑙时期。由此产生的这个明察，即滞留性的意识——跟想象与再回忆相反——虽然不是当下化的行为，但是，仍然是一个原初当下的一个变异了的意识。那就是说，过去的滞留性的意识既不像再回忆那样是一个过去的再造性的当下化，又不像原初感知那样是一个当下的素朴的当下具有，而是作为后者的变异它是一个过去的当下感知。但是，现在，在其意向意识学说的框架内，精确地确定这个过去的感知的本质，对胡塞尔来说绝非易事，而且与此相联系的困难甚至在贝尔瑙手稿中一再地使他感到忧虑。难题尤其是来自范式的应用，即把一个感觉内容的意向立义的范式运用到时间意识上面，并因此也运用到刚刚讨论过的滞留性的感知意识上面，这个范式是从关于空间对象的外感知的现象学规定中借用的。关于后者，提出的问题之一是：对一个同样当下的感觉的一个当下的立义应该如何成功滞留性地感知一个过去的当下。

胡塞尔为了解决这个谜所做的各种各样努力最终一再地把他引向同一个点，即蕴含在一个滞留性意识中的感觉内容的被给予性。因为不久就变得清楚的是：标明一个过去当下的滞留性意识的变异，不仅必须涉及立义，而且也必然涉及作为其基础的感觉内容。否则，实际上我们难以理解：为什么感觉在一种情况下可能是对某个当下某物的一个合感知立义的动因，而在另一种情况下可能是对某个过去某物的一个滞留性立义的动因。以一个作为滞留性立义基础的变异了的内容的前像（Vorbild）——"想象材料"呈现出来，即一个合想象立义的变异了的感觉内容呈现出来。但是，当深入研究想象意识的时候不久就表明，这个前像包含其自身之谜，这些谜恰好涉及这个想象材料的本质或被给予性。

一直持续到贝尔瑙手稿的对滞留与想象①的平行考察早就导致了这个明察:与对想象材料的现象学规定联系在一起的困难,归根到底是对蕴含在滞留性意识中的变异的感觉内容的规定也得与之做斗争的那些困难。因此,把动机引发滞留性立义的感觉素材称作想象材料没有什么助益,同时它面临重又抹去在当下滞留与当下化想象之间区分的危险。只有当人们一方面坚持在一个合想象的变异与一个滞留性的变异之间的区分,另一方面却考虑这一情况,即在两个立义内容中涉及一个变异了的合感觉的意识,这个意识的普遍本质还有待澄清,这时对滞留与想象的现象学分析才可能相互促进。此外,较严格地说,后一个任务不仅涉及滞留与想象,而且已经涉及作为一个感知立义基础的未变异的感觉内容的意识。在早期文字中,胡塞尔把这样一个未变异的,即原初当下的感觉的被给予性称作一个"原印象",后来在贝尔瑙手稿中,胡塞尔把它称作一个"原体现"。

为了澄清作为一个意向立义之基础的合感觉内容的变异了的或未变异的被给予性的本质,在胡塞尔关于时间意识的早期文字中,已经可找到一个最初的、决定性的步骤,而且在这里获得的明察在贝尔瑙手稿中也从未受到质疑。无论这个蕴含在滞留与想象中,但也已经在原初感知中的感觉内容的意向立义显得多么切近,这就是说,不管在这里涉及一个合感知的、滞留性的立义,还是涉及一个合想象的立义,确定无疑的是:这个感觉内容本身是被给予的,并因此必须存在一个关于它的变异了的或未变异的意识。因此,

---

① 参阅第三篇文字。

在一个当下的感觉与一个滞留性被给予的感觉之间的区别,最终起源于关于这些感觉的不同意识。

　　胡塞尔在早期文字中把这个关于感觉的内意识称作"绝对意识",而后在贝尔瑙手稿中把它称作"原过程"或"原河流"。这些感觉在早期文字中被称作"内在时间对象",其本身有别于超越的、从属于客观时间的对象,例如,有别于一个小提琴声音。贝尔瑙手稿大多简单地把这些内在的时间对象称作时间的"事件",并且把关于它们的内意识称作"体验"。这种术语上的变化已经是对此的一个最初指明,即原过程中的(变异了的与未变异的)感觉作为对象是被给予的,以及原过程本身有一个客体化的意向意识的形式,这在这期间对胡塞尔来说不再是不言而喻的。

　　但即使在早期文字中,对"绝对"意识的引入就已经与大的难题联系在一起了,这些难题使身在贝尔瑙的胡塞尔还一直感到苦恼。第一个困难呈现为这个确切的本质规定,即对在其与在其中被意识到的"内在时间对象"或"事件"关系中的这个"绝对"意识或"原过程"的本质规定。在出版于《胡塞尔全集》第十卷中的遗稿中可以探究,胡塞尔如何在其早期文字中对此最终获得一个双重的明察:首先,他不久就弄清楚了,在关于感觉素材的被说成"绝对"的意识中,必须涉及一种(变种)意向意识,这就是说,这些感觉材料不可能作为"实项的"组成部分属于"绝对"意识。否则,在关于一个感觉材料的一个变异了的意识与一个未变异的意识之间的区分,即在关于一个感觉材料的一个滞留性的意识与一个原印象的意识之间的区分,就会变得令人费解。胡塞尔第二个新的明察由引入超越论现象学的还原而得出,而且在于把关于"绝对"意识与感觉材料的关系重新规定为一个构造关联。一如在一个感觉材料的立义中一个超越的对象构造自身,在"绝对"意识中感觉本身也作为一个(当下的、过去的或者将来的)内在时间对象如此构造自身。

XXXVII 　　这两个明察而后在贝尔瑙手稿中再次经受详细的考察,而且看来没有最终结果。在这些贝尔瑙手稿的一些文字中,胡塞尔重又感到了这个疑惑:是否在"原过程"与时间"事件"之间的关系中确实涉及一个构造关联,而且是否这个"原过程"与这些"事件"确实属于意识的两个不同阶段。① 这个疑惑首先基于这个问题,是否"原过程"中的"事件"事实上作为(内在的)对象得到凸显与把握。但是,由于这一顾虑,而后甚至第一个明察重新受到了质疑,即把原过程标明为一种意向意识。上述这些疑惑与问题甚至在来自 C 组的后期时间文字中还困扰着胡塞尔。对此一方面这个印象得到证实,即在贝尔瑙手稿中尚未获得关于"原过程"与时间"事件"之关联的任何最终规定。但另一方面,不可否认的是,C 组中的与此有关的后期文字阐发了一种学说,这种学说——与其他观点相比——甚至在贝尔瑙手稿中就已经可以找到。

　　简言之,在这里涉及尝试一个彻底的区分,即在自我性的与前自我性的,也即原素的时间进程之间区分。对在一个自我性的与主动进行的时间化一侧和一个匿名的与被动发生的原素的时间化另一侧之间区分的深入研究,最终把胡塞尔在 C 手稿中引到这个地步,即他否认毫无自我参与的流逝的原河流具有任何原初的构

---

① 参阅第十篇文字与第十一篇文字。

造性成就。只有当存在一个自我成就时,而后才可以谈论一个对时间对象的构造。唯有通过一个对前意向的原过程的反思的自我性行为的事后进行,这就是说,基于一个对原过程之本质的介入的变异,一个构造性的意义才对这条原素的原河流出现。诚然,关于原过程的这种新学说,不仅在胡塞尔那里越发坚定地得到贯彻的在主动的与被动的意识形式之间的区分中有其根据,而且也在一种无限后退危险中有其根据。这种无限后退危险如同一个阴森森的幽灵不仅在早期文字中,而且还在贝尔瑙手稿中,并且在后期 C 组时间手稿中跟踪着胡塞尔时间意识现象学。

XXXVIII

从早期在《胡塞尔全集》第十卷中发表的文字中已经可以看出,实际上在这里涉及无限后退的不同形式。看来,第一个形式由此产生,即每个新出现的"原印象"或"原体现"变异先行原印象的被给予性,因为它把后者变为一个关于过去的原印象的滞留。而后,接着出现的新的原印象不仅变异先行的原印象,而且同样变异与其相联系的关于第一个原印象的滞留。因此,现在,第一个原印象以一个变异的变异的形式被意识到。每一个个别过去的原印象的被给予性随着第四个新的原印象再次变异自身,并且现在关于第一个原印象的意识具有关于变异的变异样式。只要原过程始终是活的,这就是说,只要新的原印象在意识中出现,所有过去原印象被给予性变异的一个连续与多维的变异的这个复杂进程就在继续,因而潜能地直至无限。

但是,过去原印象被给予性的一个无限变异的这个进程之所以是相对不危险的,是因为尽管有与此相联系的麻烦,胡塞尔并不对把握第一个原印象的可能性产生怀疑。但是,尔后在贝尔瑙手稿中，对胡塞尔来说显然更成问题的是，滞留性过去的一个无限变异的这样一个进程是否确实展示一个在现象学上被证明的检验结果。在其一门发生现象学框架内的对时间意识新描述的过程中，胡塞尔现在也增加了对这些结果的研究，随着滞留性变异的叠复而持续不断增加的与当下的间距对于过去的滞留性被给予性具有这些结果。他描述了，远离当下的过去的原体现如何缩拢，并且在这里它们不仅彼此丧失了其清楚的凸显，而且也丧失了其对当下自我的触发刺激。1918年的贝尔瑙手稿对上述有别于滞留现象的这种"消退"进行了详细研究。① 没有来自自我方面的主动朝向与把握，指向一个遥远过去的滞留确实不久就渐渐枯萎，并因此甚至其持续变异的进程可能停顿。虽然死的滞留能够被重新唤醒并且复活，但是它们在这里至少目前保持其模糊性的特征。

　　以其最危险的形式，无限后退涉及关于"绝对"意识的意识，或者说得更确切些，涉及关于"原过程"的意识。我们已经觉察到，胡塞尔把关于一个超越时间对象的意向意识确定为对一个前意向的感觉素材的意向立义。而后，这个感觉素材同样还被意识到，而且在一个深处存留的意识中被意识到，即在"绝对的"意识或"原过程"中被意识到。对这个原过程的确切规定即使在贝尔瑙手稿中还困扰着胡塞尔，即这些问题一再出现：是否这个被说成"绝对的"意识确实构成一个独立的意识阶段，是否在这里涉及一个意向的与超越论构造的意识，以及是否这个意识的意向性还具有对一个前意向的立义内容的意向立义的形式。不仅在早期文字中，而且

---

① 参阅第四篇文字。

在贝尔瑙手稿中，与这些问题相联系的是这个进一步的问题，关于这个"绝对"意识或者"原过程"的意识的情况究竟如何。倘若后一个意识同样需要一个进一步的意识，它在这个进一步的意识中获得被给予性，那么它不仅已丧失了其作为"原过程"的"绝对的"特征，而且也出现一个无限后退的形式，这个无限后退的形式使由彼此支撑的意识阶段组成的整个大厦发生了动摇。

XL

与关于"绝对"意识的意识相联系的无限后退危险，不仅在胡塞尔早期文字中已经以非常理想的明晰性得到了表达，而且对此困难胡塞尔最终也成功获得了一个引人注目的解决方法。这种解决方法的核心在于这个假设，即绝对意识必定同时是关于内在时间对象的意识及其自身的意识。然而，这并非始终是一个假设，而是毋宁说，胡塞尔在一个对滞留性意识的深入分析中试图指明：首先，在贯穿时间透视的连续变化的滞留性变异的连续统一体中，一个统一的、内在的时间对象连同属于它的时间位置得到凸显；其次，借助于每个滞留与所有其他滞留的套接，也出现一个关于自身持续变异的滞留性意识本身之河流的意识。因此，"绝对的"滞留性意识的河流包含一个双重的意向性，一个意向性与内在时间对象有关，另一个意向性具有河流的一个自身关联的形式，或者具有河流的一个自身意识的形式。胡塞尔把滞留性意向性的前一个指向称作"横意向性"，把后一个指向称作"纵意向性"。胡塞尔最后甚至还特意强调，这两个意向指向在连续的滞留性变异之河流的流逝中属于同一个进程，并因此是彼此不可分割联系在一起的。

克服与原过程的意识联系在一起的无限后退危险的这种尝

试,在贝尔瑙手稿中被重新提起,并且得到进一步发展。① 与早期文本相一致,在贝尔瑙期间,胡塞尔在关于一个内在对象的滞留与关于原过程的滞留之间也做了清晰的区分。但是,胡塞尔借此获得一个完全本质的进展,即他现在对前摄本质的研究表示极大关注。对于由前摄完成的贡献的兴趣——不仅是对原过程意识的贡献,而且是对胡塞尔越来越紧张地关注的关于新奇之物的意识问题的贡献——这个新唤醒起的与本来早就该有的兴趣,也在贝尔瑙手稿的新时间图表中得到了反映。在这里,新的重要的明察首先由对滞留性与前摄性的变异连续统一体的交叠的确切研究得出。② 胡塞尔现在不再满足于指明,每一个原体现都被嵌入滞留性与前摄性的被给予性的一个两面视域中,而是在常常微观的描述中,他分析了在滞留性变异的连续统一体里面的前摄的作用以及滞留对前摄的内容规定的影响。

对前摄在滞留中的功能与滞留在前摄中的功能的这个新发现,首先由一个与发生现象学的新开端相联系的对时间意识的更为动态的规定得出。例如,在其中这表现出来,即原体现现在不再被称作时间意识的原初核心,而是被称作一个单纯的界限点,在这个界限点上,滞留性与前摄性变异的连续体交叠在一起。就原过程而言,由这个发生的分析得出的是,在这里并非简单地涉及一个机械进程,这个机械进程是一个由从当下向过去的回移所决定的连续变异的进程。毋宁说,作为意识的生活进程,这个原过程是受被动的趋向与预期支配的,是受被给予性的直观充盈的增强与减

---

① 尤其是参阅第十三篇文字。
② 参阅第一篇文字与第二篇文字。

弱的形式支配的,是受充实与脱实(Entfüllung)的体验支配的。

把这些新的研究成果应用到关于原过程的意识现象上去引起这个结果,即胡塞尔早已不把这个原过程的自身意识的出现唯一地视为滞留的一个成就,即视为滞留性的"纵意向性"的一个成就。依照贝尔瑙手稿的新学说,毋宁说,原过程的自身意识产生于一个当下的直观充实的体验,这就是说,产生于从滞留性的前摄向其直观现实化的连续过渡的意识。在这个动态地被视为河流的充实进程中,意识自身的河流借此获得当下的显现,即当下被给予之物同时被意识为一个在过去已经被预期为将来的曾在之物。由此可见,实际上,当下的充实体验是关于一个在过去的前摄中被预期之物的当下生成的意识。与在早期文本中不同,在这里不再涉及关于原河流的一个单纯后补的,即滞留性的意识,而是涉及一个本质上在流动的当下中被确定的原河流的自身意识。

诚然,这里并无意抢先做出对贝尔瑙手稿的未来诠释,只还需要提及一点:这个关于原过程意识的新学说在贝尔瑙文字中并非不受阻碍地得到了贯彻;在与这些抉择性的或竞争性的观点的关联中,对无限后退危险的辨析也重新受到了考察的重视。看来,胡塞尔对刚才讨论的关于原过程的自身意识的学说并非完全感到满意。与这个学说相联系的一个困难在其中能够被觉察出来,即它把原过程不加考虑地视为意向意识的一个独立阶段,在这个意向意识中,具有感觉素材之特性也包括与之有关的立义行为之特性的内在时间对象构造自身。我们已经提到,对原过程的这个规定在好些贝尔瑙文字中受到了严肃质疑。而后,在其对在一个不言明的感知与对原河流中内在时间对象性的把握之间区分的详细探

XLIII 讨过程中,胡塞尔也考虑了一个(甚至在早期文本中已经被述及的)"无意识"的原过程的可能性,或者毋宁说,胡塞尔考虑了一个"无意识"的原过程的不可能性。① 但是,即使不可能或者不可以有一个这样的无意识的原过程,还总是提出了这个问题,是否可以指望一个未被把握的原过程真正具有一个构造性的成就。不过,为了赋予原过程一个构造性的成就,如果需要一个事后的自我性的把握,即需要一个反思的行为,那么不仅其独立性及其意向特性是成问题的,而且几乎不可能再谈论原过程的一个原初的自身意识。诚然,而后对原过程抉择性的规定重新与关于原过程的意识的可能性难题联系在一起,而且与此相联系的无限后退的危险联系在一起。

在贝尔瑙手稿中,胡塞尔在其与此有关的尝试中至少踏上两条不同的道路。第一条道路重又把他引向布伦塔诺关于内意识的著名学说的近处,尽管作了种种批评,胡塞尔甚至在其早期文字中就已经对这种学说表达了很多同情。因此,所谓的"原过程"最后无非正是关于意向行为的自我性进行的一个伴随现象,在这些意向行为中超越的时间对象构造自身。② 于是,没有把这些行为意向地当作内在的时间-对象,原过程完全干脆就是这些行为不独立的或不言明的进行意识。因此,在这里虽然必定涉及一个意向的行为意识,但还不一定涉及一个对象的行为意识。就对行为的一个对象的意识而言,需要一个新的、后来的反思行为。诚然,是否以及在何种事态下,在对原初行为进行的反思的这个意向行为中,

---

① 参阅第十篇文字与第十二篇文字。
② 参阅第十篇文字与第十一篇文字。

关于行为的意识与关于行为的意识的意识离散开来,这个问题看来在贝尔瑙手稿中仍然是悬而未决的。胡塞尔在贝尔瑙踏上的或者至少详细讨论了的第二条道路,同样在于恢复一个以前的学说。XLIV 在这里,无非涉及把"立义—立义内容"这个范式不仅用于规定原过程与内在时间对象的构造关联,而且用于原过程本身与激活其河流的原体现、滞留与前摄。① 但是,这使胡塞尔重新遭受了无限后退的危险,而且有关的贝尔瑙手稿的独特特征就在于:对把内容与立义模式用于时间意识这个问题的处理,它与试图避开无限后退的危险大多结伴而行。

尽管如此,在贝尔瑙手稿中一再新出现的无限后退的困难,不可能立即并且唯一地被归咎于这一个或那一个、或多或少令人信服的关于原过程的学说。这里可能涉及一个更为原则性的难题,胡塞尔时间现象学之开端的系统都与这个难题有关。也许它正是如此简单,以至于不可能存在时间起源的任何规定,这个规定确实不以时间为前提。甚至这样的顾虑对贝尔瑙手稿并非是完全陌生的,而且人们至少开始在胡塞尔处理新奇之物现象中会遇到这些顾虑,尤其是在胡塞尔追问一个"最初的"原体现的可能性中会遇到它们。②

四

我们把贝尔瑙手稿系统地确定在时间意识早期文字的难题领域与未解决的困难上,但是,现在我们的这种展示不可以给人一种

---

① 参阅第九篇文字与第十一篇文字。
② 参阅第七篇文字。

印象，好像在这里无非涉及《胡塞尔全集》第十卷的一个单纯的增补。尤其是，《纯粹现象学与现象学哲学的观念》第一卷的出版，在时间意识最后一批早期文字与第一批贝尔瑙手稿之间的岁月，即在1911年与1917年之间。众所周知，在这部著作中，不仅可找到对现象学还原方法和与此相联系的超越论观念主义的系统展示，而且可找到在意向活动—意向相关项的关联作用视角下对意向意识的详细研究，以及对在《逻辑研究》中仍然被称作以现象学方式发现不了的纯粹自我的引入。这些新认识甚至在贝尔瑙时间手稿中就已经开始了。

尤其是在探讨时间意识构造性的功能的时候，胡塞尔一再思考现象学还原的本质与超越论观念主义的本质，尽管在这里对客观时间构造的探究醒目地为通过原过程分析内在时间对象的构造让路。贝尔瑙手稿也首次阐发了对时间意识一个特别意向相关项地指向的描述。① 胡塞尔在这里肯定不满足于对这个关联作用的一般指明，这个关联作用是在时间对象意向活动的意指形式与同它们相应的意向相关项意义的时间样式之间的关联作用，而是致力于对这些意向相关项的时间样式及其变异之规定做出详细与独立的研究。而后，与对各种各样意向对象的时间个体化问题的探究相关联，由此得出了其时间现象学的已经被述及的本体论转向。例如，胡塞尔在此文脉中关注了这些问题：一个意向对象的时间被给予性的样式是否属于其意向相关项的意义，与此相关，在经验对象、想象对象与观念对象那里是否处于同样情况。② 最后，在贝尔

---

① 参阅第八篇文字。

② 参阅第十九篇文字。

瑙手稿中，胡塞尔甚至还探究了时间意识与纯粹自我关系问题，这个问题是在《观念》出版后新出现的迫切需要解决的问题。被编入这个版本，甚至被编入单独一组中的有关文字，它们尤其围绕着事件的自我性的到时(Zeitigung)和纯粹自我本身的时间化(Verzeitigung)这些问题在转，并且围绕对在原河流的原素时间性与由一个主动或被动的自我进行的时间体验之间关联的规定在转。①

然而，贝尔瑙手稿超出早期时间文字获得决定性的进展，这并非由于它吸收了《观念》这门按其本质还总是"静态的"超越论现象学，而毋宁说是由于它向一种"发生"现象学的新阐发的与得到贯彻的过渡。因此，向这种发生现象学的突破，并非像以往通常所认为的那样，首先出现在 1920—1921 年冬季学期关于"超越论逻辑"的讲座中，这个讲座发表在《胡塞尔全集》第十一卷，而是在 1917—1918 年的贝尔瑙时间手稿中就已经出现。这也说明，为什么贝尔瑙文本的读者经常并且尤其是在探讨再回忆的问题域②时，感到回忆起已经熟悉的《被动综合分析》的阐述。胡塞尔新的发生现象学在致力于时间意识之本质的思考中有其起源，这无疑不是偶然的事。当我们已经简短勾勒了在贝尔瑙手稿中处理的具体问题，并且已经把它们与早期文本中的探讨分离开来的时候，我们就已经遇到了这种对时间意识的新的、发生的理解的最重要要素。

在这个向发生的时间分析的转向中，问题首先在于，胡塞尔现在不再不加考虑地——正如在一个静态的关联作用考察中习以为

---

① 参阅第十四篇文字与第十五篇文字。
② 参阅第二十一篇文字与第二十二篇文字。

常的那样——把在时间意识中起作用的意向性理解为一个带有一个对象相关项的自我性的行为意向性。虽然这样一个意向性在时间意识及其构造性的功能中绝对起着一个重要作用,但是,胡塞尔现在对其形成于前自我性的趋向、追求与阻碍感兴趣,它们标明一个被动流逝的原过程的意向性。此外,作为生活过程,这个原过程并非简单地是一个机械进程:它有一个目标与向这个目标接近的趋向。正如已述及的那样,把生活的原过程规定为对直观被给予性的追求,这个规定而后甚至迫使胡塞尔对时间的充实过程做新的、动态的另行表达。

因此,被动经验到的原素的原过程,在通过它而被唤醒的自我性的朝向、感知与把握的行为的起源中伫立。但是,不仅自我性的进行的主体由这条原河流生成,而且每个当下的被给予性已经由这条原河流生成。正如上面简略指明了的那样,实际上,一个被给予性的当下性的意识,产生于在被动地被体验到的原河流的滞留性意向性与前摄性意向性之间的相互作用。这个新的明察而后也导致,把当下凸现为时间意识最原初的维度受到发生现象学的究问。如果每一个当下如此有其发生史,那就是说,是一个生成了的当下,那么人们也就更好地理解,为什么胡塞尔在贝尔瑙这么详细地研究了这个问题:到底是否能够有像第一个原体现这样的东西。

对主动地与被动地、匿名地与自我性地进行的时间意识意向性之关联的专心研究,最终甚至还导致了胡塞尔在贝尔瑙发现了一个被动性的次生形式,这个形式落到了以习性方式生成了的自我行为身上。在贝尔瑙文字中,正如可以预期的那样,这些以习性方式进行的时间意识的成就,首先在与对再回忆的新的发生的分析的关联中得到探究,例如,在这两方面之间的区别的形式下得到探究,一方面是以习性方式进行的并且与一个实践的目标设定相联系的回忆行为,另一方面是带有对一个观念精确性的理论目标设定的主动的回忆进行。

XLVIII

与其说对个体化问题域的探讨表明对再回忆的分析,倒不如说对个体化问题域的探讨还更多地表明:正如在开头所引的致英伽登的信中所写到的那样,"时间现象学[……]不可能纯粹独立得以解决"。因为如果这门现象学的使命在于表明在超越论意识中对象的时间规定的构造,那么它也不得不重视对这些对象的时间样式的本体论规定。正如胡塞尔本人所言,时间样式是存在的样式,或者是实存的样式。但是,不仅当下存在、过去存在或将来存在在时间意识中构造自身,而且,更为一般的是,对象存在的个体性也在时间意识中构造自身。归根到底,一个经验对象的个体性始终起源于其时间的被给予性,尤其是起源于其当下的被给予性。但是,胡塞尔不久就在其与此有关的研究中遇到关于观念对象的复杂得多的个体化难题。众所周知,与一个个体化的被给予性关系对观念对象来说是非本质的。现在,这意味着,只是来自经验的现实的对象具有一种与时间的本质关系?而后,想象对象的时间关系处于怎样情况呢?如果想象对象按其存在样式占据一个在来自经验的个体的对象与观念对象之间的中间位置,那么从其时间性的研究中也可以经验到关于个体化的不同样式的本质之物,这个个体化是关于经验对象与观念对象的个体化,或者是关于"事实"与"本质"的个体化。这里也表明,为什么胡塞尔在后来的、倾向本体论的贝尔瑙文字中一再回到想象时间的现象学分析。虽然不难明察出，一个普遍本质的个体化不可以与其来自经验实例中的个别化（Vereinzelung）相混淆，但是胡塞尔并未对这个纯粹否定的规定表示满意。因此，他试图通过对想象对象的——由于其在想象行为中的主观被给予性，以及由于其嵌入到想象世界之中——个体化的研究而获得一种对观念对象个体化的更肯定的规定。而后，对观念对象的主观被给予性及其向可能逻辑"世界"嵌入的研究导致这些结果，它们不仅有助于胡塞尔形成一个"理性形而上学"的方案，而且今天的逻辑学家可能对它们感兴趣。

五

在与早期和后期时间文本关联中对贝尔瑙手稿重要意义的概述以及在这里被介绍的与在贝尔瑙被探究的实际问题的首次接触，使得在结束时有可能对编者所做的文本编排做出解释。被选出用于出版的文字被分成六个不同的组。而后，在每一个个别的组中将继续这样处理，以至于带有普遍内容的文字被置于开头，这些文字介绍一种最初与尽可能全面的对完全为这组所特有的实际问题的了解。除了这个努力之外，即由一般到特殊引导读者，当对个别组中的文字进行编排时，在对难题的处理中甚至实际进展的视角起了某种重要作用。

这六组文字得到了这样整理，即在第一组中，胡塞尔时间意识现象学的基本概念，在一种普遍的、常常为图示所说明的分析框架内得到展示。此后，在第二组手稿中，在原过程与在其中被构造的内在时间对象性之间的关联才受到关注。而后，与此相衔接的是第三组文字,在其中得到系统研究的是,对内容与立义范式之应用的双重问题以及无限后退的危险。由于没有超过一种形式分析的框架,这种形式分析是对时间意识的分析,那就是说,是对在时间河流中原体现、滞留与前摄之关联的分析,以及是对由此得出的在对象性被给予性的流动的时间样式与一个刚性时间秩序的构造之间关系的分析,前三组文字组构成一种实事上的统一。进而通过其对在原素的时间性与自我性的时间性或者到时之间关系的研究,第四组文字构成一种向具体实际问题的过渡,这些实际问题在最后两组手稿中得到讨论。第一个在第五组文字中详细得到讨论的实际问题,涉及经验对象、想象对象与观念对象的个体化难题。而后,在最后这组文字中出现的是对在发生现象学框架内的再回忆的分析。其中不仅回忆的不同种类彼此得到区分,而且胡塞尔也研究了其不同的进行方式,尤其研究了其在各种各样兴趣中的动机引发。

* * *

这个版本是两位编者首先在鲁汶,后来在鲁汶与科隆共同劳作的结果。"编者引论"的第一节由 D. 洛马尔撰写,剩下的第二节至第五节由 R. 贝耐特撰写。

* * *

现以一些感激之辞作为结束语。我们特别感谢《胡塞尔全集》前负责人 S. 伊耶瑟林教授博士与 R. 波姆教授博士以及现在的共同编辑者 U.梅勒教授博士。我们对科隆大学胡塞尔档案馆主任 K.杜鑫教授博士与 K.E.卡埃莱尔教授博士也表示感谢,感谢他们的信任以及对我们编辑工作慷慨的支持。

同样,向卢汶与科隆胡塞尔档案馆所有今天与以前的工作人员表示感谢,他们共同参加了这个版本持续数年的准备工作。我们尤其想提到来自这些人的合作,他们是文科硕士:迪尔克·冯法拉、贝恩特·戈森斯、于尔根·毛尔斯伯格、西格弗里德·龙巴赫;博士:莱讷·舍菲尔与安雅·佐尔巴赫。他们非常谨慎与细心地参加了付印稿样的完成,处理了校对工作,而且承担了所有其他在排印期间出现的工作。我们也特别要衷心感谢玛丽安妮·瑞凯伯尔-吉菲尔夫人与莫尼卡·海顿赖希夫人,感谢她们在制作付印稿样时可靠与耐心的合作。

值得感谢的是,北莱茵-威斯特法伦州科学与研究部以一笔研究津贴资助了本卷的编辑出版。

R.贝耐特与 D.洛马尔
2000 年 9 月于鲁汶与科隆

第一编

论原初时间意识的基本结构：原体现、滞留和前摄的流动关联

第一篇 〈原初时间意识中滞留与前摄的交织·原体现与新奇之物的意识〉

第1节 原体现的意向性·〈注意的朝向一个当下新物、过去之物或者将来之物〉

"指向一个感知客体",这就是说,为作为背景客体、作为正处于构造中的客体〈施加〉的刺激所驱使,朝向这个刺激;原因就在于,要么"刺激一开始,立即就"朝向客体,要么只是在其感知被给予性中朝向客体,例如,对此是因为(由于另一个客体施加了更强的刺激,作为对这个客体的课题性的把握与专注的)注意力禁止了立即朝向。现在,"立即朝向"意味着什么呢? 其中包括什么呢? 这种指向是一种注意的变化,后者是跟随渐渐开始构造时间客体而到来的东西。过程的起始点、原体现的点已经逐渐变为滞留,而新的原体现已经持续给自身添上了一小段,这些原体现在持续的起源中。因此,注意的变化就在于:目光通过滞留河流指向时间片段的最初块片,更确切地说,通过河流里的原片段连续统一体指向时间片段的最初块片,只要这个原片段连续统一体"短暂地"存在,它就可以在其宽度中承载注意力作为原生的注意力,而且在这里不连续的起始点还受到偏爱。几乎可以说,一旦自我以此方式已经在原片段河流中站岗,大体上,对新物的优先选择就进入注意力;注意力始终在对开始的新鲜的被滞留之物的指向中,但这个开始总是丧失新鲜之物(滞留变得更为间接,而且立义内容变得更为模糊与更为消逝,它们丧失了差别)。但它持续地改变自身。在此,原生注意力与次生注意力的区别表明是一种连续的区别。"把捉"仍然是把捉,但它变得更微弱。但是,一个顶点在把捉的强度中标明了对新物的把捉,那就是说,标明了对通过原涌现的体现而出现的原在场者的把捉,但这只是一种言说。事实上,我们可以认为,一个在新的现在中结束的很小片段具有注意力的优先选择。

但是,目光、把握如何到达新的现在自身?也许只是随后到达的,因而就像在第一次朝向中的情况那样?看来不是。现在(或者原体现)是两种"当下化的"行为的界限点,是滞留与前摄的界限点。因此,就像把握自我在感知意识中就在其中存在,它也不断地具有敞开的将来视域,具有可能的现时期待的视域。现时期待自身是注意力进入这个视域。对于朝向感知客体的存在来说,需要张开双臂去接住来临的东西①,被接住之物是在充实瞬间以最优先的方式把握将来意向,这个将来意向是空泛的并且或多或少确定的将来意向,不管怎样,它是可确定的将来意向。新被把握之物是充实,并且作为新被把握之物特别受到注意力偏爱。这种优先

---

① 这句话的原文是:"Dem Wahrnehmungsobjekt zugewendet Sein ist mit offenen Armen das Herankommende auffangen."译者向倪梁康先生请教这句话的译意,倪先生认为,这句话可能是贝尔瑙手稿编者在译解胡塞尔速记体的时候出现的误差,根据胡塞尔的文脉可将原文调整为:"Dem Wahrnehmungsobjekt zugewendeten Sein ist mit offenen Armen das Herankommende aufzufangen."——译注

选择随着连续加入的滞留的间接性与变化的不明白性而持续减弱。被把握之物始终在把捉中,但是,把捉却持续变得越来越松。因此,在感知的河流中没有不具有其意向性的点,尤其是原体现在这里不仅不断地是原现前的出现,这些原现前只是以后补的方式接受意向性,而且是在期待意向充实的样式中的原现前的不断出现。充盈向意向的形式嵌入自身,它成为如此直观可把握的。它并不在于两个一致的意向体验的相合。当然,在考察河流中的演替的时候,我们可以说:首先有一个空泛的期待,而后有原感知的点,这个原感知本身是一个意向体验。但是,这个〈体验〉在河流中只是通过作为充盈内容的原现前进入先行的空泛意向生成的,对此这个先行的空泛意向变为原体现的感知。

看来,甚至分配注意力的不同样式是可能的。一个主要的兴趣,甚至一个对刚刚过去之物的有意的原生的固握或固持,可以通过滞留的河流延续下去,而事件在构造中在进展,原生的兴趣没有迎向新物与通常被偏爱之物。同样,如果一个事件已过去,那么注意力没有朝向新事件,就可以始终盯着它。在这件事上,诚然,不久再回忆将开始,而且将再当下化还被意识到之物。而后,再回忆与空泛的总体滞留相合。在此,有效的是这个原初的规律,即一个空泛的、具体的滞留(当然,而后这个规律对其相位有效,对原滞留有效)只能通过一个再回忆获得充实,这个再回忆恰恰以对同一事件的"再意识"的方式重新构造(或者毋宁说拟-构造)同一事件的具体感知。可以这么说,一种在相反贯穿中的充实的颠倒是不可能的,至多一个充实可能发生突变,也就是说,我可以把我的朝向一个事件(例如一首旋律)之流逝的注意力通过空泛的总体滞留指向这首旋律的不同部分,但是,每一个这样的部分只有以一个当下化的变异了的具体感知的形式才获得重复的被给予性,我让这个感知以回忆的方式重新流逝,由其开始到其结束,而不是相反。唯有在空泛的意识与部分生动的直观滞留中,注意的目光才可能是彼此相反指向的。但是,每次被把握之物只能在时间河流的指向中,在新构造的指向中直观化自身、充实自身。

现在,应该重新探讨的是:如果不是肯定的注意性(Attentionalität)在起作用,而是否定的注意性在起作用,无注意力在起作用,那就是说,如果一个真正的"注意到"与在此意义上的感知没有发生,〈如果〉事件没有受到任何关注就在流逝,那么原体现情况会怎样?

第2节 〈原过程流逝中滞留性意向性与前摄性意向性的编结〉

不过,我们可以利用一部分上面已阐述的东西,并且从中可以看出:即使我们并不在每一意义上把所有的体验-存在立义为对……意识,但是,在这里保持不变的是,"意识"的原过程是一个意向的过程,那就是说,是现实的意识。并且,因此看来在此存在的难题现在最终得到了解决。我们考虑一下,原河流——这是什么,"最终的"超越论的生命之组成的河流?在那儿包括所有现象学时间的事件,这些事件"存在",但是它们没有任何"注意力的参与"或者没有任何对纯粹自我的把握就流逝地构造自身,并且至于在合感知的把握中构造自身的事件,〈其中也包括〉构造的、生活在注意的样式中的组成的河流。

我们设想,没有任何注意的自我参与,一个现象学的进程就在流逝,而且一个原素的进程就在流逝。在这里,我们假定,自我在某些其他进程上从事注意到的活动,例如,在一个客观时间进程上从事注意到的活动。当然,在这里,指向客观对象性的注意力,例如,指向一个静止的或运动的空间事物的注意力,对展示的感觉素材来说也意指一个派生的注意的样式。如果我们不把这自身视为范例,而是视为一个背景进程,例如,视为声响,在这些声响那里我们让它敞开着,那么是否(无疑)这些声响在空间上是被客体化的。

而后,在我们现在偏爱的原素领域,区分自身的是继续一个已经被组织的过程的原素流逝与新开始的这样一些流逝。在此,我们可以注意到:在一个就内容而言一致的过程的流逝中,在一个这样的在自身中满足一个事件之统一性条件的过程的流逝中,过程的每一个新的点已经发现前摄性的视域,它被列入这些前摄性的视域,而对一个这样的过程的起始点来说不是这么回事。我们相信,我们必须这样表象原初的原素生活,即过程的每一个"新的"点都经验到一个原素变异,每一个原在场的原素素材都经验到一个原素变异,这个原素变异必然成为一个滞留的核心,并且在河流中成为一个越来越高的连续阶段的连续滞留,或者成为交织编结的意向性的增加。但是,总是新的原现前的出现不仅表明这些素材的出现,而且这同样属于过程的本质,这个过程必然是〈一个〉构造时间的过程,即只要声音响起,那么就必然存在一个前指的意向性,在这件事上,尽管有种种不稳定,但是一个声音在构造自身,那就是说,出现了相同属的总是新的原在场的素材,并且出现了内容

(本质)的持续渐次变化的总是新的原在场的素材,"期待"(当然是没有注意的自我参与的期待)、前摄不断指向将来之物,并且以充实的方式接收它,即意向地形构它。因此,每一个原现前不仅仅是内容,而且是"被立义的"内容。那就是说,原体现是被充实的期待。但是,滞留自身照此也一定承载充实的期待的要素,而且以不同的方式承载这个要素:一方面它是滞留性变异的——滞留确实是一个原体现的变异,这个原体现曾是被充实的前摄("期待");而另一方面滞留的过程自身恰恰是过程,在其中过程作为进程构造自身,并且"期待"不仅朝向新的素材,而且也朝向未来的滞留与滞留的滞留,如此等等。

因此,每一个中间相位有一个双重面孔,或者毋宁说有一个三重面孔,只是起始相位与结束相位或者毋宁说接着结束相位的相位除外。每一个中间相位就原素材的已流逝的系统而言是滞留,而且也是与已流逝的意识立义有关的滞留,并且是与此联系在一起的被充实的期待,以及是由此发出的未被充实的期待,〈这就是说,〉是一个完整的线性视域,即是一个意向的片段连续性,但它是空泛的。

图表曾是一个滞留与原素的原素材及其变异的单纯的图表,而且只是在这方面标识了时间意识,这个图表曾是不完整的,甚至关于滞留内部的意向建造未曾完美地得到描述。

我们说过:每一个构造的总体相位是被充实的前摄的滞留,后者是一个视域的界限,是一个未被充实的与就其而言连续间接的前摄(一个片段连续统一体)的界限。上述滞留自身是一个片段连续统一体,而且,正如我们知道的那样,每一个相位以其他方式也同样如此。(这种二维性也一定在空泛的期待中存在,只要这个空泛的期待也是指向将来的滞留的前摄。)但是,每一个滞留作为滞留的滞留一定已经以变异的方式意识到这一切。

第3节 现象学时间构造中"期待"(前摄)的作用·〈前摄性充实过程与滞留性脱实过程中双重意向性的连续变异〉

如果 $E_0\cdots\cdots E_p\cdots\cdots E_n$ 事件存在,那么前摄在此意义上持续贯穿这个系列,即每一新的原在场的素材迎合持续的期待。

照此人们会说,一个持续充实自身的期待链式持续地前行,这就是说,由相位向相位地前行。

但是,应该考虑的是,指向将来的期待迎面指向未来的事件,或者迎面指向流动的事件片段。情况并非如此,即在一个点上活的期待只是指向下一个点,只是指向一个单纯的界限,一个新的期待随着充实而闪现,这个期待重又只是朝向"下一个点",如此等等。期待朝向未来的事件,〈或者〉朝向事件的未来之物,〈它有〉一个流淌的事件-视域,有一个可变化的片段。原因在于,意向性连续间接地指向所有在未来之物中在观念上可区分之物。如果我们考虑相位中的连续统一体,那么它就由〈一个〉相位向下一个相位前行,但是,它贯穿这个相位,朝向下一个相位,贯穿下一个相位朝向再下一个相位,并如此朝向所有相位。我们可以同样恰当地认为,在每一个内部界限点上,它朝向某个邻接的序列片段,但是,它贯穿这个序列片段朝向每一个进一步的紧接着的片段,跟通常一样,我们认为片段分配是在观念上进行的。

这种意向性按其结构情况必然怎样呢？我们有一个意向,这个意向随着新的原现前素材的出现而充实自身,但只是在其意向性的一个相位之后充实自身,因此,作为一个敞开的"视域",一个连续的片段始终未被充实。那就是说,在已经接纳了新的(原素的)原现前素材的意识中,并未出现一个新的期待,而是同一个带有其意向的连续性的期待在继续,只是它依次已经充实了一个意向的空泛点。

但是,现在人们会说,甚至这还不够。持续的逐点的充实自身仍然属于这个意向,后者作为对还在河流中的事件之出现的意向。在此期间,这个意向持续地贯穿新的点,持续超越它们保持未被充实的期待特征,并且这个意向朝向充实,或者在期待连续统一体中从期待向期待前行,并因此朝向总是新被充实的期待(在一个相位之后的被充实的期待)。这是同一个实事的两个方面;一如在滞留中,指向过去的原素材的意向与指向过去的滞留的意向。前摄性行为的连续统一体自身在每一个相位是一个连续统一体,而且一个点在其中是被充实的前摄,而其余的点是空泛的前摄。被充实的前摄是一个先行的空泛前摄的充实,这个先行的空泛前摄自身只是一个进一步的行为的不独立的块片,这个进一步的行为有一个充实的相位。在进展中存在不断演替的相合;进入空泛(Leere)的充满(Volle)获得一个变异了的行为,但是,这个行为作为在有关的新的原体现的相位之后的充实(并且借此这个行为成为原体现的),它按照一个空泛的组成部分与先前的行为相合,而其余的空泛与先行的空泛相合。在过程中,这个空泛意识持续在延伸,它起初就是被组织的,只是通过持续的充实在缩短自身。新的前摄在某种意义上是以前前摄的变异,即变化,但是与以后前摄有关的以前前摄〈也〉是在另一种意义上的变异,在此意义上,一个当下化是一个当下拥有的变异,一个"单纯的意向"是其全部或部分充实的变异,是一个间接的意向,这个意向与一个较不间接但与之相符的意向相对。

每一个先行的前摄与在前摄性连续统一体中的每一个接着的前摄相比,正如每一个后面的滞留与同一个系列的先前的滞留相比。前行的前摄意向地包含所有以后的前摄(蕴含它们),后面的滞留意向地蕴含所有以前的滞留。

后来的前摄是以前前摄的充实,每一个以前前摄在进展中充实自身。在另一个意义上,以前滞留是后来滞留的充实(在此,一种充实转变是不可能的,并且只在前摄上才是可能的),它们是相同意义的行为,但是带有更强的与更丰富的充盈。每一个后来滞留在进展中"脱实"自身。我们在两侧具有间接的意向性,而且属于每一个间接意向性的是意向性的双重"指向":"指向"原生客体与次生客体。这就是说,"指向""行为"与在其被给予方式的样式中的原生客体。在两侧,这并不通向意向性的无限后退。但是,也许困难在两侧不是同一个,因为在原过程的河流中,空泛的(比较空泛的)前摄先行,接续的是充满的前摄,然而,充满的(比较充满的)滞留先行,接续的是比较空泛的滞留。在滞留中困难曾在于:我们如何获得对这个过程的意识,这个过程作为由滞留(与新出现的原被给予性)组成的过程?这似乎要求,滞留自身经验到立义,这样我们便落到更高层面的滞留上面,如此以至无限。

但是,现在已经澄清了一切?我们已经具有一个明白的表象,原过程看上去怎样?滞留与前摄如何交织在一起?它们在这个交织中如何具有原初时间意识的统一性？我们开始阐释这条带有滞留的构造的意识流；新出现之物始终被意识到，这就是说，虽然它变异自身，但是一个滞留性意识把它作为立义内容逮住。这个滞留性意识同样随着其立义内容得到变异，如此等等。〈出现〉一条由越来越高阶段的滞留组成的河流，在这件事上，一个新的与变异了的内容随着每一个相位而出现。

使这个内容具有"新的"特性的东西是什么？前摄的立义素材以某种方式也是新的。当然，它们作为立义素材出现，"新的"内容、原在场的内容不出现。但是，它确实也"期待地"到来，它在充实前摄。

第4节　现象学时间对象性构造与时间构造中滞留和前摄的交织·〈现在意识和一个新事件的原体现难题〉

（作为时间对象的）现象学进程的起始点出现了，它（在一个注意的前摄或者真正的期待中，或者在未注意的前摄中）可能是被期待的，通过前摄被先示的。但是，没有〈一个〉指向它、指向其内容的前摄，这个前摄至少大体上先示它，它也可能出现。或者毋宁说：事件自身可以没有先示、毫无特定的期待而"出现"，可以对我作为当下合意识地构造自身。

这给出一个特殊的难题，对起始点与起始片段来说的原体现的难题。如果我们接受一个传递的点，那么一个块片就已经以构造时间的方式流逝了。也许人们会认为，没有完全真正的时间构造，一个"小的"起始块片一旦已经流逝,我们需要的前摄就按照原初的发生的必然性建立自身,并且现在在河流的发展中扩展自身的将来的立义连续统一体,它现在也向后扩展自身,反射到已流逝的过程上面,并且把先前还缺少的立义赋予这个过程。然而,正如已表明了的那样,我们排除了这个难题并且认为,任何一个传递的点 E_k 在先行前摄的充实中出现,这个前摄已指向进一步的块片。因此,这个前摄是一个连续-意向的体验,而且在其持续的变化中是一个变化相位接着一个变化相位地被充实的前摄,但是,在每一个相位唯有一个点被连续的意向性所充实,而一个空泛片段未被连续的意向性充实。这个点在前摄性意向性的连续统一体中是原体现的点,它是原体现的意识。这个原体现的意识在每一个进一步的过程的位置上有一个新特性;因为前摄虽然按照形式在每一个原过程相位是一个前摄的充实,而且与此合一其自身是前摄(它并不丧失其在充实位置上作为前摄自身的本质特征),并且就所有过程相位来说也有某个意义共同体;但是,另一方面这也是明白的,即具体说来,这个意识在每一个位置上是一个不同的意识,而且即使在这种情况下也如此,在其中原在场的感性素材、充盈的感性素材是完全相同的,正如在一个事件的界限情况下那样,在其中固持着一个完全不变的对象之物,好像一个完全没有变化的声音单纯地在延续。

因此,我认为:在体验本身中,每一个"新"出现之物本身、每一个原在场内容的出现,通过一个必然(在所有本质共同性那里)变化的意识形式具有意向不同的特性,而且这开启了一种对原体现的理解,即把原现前理解成构造一个事件的原现前的东西,理解成把一个时间对象点的原被给予性构造成现在与一再更新的现在的东西。但是,以何种方式?区别应该在哪里?如果一个确定的事件被期待,前摄的确可能相对地得到规定。这预设它已经作为事件曾被给予,或者先于它的一个相同之物作为事件曾被给予。而后,这个前摄是前回忆,并且是一个再回忆的变异,这个再回忆朝向过去之物。这可以用来分析一个特别重要的课题。在此,它涉及一个原初的构造,这个构造不包括这样一些纠缠。因此,在这里,没有通过前回忆确定地得到先示,我们就把出现的事件看作被先示的时间事件,它们通过空泛的意向得到先示,这些空泛的意向通过一个构造时间的过程充实自身(正如一个再回忆首先是一个对一个模糊被意识到的时间对象的空泛的指向,可以这么说,是一个对一个模糊被意识到的时间对象的单束指向,这个对象的意识在直观的再回忆中作为对构造系列的拟-再生成充实自身)。

因此,贯穿原过程的前摄不是这样一个前回忆(再造)的充实,这个前回忆(再造)朝向整个过程,或者朝向其时间事件。前摄是原初形成的。在此,作为必然发生的原规律,我们可能需要这个定句:如果一块由原素素材组成的原序列(而后一块由所有其他原体验组成的原序列)已流逝,那么一个滞留性的关联一定形成了,但是,不仅如此——休谟已经觉察出这些。意识始终在其进程中,并且预期进一步之物,即一个前摄"指向"在同一个样式中的系列的继续,并且这是与原素材的过程有关的前摄,这些原素材作为核心素材起作用,并且这同样是与滞留连同其在其中起作用的映射之过程有关的前摄。一个带有滞留性的过程的细微差别变异了前摄,后者现在不断地同行,并且其自身一定预期地包含在这个前摄的进一步进展中。但是,对此构造自身的是事件,而且这个事件持续带有一个敞开的事件视域,后者自身是前摄性的视域。根据发生的方式,人们会说:即使没有一个具体确定的期待先于事件,当一般在某些程度上原过程构造性地被生成之后,每一个原过程仍然必须〈被统觉〉为构造性的。因此,原素核心内容的出现与原初变异的游戏一旦已经开始,每一个素材立即就〈会〉通过前摄被接收。在这个过程内部,必定会有一个前摄被统摄为构造着事件的,这个前摄向前指向一个不断编织的事件,并且以回溯作用的方式指向已流逝的"细微差别",或者说,必定会以构造的方式为这个事件嵌入一个事件块片。

因此,以发生的方式,任务在于理解,在对一个构造性过程的进行的形成之前,即在对一个时间对象的意识拥有之前,一个这样的意识拥有、一个构造性过程一般如何能够形成且必须形成。即澄清苏醒的自我的观念,澄清一个开始其生活的自我的观念,而且正如它必定形成意识生活的那样。可是,这个观念是否标明一种可能性?无论如何,作为最低值,我们可以假定:由原素素材——作为一个构造性过程的核心素材——组成的连续的原序列(也包括个别的非连续的原序列,如果这样一些原序列是可想象的)必然带有连续衔接的消退或者消退连续体;在我们图表的意义上,它们根据进一步的原合法性成为滞留性立义的立义核心。但是,根据一个必然的规律,不仅滞留在一个"细微差别"的流逝之后被进行,而且前摄也指向一个未来之物,这个未来之物按照一个最一般的东西在内容上是确定的(如果一个声音已开始响起,那么将来也有〈一个〉声音,即使强度关系或者质性关系的更详细的情况在前摄的意义上始终是不确定的,如此等等)。于是,现在,过程的每一个相位是一段滞留,是作为被充实的前摄的一个原体现的点,并且是一段未被充实的前摄。

但是,在这里应该考虑的是:在过程中间,每一个滞留一定是一个先前被充实的前摄及其空泛视域的滞留;在这个片段的连续相位系列中,在滞留性变异中的每一个紧接着的滞留包含先行前摄的一个点的充实;关于未被充实之物相合存在着;在进展中贯穿未被充实之物,在其未被充实性中逐段地固持着未被充实之物,类似于被充实之物本身贯穿滞留片段,尽管是在较高的时间客体化中贯穿滞留片段。现在通过前摄性充实的形式被构造,过去通过这个充实的滞留性变异被构造;在贯穿脱实的认同的连续性中,时间点像被意识为现在的曾在的时间点一样,像被意识为刚刚过去的曾在的时间点一样是同一个,如此等等。接下来的问题是:滞留一般借此才是一个时间点对象的与同一的点的现实滞留,即前摄已经创造了一个现在,并对此也创造了一个甚至以不同的被给予性样式可认同之物?

附录1 (关于第一篇文字第4节):〈用图表展示滞留与前摄交织的几个尝试〉

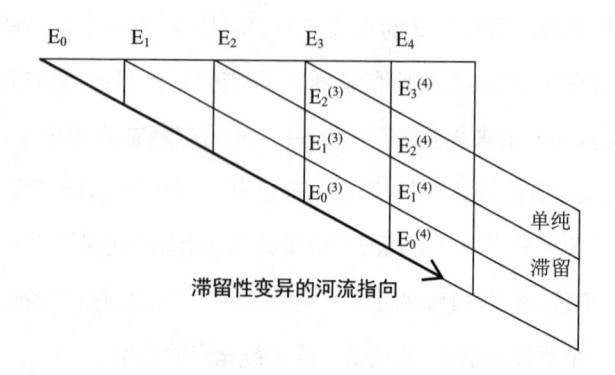

滞留性变异的河流指向

垂直线:瞬间意识连同其原在场的 E_k 点及其在过去渐次变化样式中的滞留性时间片段。但也是原当下意识连同其滞留性的连续伴随者,后者作为已流逝片段的滞留,在这件事上,这个片段同时指明原在场与原滞留性的核心素材的连续统一体。

此外,每一个部分片段,如 $E_1^{(4)}$—$E_0^{(4)}$(或倒着排列),是同一个河流线条所有以前片段的滞留,这同一个河流线条与下面标记的同一些河流线条有关,即与直到 E_0^1—E_1 的同一些河流线条有关。

再者,在原河流中的垂直系列的连续性中,垂直片段从细微差别开始在渐渐生长。由于一个原现前点作为原细微差别持续地附上自身,每一个片段(连同其每一个细微差别)在下沉与向上生长,或者从上面生长。只要原当下在产生,过去就在丰富自身。

至于前摄及其"活动",其行进类似于滞留。每一个滞留性系列在其 E_k 上原涌现地产生,但是,原涌现的相位只是一个点,并且这个系列的每一个进一步的点有其在一个以前 E 中的原涌现的相位,因而最后具有整个系列,例如,在 E_4 至 E_0 中,在水平基本系列中具有 E_4—$E_0^{(4)}$。原涌现的滞留性相位是在每一个 E_k 上滞留性地开始的原细微差别。因此,我们也具有一个前摄性的原细微差别,也具有在每一个 E_k 中的原涌现的原前摄。这应该怎样描述?

我们应该说:一如 E_0 随着一个细微差别而开始,只有当过程构造一个不熟悉的事件的时候,只有当这个事件的内容是极其不完美地被确定的时候,尽管它从未撇开图式(图表)是完全不确定的,在 E_0 那里,一个空泛的前摄已经在此存在,这个前摄作为形态具有完整的图式,可以这么说,这个图式只是进一步用过程标识自身的图式。因此,在每一个 E_k 上,除了滞留性的图式之外,还有一个前摄性的图式在此得到了区分,即前摄的确指向将来的构造,或者说得更确切些,(由于多种的意向性)指向将来的事件,并因此前摄由被给予的被现时化的垂直系列向紧接着的系列行进。

与滞留图表合一的前摄图表。

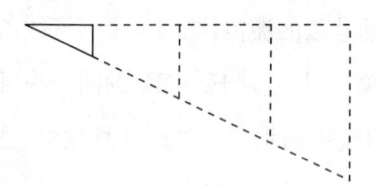

因此,在 E_0 上:

在 E_3 上:

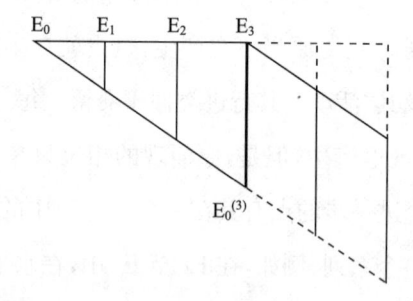

较细的被拉长的路线与完整的被凸现的图表表明,在较粗的路线中,由于滞留的间接性,一个对过去的目光指向也是可能的,这个过去确实作为被充实的过去曾出现过。同时,〈我们〉在两侧〈具有〉(直观的)向后回忆与前回忆的可能性。在较强片段中现存的与被充实的视域为所画的虚线所标明,并且在这里垂直片段的连续序列标明前摄的间接性;在垂直序列中的连续秩序标明那一个间接性,后者在将来的滞留性的渐次变化中是被要求的。粗的路线表明,滞留片段 E_3—$E_0^{(3)}$ 是活的片段,而且它作为前摄的充实出现,E_3 作为原涌现的充盈(原涌现的前摄)出现,并且这些片

段点或者细微差别连续进一步的是关于前行的滞留性变异的前摄的充盈,这些前摄的视域进入充实现象。由此形态可以看出,前摄在何种程度上是颠倒过来的滞留;它是一个滞留的变异,诚然,它以某种方式"预设了"滞留。

E_0
$E_1 V^1(E_0)$
$E_2 V^1(E_1) V^2(E_0)$……

或者首先更好的是:

$E_2 V^1 \{EV(E_0)\}$
$E_3 V[E_2 V\{EV(E_0)\}]$

原过程只标明滞留,前摄从系列向系列垂直向下行进,与此同时它们持续充实自身。E_0被意识为在其连续的间接性中的滞留的临界值,并且以某种方式也被意识为在滞留中一同存在的也滞留性被意识到的前摄的临界值,后者作为充实序列的零临界值。对此,首先一个构造的过程指明了延续片段 E_0 …… E_n 的构造。但是,在这里区分自身的是原素素材的系统,并且在相应原素材的现象学时间的客体化那里,我们更加一般性地谈论核心素材的连续统一体,这些核心素材作为时间意识中的立义素材起作用,我们更加一般性地谈论被客体化的进程的时间点,它们在一定程度上是在一个延续的点的形式中的这些素材,而且其自身是以变化的被给予性方式被构造的，在一个变化的现在中被构造的，在刚刚过去中被构造的，如此等等，在这里，它们是相对于现在或者各自在现在样式中被意识到的点连续被定位的。

如果核心素材被称为 $E_0, E_1 \cdots E_n$，那么它们从未出现，除非它们作为前摄的充实，起始点 E_0 除外，起始点 E_0 在固有的意义上是"未被意识到的"，并且只是通过滞留间接地得到"意识"，即对此作为被立义的起始点出现。但这确实只是表明，它自身作为（在原本中的）E_0 不是立义内容，除非它引入的这个事件已经通过一个前回忆-期待是被期待的事件。（依此，注意的把握可以迎面指向它，而且如果它出现，那么它是"受欢迎的"，一如人们可以通过滞留的反射回指它。）只要我们把临界值称为意识，那么照此 E_0 必须同样被称为 E_0。（即类似于我们把零称作数。）E 在每一个横连续性（在图表中它们是垂直被标识的系列）中标明界限位置，在这个界限位置中，现在意识通过 E_0 及其立义构造自身。

一个"细微差别"先行于 $E'_0 \cdots E''_0$，在这个 $E'_0 \cdots E''_0$ 中单纯的滞留在起作用，并且只确立一个延展的统一性，并且借此动机引发一个对"继续"的前摄。现在，我们书写的每一个横系列是一个指向它的前摄的充实，这个前摄是"直接先行的"横系列的前摄。这还通过相应的块片滞留被意识到，这个相应的块片是除了开始相位之外的整个横系列。但是，无疑，在我们的横系列中，指向它们的紧接着的前摄并未表现出来。如果没有前摄，即没有紧接着的系列，没有 $E_{k+1}(V\{E_k V \cdots\})$，$E_k V \cdots$ 横系列就存在着，那么我们必须将它补写出来[①]：

[①] 较为清楚的是，一开始就采用下面明确的标识。

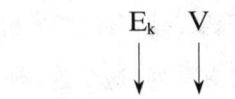

第一编　论原初时间意识的基本结构：原体现、滞留和前摄的流动关联　57

$$E_k \quad V \\ \downarrow \quad \downarrow$$

于是，现在，E_{k+1} 不仅意指 E_{k+1}，而且其立义作为充实出现，同样，$V(E_k V\cdots\cdots)$ 作为充实出现。但是，现在，在这种书写中缺少的是，前行的 $E_k V\cdots\cdots$ 具有垂直箭头。那就是说，我们具有充实 E_{k+1}；具有充实：

$$\{V(E_k V—)\} \\ \downarrow \downarrow$$

但是，这表明什么：充实在（相位的）各自瞬间意识中，因为先前的瞬间意识在现在中确实只是滞留性地被意识到的？

它可能只是表明：

$$E_{k+1} \quad V(E_k) \quad V(—)$$

〈或者〉更清楚的是：

$$E_{k+1} \quad V^1(E_k) \quad V^2(E_{k-1}) \quad V^3(E_{k-2}) \cdots V^{k+1}(E_0)$$

前摄从横序列向横系列前行，并且每一个新的横系列有一个相应的充实变异，这是确然无误的。但是，在横系列自身中充实者作为充实之物构造自身，并且连续地构造自身，因为滞留作为横系列相位连续地保持自身。在每一个横系列中存在着所有"先行的"

E 的变异,并且一个连续的充实与所有这些素材联系在一起,并且把统一性给予与"E"有关的横系列,这个连续的充实自身是持续变异的,它带有现实充实的界限点,带有核心素材(各自新的核心素材 E_{k+1})。

新素材尤其借此合意识地被凸现为新的。这个素材具有现在的特性。另一方面,这应该有所保留地(cum grano salis)得到理解。因为,它涉及被给予性方式的连续统一体中的一个单纯的界限,并且现在只是在"曾在的现在"系列中的现在。横系列的滞留性相位也是在不同的连续阶段中被再造的现在,是意指核心素材的被再造的充实。这也切中了作为相对当下性的滞留,只是起始相位是纯粹的印象,现在之物作为新奇之物到来,而不是作为一个旧物的贫乏化到来,不是作为滞留到来。看来,对此时间意识的结构又变得更为清楚明了。

第二篇 〈滞留与前摄的组合·充实等级性与当下意识·原过程图示〉

第1节 〈滞留中的前摄——前摄中的滞留·一个新图表〉

〈在原过程的河流中,我们具有〉1)原素素材的序列,这些原素素材滞留性地向后下沉;与每一个新的原素素材联系在一起的是意向的逐级间接性的滞留。于是,在意识自身中,滞留性片段的序列被给予,这些滞留性片段属于过去的事件点。而后,各自原素的素材与整个属于它的滞留性片段不是真正地被意识到,只是被意识为先行的滞留性片段的界限。

2)此外,我们现在设想前摄。每一个垂直片段"受欢迎地"到来,或者说得更确切些,每一个滞留性的瞬间连续统一体保持一个对紧接着的瞬间连续统一体的前摄,并且在连续的间接性中保持一个对进一步紧接着的瞬间连续统一体的前摄。以发生的方式说,如果新的核心素材一再地、持续地出现,那么旧的核心素材不仅滞留性地下沉,而且一个前摄性的意识在"形成",这个前摄性的意识迎合新的原素材,而且用它们限定性地充实自身。但这不只是逐点充实自身,不只是从一个点到一个点地充实自身。我们不仅具有在其序列的意识中的一个由原素材组成的序列,而且在其中也在这个序列的意识中具有一个由滞留性片段($-U_x$)组成的序列。甚至这个序列被"投射到前摄之物之中",或者毋宁说,在原过程中,我们具有由这样一些滞留性的片段组成的一个序列,每一个滞留性片段都限定在一个原素材中(并且在这里从一个"零长度"开始向不断生长的片段向上增加自身,即使这些片段最终在视域中"渐渐模糊起来")。

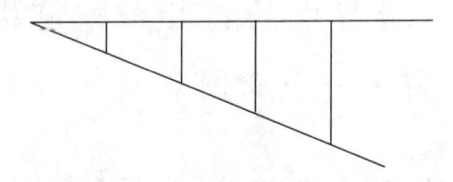

21　　这个原序列以前摄性的意识形式把自身投射到将来之中,这个前摄性的意识伴随着每一个相位。只要它把原素材持续视为限定性的充实,它就在事件每一个进一步的点中限定性地充实自身。但是,只要这些原素材持续重又下沉,而且这个下沉也应该前摄性地被包含,即自身脱实与滞留性的自身变化也应该前摄性地被包含,并且在此事先就应该考虑的是,前摄不可能单纯直接地由点到点朝向原素材(因为它重又是一个由体验瞬间组成的序列,那就是说,重又要求其滞留,而后也要求其前摄,这些前摄进而一定成为后来前摄的间接前摄),那么我们便获得如下的与在新图表中可理解的观点。

我们以如下方式构建它:我们由此出发,即事件 E_1—E_2 的

第一编　论原初时间意识的基本结构:原体现、滞留和前摄的流动关联　61

一个块片已经流逝了,而且我们伫立在 E_2 上。我们在这里具有对已流逝之物的意识,这个意识〈贯穿〉垂直向下指向的滞留片段。

1) 最初的形态:

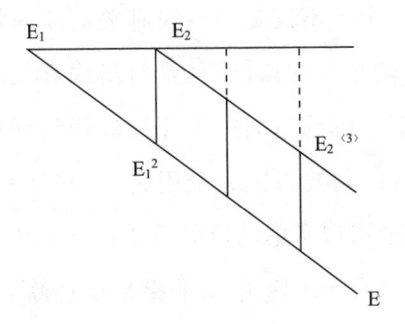

2) 完整的形态:

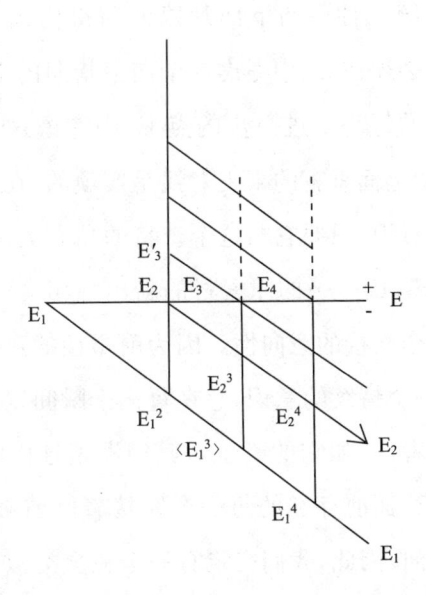

如果现在在 E_2 上应该存在一个对将来过程的前摄,这个过程通过其样式,并且在最普遍之物中通过其质料种类得到先示,那么

片段 $E_2E_1{}^2$（已流逝之物的滞留）首先一定承载一个前摄，这个前摄可以间接地通过斜线得到标明，这条斜线受 $E_2E_2{}^3$ 与 $E_1{}^2E_1$ 限制。

　　前意识的确指向这里，即 $E_2E_1{}^2$ 将持续下沉。因此，现在，这个片段的每一个点不仅是与斜线有关的滞留性意识，这些斜线回溯到 E_1E_2 的相应的点，而且是与斜线有关的前摄性意识，这些斜线在向下下沉的指向中贯穿被标识的线条片段。因此，这个标识被平行的射线系统完全用完了，并且是循着滞留与前摄被用完的，只要可以考虑的恰恰只是在线条中可发现的东西。但是，对在角的部分 EE_2E_2 中的前摄来说还缺少一个标识。现在，我们向上拉长 $E_1{}^2E^2$ 的一个延长部分，并以此标识前摄，这些前摄在意识统一性中与下面片段的前摄构成了缺少的意向性。我们不仅必须在 E_2 中考虑这个向上指向的垂线，而且也必须在基本片段的每一个进一步的点 E_k 中考虑这个向上指向的垂线。在 E_2 中上面垂直的半支射线是实项的，在这个瞬间它是所有前摄性的意识，只要它与这个奇特的角有关，并且在其中与从 E_2 起通过 $E_3,E_4\cdots\cdots$ 的原素材的新出现相关。但是，这个意向性必然是一个间接的意向性。因为前摄性的意识不是一个瞬间意识，而是一个持续的意识，它在每一个瞬间以同样的方式指向将来的进入者，一如它的确也对其向滞留性面的补充部分有效。在此，在 E_3 面前存在的每一个紧接着的前摄，也在这上面蕴含地得到指向，因此，我们一定有一个完全类似于在滞留序列与指向它们的前摄中的建造。在持续间接的意向性中它们交织地充实自身，并且最终导致这些限定，这就是说，导致基本序列的这些点，即它们在此通向 E_3，通向用虚线表示的路线 E_3'——E_3。如果 E_3 已到达，如果基本序列的一个点已到达，那么滞留性的下沉一定出现，而且至于被给予性方式，前摄性的"被期待之物"，即"充实"也进一步前行，并且我们现在获得坠入这个角的垂直块片。

前摄性的上面片段的每一个点在间接的意向性中已指向基本片段的一个点。正是借此一个前摄性的上面片段的每一个块片已指向在斜线条中相应剪掉自身的块片，这个块片是一个后来的上面的平行片段的块片，而且它在这个角度中还进一步贯穿着。我们也可以说，每一个这样的块片在"下沉"；这个下沉是一个不断的自身充实。但是，尽管前摄在这里始终"充实"自身，在某种意义上，只是在 EE 上面存在的东西是一个自身"充实"，在 EE 下面存在的东西是一个自身"脱空"。此外，如果上面垂线中的一条垂线已经实项地生成，那么它也是作为充实到达的，而且它也与其平行的线条相关，而且与块片相关，与这个块片的支线相关，这条支线标识了相应过去的上面块片，滞留也同样如此，正如这对下面的领域有效。

我们有一条意识大河，它在自己自身中朝向前行的方向是前摄，朝向反方向与在其中存在的东西是滞留。但是，现在应该考虑的是，这些棘手的关系如何进一步变得可理解的。我们必须指明，这个形态实际上包含构造时间的所有必要的东西，而不包含任何其他东西，对它来说所有我〈可以〉察觉到的东西以及所有已经被视为标明确定的东西也是现存的，并且〈我们〉必须指明，它在这种纠缠中是如何可能的。

第2节 〈作为充实过程的滞留与前摄的交织〉

我们已经让这样的过程如此展开。首先是单纯滞留,而后必然得到变异,借此前摄。前摄也抓住已经被给予的滞留性片段。这表明,"过去之物本身"的新系列不仅到来,而且"将要到来并且一定到来"。意识"接受一个变异",通过这个变异它不仅是滞留性的连续性,而且也是前摄性的连续性。后者表明:在这个意识的本质中包含,它是持续可充实的,以至于每一个充实也是对一个新充实的意向,如此等等。于是,存在持续系列的观念可能性,这些持续的系列由前回忆与拟-前回忆(作为将来之物的可能性)组成,在其中离散地存放着这个意向性的意义。"由于"相继的出现,在必然的内在"因果性"中形成这种意向性的改造(Umbildung),由单面性变为两面性,而且这个新的面成为原面的一种镜像。

现在,前摄的上面楼层应该补充地出现;由滞留性流逝的序列产生的新〈序列〉,的确应该是在相同样式中的一个将来的继续,即这个由 E_1 向 E 与 E_1 流逝的敞开的角,应该据有一个由滞留性片段组成的连续统一体,这些滞留性片段限定在 E 中,而且以一个预期的方式据有。但是,这个预期通过作为进展的连续统一体的先行滞留的连续统一体被动机引发,于是,现在,这个连续统一体在实现的流逝中必然是一个充实的连续统一体,它持续充实每一个相位并且〈动机引发〉紧接着的前摄,这个紧接着的前摄在进展中重又充实自身。每一个相位在这里也是以前相位的滞留,这当然是被给予的。由于充实在自身中包含先行的意向的滞留。先行的意向本身被滞留在滞留的新意识中,而且这个意识一方面在自身中具有以前意识的充实特征,另一方面在自身中具有以前意识的滞留特征。但难道在此不存在一个困难?以前的〈意识〉是前摄(即正是"指向"以后意识的意向),并因此随后到来的滞留是以前滞留的滞留,这个以前滞留同样具有前摄的特征。因此,这个新进入的滞留再造以前的滞留连同其前摄性的趋向,并且同时充实后者,但是,以一种方式充实后者,即对紧接着的相位的一个前摄贯穿这个充实。

在此,应该进一步考虑的是澄清下述情况。如果 E_1 "下沉",如果滞留性的意识对此重又下沉(变成一个变异了的意识,这个意识在自身中是以前意识的滞留,并借此是更加以前意识的滞留……),而且如果这样的每一个垂直的下面片段是在其所有点之后的间接滞留,并且是在不同阶段中的间接滞留,那么一个类似被构建的、只是不同指向的间接意向性,就把自身附加给滞留的点作为前摄、作为"趋向意识",正如我们也可以表明的那样,这个"趋向意识"已指向序列的将来连续性。因此,现在,在过渡中变异是一个双重变异,一方面,它是这样一个变异,它把各自意识变异为继续在这个意义上的一个先行的意识变异,因此它成为对刚才的曾在意识的意识,并且贯穿刚才曾在意识成为对先前曾在意识的意识(或者说得更确切些,成为对刚才过去之物的意识,这个意识就其而论是对其刚才过去之物的过去的意识);另一方面,它是那样一个变异,它把各自意识变异成一个将来到来的意识的前摄(在这件事上,各自意识自身是先行的向其自身方向作为将来到来的意识的变异),并且如此变异以至于它作为充实的("被期待的")意识出现,但是,是作为"紧接着充实的"意识出现,通过这个紧接着充实的意识刚才间接的意向性进一步贯穿着。

因此,"变异"表明了转变成一个与充实样式合一的新前摄,即以前意向的一个相应的要素在此得到了充实,而其他要素只具有未被充实性的变异,这个未充实性的变异"接近"充实的变异。但是,这在意识自身中存在,即个别的要素在自身中也是以前前摄的充实,并且是以前前摄的始终未充实要素的相应变异。那就是说,前摄本身也是不断地回指的,尽管它是前指的:已经意识到某物,后者不具有过去的特征,而具有将来的特征,并且在这方面有其间接性,有其(在同时中的)变异的持续性。(属于这个持续变异了的、构成一个瞬间连续性前指状态[Vorgerichtetsein]之本质的是:在原过程中,在转变为持续新充实的意义上经验到一个演替的普遍变异,正如上面已描述的那样,它们重又是意向。并且这也以某种方式就在每一个相位蕴含地存在:属于其本质的是一个前行的前回忆的可能性,这个前回忆在某一个间接的意向性的"位置"上设定自身,预期它,以至于〈它〉让一个类似的进程在流逝,前行地在流逝,正如已表明的那样,它在一个持续充实变异的过程中让变异了的前摄在流逝。作为拟-现实性,将来事件的块片在这些变异了的前摄中发生。)

但是,指向过去的涵义如何属于原过程的每一个瞬间前摄的本质,它如何是对过去的意识,这个过去在当下体验中充实自身,并且向未被充实的持留之物变异自身?我们应该说:在河流中出现的滞留连同其附着(Behaftung)通过前摄性的意向"沉"入过去,因而经验到一个滞留性的变异?那就是说,新相位不仅是滞留向下一个阶段的一个滞留的转变,后一个滞留在其间接的意向性中已经变异地意识到以前的滞留,并且是一个一同被编结的前摄的转变,而且它也是一个以前前摄的滞留。当然,这确实不可能是新的前摄连同其充实内涵(在此其自身就不是新的前摄连同其充实内涵,在这里不再出现任何新事件)。新前摄是新的,并且是以前前摄的变异,但是它自身通过一个被编入的滞留性意识的要素被意识到。于是,正是借此在瞬间意识自身中充实的相合得到了实现。

第3节 〈滞留性与前摄性的充实过程包含一个无限后退?时间意识诸阶段〉

现在,人们可以说:但是,对此所有困难还远没有得到澄清或者被清除。现在,无限后退的幽灵即将重又变着花样发生。我们确实不仅具有一个带着一个前摄的滞留的滞留,并且具有充实先前前摄的新的滞留与前摄。充实自身一定滞留性地进入后来的意识相位,新的指向将来充实的前摄在形成,这些前摄重又在充实自身,重又滞留性地被意识到,重又唤醒对这些更高充实的前摄,如此以至无限。

因此,这叫人无法理解。如何能够避开这个无限后退?非常容易:因为这不是单纯术语中的一个纠缠?我们在发生"史"中把尚不是充实的前摄放在开始上,这个前摄渐渐变为一个充实,这是一个新前摄的样式。这个前摄渐渐变为一个新的充实,在这件事上,当然,在此以前的前摄(以一个滞留的形态)被意识到,它的充实样式也已经被意识到,如此以至无限,这根本就不提供不完善的后退。

如果我们漠视所有发生,那就是说,漠视所有"历史",并且打算假定：无论原过程涉及旧的事件，还是涉及新的事件，在这个原过程中，每一个相位都本质上是一个先行被充实的（在一个事件或若干事件意义上被充实的）时间片段的滞留与前摄合一，这个前摄涉及接下来的前摄，那么情况会怎样呢？在这里，（在与直观性等等有关的已知结构中的）过去的时间片段的每一个滞留在自身中是间接的滞留与滞留的滞留，而且同样是间接的前摄。但它也是以前前摄的滞留，如此等等。为什么这还应该包含一个困难？看来，实际上，在此毫无困难。而后，我们没有流逝的与单纯滞留性变化自身的原素材的开始，并且没有在后面到来的前摄与这些前摄的滞留的开始。而是，作为开端，我们只有一个考察的开始，我们不断地伫立在一个无限过程的中间并且选取一个相位，这个相位是一个意向性的双重支线，在这个双重支线中，原素材只有一个作为意向性要素的凸现。① 剩下的困难涉及这个凸现，或者一般涉及在原过程中的瞬间意识的两个不同支线的凸现，连同在其中重又被凸现的界限点。此外，进而涉及对时间对象性之构造的完满的澄清，即涉及意识与它的关系，在那里这个意识仍然如此多种多样地被涉及，并且向不同的反思指向指明不同的相互关联的对象性。

当然，人们不可以简单地把下面的支线称作滞留，把上面的支线称作前摄，或者说，语词滞留与前摄具有不同的含义，并且依照本质必然性具有关联的含义。下面的支线是与已流逝的被充实的

---

① 解决并非是这么简单的。在有细微差别的瞬间与无限性视域之间仍然必须做出区分，这个无限性视域是可能再回忆的一种单纯的潜能性。此外，我们在每一个 U_x 中具有一个由瞬间组成的现时的无限性。并且一个开始作为一个完全未被期待的事件的降临？由此可见，这行不通。

事件时间片段有关的滞留,它标志着关联的部分,或者标志着有关瞬间的总体意识的连续的关联面,通过它过去的事件本身在不同的间接性阶段中还被意识到。上面的支线则标志着尚未当下曾在的部分,标志着将来的并在此更不确定地被意识到的部分。在此意义上,过去之物称作滞留性被意识到的过去事件、过去时间片段,将来之物称作前摄性被意识到的将来时间片段。但是,由于这个用两条支线建造的片段持续地变异自身,而且不仅仅如此,〈这个片段〉以某种方式〈变异自身〉,即不仅仅过程在流逝,而且它自身被意识为过程,那就是说,其自身构造带着时间内容的第二个"时间",因此,现象的时间与时间内容连同过去与将来这些被给予性样式只能在原过程中构造自身。只有通过一个二阶的、最内部的、超越论的时间,并且在一个最后超越论的事件中,在无限过程本身中,现象的时间、一阶超越论的时间才是可能的,这个过程自在自为地是对过程的意识。于是,只有在一个原过程中一个过程才可以合意识地被意识到,一个瞬间意识只能作为一个过程的瞬间。

因此,我们现在考虑,一个事件如何成为现象学的"现象"——在最初意义上的现象,而非最终意义上的现象。在 U_x 中,在现象学原过程的相位,我们发现一个凸现的点 x。这个点应该具有怎样特性?或者说,它应该如何具有一个由 U……U_x 组成的整个前行片段的顶点的特性,应该如何具有同一个片段的一个"充实"点的特性,而且如何区分这个充实与一般充实,在一般充实中,整个片段 U 循着其所有在过程中的点出现?因此,如何澄清充实的这个双重意义?看来,这也表明了前摄的一个双重意义。U_x 是一个前摄,这个前摄在一种情况下循着其所有点与所有将来的 U 片段有关,而在另一种情况下仅仅循着每一个上面的点,而且与基本片段的点有关(或者毋宁说,与其将来事件点的意向对象性有关)。而且(正如先前已述及的那样),与此平行的是,片段中的每一个意识点是与以前片段的所有点有关的"滞留"(或者说得更确切些,是与其意向的对象点有关的滞留),而另一方面,唯有每一个下面片段的每一个点是滞留,而后只是与基本片段的每一个意向点有关的滞留,这个基本片段在有关 U_x 的 x 后面存在。在这方面,我们也有一个特殊充实的类似者,通过这个特殊充实,基本序列的意识相关项得到了凸现。它们循着上半面的前摄是顶点,是最大限度充实的点,循着下半面的滞留也是顶点,是最低限度"脱空"的点。上面过程(循着其上面进程的一般过程)随着每一个新相位而引向一个"充盈"的最大限度点,或者包含一个"充实"的最大限度相位。① 但是,没有充盈的最低限度点作为过渡,这个过渡对意识来说也得到类似地凸现,因为直观性的零界限并不与模糊领域相分离。它是一个观念,我们把这个观念放在增加过程的下面。

下面过程(原过程的下面进程)并不随着每一个片段相位而引向一个凸现的点,引向一个充盈的最大限度点,而是原过程在每一个相位的下面进程中以一个最大限度充盈的点为出发点(这个点通过上面进程的最大限度的充实被给予它),而且每一个相位 U_x 的下面进程在于脱空这个最大限度的充盈,并且在每一个新相位开始一个新的最大限度相位的一个新脱失,它持续与先行的最大限度相位的继续脱失相衔接,或者更确切地说,与其脱失的脱失的

---

① 被凸现为终点。

继续脱失相衔接。在上面进程中以空泛(这个空泛并不作为一个享有一个凸现的点)为出发点的这个进程,在此走向空泛,并且这个空泛重又不是被凸现的点。

第4节 〈原过程:〉按步骤考察

现在,我们可以认为:

1)原过程是一个无限"前摄性的"过程,这个过程从已描述过的 U_x 连续体转向总是新的 U,而且在每一个相位 U_x 是向一个新相位过渡的意识趋向,并且每一个进入的相位在自身中按照前行的趋向〈存在〉。而且这正是连续的。充实在此称作"在一个趋向意义上到来"。也就是说,趋向在此是一个意识样式,而且在趋向意义上未来之物、已进入之物在意识自身中被意识为未来之物、已进入之物,并且就其而论重又是对一个"未来之物"的趋向。在此,每一个相位是进入无限的意向与充实。原过程作为一个由意识连续体组成的过程具有这个普遍特性,在其中每一个意识连续体向两个面是无限的,而且人们在这方面可以选择过程相位(U_x 连续统一体)的每一个任意的点作为零点,而后由此出发具有两个相反的指向,并且向两个无限性具有这两个相反的指向。这表明,它尚未顾及 U_x 的特殊结构。但是,也许顾及了一个基本特征,即以不可逆的方式,U_x 渐渐变为 U_y,并因此每一个 U 向某个方向渐渐变为新而又新的 U。"永恒的"过程、不间断的过程不可以颠倒,向着每一个 U_y 的每一个 U_x 本质上具有以前或者以后的特性,并且这是一个秩序,与数列个体之间的次序一样是很少可逆的,尽管在此并不涉及种类,而是涉及"个体之物"。因此,这给予 U_x 系列的一个固定的秩序,我们用这些平行片段之过渡的持续秩序象征这些 U_x 系列,这些平行片段产生一个平面,例如:

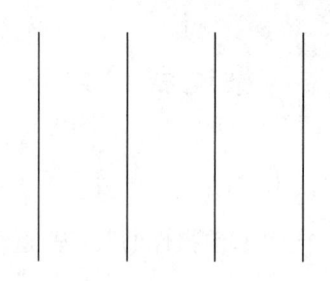

2) 但属于此的是仅仅制作过渡的单义性的东西,从几何学上说,是这个平面产生方式的确定性,是每一个系列的点向每一个其他系列的点的一个固定的合规律的列入。现在,这在于每一个各自的 U_x 以某种方式合规律持续"下沉地"渐渐变为每一个紧接着的 U_x。

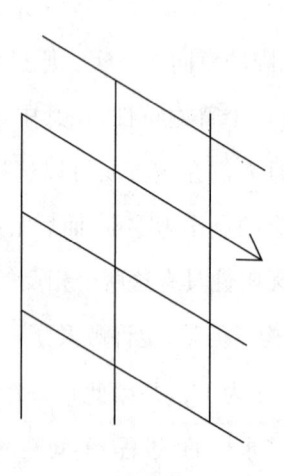

表明这个下沉的东西,首先还不取决于此,它可能首先只表明一个产生列入的单义性。因此,到目前为止,我们还根本没有水平

指向的优先权。这个水平指向恰恰只有通过 U_x 的特殊建造才得以凸现。在此首先涉及：

3a) 基本系列的优先权与特殊"充实"的规律及其脱空的对立面。U_x 意识相位有一个变化的相对充盈或似核性（Kernhaftigkeit），并且每一个 U_x 有且只有一个唯一的相位，这个相位包含一个似核性的最大值。这个核心可能是一个任意各种各样的核心。如果如此多的核心存在，那么每一个核心在最大限度似核性的有关相位（我们把它称作"原相位"）就具有最大限度的充盈，或者说，总体意识 U_x 通过这个点 U_x^m，涉及这个点，〈具有〉最大限度的充盈。这个"原核心"存在是其所是，只是作为意向被包含的核心，没有这样的意识它就不可能存在，并且最终只能作为在这样一个 U_x 中的这样一些相位的核心，作为在 U_x 的一个原过程中的这样一些相位的核心。同样，每一个其他相位 $U_x^{\pm a}$ 如此有其变化了的、非最大限度的似核性作为一个等级性，以至于在每一个 U_x 中似核性作为一个具有强度性质的要素向零下落，而且向两面下落，因此我们有 $\pm U_x^0$，或者更好地说，我们有 U_x^{+0} U_x^{-0}。但是，在这件事上，无限的片段继续在两侧是似零的，空泛的（参阅以前的阐述）。借此，现在对从 m 起的每一个 U_x 来说，一个肯定与否定指向或者一条肯定与否定支线得到先示。

3b) 现在，哪一个规律把所有原核心与变化了的核心相互联系起来，并且在这下面也把肯定与否定指向的零核心联系起来？尽管有其似零性、有其空泛，毕竟这些核心作为在 U_x 中的各自意识相位 U_x 的空泛核心有其差别性。是什么允许我们在所有 U 上谈论一个同样得到标明的肯定性与一个同样得到标明的否定性？答案在确定的意向列入的规律之中,这种列入在上文尚未得到规定。

在以某种方式把 U 系列交织地转入 U 系列的原过程中,存在一个肯定的空泛,或者说,带着直至最大值充盈化(Füllung)的等级性的"肯定"支线借此得到凸现,即过程以单义的与来自每一个 U_x 同样有序的或者同一方向的方式把空泛持续转入相应的充盈,并且最后把它持续转入一个确定的最高点。每一个肯定的片段自身有一个最高点,而每一个其他非最高(非完全似核)的点有一个意向性,这个意向性持续指明一个最高点作为终点。于是,在形态的意义上是这种情况:

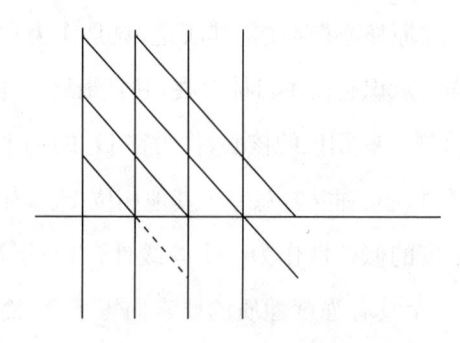

因此,在向其"上面的面"或肯定的面($+U_x$)的 U_x 特殊意向性中包括:它在过程的进展中有一个持续意向增加的要素,或者毋宁说,它是一个由要素组成的连续统一体,所有这些(直到在 U_x 中的最高点自身的)要素向将来的最高点奔去,限定在其中;在 $+U_x$ 中有关的点 u 离最高点 u^m 越近,它就越早抵达其"目标";在这里,一切都以垂直的方式进行,按照一个固定的、对过程所有片段来说同样的方式进行。这个包含在意向性自身中的增加与限定的规律,在总是新的最大值中从作为点系统的平行射线系统中标出一条原核心直线,并且对平行直线标出一个属于它的"视域指向"。

而后，类似之物对否定的一半射线 $-U_x$（由 U_x 组成的下面的面）有效。在构造时间意向性的本质中包括，每一个最高的意识点（相关地说：它的意向相关项）很快就"变贫乏"。一如意识点在用虚线表示的指向已经抵达这条直线，已达到其高点，它重又处于"下沉"状态，这个用虚线表示的指向从上面指向作为基本直线的核心直线。

第5节 〈原河流中关于进展的充实与脱实关联的新图示·滞留性与前摄性变异关联中体验时间的构造〉

为了标识这个上升与下沉，我们可以引入一个象征的语言的改变，这个改变总归是被要求的。[①] U_x 实际上不可以象征一条带有两条支线的直线，而应该象征两条对接的直线，这两条直线带有不同的占位（Belegung），尽管在总体上是对称的占位。但是，人们不可以认为，一个持续同类的过渡从 $-\infty$ 转向 $+\infty$。因此，我们用一个角度来象征更好，而且必须把整个平行系统〈展示〉为两个系统，这两个系统作为两个半平面构成一个平角，它们的顶点直线是〈路线〉E—E。因此，我们设想纸在 EE 处被折叠，而且 EE 被向上拉起，被提到纸面上方。而后，过程这样发生，即在肯定的平面中，在增加的平面中，整个流动朝连接线跑去，在那儿持续抵达最高点。这个通过空间上的高点被象征的点一旦被达到，随即在否定

[①] 新的象征的语言：指向当下的将来意识的这个平面流向作为当下性的路线的时间路线，而这些远离当下的"滞留"的这个平面从时间路线流去。

的面上、在脱空的面上的下沉就开始。脱空重又是一个基于过程的意向性本质的事件,重又是一个相关的等级性,这个等级性在过程自身中并且持续在每一个 U_x 相位起着一种重要的作用。其实,它不可以称作充实的否定(Negativum),因为"下面的"U_x 点的确不可以被视为等同于类似空泛的一个相应上面的点。每一个 U_x 有其本质内涵,这个本质内涵先示其总体过程中的位置,并因此由这个视角出发,这个新的象征的语言也是有根据的,而且只有在此意义上,关于肯定与否定的言说才可以得到理解,正如我们在相反的对立面中所谈到的那样。

按照这些描述,原河流是一条河流,是一个连续统一体,这个连续统一体自身是用作为其相位的全面不受限制的一维连续统一体建造的。但是,这个总共双重的连续统一体(一个双重持续的点流形)在两个"半平面"中把自身建造成一条双重的河流,其每一条河流用一个二维的连续统一体建造自身,但是,这个连续统一体是通过一个一维流形单面受限制的连续统一体,并且两个连续统一体在这个一维流形中对接。

这条在构造时间意识之意向本质中凸现的连接线作为相关项具有现象学时间,具有作为延续的且在这里时而变化、时而不变的现象的体验时间。它是最大限度核心的连续统一体,而且作为形式是被思的时间。作为带有内容的形式,它已经思维了时间对象性,在这件事上,内容的统一性,给予在时间中众多的核心占位一个进程特殊统一性的统一性,通过特殊的本质规律得到确定,这些本质规律属于时间充盈(正是属于原核心)。"现在"是一个最大限度充实的意识点相关项的形式,即一个连接线的点的形式。时间

第一编　论原初时间意识的基本结构：原体现、滞留和前摄的流动关联

意识是由点组成的序列的意识,其每一个点只能被意识为现实的现在,或者被意识为曾在的或将来的现在。原过程的每一个瞬间（每一个 U_x 相位）是一个现时现在的意识,并且也是一个滞留性被意识到的现在连续统一体的意识,后者具有连续的曾在性特性,具有刚才的特性,在这件事上,每一个刚才是一个变异地被意识到的现在。对将来来说也同样如此,将来作为现在充实自身,（由于前回忆）可以预先被称作将来的现在。

这是作为点的客观的现象学当下,并且在进程中连接线（或者作为连接线意识的相关项）是被构造的统一性,是当下样式中的时间,直观性达及那么远。时间点自身是同一的,以不同的被给予性样式展示自身,按其形式是同一的。时间〈是〉同一对象性的形式,这个对象性必然以当下、过去、将来的定位形式构造自身。

这一切没有造成困难。时间的构造通过在河流中持续被凸现为充实的连接线意识被完成,但是,这个连接线意识恰恰只有作为相交直线才是可想象的,或者更确切地说,只有作为两条河流的连接线直线才是可想象的。在时间的被给予性方式中,我们有一个持续的彼此重叠序列,有一个持续的流动。也许,我们在这里必须区分事件点的相互并列-获得-被给予性与在流动中的相互并列,由此那个相互并列成为可能。两个半平面中的垂直线在持续的序列中相互蕴含地过渡,而且以此方式以至于这些被列入的点（在斜指向中）相互蕴含地过渡。相互并列中的相应的点在倾斜状态中所产生的这个相继（Aufeinanderfolgen）,不是这样的一个相继,后者其实是借此才被引起的：$E_0 E_1 \cdots\cdots$ 点的相继。

迄今为止的描述没有顾及这方面：在此,在一个过程中流逝的

意向连续体中,各种各样的事件构造自身;即在每一个 U_x 相位,也许好些事件前摄性与滞留性地被意识到;在这里,这个事件停止,那个事件开始,并且整个事件或事件片段被意识为同时的(同时发生的)。如果一个事件开始,那么在起始点上缺少的是每一个与其自身有关的滞留。因此,这个事件的 U_x(尤其是属于这个事件的 U_x)在起始点上没有下面的支线,并且对此具有一条完全进入无限的上面支线,但这条上面支线是尽可能空泛的;我说尽可能空泛,是因为首先一个继续通过类似性前摄性地得到先示,只不过未被确定。① 在事件的进展中,滞留性的支线从零开始生长到一个极大值,即生长到事件的终点。在这件事上,直观性首先是一个完满的直观性,并且按其片段一直扩展到其数值上的极大值;而后直观性的极大值按照形式始终保持着,只是得到不同阐述,而且这个片段围绕非直观的敞开性扩展自身,并且最终围绕无细微差别的敞开性扩展自身,但是,它在进展中接受一个总是新的意向内涵,这个内涵等于一个蕴含的扩展。

在事件结束后,不断更新的 U_x 的滞留性支线从上面拆除自身,它从上面丧失了直观的相位,它丧失了细微差别性,并且最终留下无限,在这件事上,在何种程度上这个无限自身能够经验到一个变化,这还是问题。还应该表明的是,如果这个事件不是"太小",我们一定具有片段中的完满的滞留性支线。但是,另一方面,应该表明的是,无细微差别的涵义(Implikation)领域不可能具有无限敞开性的特性,而是包含可能再回忆的蕴含的确定片段,恰恰

---

① 一个出乎意料的开始不可能得到热诚的欢迎。

包含与已流逝片段有关的这些片段。因此,如同对明白的与有细微差别的领域一样,对完全模糊的领域我们也必须以相同的样式继续标识图表,并且我们必须表明,只要事件在延续,滞留性的支线就在不断生长,只不过,在这些支线的被给予性方式中,视域缩短与一个显象的视域以现象学的方式始终在此存在,但这个显象的视域可意向地消解成确定的片段。

另一方面,至于前摄性支线,由于它保持敞开,无论事件将来发展多远,它在起始点上进入"无限",并且在这里如果进入将来的确定期待并不通过过去的事件或者过去的经验得到指向,这仍然是一种我们排除的情况。一个事件进展得越远,它在自身本身中对有细微差别的前摄就提供得越多,"过去的样式被投射到将来之中"。

总之,关于意向内涵中的确定性,在滞留与前摄之间确实存在一个巨大的区别。滞留性支线的过程,或者刚刚出现的滞留性支线的各自意向内涵,对前摄产生内容确定的影响,并且也给这个前摄先示意义。这个先示,这个动机引发,是能够被看到的东西。

第6节 〈最后构造的意识在每一个相位具有肯定与否定趋向·切身的当下作为变异的零点〉

我们基本上已经澄清了充实的双重意义。① 但是,现在,需要用最后的表达形式说明已获得的明白性并且清除歧义。也许我们必须

---

① 再一次改进地修改!

表明：构成统一河流的这个最后构造的意识，在每一个（U_x+, U_x-）相位是对……的意识；朝向某物的意向与离开某物的意向；也包括指向的趋向，肯定指向的与否定指向的。指向状态（Gerichtetsein）、对……的趋向（Tendenz-auf），这是在其最原初的本质组成中的对……的意识的基本特性。① 作为肯定的与否定的趋向或对……指向，它有一个终点或者一个起点，而且只要每一个意识瞬间相位是两者合一，那么它在自身中具有两者。但是，现在，我们必须更确切地说，每一个瞬间意识是一个由意识点组成的连续统一体，其每一个意识点正是意识，那就是说，要么是对某物肯定或者否定的指向状态，要么是离开某物的肯定或者否定的指向状态。而且除了一个过渡相位之外，两者之一对每一个点状的相位有效。

一个相对的具体意识，如 U_x，可能〈是〉指向状态和脱指状态（Gerichtetsein-weg）两者合一，并且只能通过这种方式两者合一，如同单义指向的意识点组成持续的统一性，并且在这些点的持续过渡中包含中性的点。在每一个 U〈相位〉，所有等级按照形式在场，从近处的零到无限与从远处的零到无限在场。上面片段的统一性是一个纯属肯定指向的与连续相互蕴含溢出的点相位的意识融合，并且表明一个线性意识，这个线性意识作为整体具有一个肯定的指向。对下面片段与否定指向来说也同样如此。两者在一个界限点上对接，在近处的零中对接，也在远处的零中对接，这个界限点

---

① 趋向不是追求，而且否定的趋向不是不愿意；肯定的趋向是在指向某物中的等级性，而且在过程中等级在增加；每一个肯定的趋向有一个离"目标"远、近的充实等级 −、+。否定的趋向是在离开某物指向中的等级性，是否定的离开它的等级性，是一个远处，这个远处是变化的，并且作为远处在河流中在增加。

可以被列入每一个片段。它是意识点,这个意识点在自身中是先前单纯被意指之物的意识,而且是在其中现在已抵达的终点,并且〈是〉与下面片段有关的逐点意识,这个意识在自身中尚未从其限定被脱指(weggerichtet),但在对此的过渡中;只是在后来的 U_x 中,同一个点在意识变化中被意识为推开的点,被意识为从它开始意识脱指的点。因此,一个意识只有作为两个片段连续统一体的界限点才是可能的,这个意识其实既不是近的又不是远的,但是,作为界限,它〈是〉绝对的近处(近处的极大值)与远处的极小值。

零点是饱和性的意识(近处瞬间的饱和点),是肯定趋向的零,是"被充实状态"。在自身充实的过程中,作为"近处"等级的持续增加的过程(即在图表上部沿着斜的指向路线进展的过程),零点是完美射中的意识点或者本原意识,是切身的"自身在此"的意识,是直接"拥有"的意识。在这个意识中,被意识到的"对象"具有这个被给予性样式,这个被给予性样式正是通过"切身当下"当下被称作实项内在的,被称作在原本中被意识到的,或者像人们通常想称呼它的那样。本原意识是直观意识。所有非直观的意识是间接的,是需要充实的,它指向可能充实的过程。这对意识来说会普遍地得出,这个意识已经在时间场中是被构造的对象性。在此,在最原初的意识中,换言之,在意识原河流中,非直观之物必然是作为被充实性的充实的贯穿阶段,并且作为这样的被充实性已经连续间接地指向"其对象"。因此,间接性等值于被充实性近处的等级①,而直接性〈等值于〉被充实性自身,是被立起的意向:人们甚

---

① 甚至应该顾及不确定性的等级性。所有不确定的意识是间接的:本原意识是完美确定性的意识。非直观性与不完美的直观性是不完美的确定性。

至说,这个意向"不再单纯地是意向",而且有其切身自在的对象。因此,"意向"重又与意识的间接性表明得一样多,这个意识总是意向地起作用,在意向的关联中起作用,但作为界限情况它恰恰是被立起的意向,是直接的原本意识。重又等值的是关于肯定趋向与被立起的趋向于对象自身的言说。最后,也包括已前指未来对象的前摄。

如果我们关注否定的意向、趋向、意识指向,关注图表下面一半的这些意识指向连同下面的指向路线,它们带有滞留而非前摄,那么类似情况也对滞留有效,这些滞留已经意识到在过去远处的样式中的对象,并且已经意识到在挪入过去的河流中的对象,即在那里意识的意向意义已经意识到在一个过去远处的样式中的对象,已经意识到在一个过去等级的样式中的对象(于是,在那里"过去"是这个"远处"不确定的一般概念),而在"将来"(这是那个相对近处或者接近的一般概念)意向相关项的样式中,并且在一个各自的与在河流中增加自身的将来性等级中,前摄在其意向意义上已经意识到对象。个体的内在存在(存在者,即在最原初意义上的存在者)是其所是,只是作为在意识流中被构造的,并且在一个现在的纯粹原本性或者原原本性(Uroriginarität)中,在一个对现在的间接肯定的意向中,必然原初地被给予为未来的、将来的,在否定意向的相应相位被给予为渐次刚刚曾在的,并且发生"变异",而未变异的意识是原本意识。它是对切身自身的意识,并且这是被给予性方式,这个被给予性方式称作未变异的被给予性方式。对同一之物(Selben)的意识建基于意向的连续相合,但是,这个同一之物在每一个单纯的意向中以变异的被给予性方式被意识到。

作为在切身性样式中的存在，作为自身-当下-拥有，现在-存在是样式，每一个其他样式都回涉到这个样式；过去存在不是存在（绝然的存在，现在-存在），"而是"曾在-存在。将来-存在首先是将存在。唯有现在-存在是"现实存在"，它是在充实意识中的被给予之物。

过去之物（这以关于变异的言说为先决条件）不仅以其他被给予性方式不同地被给予，而且被给予为"过去的现在"，这个过去的现在是将来的，是将来的现在。但是，在此，关于当下、充实等这些把相对的与新的意义带进来的言说已经在起作用。

第7节 〈关于诸时间对象的意识与关于河流的意识〉

意识流是一条双重"意向"的河流，但是，这是它的一个从某些视角而被引入的本质特征。在这里，引导我们的是某些肯定与否定的增加，这便给在图表中以及在基本直线中的这个事关一切的横的方向赋予了意义，并且也给这个相关性自身赋予了意义。但是，意识在其所有瞬间相位与这些相位的点上不仅仅在描述了的意义上已指向其对象，这些对象在其切身的自身中出现在 EE 直线中。①

意识不仅是实事意识，是对其"原生"对象的意识，而且也是"内"意识，是对自身及其意向过程的意识。除了原生对象外，它有

---

① 这个"已指向"也许指向注意力样式，指向把握。

其"次生"对象。意识有一个原生对象,而且这是一个绝对的、通过现象学(原生)地构造时间的河流被先示的对象:在 EE' 路线中被先示,或者,换言之,对每一个 U_x 而言被先示的是饱和点或零点 $U_x m$。但是,意识有无限多的对象,没有一前一后地凸现这些对象,它也可以被称作指向它们,由于其意向性它已经意识到它们,但它却不以凸现的方式意指它们。由于一种在其本质中存在的间接性,意识在其向着零点或者离开零点的意向中是这样的意向;每一个意向在过渡中贯穿新而又新的意向,并且在这个过程中,不仅最后的意向"充实"自身(如果我们在连续统一体中想谈论一个这样的意向),而且每一个意向也充实自身;零是对每一个前行意向的充实,但是借此是这样的充实,即由于每一个后来的意向以某种方式非实项地,但合意识地包含前行的意向,并因此被射中之物重又不仅是这个"自身"的意识,而且作为其 U_x 的终点,这个 U_x 是其具体的意识,它在自身中具有在意识涵义中的所有以前瞄向它的意向相位。但是,这是能够被"看到"的东西,注意力可以指向这些间接性的关联,指向被蕴含之物,并且跟原生客体相比偏爱它们,原生客体也是从注意力立场来看的原生客体,对此我们还必须谈到。意识作为意识到其本身的意识流有其当下、过去与将来,有其序列,以被给予性方式有其已意识到的某物,但是,在此各种偏离的情况也在考虑之内,我们现在必须探讨这些情况。

我们可以这样区分:1)①肯定与否定的意向等级性的持续秩序:

---

① 在手稿中找不到标记"2"。——编者注

第一编　论原初时间意识的基本结构:原体现、滞留和前摄的流动关联　85

a) 在每一个(U_x+, U_x-)中意向等级性的每一条支线的持续秩序与两个秩序连成一个持续的秩序 U_x,由于肯定等级性的最高点与否定等级性的最低点是同一的;每一条支线有一个意识统一性,这个意识统一性在这里被预设了。

b) 我们有一个 U_x 的秩序,这就是说,有序列的秩序,有过程的秩序,并且有一个意识秩序,有一个在每一个 U_x 中被意识到的秩序,只要每个点在其中合意识地(在宽泛意义上意向地)"包含"贯穿它的斜面意识点的整个系列。

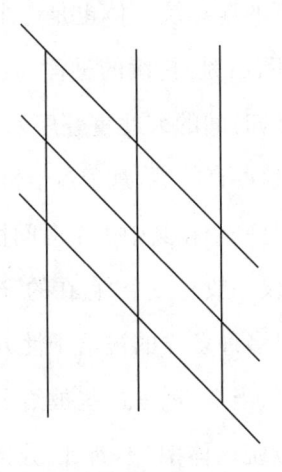

每一个 U_x 点在"变异"过程中的一个唯一指向中继续行进,并且每一个 U_x 点在同一个指向中。在此,基本直线的凸现不在考虑之内。这个凸现只有通过肯定性与否定性的特性与所属的增加情况才得以实现,这些增加情况通向一个由界限点组成的线性连续统一体。并且这个增加的连续统一体与过程本身的连续统一体相合,即与单义的、在一个唯一指向中继续行进的序列连续统一体相合。

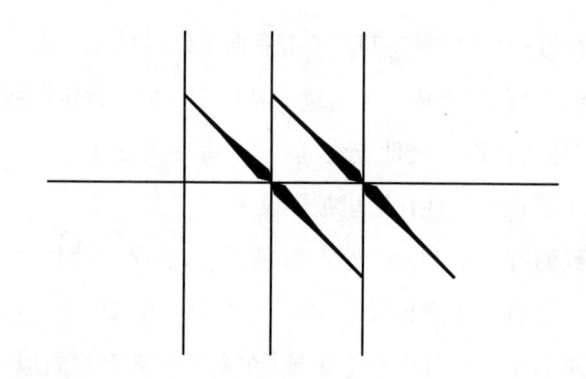

基本直线是最高点或者最低点（接近与离开的掩盖点、增加点）的轨迹，因为过程的连续统一体也是一个序列的连续统一体，在这个序列中过程不仅〈是〉持续的过程，而且是向着最高点与离开它们的过程。因此，时间的彼此重叠序列首先通过意识流的奇特性构造自身，由于这些奇特性，意识流恰恰一般是对一个持续序列的意识。但是，它是一个在其中一个时间性已经存在的序列，并且在其中包含：它不仅一般是一个"存在的"连续统一体的意识，而且这个连续统一体以多种多样的被给予性方式显现；显现序列的每一个点"贯穿"将来、当下、过去这些被给予方式，并因此在这里在显现为时间的连续统一体中"不断"区分自身的是：以过去样式显现的一条连续统一体的支线显现为将来的一条支线，作为过渡点显现为当下的一个点。意识存在并且作为河流存在，而且它是意识流，这条意识流自身本身显现为河流。我们甚至可以说，河流的存在是一个自身-本身-"感知"（在这件事上，我们也不把注意的把握当作这个感知的本质），在这个自身-本身-感知中内在地包含被感知之物的存在。这是如何可能的并且该如何理解，这确实一直是这部论著巨大而持久的难题。

第8节 〈关于现实性与非现实性的当下意识·最后的与神的意识〉

意识是一条河流。但是,它不是一条像水流一样的河流,水流在客观时间中具有存在。意识流不在客观时间中存在,不在通常意义上的时间中存在,毋宁说,它在自身中承载这一时间,承载所有客体性的形式,并且首先承载所有一阶超越论的客体性连同所有属于它的超越事件的形式(而后也承载在外部时间中的外部事件的形式)。但是,另一方面,意识在自身本身中是一条河流。这条河流自身恰恰作为"河流"(除了意识在心理学上是可统觉的,而后心理学的意识流必然是在客观时间中的一条河流,这条河流就其而论也包含在超越论纯粹的意识流中,心理学的意识流以固有的方式与这条超越论纯粹的意识流相合)具有一个时间存在形式。意识是当下意识,它在自身本身中是对当下意识的意识,并且只有作为当下意识,意识才是"现实的"意识。因此,意识在其现实性中包含其现实性或当下的意识。而且意识不仅仅只是当下或现实性,它也曾在并且将在,并且作为在其现实性中的当下意识,它也是对一条过去的意识流的意识,并且是对一条未来、将来的意识流的意识。作为当下意识,它是现实性,但是,当下转变为过去,现实性渐渐变为非现实性,并且将来转变为当下,非现实性渐渐变为现实性。并且这也在当下或现实性的意识中存在。但是,非现实性不是一个无,而是一个真正曾在与真正将在,并且这一切也在各自当下意识中存在。作为观念的可能性,当下是对自己本身及其所有意向组成的全覆盖的意识,可以这么说,是对它们的全知的意识，其结构潜能地包含世界的全知性，如果我们仅仅考虑，在其中意识流的过去与将来渐渐模糊起来的黑暗视域以及限制意识自身感知的完美性的黑暗视域，是一个可以无限扩展被设想的偶然范围，因此作为"观念"产生了一个全知的"神的"意识，这个意识在完美的明白性中包括自己本身。甚至这个"最后的"意识是全知的，甚至其意向性包括其整个过去与将来，但只有部分是明白的，此外处在一个黑暗之中，这个黑暗是明白性与再回忆的一种潜能性。

第9节 〈在其现实化与脱现实化的连续变化中河流的自身意识〉

然而，我们继续我们的主要考察。我们如何能够理解"内意识"，如何能够理解意识流的意识到其自身，而且在其每一个相位如何能够理解意识流的意识到其自身，并因此如何能够理解其"全知性"？只是通过作为一个由意识点组成的连续统一体的意识相位的建造，这些意识点是"意向性"的原相位，并且首先不考虑意向性的肯定性与否定性的奇特性及其饱和点，只是通过这个建造的特性。正如我们说过的那样，每一个瞬间意识 U_x 在自身中是将来之物的前摄与先行之物的滞留。也就是说，每一个现时的意识要素，是各自当下的某物，在自身中有一个双重的视域，它是一个前指与回指的意识，并且是向每一个点前指与回指的意识。流去的 U_x 不仅一般转变为一个新的 U_x，而且在每一个 U_x 点相位是前意识的东西转变为被实现之物；现实性是一个预期意识的现实化。这如此持续下去。反之，每一个 U_x 是回指的，它是先行之物

第一编　论原初时间意识的基本结构:原体现、滞留和前摄的流动关联　89

的"滞留",而且这个先行之物借此在 U_x 中被意识为先行的。如果当下意识 U_x 转变为一个新的意识,那么不仅将来视域在持续过渡中"变为现实",而且 U_x 也脱离现实,它转变为一个当下的现实性,它是 U_x 的滞留,并且这持续如此,因而每一个在意识中成为现时的滞留,在继续流入一个滞留的滞留中被意识到,如此等等。

我们先前已经做了详细阐述。但是,在此主要实事在于:随着属于每一个 U_x 之本质的"前摄"与"滞留",随着在新物中整个 U_x 的一个滞留藏匿的 U_x 的变化——U_x 的脱现实化与一个在其中预先被意识到之物的现实化合一,这涉及一个连续的过程,这个连续的过程在两个属于同一整体的单调变化、变异中发生。如果我们谈论在进一步过程中前摄的一个充实,那么充实在其持续直接性中并且对间接性的不连续的点来说是无限完全同类之物,这个同类之物没有被先示的界限。滞留的变异也同样如此。

注　解

也许在其中我已经留下一个本质上的描述疏忽,即我始终仅看到并且指明,每一个瞬间意识包含前摄与滞留,在这方面它有哪些结构,但是,对此我尚未谈论,即作为完全唯一之物,对河流的意识来说不可缺少的正是在每一个瞬间发生的"过渡"的意识。当下要素变异自身,渐渐变为变异了的 U_x,并且变异在某种意义上通过其本己本质具有变异的特性(即具有对……的意识、对……的滞留等等的特性)。但是,变异也意指一个自身转变,恰恰意指 U_x

转变为在这个转变中形成的被转变之物（因而这个被转变之物不仅是对那个 U_x 的变化,而且被意识为变化）,意指一个持续流动的意识,意指一个在转变中持续存在的意识。我已经按照其相位给予河流的结构,但是活的流动的意识呢？但在这上面可以说什么？在意向性的转变中,总体意识不仅在每一个瞬间是一个不断更新的带有新的意向性的意识,这些新的意向性回涉旧的意向性并且前涉新的意向性,而且由于它是不断更新的,由于它在流动,在转变自身,并因此对过去之物与将来之物的意识在转变自身,因而对此的意识也在此存在。一个如此结构的流动的意识必然是对自身作为流动的意识的意识。而且,这不是完全可理解的吗？

每一个 U_x 在进程中是前行前摄的"充实",并且间接是先前前行前摄（这些先前前行的前摄属于以前序列的 U_x）的"充实",另一方面,它在紧接着的 U_x 中是滞留性变异的,并且在进一步紧接着的 U_x 中是间接滞留性变异的。

第 10 节 〈诸增补性问题·河流中的间断性〉

为了简化实事,我轻率地避而不谈增补性问题,并且完全有意识地避而不谈,我心目中总是想到一个连续的发生的事。明确地说！

在一个时间事件上停顿,作为限定这一时间事件用个别的时间对象建造自身。

前摄、展望有直观性,如何有直观性,并且如果没有任何东西到来,那么什么东西在此曾被展望(假如现实存在这种情况)?

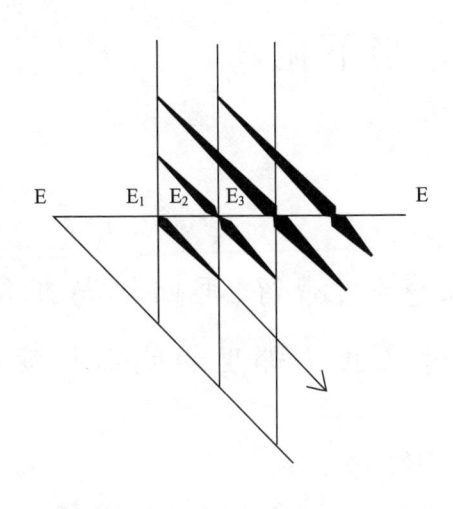

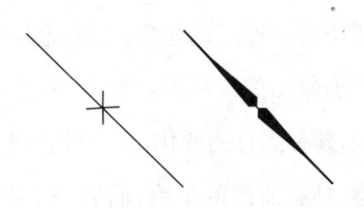

联结点、最高点的轨迹 EE。注意力情况的考虑(对此在 ß2 及以下几页的前摄性图表的图样之前就开始了)。①

---

① 对此参阅 L I 3,Bl. 3a 行,在此参阅第 259 页,22 行及以下各行。——编者注

第三篇 〈原现前滞留性与再造性的当下化〉

第1节 〈感知、滞留、再回忆与想象中同一对象立义那里的明白性变异〉

在想象中,我们区分:

1) 明白的想象,这个想象在"仿佛"中给予一个当下的现实性,它当下化其自身;

2) 一个不明白的、不稳定的想象,这个想象通过衰弱的、部分流逝的、不相称的"想象图像",例如,"如同通过一层雾",表象地制作客体。颜色、形态具有固有的变化,或者颜色已变为呈灰色之物、具有不稳定的某物、具有流散的某物,而后一个明白的想象图像可能突然出现。不明白之物是一个展示(Darstellung)的媒介物;贯穿所有不稳定的是意指的统一性,我意指同一之物。客体并不随着这些不明白性的被给予性方式而变化。因此,我在明白性中具有如其所是的客体自身的拟-被给予性,在不明白性中有其"贯穿"流散的、不稳定的不明白之物的多种多样变化的被给予性。这些被给予方式是"显现",与之相对如果明白性恰好出现,那么它就表象充实之物自身。因此，关于滞留连同其渐渐消逝的展示，被滞留之物的再回忆当下化过去之物"自身"，即当下化被展示的现在。

同样，我们在再回忆中具有区分：明白的回忆把客体、进程自身当下化为拟-当下，这个拟-当下在明白性中正是拟-原初地被意识到的。但是，在再回忆的不明白性中，我们没有一个拟-感知"自身"，而是贯穿一个中介具有这个拟-感知或者其客体的一个被给予性方式。

但是，应该关注的是，尽管我们谈论明白的或不明白（变得不明白、坠入不明白性）的"回忆图像"（"想象图像"），但其实这并不涉及一个映像。明白性是一个界限，它连续地渐渐变为不明白性，反之亦然。我们可以说，再造的素材（不管情况怎样变化，它们都具有再造的特征）连续具有在一个指向中的改变，我们把这些改变称作"变得不生动"，一个有强度性质的区分，与这个区分交织在一起的是素材的脱落与被其他素材代替，也许是随着这个变得不生动而发生的（与也许本质必然发生的）颜色变得无色等等。也许人们会说，这是同一个区分，作为变弱的雾状：一个"强度"概念，这个概念在所有感觉领域中都有相同的应用，这个区分出现在感觉领域。（远处响起的、几乎就听不到的、被噪声盖过的钟声，不仅其声音强度是微弱的，而且它们也是不明白的，并且这个不明白性在于，它可能导致怀疑"我是否现实地听到"，而最细微清楚的轻声的弹奏可能是明白的，并且毫无这样一些怀疑。）不明白的被再回忆之物离我"较远"，明白的被再回忆之物离我非常"近"。但是，在其明白性阶段各自的再回忆在一个统一的、当下被意识到的系列中没有地位，而只有在比较中，在对时间定位固定的、统一的意识系列的区别中才获得地位。在不稳定与逐段持续的明白性渐次变化那里的再回忆或者想象中,我们持续地且不间断地具有对象意识的统一性:这一个拟-当下的进程等等,而且意识在展示的变化中没有断裂。明白的意识并非不连续地有别于不明白性的意识。这就如同在一个光线开始变化期间感知中的那样:如其所是的同一个对象没有断裂地不断被感知到,尽管不明白的变模糊的感性素材现在根本不再原初地展示〈它〉,而是它们是"媒介物",通过这个媒介物直接之物给予自身。

困难在于理解这个样式。如果对同一类型的对象立义存在,并且素材是展示的素材,那么看来改变了的感性素材确实必须表明不同的与在连续性那里改变自身的对象。那就是说,看来对象的立义必须随着展示的内容改变自身。如果我使得感觉素材自身成为对象,那么情况就是这样的。我把内容视为它自身,而且如果它像在渐渐消逝的变化中那样改变自身,那么我一定已经一再地意识到其他事物。

但是,在以某种方式展示的素材渐渐消逝的地方,在其"强度"与"充盈"减少的地方,在此已进行的对象意识得到了维续,设定或者拟设定在其意义上保持不变。换言之:贯穿所有变得不明白的,是滞留的统一性,而且滞留是一个双重之物。我们得区分:1) 时间意识的滞留,这个滞留属于在明白性中的恒定性领域,只要与一个新的与总是新的现时当下(原现前)的继续均匀的明白性相衔接的是一个变化的固定的式样,那么贯穿这些变化、在现在中被设定之物在立义中就得到了维续。①

---

① 正如空间的静止是正常情况,这种情况使被统觉的运动成为可能,以此方式明白性-静止对明白性的不稳定是正常情况,并且完美的明白性对对象的立义是正常情况,这重又应该得到区分。

2) 作为对这个式样的偏离,也许明白的再回忆转变为不明白的再回忆。不仅时间过程在进展:"一切都向一个新的不明白性方向转变"(在第二个相对阶段变得不明白),原现前的颜色变弱了,而且"只要所有时间的变化属于一个恒定的明白性,一个弱化就对它们出现"。在此,我们发现一个普遍的规律,也许这个规律还应该更为宽泛地得到遵循,正如描述毕竟还应该得到加深的那样。但是,更重要的是:看来,我们在此得区分两种变得不生动的变异,这并未先行?或者说,它确实是相同的变异,只是恰恰时间意识通过其式样表明一个固定的秩序,在这件事上,生动性的确定等级确实是不可能的,而只有相对的等级,但是,位置通过与起源现在的关系得到确定?

同样可理解的是,为什么一个这样的生动性的变异没有被立义为被回忆之物的变化,这个变异是想象与再造特有的,总之,是(再回忆)特有的,而是被立义为一种"光线"的变化,可以这么说,被立义为一种被给予性的明白性的变化,被立义为一种在其中这个被回忆之物是被回忆的亮度的变化。即如果一个变化被意识到,例如,如果闪耀的红渐渐变为一个无光泽的红,但是它客观地渐渐变为一个无光泽的红,那么这并不涉及已流逝的相位,并不涉及时间意识及其展示的样式。只是在本原的现在中本原出现的东西对这个流走产生影响。但如果一个回忆变得不明白,那么一层雾不仅弥漫到现在上面,而且弥漫到时间意识整个渐渐消逝的系列上面。于是,从这方面看,每一个不稳定是整个系列的一个不稳定,并且看来如此,即这些相位在时间秩序中并未被混乱地切成小块。

如果被构造的对象变得不明白，等值的东西保持着，或者如果"代现的"(repräsentierende)、用作被客体化的材料的内容经历一个模糊化的变异，经历一个变得更衰弱的、更不生动的变异，那么一个对象意识（对这个意识来说，一个对象是被构造的）在其立义中保持着。贯穿一切的是一个"滞留"的统一性。由于这个滞留，自身展示作为本原的展示持续渐渐变为一个"间接"贯穿不明白之物的展示，它虽在展示，但是带着偏离。①

真实属于此的是一个更新的明白再回忆的可能性，这个再回忆使得本原之物自身被意识到，而且显然造成了与不明白展示的间距。因此，这对时间意识与任意的想象意识及其不明白性同样有效，并且这重又对感知意识有效，只要这个感知意识渐渐变为一个不明白的感知，而且对感性事物有效，这些感性事物在雾中，在朦胧显象中变得不明白（除了每一个展示事物客体化的一个新的意识层的因果立义以外）。我觉得（在所有阐述的不完善性那里），这些是极其重要的进展。

如果我们表明，某物本原地给予自身（比方说，一个感觉素材本原地给予自身），并且在通过不明白性的变化中通过这些变化的媒介物"展示"自身，那么原初的给予就不是"代现"(Repräsentieren)意义上的展示，但是，媒介的展示是一个代现，这个代现并不对自身本身有效（尽管它可能在另一个客体化中对自身本身有效），它代现本原之物自身。② 当然，这是一个意识的改变，一个立义的改变，但持续保持自身的是对象立义的统一性，而立义素材持续转变

---

① 自身展示的构造性准则：不变化，每一个带有同一个内容的现在相位。
② 但是，代现表明再当下化，而这不太合适。

自身，并且在这个转变（一旦它成为可以察觉到的?）中接受从……而来的变化的特性，接受"通过……媒介"（Mediums-wodurch）的特性。这是一个原初立义的持续变异，它在所有相位通过同一个对象立义的统一性被联系在一起，这就是说，通过原初地，但不再本原地被构造的意指的滞留被联系在一起。原初立义始终潜能地保持着，即在滞留中它不是随着其在把握的素材等那里的内涵而持续不断，而是这个内涵仿佛为变异了的内涵所遮盖，以及贯穿这个变异了的内涵被意识到，并且在这个遮盖中遮盖的媒介物"替代"被遮盖之物，而且"遥远地"展示它，类似性达及这么远（如无光泽的再造的颜色代替明亮的颜色）。

这对澄清在杂多性中通常的事物展示的结构来说同样重要，在那里与一个最佳的点的关系是一个进行了的关系。甚至在此〈我们具有〉"透显"（Durch-Scheinen），具有间接"透指"（Durch-Meinen）。这涉及除空间秩序之构造（视觉运动场的构造）以外的统一性形成。甚至在此一个明白性通过不明白性的杂多性得到维续（它们是知觉的不明白性）。而后，重又存在连续变化自身的图像的杂多性。但是，通过所有变化被把握的是同一个颜色的变化、同一个形态的变化、同一个平面数值的变化以及同一个被着色的平面的变化，即这些变化涉及一个最佳值、与一个最佳值有关的降低和贫乏化；在此，我们具有在明白性与不明白性之间渐次变化的相似物，在这件事上（如同在一切领域一样）不明白之物按其意义是一个明白之物的不明白性，是一个明白之物的变异。这不只是制作连续性，一个最佳值刺激也属于此，尤其是与这个自身的所有降低相对的一个被把握成自身之物的刺激也属于此。

第2节 滞留与当下化·〈有别于想象与图像意识的滞留不是再造,而是一个印象意识的要素·原现前与消退〉

严格地说,滞留(后体现的意识)不是回忆,因此,它不该被称作原生回忆。它不是当下化。

一个回忆(再回忆)是一个意识,它拟-当下地制作非当下之物,而且与此同时把它设定为现实的。当下化的拟-命题在一个现实的命题中被"一同作出"。一个想象是一个意识,它在拟-当下,而且与此同时在拟-设定。滞留是一个意识,它还持守着不再-当下之物——这是怎么回事呢?内容在变化:但是,它成为一个想象材料?而且,如果我使被滞留之物"复活",那么我就已经再造了想象材料?不,我一定会提到两方面。一方面这个命题的确存在,即会出现一个内容向一个想象材料的持续变化。但是,难道想象与感知不是一个不连续的区分?而且难道想象材料不是感觉的想象变化?在体现向滞留的变化中,这个滞留也可以叫作后体现,我们有一个连续的变化,因而这个变化保持意识的属上的普遍之物。与此相关:现在与过去是同质的。另一方面,过去之物是一个过去的现在。我必须在被称作渐次的渐渐消逝的展示方式与被展示之物之间做出区分。于是,人们现在会说,展示的内涵跟展示的立义一样属于现在,其自身是现在当下的;即如果我在反思,那么整个瞬间现象(〈这个整个瞬间现象〉是相位,这个相位给予一个"当下的体验要素",并因此连续地给予由体验的相位组成的过去-系列)重又是一个现在当下之物。这是不断的形式,在其中某物正是对被给予为反思的目光的体验。此外,这对每一个具体的时间的存在有效,并且属于这个反思性被给予的当下的是所有"展示的内容",这些原当下的内容以比较自然的观点出现。体验相位自身是当下。

原相位不展示,或者(如果人们愿意)它展示自身本身。它是本原在场地被意识到的。其他展示的要素是连续后体现地被立义的,立义这些要素的意识是当下,被立义之物是后在场的,是过去的。

这个过去之物的展示确实不是一个当下化?同样它也不可能标明一个当下化,因为在现在这个意识中一个非现在被给予,或者说,在另一个意义上,一个现在,但并非是一个当下的现在被意识到,而是一个非当下的现在被意识到,所以不可能得到同样标明?

另一方面,过去-存在是原初被给予的,而且是以不可取消的方式原初被给予的。现在以奇特的方式被当下化,即如此以至于在其中过去的这个现在不是在场的,并且在这里这个现在不是被给予的,但是,被给予的是过去-存在,是作为曾在的现在的变异,而且这是"明见"被给予的,或者是原初被给予的。

但是,在这里,被当下化并不表明在此意义上的"仿佛当下",如同我们在一个再回忆中或者在一个想象中仿佛已经给予了一个当下;而后同样仿佛已经给予了一个过去,于是这个过去是被当下化的过去。

在此,需要最敏锐的现象学注意力。展示的要素是一个意识现在,在这个展示的要素中一个非现在展示自身。但是,对此一个现在展示自身,即对此一个被当下化的现在恰恰以一个当下化的方式被意识到？在一个回忆或者想象中，一个非当下之物并不通过当下的展示素材当下化（再造）自身，而是在那里发生了展示，似乎我们通过感觉素材已经意识到一个事物，而且已经当下化一个事物，因此，这些感觉素材本身是拟-被感觉到的素材（＝想象材料），那就是说，仅仅是当下化（再造）。但是，现在，正如我们假定的那样，这些展示的素材对过去之物来说是现在的素材。人们可能考虑到图像性。在图像意识中，我们具有当下的素材，具有一个当下（知觉）被构造的图像，在那里展示自身的是另一个事物，是被映像之物。但是，这个"渐渐消逝的"声音是一个以前声音的图像？似乎是差不多，仿佛一个本质的类似在支持这件事，好像我可以把原本之物与在一个再回忆中的图像对置，以此方式在此我可以把一个当下曾在之物的再回忆与活动着的滞留对置（认同地对置）。

但是，我不仅具有图像性，而且与常新的现在具有一个被映像的现在关系（并且具有一个运动着的关系）：这个常新的现在是过去的，并且与这个现时现在有关，它过去得越来越远。我具有这个明见性，即这个"被映像的""在图像上"过去的现在是一个有别于现时现在的现在，现时现在是一个新的现在，并且是一个有别于每一个已经过去的现在的现在。而且在"坠入"过去中，保持自身的是下坠之物的同一性。某物是现在的，而后是不间断被给予的，而且它正是同一的客体点，并且是作为时间客体的同一的客体自身。它是"被感知到的"，属于这个感知之本质的正是体现意识向后体现意识的连续变化。如果这是正确的，那么我们一定会说：在这个连续性中，当下的素材转变为持续不同的当下素材，而且当下意识持续转变为一个图像意识！但是，在意识中我们却毫无断裂，而感知意识与图像意识确实是离散不同的。我们必须重又放弃我们的前提？

我们必须回过头来说：虽然滞留性的意识是一个当下意识，但是滞留性的感性素材不是当下的感性素材，而是像想象材料一样（而且也许像这些想象材料自身一样）是合意识地如此变异了的感性素材——跟上面所说的观点相反？而后，我们一定会说：一个想象意识可能持续地渐渐变为一个感知意识，或者相反。后者以滞留的形式不断地发生，前者在一个想象的"生动化"中是可能的。"我们越来越近地给我们带来被想象之物"，直到我们有时最终现实在场地拥有它、感知它。但是，这对时间客体行不通，因为过去之物绝不可能成为现实当下的。关于其相位时间意识是一个凸现的当下化意识，但是，确实是当下化意识。因而，在此，在感知与具有想象性质的当下化之间的连续过渡被接受了，并且不允许异议。

于是，意指便在于：每一个时间客体是在一个感知中本原被给予的。这个感知有一个开始相位，在其中，时间客体具有原涌现的现前，它是现在当下的，并且这个原当下是一个只有通过抽象才能凸显的、不独立的相位。在排斥所有超越时间客体的情况下，这首先对内意识中的每一个体验有效。原当下相位是对原在场内涵的意识。如果它是一个感觉素材，那么甚至这个素材与而后原体现的意识不是一个层面，在那里它是被把握的；而是这个素材的自身-当下-存在与作为当下-存在的对它的意识不可分割地是一。存在是作为原在场被意识到的存在。

与此相衔接的是变异的连续性。我们说，感觉内容没有断裂地挪入过去。我们说，持续发生的是一个生动性的衰退。挪入过

58

去的声音自身（其自身已经是一个在时间上被延展之物，在这个被延展之物中，也许应该做出类似的区别，但是，而后我们落到一个不可区别的最终之物上面，落到一个不可分的现在上面），其生动性并不变得更少，它自身并不改变。从内容上来看，它是确定的。如果我们关注一个相位，那么我们就区分了过去的声音自身及其在现在中的展示，这个展示带有生动性的等级，带有就内容而言的贫乏化的等级，甚至带有在凸显自身的差异上的等级。这个展示属于现在。这个展示、这些展示的"内容"与想象材料情况怎样？这正是问题。想象材料或多或少是生动的。另一方面，这个不稳定在其展示的意义上什么也不改变。例如，我想象一个在中断期间的声音素材自身，但是，在生动性的不稳定中被表象的是同一个声音素材。界限是"完满的生动性"。它们是感觉素材，我没有感知？即在同一个立义那里，它们是感觉素材，我没有感知？在这里，这是问题。在此，甚至出现了衰弱的声音的难题，出现了无光泽的衰弱的视觉素材的难题，并且在它们那里出现了生动的想象向感知的过渡。在感觉中的这个衰弱，它与想象展示的非生动性与生动性（想象材料的衰弱）具有何种关系？

生动性的连续统一体：非生动之物是合想象"被立义的"。非生动之物在衰弱的感觉意义上〈是〉合感知被立义的。对此〈出现了〉客体化。想象内容（而非想象材料）被立义为一个事物的视角，被立义为一个拟-现实性的视角。感觉内容被立义为一个现实事物的视角，被立义为一个现实此在的视角，例如，借此被立义为钟楼的钟声的视角。因此，这一切应该得到考虑。

想象材料、非生动的感性素材〈可能〉被立义为衰弱的感觉素材。但是，这应该叫作什么？假定没有真实的内容区别，那么这可能表明：它们被立义为客观之物的展示的素材，被立义为衰弱的客观声音的展示的素材，被立义为视觉事物之视角的展示的素材，如此等等。

生动性的不稳定。有些不稳定〈可以〉被立义为客观的不稳定，有些不稳定〈可以〉被立义为对一个被当下化的生动之物的展示，被立义为对一个界限的展示，这个界限表明了真正的感知。我们现在试图贯彻这个开端。

开端：原现前。一个作为原本的感性内容出现，而后接着的是一个作为原本的新的感性内容，如此等等。属于每一个感性内容的是一个"渐渐消逝"的式样。这个"在这上面接着"是一个刚过去之物，并因此一般具有"变化"的式样。在这个渐渐消逝的变化中，不仅渐渐消逝的内容被意识到，而且它们"意指"在其中渐渐消逝的某物，展示在其中渐渐消逝的某物。而且这个渐渐消逝的某物在序列中不断地是同一个。并且它获得一个常新的位值（Stellenwert），这个位值与总是新的东西有关，与当下有关，与新的渐渐消逝的起源点有关。因此，一个连续性在同一之物的展示中贯穿连续变化的展示的内容。如果在一个瞬间注意到展示的内容自身，这些展示的内容自身属于一个事件，那么这自身就是一个现在，这个现在完全一样在渐渐消逝，而且后来展示的内容同样成为以前内容的展示内容。因而，〈得出一个〉展示的连续性：……φ(φ(φ……))。

于是，不仅这些展示的内容在其展示中渐渐消逝，而且意识自身在其展示中渐渐消逝。人们确实不可以把它们与想象材料认同。所有这些在时间上展示的内容属于更为宽泛意义上的当下。

想象材料把我从所有当下引开。它们不是感觉素材,不是原在场的素材,这就是说,它们不是作为消退出现的并且被立义为原在场的素材(考虑到这些消退的立义方式是现在当下的立义方式,这也能够相对得到理解),而且不是渐渐消逝的素材,而是这一类东西的当下化,并且在其渐渐消逝自身中是消退的当下化。

因此,再造=当下化〈是〉完全有别于本原的时间意识的某物,本原的时间意识是当下的时间意识,〈这就是说,〉它与当下化相比是原本意识。过去之物并不当下化一个现在!只不过,在此存在一个歧义!在渐渐消逝之物的过去立义中,尽管通过展示的媒介物,我"仍然"当下具有对象要素,〈我〉还在原本中〈具有它〉,但它已经挪移到过去之中,另一方面,作为通过在原现前中的一个展示的要素展示自身之物,〈我〉通过另一个原当下的消退〈具有它〉。

因而,无疑,在现在中一个"不再"现在被意识到,在当下中一个过去、一个过去的当下被意识到,这个过去的当下不再是当下。但是,这个当下化的意义是一个有别于再造的真正当下化的意义的意义。真正的当下化是一个仿佛意识,是一个再造。因此,滞留不是再造,而是一个"印象"的组成部分。①

印象、原本的意识恰恰具有本质结构,即它在自己本身中有一个原初之物与被派生之物(但是,它不是被再造之物)的本己区别,并且这个绝对已经接受了一个"要素"的原初意识,它持续如此渐渐变为派生的意识,以至于一个认同延续地贯穿派生系列,〈这就是说,〉本原被给予的这个(Dies)的原初立义被持守为在这些展示

---

① 这对"具体"滞留同样有效,具体滞留其实根本不是具体的,因为它只可设想成一个感知的最后一幕(Schlussakt)。

内容变化中的这个(Dies),以至于就每一个新要素而言,在这里,一个与自身变化的现在点有关的展示特性对每一个展示的相位现象地形成了,〈即〉"过去"现象地形成了。

第3节 再造和滞留·〈原现前与滞留性过去被给予性中的立义与立义内容〉

一个再当下化不可能(自由地)给这个构造的系列添加任何东西(这个自由按其本质与滞留的不自由相对)。它是一个再造(Reproduzieren)。正如我们先前所说,它恰恰以"再"的样式再次生产整个构造的系列。再当下化不可能连续地渐渐变为相应的当下,而滞留连续地渐渐变为相应的体现。前者对一个对象性来说不是原构造的,而滞留对时间对象性来说是构造的。

因此,我们在原则上必将把这些当下化分成滞留与再造。而且尤其是关于这些再造的相位,这是清楚的,它们重又在体现被回忆的事件的原现前。再-原体现(Wieder-Urpräsentieren)不是滞留性意识,并且绝不单纯通过关联有别于此。滞留的"刚才"(Vorhin)不是一个再-原当下,一如形成一个再回忆相位的这个再-原当下。这是一个决定性的差别!

此外,应该加以关注的是,我们在滞留性的意识中必须区分:逐点的滞留与以前滞留的关系,这就是说,逐点的滞留与这些滞留的关系,这个逐点的滞留是这些滞留的"变异",以及逐点的滞留与事件点的关系,并且重又与此密切关联的是,我们必须区分,所有滞留性的原点变异与原体现的关系,与原在场的点的关系。

我们必须问,原体现是对一个原在场之物的一个意识,即这个逐点的相位在自身中已经具有一个意向体验的特性?(并且毋庸置疑,我们在内在领域、在一个对内在时间对象的意识中提出这个问题。在超越的时间对象那里,这个问题确实应该自身显明地得到肯定回答。)

如果是这么回事,那么照此在原体现中,在体验自身与在其中被意识到的意向客体之间应该得到区分,而且由于这个意向客体应该是一个直观与体现的客体,在作为立义素材的实项素材与其"赋予灵魂的"立义特征之间应该得到区分。对立观点在于:原体现是一个原体验相位,这个原体验相位在自己本身中还不具有一个意向体验的特性,但它持续地渐渐变为一个这样的意向体验,而且渐渐变为一个对原素材的意识,但是,这以一个持续间接的意向性的方式进行。

原现前要素是一个单纯的要素,是一条"河流"的界限,是一个变化连续统一体的界限。因此,原在场的素材持续转变为另一个素材,而且一再地转变为其他素材,它在这里持续获得一个"赋予灵魂的"立义,获得一个"被代现者"的特性,获得一个"立义内容"的特性,并且随着这个持续的变化甚至获得一个在意向的持续间接性意义上的立义的变化。我们具有一个间接性的等级性:离原在场之物的零点越近,等级就越低,原在场之物就越少过去地被意识到,等级越高,过去得越远。原在场之物作为体验是这个过程的起始点,是单纯的界限,正如已说过的那样,一旦注意力与把握朝向"它",这个单纯的界限作为随后到来的界限就已经贯穿"滞留性的变异",贯穿已经开始的对……的意识,这个对……的意识把在变化中已经褪色的这个原在场之物意向被意识到地持守为其自身,但是,以间接的意向性把它持守为其自身。在这里,似乎总是回推,总是透视地拉紧,在直观的差别上似乎越来越贫乏。但这意味着什么?我们能够试图表明:原在场的素材在变化自身。每一个变化相位已经接受一种类似于……的意识特性。它是一个原始种类(Urart)图像化。

在此,实事是原在场的素材。但是,它是一个图像化,在其中各自图像客体持续地变化自身,并且随着这个变化不断经验到图像化,因此,对比较原初的图像或图像客体来说,变化了的图像是一个图像化的载体,并且如此持续得越来越远。内容的变化带来了图像化的立义。变化了的内容在其立义中好像原在场的内容一样变化自身,而且正好在已经落到它身上的这个立义中并随着这个立义经验到变异和图像化的立义。这对新的立义整体也有效,并且如此持续得越来越远。

因此,如果事件 E 原在场的点渐渐变为 $V(E_0)$,而且起始点 E_0 渐渐变为 $V(E_0)$,那么这将表明:E_0 渐渐变为 $E_0{}'$,并且经验到一个图像化的立义 $A_V(E_0{}')$,在这个图像化的立义中通过 $E_0{}'E_0$ 被意识为过去的。现在,$A(E_0{}')$ 在同一意义上转变自身,即转变为 $A'(E_0{}')'$。简言之,这表明,$E_0{}'$ 转变为 $E_0{}''$,A 转变为 A',即转变为 $A'(E_0{}'')$。因此,看来 A' 是一个新的立义 $A(A'(E_0){}'')$ 的被代现者,而且如果这种情况继续下去,那么我们就具有 $A'A''E_0{}'''$ 与 $AA'A''E_0{}'''$,并因此每一个新的变异点是一个片段,它现实地包括一个由相位组成的无限。因此,每一个原滞留性的点其实自身是一个连续统一体,而且是一个由立义组成的连续统一体,除了最后出现的立义以外,这些立义用作立义内容,并且作为限定我们具有一个立义内容,这个立义内容不是立义,我们具有核心,这个核心通过这个具体被意识为原素材的间接立义内容,并且被意识为其变化。

(在客观领域的一个连续图像性的范例:一个图像在我们眼前持续地褪色。起初存在的是完满生动的图像,是作为图像本身,每一个渐渐褪色是对一个渐渐褪色的渐渐褪色。这些渐渐褪色立义融合成一个渐渐褪色的等级性,这个等级性其实是一个连续统一体。它是一个客观时间的流逝,而且这个连续统一体有其时间延展。在每一个时间过程的瞬间相位,我们有一个由渐渐褪色、变化组成的片段连续统一体,这些渐渐褪色与变化以此方式是意向统一的,即每一个渐渐褪色是一个渐渐褪色的渐渐褪色,同时是一个渐渐褪色的滞留。原在场的点是最低级的渐渐褪色,并且它贯穿这个完整的间接性系列展示原图像。因此,我们在此已经以极其错综复杂的方式把图像性层叠到图像性上,并且已经把原初时间意识的图像性与这些在时间上构造自身的图像性联系在一起。)对立义连续统一体任意的点与片段的内部不可区分性来说,应该加以关注的是,它〈一定〉不断地重复与持续重复同一个图像化的操作。它们把自身整合成一个间接立义的渐次的梯形形状,整合成一个各自立义核心的类似的立义。

第四篇　关于消退现象的现象学

第1节　〈基本概念的引入：一个当下被给予性的连续消退，诸直观被充实与空泛的消退形式，一个活的或者无生气的延续统一性的消退〉

在这些提名中，尚未顾及在其直观性与生动性充盈中的变异的透视与减退。本原性是作为变异的变异的零。作为变异它持续地增加自身。它是一个意识的连续变化，这个意识是对同一的(selben)、"就内容而言"完全同一的(identisch)确定之物的意识，这个连续变化意向相关项地给予它一个持续新的过去样式。但是，这还不是一个客观的过去，客观的过去在此不可以被偷带进来。在这个领域不谈论绝然的过去，而是谈论当下的消退，或者谈论渐渐消逝的变异，也许这是最好的。这个歧义是无害的，它在于，我们谈论颜色的消退，谈论当下的声音的消退，并且谈论当下的消退自身。颜色的消退是一个有别于声音消退的消退，但是，就在一方中的每一个当下的消退（本身）而言，同一个当下作为双方的样式形式表明了在另一方中的同一个当下的消退。

一个当下的每一个消退自身是当下的,因而,它有一个其当下的消退,如此等等。消退变异是连续的,并且就此而言我们具有间距与间距比较。这是毫无疑问的,只要我们能够重复在再回忆中的生动流动的当下渐渐消逝(消退连续统一体),并且也许在此期间通过新开始的原当下之物能够设定分开的点。在此并未谈到一个"精确性",但是,毕竟我们"觉察到"间距区别,或者"觉察到""较长"与"较短"的消退片段的区别。无论怎么不明确,如果一个消退连续性对我们分成两个部分 α 与 β,那么我们能够把它象征地称作 α+β,在这个地方 α 可以标明以(带着现在的)i 为出发点的消退连续性。而后,在观念上,人们能够形成 β+α 这个颠倒,并且能够把它们看成一样。甚至 α+α 可能具有一个意义,一个分成相同的间距可能具有一个意义。但是,另一方面,每一个任意的片段 α 不可能是一个 α+α 的部分,我们不可能对每一个任意的 α 形成 2α、3α……,并因此如果不同的片段 α、β、γ 有价值,我们不可能任意地形成 α+β+γ。

在这里,应该留意的是,我们不仅对具体的消退片段这么说,在这些消退片段那里,我们也接受渐渐消逝的内容,而且我们也抽象地对纯粹的消退形式这么说,这些纯粹的消退形式确实不仅对任意的消退可能是相同的,而且可能是同一的。而且,在这里,我们目的确实刚好在于它们。因此,我们在这里有一个重要的限制,这个限制在这里面显露出来,即消退变异是两面的,并且就此而论它们在数学的理想化中进入无限,但是,它们在"有限"之中有一个临界值。这表明,在观念上存在一个变异,这个变异不再经验到变异。但是,这是如何可能的,因为它仍然有一个当下,并因此其自身一定会渐渐消逝?其实,这是难以回答的问题。但是,回答的内容是:这个渐渐消逝是一个持续的贫乏化;是一个在"充盈"方面的持续的减少,我们按照这个减少谈论"直观性"与直观性的等级;那就是说,是一个带着零这个界限的直观性的持续的减少,在这个零界限中我们不再能够谈论直观性。这并不表明,变异(与将其算作变异的零点,"现在"这个形式或样式在内)按照形式的比喻(Bild)是一个容器,一个钵,在其中或多或少的内容被倒进去。毋宁说,"充盈"是在被描述的样式的具体化中的一个本质要素,而且恰好属于这方面,它并不涉及作为形式的样式,这就是说,并不涉及作为同一系统的样式,这个同一的系统由在"内容"任意变化中的要素组成,并因此由在充盈的任意变化中的要素组成。一个样式具有意向活动—意向相关项的具体化,并因此只是通过"内容"有其此在(在内意识河流中的存在)的特性。每一个样式都是一个(在逐点抽象中的)意向体验,并且作为这个体验有其意向之物本身,而且在此我们把纯粹的意义与充盈意向相关项地区分成彼此相对不同的要素。充盈可能减小到零,它有其等级性,而且这时在属于渐渐消逝的生动河流的那些意向性那里,这个等级性自身是一个生动之物,是一个必然流走之物,是向零流去之物。

于是,如果这意味着,两个"不同的"本质要素"意义"与"充盈"在此必须得到区分,那么我们必须把带有零这个等级性自身的这个充盈算作一个充盈。因为,首先在保持一个同一指向的"对象的"意义期间,而且当然也在保持一个持续变化的但不断必不可少的形式(意向相关项的样式、现在的变式)期间,这个形式带有其直观性或者充盈叫作零的这个相位,逐渐减弱没有结束。甚至当我们"耳中"不再具有渐渐消逝之物(比方说声音)之后,它作为空泛的意识以其方式继续行进。如果我们在意识中还具有这个流逝之物,而且"它还在向后推移",那么它就在一个恰当的意义上渐渐消逝(当然,现在图像不再合适了)。因此,自身持续变式的意识还没有随着直观性结束,它比这个直观性更长久,我们仍然具有一个对自身悄悄离去的声音的"生动的意识",而且绝不单纯具有一个"下沉了的意识",心理学家(以其经验的观点)把这个"下沉了的意识"归结为可重激活的"心境"。

但是,现在该如何理解第二个贫乏化?如果作为非直观的继续流动的意识随着零这个充盈具有同一地继续行进的意义,那么自身变异之物的这个持续继续行进一定急速中断了,并且就内容来看它是一个现象上不变的内容,只是这个内容带有样式的渐次变化。因此,我们具有这个图像:

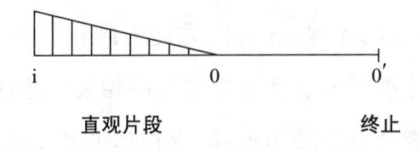

```
        |\
        | \
        |  \
        |   \
        |    \
        |_____
        i      0          0′
     直观片段            终止
```

但是,反思并不表明急速的中断根本不可能,甚至 0……0′这个片段有其等级性。此外,对于这个等级性应该询问的是,是否它不是一个同样属于 i……0 的等级性的继续?通过描述正确对待真实事态,并且在认同与分析的把握中不变地保留如此感知易逝的与把握易逝的真实事态,或者在再回忆中得到它,看来,在此存在巨大的困难。

人们在此可能考虑到"触发力",因为〈这个触发力〉在其中存在，即新物对自我产生一个触发，看来这个触发构成一个触发之物的现象学特性，而后人们可能说，这个触发的特性随着渐渐消逝的等级性减退。但是，触发的被动性的相关项是朝向的主动性，是注意的主动性；如果自我在注意意向对象，那么这个触发（总的看来，这个触发甚至可能是一个直观性与渐渐消逝的功能）不必减弱自身。无论如何，这是明白的，即在此这并不涉及触发的确实变化的区别，在那里我们与一个事实有关，这个事实是统一的，并且在河流中，那就是说，在意识的现时性中是必然存在的。

在此，为了不失策，这是特别重要的，即始终关注。可以这么说，如果我们被动地被在其变异中一个任意就内容来看确定的当下的河流流过，那么我们只可以这样描述在必然渐渐消逝的被动性中发生的东西，好像它在其中给予自身；我们只可以进行这样一些再回忆，在其中，这个流走认同自身，但是，一部分流走并不与起源部分认同，并且在其中被意识到之物并不与原初的被给予之物认同。这尤其涉及具体的情况，在那里，其自身是一条河流统一性的一个延续的当下，作为具体的当下沉入过去，而后这个已下沉之物事后与原初的延续之物是可认同的，再回忆再次生产了这个原初的延续之物。于是，人们容易解释，进入消退现象，原现象呈献了什么。

因此，如果我们避开所有那些不是由一个总体流走的认同本身在多重的再回忆中和在总体流走的相同包容中作为被给予性呈献给我们的东西，那么也许我们就必须说：我们贯穿所有相位都具有一个作为意义与充盈的内容，而且我们的示意图正确地标识了充盈的减少，而也许用黑色标明的意义到处始终是相同的，确实始终是同一的。充盈渐进地接近它的零点，而后我们具有不变地空泛的意义。但是，一个连续性仍然贯穿整个消退连续统一体，而且等级性也贯穿它。变异作为变异是一个连续性，但是，正如我们必将承认的那样，它是一个直立的（垂直的）连续性。但是，此外，在这个变异中有一个等级性的贯穿要素，有一个样式的强度（Intension），这个样式的强度对着一个零追求。这个零是具有强度性质的零，它使整个现象停止，并因此甚至与另一个感性现象不再进行任何区别。这个变异的变异可以称作意识的生动性。意识是生活，所有生活按照其特殊的生活脉搏是度过（Verleben）中的生活，是生活持续流逝中的生活，并且生活流的所有具体生活是一个常新的生活脉搏的统一性，这些常新的生活脉搏在它们那方面"在出现"与"在过去"、在消逝。生动性就在直观的片段中在减少，渐渐消逝在真正的直观渐渐消逝期间仍然是一个逐渐减弱，是一个消逝，并且在直观性的充盈已过去之后，它还在。

对此尚未得到解释的是迄今未被考虑的透视的本质现象，而且尚未以其最原初的形式得到解释，以此形式这个透视就是在渐渐消逝的原初河流中的一个本己本质之物，因为这个现象涉及在其渐渐消逝的不同片段中的同一个被充实的延续的"显象的范围"，而不涉及渐渐消逝的片段自身的范围。

总之，现在，必须把特有的一篇文字用于一个延续个体的统一性的构造，或者用于一个具体延续的统一性的构造，并且用于一个这样的延续统一性的"渐渐消逝"的现象。其实，具体之物是最先之物，逐点之物必须被当作被延展之物的界限，而且这造成了其困难。

因此，为了首先展示具体之物及其规律，而后展示逐点之物作为界限，并且作为具体之物之建造的要素，研究尚未结束，而是毋宁说必须重新开始。在生动的原时间化（Urzeitigung）中的一个延续的原生动性与无生气的延续之间〈存在着〉区别，在生动的原时间化那里，总是出现新的原印象，而且原初新"形成了"相合，并因此形成了统一化，这些统一化导致一个被包含的个体性的构造；在无生气的延续那里，原初的被产生之物不带有本己的生动性就在下沉。但是，生活与生动性这个概念的确与刚刚被使用的这个概念不同。不管怎样，在此一个重要的课题得到了标明，这个课题属于刚才已标明的"这篇文字"。

如果我把最初的现象学描述与延续的客体联系起来，那么透视缩短现象的描述同样属于开始，这个现象在此已经出现在最初的曾在性领域。

第2节 〈消退与滞留的连续统一体中直观贫乏化（变暗）和透视变小的难题·空间定位与时间定位之间的类似〉

在时间定位中原初被给予的时间域包含所有"同时发生的"事件，在此意义上，划分相同的定位阶段的东西（现在，任何一个刚刚过去之物的样式），在各自的意识现在期间，在平行事件的展示自身的时间点的同一性意义上也是同时发生的。因此，我们也具有在定位域的间距中展示自身的时间片段的同一性，并且具有与这些片段有关的事件的同时性。同时性在流动期间始终保持着，对所有事件来说"时间流淌得一样快"。但是,这还应该得到更确切的描述。

71　　被给予的时间域始终是一个被充实的时间域,它为一个空泛表象的时间视域所包围,但是,这个空泛表象的时间视域是一个空泛意识组成部分的单纯属于时间意识之本质的潜能性,这些意识组成部分通过系列再回忆发现其充实。

还有一些东西应该得到探讨:自发的选取和把捉-持守,它涉及一个下沉事件的某一个凸现相位,或者涉及一个过去的完整事件,〈并且〉把它确定为一个认识行为,然而,现在却用原在场的内容充盈自身,而且一般时间定位领域总是获得新的内容。但是,这个领域的范围不是无限的,而且这个奇特性属于这个领域的范围,即随着"远离"现在也发生了一个内容的减弱,发生了一个直至黑暗零点的变暗。人们不一定要说,虽然关于明白性确定的把捉-持守能够保持一个增加(能够防止短时间变暗),但是,最终它完全模糊地被意识到,而且随着其持守也进行一个一同持守,它是对一个向着现在进一步下沉与模糊的片段的一同持守?但是,人们会说,其实,模糊之物还是参加了下沉的过程,那就是说,它属于"时间域"?

人们在时间域中必须在明白之物与模糊之物之间做出区分,明白之物伫立于明白性的零点上方,并且具有充盈的不同饱和阶段,而模糊之物伫立于这个零点下方?在这上面人们应该指明,一个注意到模糊的"刚才"的目光朝向是可能的,而后这个模糊的"刚才"通常转变为一个再回忆,但是,始终还具有"刚才的"特性,这个目光朝向与目光朝向一个前过去(Vorvergangenheit)相对,这个前过去没有"刚才"的特性,而且当它还是模糊的时候,没有一个再

第一编　论原初时间意识的基本结构：原体现、滞留和前摄的流动关联　117

回忆的特性？

在基于滞留意识进行再回忆的期间（从最初现前的阶段开始，我们想把它预设为在注意中进行的——在后来的注意力的情况下情况怎样，这个问题还没有解决），我们在滞留性之物与被再回忆之物之间的相合中具有被给予性的明见性，但是，不是根据完满的内容具有被给予性的明见性。

确实，对明白的滞留我们不可能说，过去之物的内容完美地被给予我们，它只是以渐渐消逝的展示形式被给予。但是，这个不完美性并不放弃曾在存在的绝对被给予性，而且并不放弃展示，这个展示按其本质只能通过类似之物展示类似之物（正如再回忆表明的那样）。声音是声音，而不是颜色；颜色是颜色，但不是声音，如此等等。

〈存在一个〉"不完美的适当性的意识"，〈存在一个〉随着向后下沉持续贫乏化的意识。在再回忆中〈存在一个〉完美的被给予性的意识，但甚至只是在某些界限中对每一个要素来说存在这个意识，这个要素作为再回忆现实地给予自身。

时间定位领域跟空间定位领域一样有一个最远"距离"？这会表明：在最远范围的不同时间点之间，再也没有距离区别原初地被意识到；这些距离间距总是在变小，并且最终接近零。事实上就是这么回事。这个间距变小的过程并非毫无顾忌地与变暗是同一之物，但是，一个随着另一个而发生。然而，作为整体向后下沉并且被我持守的一个统一事件，最终不仅变模糊了，而且其时间的定位深度同样也变为1，而这无疑表明：这个向后下沉而后在现象上终止了，即只要在其自身上应该发生向后下沉。另一方面，只要总是新的现在在出现,那么以此方式发生变化的是与这个现在相对的整体的间距关系。① 这类似于我在空间②中具有一个有限距离的视域作为界限,除了从这个视域中脱落的东西与把自身插进可变化的定位空间的东西以外,如果我向它走去或者远离它,那么关于属于其自身的东西这个视域的深度间距并不发生变化。③

所有合感知的不同距离在变化,而且从这里(Hier)出发距离向一个方向添加自身且所有距离在变大,并且它们在此在这些客观的距离中显现,因此客观的间距显得变大了,那就是说,与这里的视域事物的间距也变大了。但是,其实始终不变的是视域的定位。视域是距离的最远点(ultima Thule),而且不可能再出现新的质性的定位距离。被持守事件的时间片段从现在及其通过它可展示的时间点类似地在生长。但是,在我已到达最远"距离"之后,被持守之物的"时间定位"不再变化。(假定:对不再在现象上沉入过去的某物的持守的现象。)

但是,"时间定位"这个表达方式在此已成为有歧义的。在一个意义上,它是我们更好地把它称作时间透视的东西。(视域在透视学说中在技术上叫什么名字?)在另一个意义上,它是真正的定位,是持续变化的较长或者较短的与现在的间距。与潜能的或者现时变化的这里有关,应该对空间或者空间对象的被给予性做出同一个区别。我们在两边具有"解释"这些现象的难题,而且首先

---

① 但是,这会表明:在下沉的河流中最终有一个末端,在那里刚才曾在之物仍然被意识到,但不再自在地显示出下沉之物的样式。这可以现象学地表明?

② 只是,在空间中随着对这个视域接近没有发生变暗。

③ 但是,在事件感知中不存在向-视域-走去。它是一个不断疏离各自事件的一个必然单面指向的过程,这些事件是在这个视域中被意识到的。

具有"解释"时间透视现象与空间透视现象的难题。对此在这些图表讨论中没有出现。

如果持续的滞留与前摄始终会以同样的方式现象学地流逝，那么我们就有一个不带有透视的无限时间域。我们在每一个瞬间U_x中具有一个原感觉素材，并且可以这么说在这个原感觉素材的"渐渐消逝"中，每一个原素材的内在要素会自为地渐渐消逝，每一个滞留是一个原体现的确切的镜像。（而前摄一开始就不可以与滞留被赋予同等地位，只要它已经被视为模糊-不确定的[这甚至还是一个研究的缺陷]。）

消退是原声响的连续派生，是具体的相似性，但也是在差别上的贫乏化。此后，在连续的认同中，由于滞留性的"立义"我们具有关于"立义素材"的连续脱空。这些滞留变得越来越"空泛"，在直观上变得越来越不完美。（关于前摄，也许我们可以相似地说，在此，甚至一小块是预先被生产了的将来之物的"图像"，是带有"快速"贫乏化的具体的相似性。并且，因此前摄更快地渐渐变为非直观性。）

当然，类似情况在空间感知中也起着一个决定性的作用。当远离一个对象的时候，图像就"变小了"。图像是一个图像。但是，一个展示差别的贫乏化也随着这个变小而发生，并因此一个真正"直观性"的脱空也随之发生。在此，在时间意识中，问题在于，除这个贫乏化之外，是否一个"变小"也一同发生了。但是，"印象"（Eindruck）在此同样是一个"变小"的印象，正如人们会表明的那样，这个变小不仅应该被记在内容贫乏化的账上，而且一定是这个内容贫乏化的一个伴随现象。

第3节 〈一个无成效的解决办法尝试:在时间域中渐渐消逝或者透视变小期间可能涉及感性融合中的一个强度区别〉

但是,在这里,变小能够表明什么? 在空间那里,我们具有属于感觉素材的"扩展"(当然,而后在原感觉素材那里我们也具有这个扩展)。现在,我们应该说:渐渐消逝是一个扩展的类似者,这个扩展在视觉场与触觉场中是一个二维之物,因此在其中存在大小与形态两个维度的区别,形态是一维的?[①] 扩展的类似者是一个一维的区别,而且是一个单纯的提升区别(一个具有强度性质的提升区别),这个区别涉及感觉素材的整个瞬间内容连同所有内在要素(并且以同样的方式在所有属的感觉素材那里涉及它们);〈它〉借此有别于强度,即它具有原感觉高度的上限,并从那一直降至零。

因此,如果(从其相对的瞬间具体化来看)一个原感觉素材"在下沉",并且在这里"在渐渐消逝",那么这个"变小"就发生了,而且与这个变小平行发生的是一个内容贫乏化。——以此方式人们便能够试图做出这个开端。

但是,在时间域中的片段变小了,并且时间域自身是一个片段现象。因此,关于变小的言说确实与这些议题无关。

对此人们能够试图这样对付:

1) 所有属于一个 U_x 的(即作为现在"同时发生的")消退与新

[①] 这不太明白且也许不太有价值。

的原声响①(但只是同一个事件的原声响)具有"感性的统一性"。或者说,在由 U_0 或者其原素材向带有新原素材的新 U 的过渡中,每一个瞬间的消退与这个瞬间的新物持续地"融合"。

2) 渐渐消逝是一个变化种类,这个变化种类对每一个原声响来说是同一个,并因此对每一个消退自身来说是同一个。② 它是一个具有强度性质的渐次变化。现在,在 1) 下面曾谈到的这个融合,是一个系列-相互蕴含-融化,是一个融合成一个一维的连续统一体,即消退的变化是一个形式固定的连续统一体的变化;因此,我们一再具有同一些渐次变化,而且在现在中出现的这些阶段并不融合成一个"釉质"(Schmelz),而是彼此融化并按照渐次变化的秩序形成一个系列秩序。因此,这个系列秩序是被结合在一起中的一个连续的秩序,因而它在一中包含所有 1……0 的阶段,并且这不是时间域自身的秩序形式,而是时间映射域的秩序形式,是时间透视域的秩序形式。但是,透视自身是怎么进去的呢?③

3) 我们设想一个由原过程中原素材组成的"不太长的"连续序列,并且设想一个时间点、一个现在,在那里在 1……0 这一时间映射域中的消退从所有〈原素材中〉显露出来(这恰恰预设了,这个原素材序列不"太长")。连续统一体的间距通过 1……0 这些渐次变化在自身中得到确定。现在,来源于同一个原声响序列的消退片段在原过程的进展中移向零面(Nullseite)。为什么在其中应该存在一个"变小"?但是,涉及"这个"完整片段的单纯具有强度性质的这个

---

① 只是在其持续流逝中的同一个事件的!
② 这必须是第一点。被陈述为 1) 的观点是第二点,是在这里进一步被阐述的观点。
③ 这并不导致一个结果。

减少(即为了可以看得出来,这个减少已经与"这个"片段的认同合一地预设了一个时间意识;在时间中,在这个片段属于它的这一时间中,它转变自身,并且它在这个转变中是同一个),意指没有间距缩短。在这里,属于线性的连续统一体之本质的是这些间距的某种可比较性。甚至差别的贫乏化对此不可能产生,这个贫乏化是随着强度减少被给予的。(一个变得越来越无光泽的图像并不改变其显现的延展。这些差别"渐渐模糊起来",并且渐渐变为同样的质性认定[Qualifizierung],但是,它们在立义上不允许被看作同种的。)

第4节 〈一个新的解决方法尝试:时间透视可以理解成渐渐消逝事件的一个或多或少迅速的进一步缩拢·关于直观性和细微差别零点的确定〉

由此可见,以此方式我们并未达到目的。因此,看来我们必须让两种变化共同起作用:

1) 1到0这些位置的形式系统,同一个原声响点的持续变异自身的消退贯穿这些位置。(当然,始终存在的是:原声响点是一个由这样一些点组成的连续序列的点,并且更多地出现在个别的新而又新〈出现的〉点的连续出现中,与每一个新的点联系在一起的是一个过去的点的消退连续统一体[即瞬间连续统一体],这个连续统一体自身持续变异自身。)

2) 此后,在进展的过程中1……0这个片段总是部分或全部被据有,并且现在在其在1……0这个连续统一体中移开期间,属于同一个原序列片段的消退片段的缩拢可以被视为新物。在每一个原初被给予的点的渐渐消逝中,在每一个1的渐渐消逝中,渐渐消逝的意向(或它们的意向相关项)保留对同一之物的意向指向,并且在它上面仅仅改变渐渐消逝之物自身(在原初形式中的刚刚曾在之物)的样式。现在,即使滞留性的样式及其相关项的形式系统、1……0 这个系统是一个固定的形式系统与一个连续统一体,但是,并非如此先天自身显明的是,每一个消退连续统一体具有同一个"范围",在这个消退连续统一体中,同一个延续在0……1里面(直至客观相合地)展示自身。这些消退在其意向性旁边或者与之平行地具有一个本己的等级性。我们能够说:消退点与1位置越近,它们就渐渐消逝得越快,它们就向零进展得越快,并因此后来的消退进展得越缓慢,〈而且〉这是连续的。但是,人们可能问,在此快速与缓慢应该表明什么?首先,考虑到被构造的时间,可以表明的是:如果我们接受了一个(在客观现象学时间中的)时间片段,这一时间片段还在一个时间透视中现实地展示自身,即它还完全地坠入原初直观的时间域,那么就刚刚已流逝片段的等长的部分片段而言,消退片段就是不同的,而我们接受以前的部分片段越多,它们就越短。因此,并非按照这个形态,仿佛在这个不完全正确的形态中,不仅

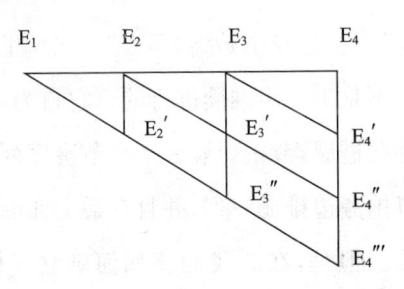

$E_1 \quad E_2 \quad E_3 \quad E_4$

$E_2' \quad E_3' \quad E_4'$

$E_3'' \quad E_4''$

E_4'''

$E_4—E_4{}'—E_4{}''—E_4{}'''$ 是等距离的,并且后面每一条斜线中这些片段也是相同的,例如,$E_2E_2{}'$ 与 $E_3{}'E_3{}''$ 也是相同的,而是它们向下缩短,并且在线条的向下行进中,相应的片段也变得越来越短。〈于是〉,无论如何,如果原声响、在客观时间中被分配的那些原声响是充实一个连续时间片段的感觉素材,并且同时反思与"在"每一个现在"中"的原声响一致的消退素材,或者反思与每一个本原被给予的感觉素材合一的本原被给予的消退素材,那么就正确地描述了事态。因此,不管怎样,这应该属于在先发出的描述,这些在先发出的描述是对在反思中明见可指明的被给予性的描述,是对事件存在的被给予性的描述,并且是对与被给予事件有关的被给予方式的描述的描述。

描述必须根据最谨慎的观点来进行,且必须得到说明。例如:在事件的一个块片已流逝之后,这个片段的瞬间被意识性(Bewusstheit)的一个恒定连续性随着结束相位以一个滞留的形式〈到达〉;事件以一个过去之物的渐次变化的被给予性方式也被意识到,如此等等。在再回忆中,我们可以一再地取出这个实存相位,并且可以认同地描述其本质结构。

零显得怎样?我可以长时间地持守一个中等大小的事件,例如持守一个节拍,对此我可以始终凝视着。在零把握中,我持守这个恒定现象,或者它在自身中始终"不变"。在这里,我可以拒绝再回忆。这个节拍不是进一步继续进行的。它自为地是一个完整的事件。如果事件在进展,节拍〈是〉一个有节奏序列的一个环节,那么0节拍在0节拍旁边排成一列,并且在最上面的是在0……1这个领域中的片段。但是,在此我们该如何确立零概念,这还是问题。我试图区分直观性的 0 与有细微差别性的 0。例如：多次反复的犬吠。在此，我对在同时（Zugleich）中的第一阵犬吠还有一些直观性，而后我具有一连串的犬吠（即使它只能够是一个短促的系列），它们没有直观性地再延续一会儿，但是，是完全有细微差别地较强的而后又较弱的阵阵犬吠，我具有一阵双重的犬吠与一阵迅速三重的犬吠。这连同直观性是这样的，即有细微差别性在本质上并不表明任何新奇之物？也许困难在于：然而，如果我们往下一般不再谈论直观性，如果我们想一般不再谈论直观性，并且如果我们会表明，这是完全有别于"微弱"感觉的某物，那么第一个直观性就如此接近感觉直观性，正如这个直观性的确持续地渐渐变为那个直观性。另一方面，在确切的关注那里，人们也不想把紧接着的渐渐消逝称作单纯较弱的感觉。此外，如果人们承认，原则上这一个阶段的直观性与另一个阶段的直观性是同一个直观性，那么人们就会注意到，事实上，前者下降得非常快，但后者下降得比较慢。看来，它不是渐渐消逝的均匀放慢，而是这对渐渐消逝的两个时期做了一个清晰的区分，在第一个时期，它向下行进得很快，但它毕竟带有逐渐的放慢，但是，随后在难以逐点设想的某一个阶段已达到之后，它向下行进得很慢；并且当注意力指向于此的时候，人们可能较长时间地看到一个总体的小事件的消退；如果事件周期性地相互重叠地接续，如果后来事件或者几个后来事件的消退已到达这个阶段，那么人们在相继中也可能还在其链中找到以前事件的消退（在这件事上，只是〈我〉必须避开每一个再回忆与拟-允许再流逝）。

在这里，尽管这些差别可能是微不足道的，并且变得微不足道，现在合一地在各自现在中"同时发生的"、在一条"链"中被给予的那些消退片段有其秩序，并且依照其秩序也有一个直观性的阶段秩序。在这儿可以撇开"含义"，它对过去意识合立义地具有它们。但这个过去意识有其受限制的范围。并且虽然人们最终还"指向"某个片段或者某个链，但是人们不再直观地具有它，人们在一个完全模糊的意识中具有它。但是，人们在此不一定说：正如一个细微差别的上升的减弱确实随直观性的向下行进而发生，以此方式在这里虽然细微差别也还能够是现存的，但是，最终这个细微差别也丧失了？① 在这里，困难在于找到一个正确的回答，并且在最低级的直观性与非直观性之间做出区分。人们会说，只要人们还把一个周期性的序列意识为序列，例如，把一个由节拍组成的周期性的序列意识为序列——即使是渐渐模糊起来的序列，那么不同的直观性就应该被接受。但是，最终这些片段越来越多地缩拢在一起。个别的片段缩拢成"各个点"，它们"意指"这些片段，并且这些点并非缩拢成一条任意长的片段，而是它们仿佛掩盖自身，缩成一个点，这个点"意指"一条无限的片段。② 在其中"内含"存在的是以前事件的代现：属于此的是再生成有关的序列和整个构造过程的自由可能性，并且是就每一个点与每一个片段而言。

但是，缩拢成一个"意指"的"点"应该表明什么？只要消退"是

---

① 细微差别的减弱——在细微差别中的等级性，然而，这恰恰表明在统一化样式中的一个本己等级性，而相合按照总体意义始终存在。但是，这表明了变小，并且最终表明了接近一个"点"？不过，这还是一个剩余（Plus）。

② 我必须清楚地区分变小与细微差别（融合的等级，或者毋宁说贫乏化的等级），必须把它们区分成两件实事。

现实在此的"，那么它们是扩展了的且就此而论是延续的，但是，它们不是一个点，这个点融合地包含所有这些消退。也许我们只能说，我们获得一个作为变小的片段之临界值的点，这个点不再包含任何区分，但它不是一个数学点，而恰恰是一条片段的下限，并且空泛意识进一步伸展着。而后，这个空泛意识情况怎样，这还是问题。但它并不是始终不变的。它也在下沉，它也留下消退？于是，一会儿之后出现一个二阶的空泛意识，进而出现一个三阶的空泛意识，如此等等？

看来，到处在发生无限后退。我们会说：这个空泛意识经验到一个持续的变异，并且这个变异与持续的意识具体合一地属于一个整体，所有这些消退作为"立义素材"属于这个持续的意识。属于此的是向再回忆过渡的自由潜能性，这种潜能性对每一个这样的空泛意识要求另一个充实的展现，并且也许提供另一个充实的展现。在不同的展现中，我们也随着充实把它们本己意义与内涵把握为不同的，并且也在每一个片段的再回忆那里通过空泛意识（视域意识）把握结束，我们按其本己意义重又能够通过一个再回忆展现这个空泛意识，如此等等。我们到处只能在这一个意义上让构造时间的立义"渐渐消逝"。它们作为"变异"在渐渐消逝，这些变异在自身中合意识地承载变异了的行为，并因此并不无限地要求新的消退系列，这些消退系列是上下相叠被建造的；这是否完全消除了困难？在这里这不是保持不变，即每一个空泛的意识要素以变异的方式渐渐消逝，并且最终一直渐渐消逝到零，超出这个零我不再能够直观地发现它，如此等等？但是，看来，如此回答仍然是不充分的。

附录2 （关于第四篇文字）：〈直观消退和原声响与消退的滞留的关联的疑难理解样式〉

a) 假定:〈有别于滞留〉的消退是实项的当下性,因而像"原声响"一样

出发点在持续变化中意向地被意识为"强度"的 1 = "原声响",或者在持续变化中意向地被意识为强度系列的最高点。① 并且与这个持续变化合一进行的是渐渐消逝。但是,对消退的当下意识在此不仅与一个滞留的平行相位"同时"存在,而且这个滞留是关于一个类似之物（具体类似之物）的滞留,这个类似之物类似于现在作为消退是现实当下的东西。现在,人们可能说,在并存中以原规律的方式存在一个类似之物与类似之物的相合。因此,在原过程中进行一个不断的相合,并且如果我们具有"原素材"（最高强度）的一个持续的新出现,那么就出现这个图表:如果 $E_κ$ 当下（本原地被意识）为原素材,那么对于每一个 $E_0 \cdots \cdots E_κ$ 一个滞留就被意识到,并且所有这些滞留借此具有关联,具有统一性,即它们已经意识到类似之物,在这件事上类似性只能在个别的点上在

---

① 一个意向体验的每一个变化作为体验也是意向性中的一个变化。被意识到之物以其他被给予性方式被意识到,于是,这要看意向性的哪些方面、哪些要素变化了,也要看它是否是一个被奠基的意向性,并且这表明了在意向性的持续或者不连续的变化中的各种各样的类型。

一个瞬间之后具有一个跳跃。① 某物必须维续类似性,维续属上的共同性。但是,这些消退的系列也在此存在,并且以前消退之滞留的相应阶段也仍然在此存在,对此应该加以考虑的是:每一个消退自身在渐渐消逝;但是,这些消退的消退自身是相应的后来消退。因此,一个消退的滞留是一个系列之相应的后来消退的滞留。那就是说,我们只对消退具有一系列滞留(作为一个垂直的系列)。与这一个由 E_0—$E_κ$ 组成的滞留的垂直系列相合一,我们具有一个由消退组成的垂直的系列(所有这些消退自身是感觉素材),并且具有由 E_0—$E_κ$ 组成的滞留性的变异。后者与这些消退相合,或者与其当下意识相合。但是,为什么这些类似性的相合不相混合?

当然,它们是以某种方式混合在一起的。这个垂直系列的确标明一个瞬间意识。一方面,这些滞留的相合来自连续过渡的"新奇之物",来自使一个片段统一性 E_0—$E_κ$ 被意识到的东西;另一方面,它们涉及一个在并存中的连续性,而且涉及一个未变异的意识的连续性,并且涉及一个由以前消退的滞留组成的统一性(这个统一性通过类似于空间统一性的相合突出自身)。但是,这如何一同行动?

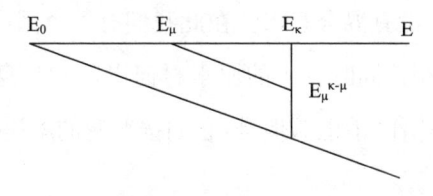

```
E₀        E_μ        E_κ         E
                      │
                      │ E_μ^{κ-μ}
```

----

① 在这里,"原声响"的滞留被把握为原体现的空泛变异,并且有别于这些消退,这些消退是现实回响的感觉素材。但是,它们应该通过相合与它们一致。

E_μ 通过点 κ 上的 $V^{\kappa-\mu}(E_\mu)$ 被意识到。与此合一的一个 E_μ 的消退已经本原意识到了 $E_\mu{}^{\kappa-\mu}$。与此合一〈被意识到的〉是这些 E_μ-消退的 V-变异,但是,它们对这些消退的消退不表明任何新奇之物。对每一个点 E_0……E_κ 来说,同样如此。

按其顺序,我们给在每一个 E_κ 中获得统一性的这些意识瞬间制作一个图像①:

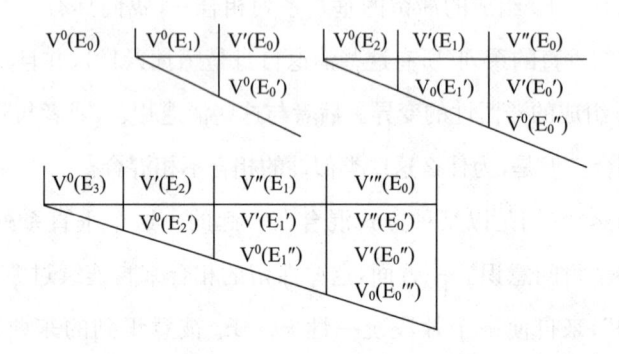

$V^0(E_0)$	$V^0(E_1)$	$V'(E_0)$		$V^0(E_2)$	$V'(E_1)$	$V''(E_0)$
		$V^0(E_0')$			$V_0(E_1')$	$V'(E_0')$
						$V^0(E_0'')$

$V^0(E_3)$	$V'(E_2)$	$V''(E_1)$	$V'''(E_0)$
	$V^0(E_2')$	$V'(E_1')$	$V''(E_0')$
		$V^0(E_1'')$	$V'(E_0'')$
			$V_0(E_0''')$

每一栏都保持着瞬间的(对一个事件)同时发生之物。倾斜的 V^0 系列标识新的感觉要素,例如,标识与 $E_2'E_1''E_0'''$ 这些消退合一地出现在本原意识中的 E_3,这就是说,标识与直至 E_0 这个片刻的消退的持续消退系列合一地出现在本原意识中的 E_3。它们融合成一个统一性,没有混合起来?在此我们有一个困难。此外,与同时发生的素材相比同时发生的原素材何以区别自身,这些同时发生的素材虽然称作"消退",但是,它们按普遍的本质并非与原素材不同?

消退表:

---

① 当然,V_0 表明"没有变异"。

```
E₀
E₁   E₀'
E₂   E₁'   E₀''
E₃   E₂'   E₁''   E₀'''
E₄   E₃'   E₂''   E₁'''   E₀''''
```

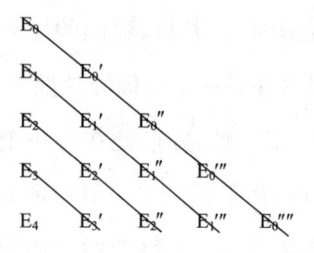

例如，就这一时间点 4 而言，在这一时间点上最后一排是恒定原初被给予的，由下向上看，这些斜面表明了 E_0 到 E_0^{IV}（这个 E_0^{IV} 现在作为消退是当下的）的已流逝变异的全体，或者表明了从 E_1 直至现时的 E_1''' 的已流逝变异的全体，如此等等。

当然，至于混合的异议，人们会反驳：它是不完全正确的。例如，同时发生的声音混合起来？这应该表明什么？同时发生的有形的刺激进程，这就是说，作为序列的个别心理物理学的声音与之联系起来的那些有形的进程，它们并不表明同时发生地相应的声音，而是代替并存中的"总数"表明一个混合声，表明一个声响。但是，在此不讨论这个问题。问题只能在于，同时发生的原素素材，而且是瞬间素材，只能以某种并存形式出现。这些消退以某种形式融合，〈这〉表明了，我们在并存统一性中的每一个新出现的 E_κ 中本质合法地发现了一个消退的贫乏化片段。

此外，$V^0(E_3)……V'''(E_0)$ 形成一个现象学的统一性。这是对带有先行 E 的滞留性变异的 E_3 的原初意识（相关的这个当下的 E_3 带有先行 E 的滞留性的过去-变异）。此后，在第二个水平系列与每一个紧接着的水平序列中，〈形成了一个统一性，形成了〉每一个消退相位的原初意识，每一个消退相位都带有先行的消退变异的过去变异及其每次已形成的片段。

85　　因此,我们发现斜的 V^0 片段(瞬间的原素材与消退素材的片段)的每一个点被包含在另一个片段统一性之中,而且这个片段统一性是滞留性的片段统一性,并借此在每一个其他点的面前得到凸现,并且〈我们发现〉首先每一个消退点借此在原素材的点的面前得到凸现,这个原素材的点是整个构成物的 E_1V_0,并且是第一排的原素材点。

但是,我们还没有顾及垂直的融合。作为消退"新"出现(通过 V^0 出现)的最后一栏的 E'_2 与刚刚过去的 E_2 相合,或者 $V^0(E_2')$ 这个意识与 $V'(E_2)$ 这个意识相合。

如果我们还相互比较不同的栏目,那么我们就发现前一栏水平的第一排意向地被包含在下一栏的第一排,并因此发现第一栏每一个垂直的系列意向地被包含在下一栏的一个相应垂直的系列中,并因此一般发现整个前一栏意向地被包含在后一栏中,即以一个单纯增加上面指数的形式意向地被包含,这个指数指明了滞留性变异的等级。我们只需划掉整个感觉系列,划掉 V^0 的斜系列,而且我们具有在滞留性变异中的前一栏。

所有其他垂直系列也是这样。每一个垂直系列涉及一个在原本中的本己消退相位,并且涉及消退变异的连续统一体,这些消退变异涉及同一个渐渐消逝的原点,或者毋宁说,涉及同一个得到消退的原点,但是,如此以至于合一地被意识到的是所有这些消退,例如,是在最后一个垂直系列中的 E_0 的所有这些消退。所有这些消退在有关的瞬间以从 E_0''' 这个唯一原本的消退流出的连续性的形式已流逝,这个连续性是其滞留性的阶段中这些消退的滞留的连续性。在这里,两个一维的流形恰恰联系在一起,即滞留性的渐次变化的流形与消退的流形恰恰联系在一起。

现在,对这一切我们已做出了什么成就?

为了获得一个意向关联的表象,整个考察曾在此前提下得到进行,即一个感知的事件意识(这个感知的意识在每一个瞬间一般只构成一部分事件感知)的那个块片的直观性被归功于一个由"余音"组成的连续统一体,而不是被归功于滞留自身,这些滞留的确也在直观性的贫乏化与渐渐停止之后继续。我们想看看,是否这个立义方式(当然,它一开始就是非常可疑的)是可行的。

如果我们考察我们的图表,那么现在却不一定能看出,直观性如何借此应该成为可理解的。这些所谓非直观的滞留与这些当下相应的消退及其滞留的相合,它们能够提供被要求的东西吗?

b) 把刚刚过去之物的直观意识设想成图像性的尝试·〈兼论再回忆现象学〉

人们将会考虑到图像化的情况。如果我看到一个(合感知显现的)显象图像,这个显象图像并不被视为现实性,因为它与被给予的现实性争执,那么这个显象图像将会被立义为一个非当下的现实之物的图像。假定是这么回事,那么正如人们将表明的那样,这借此出现了,即一个具体的类似之物的再回忆被唤醒了,并且现在再回忆图像与变异了的感知的显象图像相互"叠推"(überschieben),相同性的外部相合渐渐变为叠推的相合,在这个叠推的相合中感知图像掩盖了当下化图像,并且在这个当下之物中非当下之物仿佛被看出来了。①

---

① 图像意识作为一个再回忆与印象图像的相合,通过这个印象图像被看出。

诚然，在外部相合中，是否我们现实同时具有且能够具有作为直观的再回忆与被中立化的或者被划掉的感知，这还是问题。① 毋宁说，是否再回忆去掉了感知？但是，而后我们的确不可能以看见的方式进行再回忆。一个部分的相合，例如，回忆的视觉场与感知的视觉场的相合在争执中发生。如果我考察再回忆图像，那么我就不自觉地从视觉场的中点推出感知图像，我把目光转过去，如此等等。于是，我不再具有与回忆图像同时发生的现实相同相合的图像。此外，人们会说，（在我拥有明白的再回忆之后）如果而后我转向感知图像，那么这个再回忆确实不会始终是持续明白的。相反，由于我把目光朝向显象图像，我现在重又生活在感知领域。

滞留是空泛滞留，或者毋宁说：我在过渡中有一个空泛的再回忆（对此的空泛意向），并且这个空泛的再回忆以某种方式类似的充实自身，好像我使一个对当下之物的再回忆与我现在现实感知到的当下的对象相合：空泛之物与充满之物在"同一个"意识中相合。因此，再回忆与显象图像相合，但这个再回忆的命题没有获得其证实。通过在空泛意向的组成部分与图像意向的相应组成部分之间的争执，与肯定的相合相符的是否定的相合，并且如果图像还是如此"可靠的"，那么环境意向就始终是不协调的；特别是时间的环境意向始终是不协调的：图像是当下，被再回忆之物不是当下，但是，其实它的确什么也不是。它是拟-空间-时间的当下，被再回忆之物是曾在的，有其在其命题关联中变异的，但变异为过去的被给予方式，这个命题的关联导致现时的命题的当下，如此等等。

---

① 论再回忆现象学。

因此，无论如何，我们在此不一定假定：直观通过直观掩盖自身，而是空泛意向与一个充满的意向相合，而后一个并不掩盖另一个。掩盖确实只是一个形象的说法。

如果我们使用这种观点，那么人们就会说：不存在直观滞留。滞留是一个空泛意识，但它与充满的、直观的意识相合，在其中被滞留的同一之物的消退被给予。因此，被滞留之物也在这个消退中图像化自身。与此相反，应该表明：这确实与一个图像化中的情况不同。如果我有一棵现实伫立于此的树，那么在其中不是一棵类似被回忆的树在图像化自身，尽管通过这棵树可以回忆起那棵树，并且在这里与在一切领域一样，在由相似现实性向相似现实性的过渡中也发生了一种相合。

同样，还应该表示反对的是：的确，如果 E_0 渐渐变为 E_1，同时对 E_0 的滞留按时到达，那么由于持续性 E_0 确实也把自身转变为一个类似的，甚至首先几乎相同的 E_1。因此，对 E_0 的滞留可能在这个新的 E_1 中同样好地图像化自身，并且不可能看出的是，如果消退被把握为感觉，为什么它也不应该被视为一个新奇之物，但是，事实上它是什么？

我认为，把事物当作有别于它们显现的那样，并且把滞留性的意识视为本原直观给予意识的一个单纯的空泛变异，这是一个错误的设想。恰恰在此存在的树的显现是一个感知，在那里绝非单纯逐点的一个瞬间作为被感知的瞬间给予自身，而是一个完整的片段同时给予自身。但是，在其中，在最狭隘意义上现在被感知到的东西与"还"被感知到的、还直观的，但变异了的东西之间的渐次变化给予自身。原滞留性的意识是一个原体现意识的变异，并且是一个持续的变异,这个变异把这个原体现意识拉成一个片段。

在接着一个事件而来的一个具体滞留的情况下,不仅对最后的原体现意识我们有一个片段变异,而且对直观的最后片段一般我们也有一个片段变异。但是,直观性始终保持着,因为正是滞留的滞留自身能够始终是直观的,并且在事件的相位序列自身中同样如此。

但是,现在从我精美的图表中剩下什么?回答的是:即使我们在这里始终把第一个水平系列的滞留性变异视为原体现要素的直观变异,如果我们只接受,现实的余音同时也随着回忆映射出现,它们呈献与原声响的相似性,那么这些图表就保持一种有效性,这最终也不是一个毫无价值之物。① 以此方式通过意向分析来理解较复杂的意识融合,这是有趣的。

附录3 (关于第四篇文字):〈如果消退被确定为一个感觉素材,那么还如何区分感知、滞留与想象?〉

如果在时间展示中起作用的"渐渐消逝的"感觉素材自身是感觉素材,那么看来可能出现一个疑惑也是可理解的,一如"我仍旧听到钟声,还是我想像它们?"这些在强度上降下来的当下声音变得非常微弱。但是,这并非如此简单地行进。因为而后其消退变得更微弱,但是,而后先行的较强〈声音〉的消退与新的现在微弱的

---

① 因此,在此余音的感觉特性得到了持守。

当下声音相比可能更强。因此,我一定在立义中对此犹豫不决,是否我已意识到一个过去的声音,还是已意识到一个当下的非常微弱的声音。

但是,如果钟在响,那么我就怀疑,是否还有钟声会随之出现;或者一列向远方开出的火车,是否我还在长久地听到它;并且在重复的注意着听时,我是否重又听到它。如果我在想象中呼啸而来地表象它,或者正如它临近强有力地缓缓行驶的那样表象它,那么我可是毫不犹豫地具有切身的想象。但是,如果我知道它还在行驶,并且我重又听到它,那么我可能怀疑,我是否仍听到它并且重又听到它,还是它现在重又成为可听到的并且重又在渐渐消逝,如此等等。实际上,在此,我不知道"我在感知还是在想象",我在想象微弱的声音或者噪音,还是我听到微弱的声音。

看来,"微弱的"感性的素材(不考虑作为钟声或诸如此类的客观立义)在两边是同一些素材,但是,它们一次是想象的当下化,另一次是现在声音的当下化。

第二编

论原过程与其中被构造的带刚性时间秩序及流淌时间样式的时间对象性的被给予性

第五篇 〈直观的时间样式的河流与关于流淌的意识〉

第1节 〈引论：刚性的时间秩序与时间样式的河流·唯我论的与交互主体的时间·客观时间的构造·"现前时间"·时间与空间〉

时间不仅在认识主体中被给予，比如说，在纯粹自我中被给予，在一个样式（这个样式作为总样式包含一个由诸特殊样式组成的系统）中被给予，而且时间一般作为个体此在与一个个体"世界"的必然形式自在地〈被给予〉（也许这可以表明是具有同等价值的）。① 样式的统一性、样式的确定客观地、完全不可分地属于作为一个此在的形式的时间。涉及与空间类比的普遍事实也可以用这些词句来表达，就空间而言这个同一的原则正好应该得到陈述：时间不仅对我们与我们的世界有一个"定位"，而且它是自在被定位的。并且，因此它不可能本原地被给予认识主体，〈除非〉以一个

---

① 时间样式的客观性。

定位的形式。但是,就时间而言,这表明(并且这是其"定位"):时间是是其所是的东西,只是它涉及"这个"流淌的原涌现的现在,并且这个现时现在是一个连续统一体的中点,这个连续统一体是流入无限(以及相反无限消逝)的体现的连续统一体。

"现在"这个中点是一个确定时间点的体现样式,并且在现在的流淌中这一时间点是一个持续不同的时间点。而且如果我们在观念上持守现在,如果我们从其河流中选出一个相位,那么与每一个时间点相符的是一个本己的体现样式,这个体现样式与在现在中被体现为当下时间点的时间点有联系,这些联系是确定渐次变化的与可描述的。每一个个体或每一个时间按其与各自的现在有关的体现样式,要么是当下之物,要么是过去之物,要么是将来之物。将来之物在现在的河流中变成过去之物(或者更确切地说:它成为持续较少的将来之物,最终成为当下之物,而后成为过去之物,正如每一个过去之物成为持续以前的过去之物)。时间作为个体的秩序是刚性的,时间样式在流淌,并且在这里只在标明了的方向中在流淌。过去从未能够成为当下,当下从未能够成为将来,如此等等。

缺少的东西:对空间必然定位的平行阐释;但是,也许还缺少诸要点,尤其是缺少诸时间样式与自我的关系。时间作为自我陌生的对象形式,时间作为与其可能的意识体验有关的自我形式。现在与现时的自我。

这些自我陌生的对象与现在、自我生活、可能经验等等的必然联系。自我在时间中:这意味着什么?自我的众多性在一个时间中。而后是就空间而言的平行的问题。①

---

① 空间-时间类比。

区分内在时间与超越时间：对超越的唯我论时间来说被构造的样式如何对交互主体的时间成为客观的？（就彼此超越被构造的自我而言）所有自我具有同时发生的同一个时间样式，它们伫立在同一个现在中。与此相反，不同的同时的主体可能不同地被定位到一个超越世界的一个超越空间。与每一个主体相符的是一个不同的这里（这个这里对每一个主体〈是〉一个不同空间点的样式）。只有一个当下客观存在，其实这意味着现在存在着的东西，它对我与每一个人来说是一个东西。在空间上在我对面存在的东西被给予主体，〈而且〉就同一个时间点而言被给予主体，就此而论它对每个人都在同一空间中，但是，存在这么多的这里与空间样式的系统（定位）。〈因而，〉这里〈表明〉：好些这里同时发生。对每一个个体来说，在每一个时间点上都〈有〉一个这里。

唯我论的客观的（超越的）空间及其与时间的特殊类比。

对每一个自我来说〈存在着〉：在自由再回忆中的直观样式之贯穿（自由的保持流逝［Ablaufenlassen］）中的时间的贯穿；在自由的感知流逝、自由的充实系统、自由可实现的充实系统中的空间性（这个空间性在事物直观中统觉地被意识到与被感知到）的贯穿；这些空间样式的贯穿。这〈是〉多维的——在时间感知的实现中这是一维的（它是重又被意识到，是对视域的再回忆）。

差别：现在必然发生变化——这里唯有通过（事物）的运动才发生变化，（或者在"我运动"期间，通过自由改变我的定位）才发生变化。在时间上，我不可能自由改变我的定位。

现在，正如对客观时间自身一样，对客观属于客观时间的样式应该询问的是，它们如何构造自身。① 对时间与时间样式的直接

---

① 时间样式如何构造自身？

("感性")表象①的描述,这些表象是模糊的与直观的,在这件事上在这里与到处一样在模糊表象的本质中包含,它们在相应的直观表象中充实自身。在这里与到处一样,在这里应该区分:

1) 自身充实作为在由模糊表象向其直观中对应图像的过渡中的直接自身澄清。②

2) 视域的自身展开③、充实一般要求:模糊之物首先变明白,而后有赖于明白显现之物的视域得到展开——这通向〈一个〉无限的过程,即越来越新、或多或少模糊的或者明白的表象的显露,过渡到明白性,进入视域,进一步的表象,这些表象同样"唤醒"环境,如此等等。

当然,这首先涉及直接的感知,涉及本原地构造时间和时间样式的体验,并且涉及感知相关项的描述,即涉及直接本原的直观之物本身的描述。

本原构造(直观)的时间意识的河流,或者说得更确切些,在时间性与时间样式的形式中的一个个体对象性的意识的河流。

作为时间的瞬间现前时间④的概念,这个瞬间现前时间在一个瞬间(在一个本原直观意识的相位)是现实直观的。

就这个直观意识的瞬间的意向相关项来说也需要一个名称,比方说,就原初的时间直观或原初的"事物"直观的瞬间的意向相关项来说也需要一个名称,这个直观的意识提供了这个带有"视域"

---

① 时间样式的直接与间接表象。
② "自身-澄清"。
③ 视域的自身-展开。
④ 瞬间现前时间的概念。

的被给予的时间,但是,这个带有"视域"的被给予的时间作为了意向相关项。

比较这样一些现前时间(这些现前时间当然是纯粹内在的)的问题,是否现前时间可能是不相同的,或者不可能是不相同的,这无疑应该得到肯定回答。现前时间的"范围",〈是否〉其包容是偶然的,而它有某个"有限的"范围是必然的。而后,对瞬间的现前时间应该加以区分的是,这个现前时间之样式的瞬间被给予的,还是普遍直观的片段。但是,这给予了笨拙的表达式,并且究竟人们是否应该使用"现前时间"这个表达式,这还是问题。它是时间片段,这一时间片段在瞬间感知中现实地得到感知。我们不应该说:瞬间直观的时间片段和瞬间直观的时间样式?关于内在的被给予性:瞬间被感觉的时间。

或者,我们不应该说:瞬间的现前时间与瞬间的现前①自身,在其中瞬间的样式、瞬间的当下被理解成总体当下形式,在这个总体当下形式中现前时间恰恰体现自身?

于是,我们可以预先构想一个由瞬间的现前与现前时间组成的无限连续统一体的观念,在这个连续统一体中,最终,一方面通过连续整合时间自身作为无限的时间确立自身,而另一方面一个无限的现前②确立自身,这个无限的现前包括所有瞬间的现前,并且它是那一个现前的观念,在那一个现前中如果无限的时间在一个瞬间直观中是直观的,那么它就样式地展示自身。但是,在这个观念中包含一种不可能性。一个现时的无限在一个直观中是不可

---

① 瞬间的现前等于瞬间直观的时间样式。
② 无限的现前和现前时间的观念。不可能的观念。

能的；我们只能构成一个由现前组成的敞开的无限的观念，在其中任何一个现前如此无限地扩展自身，以至于它包括一个任意生长的时间片段。

第2节 〈一个关于流逝现前的流淌意识如何可能？瞬间素材的河流及其诸时间样式的河流·现象学的本质规律〉

与时间直观（时间对象的感知）的河流相符的是现前的河流，并且时间直观不仅是一条河流，而且是一条河流的意识；不仅一个瞬间现前瞬间地被意识到，而且在具体感知中一条河流被意识到。① 这该如何得到适当的描述？看来，我不可以说，在生动流动的直观的每一个瞬间不止有一个现前，一个由诸现前组成的完整的序列被直观到（合感知地被给予），因为这与现前的概念相矛盾，并且这个概念不是随意被构成的。我的确可以进行一个瞬间的反思，并且的确可以看向现前，看向当下的进一步可描述的扩展，即由各自个体内容的原当下扩展到原初生动直观的过去（个体之物的刚才-曾在性的连续统一体）之中。当然，在这里我观视到，这个现前如何立即处在河流中，或者毋宁说，它如何一开始就在河流中。② 这个反思的"看过去"自身是对时间之物的一个感知，是一个流淌的感知，在其中一个流淌之物给予自身。一束从自我发出

---

① 时间直观的河流。现前的河流。河流的意识。
② 对河流中的一个现前的把握。

的凝视的注意力抓出一个"要素",并且同一地持守它——但是,这只有如此才是明见可能的,即这个同一之物在流逝,即在直观中它并非始终是同一的。在这个直观中有一个变化,并且把握只是持守一个为最初的开端所确定的意指的同一之物,而直观之物变化地在延续。

当然,人们会说①:如果在现时意识当下的每一个瞬间,唯有在这个瞬间直观的东西一般是被意识到的,那么一个流淌不可能更原本地(originaliter)被意识到。如果其自身应该是流淌意识的流淌意识,由一个意识相位的连续统一体组成,这些意识相位在意向上是无关联的,那么唯有每一个相位使河流的一个相位成为直观的,唯有每一个新的相位使一个新的对象相位成为直观的。或者说,如果在每一个相位中的意识只有从其对象〈相位〉中才知道某物,并且超出它一无所知——那么就存在一个意识,这个意识不可能流淌地意识到一个流淌的对象(并且现在根本不可能意识到其自身作为流淌的意识)。我们只要明白,流淌表明了什么——属于流淌意识的是,在每一个瞬间意识到由直观被意识到的某物向另一个直观被意识到的某物的一个持续的过渡,并且不仅如此,还直观地意识到一条完整的河流,这条河流作为完整的河流不断地在过渡中,同时作为刚刚过去的与在过渡中曾在的河流一个片段远在原初的滞留中,并且这是就一个由过去与过渡相位组成的连续统一体而言的。河流是一个比喻。一个有形流动的一个特殊进程用作比喻连续的变化,这个连续的变化在每一个时间意识中(也

---

① 对一个流淌意识的可能性的询问。

在一个不变地保持一个个体的时间意识中)发生。

但是,我们在这紧密结合的统一性中具有好些河流,它们联合成一个多种多样的河流连续统一体,〈而且〉也许不仅在一个发出声音的感知那里,〈存在〉对瞬间声音素材的河流的意识——一条河流,其一个块片被意识为声音现前,并且在每一个新的"瞬间"一个新的块片被意识为声音现前。而且我们具有另一条河流:作为瞬间素材的声音素材的河流,这些瞬间素材属于不同的瞬间,这条河流在样式上被意识为一条由素材组成的河流,这些素材有其当下样式或变化的过去样式,并且在每一个瞬间我们都具有一个由这样一些样式组成的连续统一体,这些样式是统一直观的。每一个这样的连续统一体不是直观在场的时间片段或时间对象的片段,但是包含它们,以某种方式展示它们。现在,明白的是:我们不仅对声音时间的点流入过去与过去的声音时间的点流入进一步过去的过去(在恰恰朝向声音素材的目光指向中)具有一个原初的意识,并且重又对这个流动具有一个原初的意识,这个流动把一个这样的声音点的一个逐点的现前转变成另一个样式,例如,把某一个过去样式转变成另一个样式;而且这也对整个的直观现前或被体现的时间对象性(连同其被体现的流淌的延续)有效。当然,这也对我们通常在其他反思中把它确立为本质被包含在这些河流中的东西有效,或者对可能与它们联系在一起的东西有效,或者对与它们内部一致的东西有效(例如,对把自身沉入这些系列的注意的把握有效)。

在这里,我们如此谈论,仿佛一个演替的意识是一个演替,是预先被给予的,那就是说,仿佛我们已经预先给予了一个意识的演替的时间,并且我们必须询问:一个意识的演替何以能够成为一个演替的意识?① 这个观点也有其正当性,因为我们的确合法地在谈论意识的演替。我们反思性地感知到它。我们具有意识演替一般的经验,尤其具有这些演替的经验,这些演替是持续的意识演替,并且进一步具有这样一些演替的经验,这些演替已经意识到一个进程、一个延续的统一性。我们这时在现时经验中发现的东西,我们发现它在拟-经验的意识中发生了变异。我们可以进入意识演替与意识流想象,在这些意识演替与意识流中一个延续本原地被意识到。在这里,我们可以探究本质必然性,尤其是而后我们可以提出这样的问题:一个演替的意识必须具有〈一个〉什么样的本质特性,以便它能够且必须是一个时间对象的意识?

但是,这不可以这样被误解:仿佛我们在事实世界与时间中运动,并且预设了在其中的意识过程;仿佛我们而后向一个事实上的(来自经验的、此在的或者作为在此在世界中被设定为可能此在的)意识提出问题。我们在这里可以获得的这个先天,它是一个在经验上受束缚的先天,而不是一个纯粹的先天,〈它〉没有向我们提供彻底的明察。它服从纯化的要求,正如每一个在经验上受束缚的先天的确是一个纯粹先天的经验的联系,这个纯粹的先天能够且必须自在自为地被获得,而且绝不以一个经验先天的方式被获得,那是一条使人迷惑的弯路。无论如何,明白的是,意识的演替与每一个其他演替一样,即与每一个在意识中被意识到的演替一样包含同一个难题,因为对前一个演替的每一个言说可能从这个意识获得其作为可能言说的正当性,这个意识原初地给予它,或者

---

① 正确与错误地询问一个演替与一条河流的意识的可能性。

把它给予为本质可能性。

因此,如果我们询问①:一个演替的意识是如何可能的?这个意识的可能性该如何理解?那么这个问题是一个现象学上澄清一个演替的意识的问题,这个意识是随时作为可能性被给予的意识,那就是说,这个问题可以通过对这个意识的本质本性的反思,通过其意向活动与意向相关项的分析与描述得到回答。

因而,例如,如果我们说,在这个意识的每一个瞬间超出一个延续的相位没有直观地被给予,一个演替就不可能被意识到,或者一个延续就不可能直观地被意识到,那么这个命题只有一个内在的本质描述的价值,如果它包含:1)一个延续的意识自身是一个延续的意识且必然是一个延续的意识,当然,我们可以觉察到这是必然性,并且可以先天地明察到这是必然性。2)在我们当下化的且在它上面我们范例性地研究本质必然性的一个这样的意识中,我们觉察到每一个意识延续的相位包含一个被意识到的延续的相位;此外,这是一个必然性,即(以我们直观意识的情况为前提)一个延续的直观的片段作为原在场的片段在这个意识延续的每一个相位必须是现存的;那就是说,在每一个意识相位的每一个延续之物的点的单纯直观状态不够用。

我们也可以探究必然性的关联。我们可以觉察到:越过被直观的延续的瞬间直观的超越把握(Übergreifen),它如何在每一个瞬间使延续的已消逝之物或一部分已消逝之物以滞留性的形式被意识到,这个被直观的延续的瞬间作为特别被感知到(原在场)的

---

① 对合法询问一个演替的意识的可能性的进一步阐述。

瞬间是被分配给它的;在意识流中瞬间直观的延展如何以这些连续渐次变化的滞留的统一性的形式持续相合,并因此使一个对同一个对象、延续的关联意识的统一性成为可能。因此,这一切都是详细分析与描述的实事,同时这个描述作为对本质关联的描述可能经验到〈一个〉变化,并且在对互不相容性与必然性的确定中经验到〈一个〉变化:正是在使我们获得本质明察、澄清、理解的那个确定中经验到〈一个〉变化。于是,对于澄清流淌的意识还缺少某物?指明这个意识每一个瞬间相位的结构是不够的,这个意识与延续的瞬间相位中直观的东西有关,或者指明作为"瞬间现前"的这个直观之物的"显现"方式是不够的,并且指明意向相关项的连续性的结构是不够的,这个结构就其而论是瞬间相位的连续性的结构的相关项。①

在这里,这些连续性与某些客观的连续性一样就被视为本质连续性,例如,被视为质性的连续性。意识在这里流动;相关项的连续性是一个流动的连续性;流动的意识具有这些相关项向相关项的一个流动,这尚未得到描述。属于一个流动之本质的是本质要素的可能连续性,这些本质要素属于相位,但是,连续性还不是流动。② 每一个连续性能够合意识地被贯穿,并因此能够被转变成一个流动地构造自身的连续性。或者毋宁说:这可以先天地被明察到,即一个连续性作为连续性只能在一个流动的过程中"原初地"被给予。但是,对此还是没有表明,连续性与流动的连续性是一样的,正如的确并非在每一个流动中(因而并非在一个不变之物

---

① 静态的描述和流动自身与本身的描述。
② 连续性与流动。

的延续的情况下)有一个属的本质要素的一个流动,这些本质要素组成一个实事的连续统一体。例如,我们谈论颜色的连续统一体,但是,我们并不意指,颜色质性在流动。意指的是,颜色质性按其本质形成一个杂多性,它们以某种方式在流动的连续体中可能被代现,或者在流动的连续体中可能合本质地被展现。所有连续统一体与时间具有本质联系,因为它们都可能涉及流动的连续统一体。可是,在这里,应该询问的是,是否在流动那里按其本质,一个连续性在一个质性的连续统一体的意义上,或者一般在〈一个〉本质-连续统一体的意义上必然不起作用。因此,尤其应该询问,是否而后由原现前进入这些总是渐渐消逝的现前的连续性不是一个本质连续性,并且就属于这个连续统一体的意识自身来说也同样如此。但是,无论如何,流动自身作为一个原被给予性必须描述性地预先被给予与被研究。

第3节 〈现前域中流动的感知与关于流淌的活的意识·流淌现前的梯级排列〉

对流动的意识是(作为对延续的本原意识)对它的直观意识。我们"感知这个流动"①,并且如果我们必须把这个意识自身称作一个在时间上扩展的意识,称作一个延续的意识,那么我们现在就必须说:作为由瞬间相位组成的连续统一体(无论它是否是一个本质连续统一体),它在每一个相位是对流动的意识,并且对现前和

---

① 流动的感知。

第二编　论原过程与其中被构造的带刚性时间秩序……　　153

每一个相位的在场者已说过的东西现在必须到那儿得到补充,即每一个相位具有流动的特性。并且,因此每一个意识瞬间作为流动的意识瞬间,即作为对流动之物的瞬间意识,它不仅是原在场的相位的意识,而且这个意识越过与流动有关的瞬间伸展出去,并且在这里它不仅使内容通过其时间位置在其延续中被意识到,而且使现前作为流动的现前通过其河流连续性被意识到。但是,"流动"不是相位上的或意识相位的相关项上的一个无生气的特性。① 流动的意识必然存在,而且其相关项必然具有流动的相关项的特性,并且给这个完全固有的特性与我们称为感性素材的东西以同等地位,这是无意义的,因为这是有天壤之别(toto coelo)的不同之物,并且是描述其此在自身中的感性素材与非感性〈素材〉的特性之物;但是,〈流动〉很少像一个信仰、一个把握那样描述这些感性素材自身的特性,这个信仰、这个把握指向了它们。

如果我生活在流逝中,生活在现前的河流中,那么也许某一个被盯住的现前就以连续的方式溢入另一个现前,并且重又溢入其他现前。如果我把目光投向某一个现前,那么我就能够通观一个"在有关瞬间"的一个目光中的现前的领域,这些现前恰恰是已流逝的与具有这样特征的现前。在这个流逝的现前的领域有第一个现前,即作为具有已流逝性特征的这些现前的最后仍然"直观的"现前,并且在此领域中有最后一个现前,这个现前是在这个瞬间本原被给予的现前,是当下的现前。② 属于第一个现前的是一个不再

---

① 流动不是相位上的感性特性。
② 恰恰已流逝的现前的瞬间直观的演替,向这一面受不再直观的现前视域的限制,向另一面受未来的现前视域的限制。

"直观的"现前视域,属于最后一个现前的是一个"未来的"现前视域。照此我们也可以说:每一个时间的现前样式(Präsenzialmodus)作为现前的连续河流的一个现前样式的相位被给予;或者说,我们得区分一个对象性的时间与其体现样式的时间,而且这一时间也有其变式,有其现前样式。这些第二现前样式、第一现前的现前是一个二维的连续统一体。① 它包含一根中线,这根中线是一阶现前序列之中心的连续统一体,并因此与任何一个下面现前的路线中的每一个其他的点相符的是在较高现前中的一条完整的路线,在其中这个点是相位。同样,较高阶段的视域不再是点,而是路线。照此,我们对在每一个河流瞬间的一阶现前的河流具有一个意识,这个意识作为相关项具有受视域限制的领域。我们可以把这个领域称作"这个要素的二阶现前"②。

但是,应该加以关注的是,我们在这些确定中是如何前行的。我们如何获得这个二阶的瞬间现前?而且如何获得一阶的瞬间现前?在意识流中我们的意识生活在流动,并且流去了。我们在一个"瞬间"、一个"现在"站岗。虽然它随即流去,但是,我们盯住在其中作为当下与过去等等的领域而统一本原地曾被给予的东西,盯住作为一个个体事物的一个时间片段之样式的领域而统一本原地曾被给予的东西。甚至我们明察到的这个领域是以常新的样式被给予的领域。在意识与被意识到之物的河流中,这个领域自身是一个统一性,这个统一性以流淌的样式给予自身,但是,如果我们指向有关的领域,我们就觉察不到这个领域。当然,这个领域只

---

① 诸体现样式的体现样式:二阶的体现样式。其二维的连续统一体。
② 二阶现前。

在反思的"第一个瞬间"是现实直观的，随即，如果我们在其中经历过，在其中能够做出区分，那么其直观性在渐渐失去。它丧失开始的直观性，而且向另一个面的新补充的直观性对我们毫无用处。它们不再属于我们想要持守的这个领域。

我们最多可以生成再回忆，并且可以重复获得在起源状态(in statu nascendi)的这个领域，当然，而后可以在再意识中重复获得这个领域，而且可以在系列再回忆中认同它，因而这个领域也成为一个同一的与还算可研究、可分析的课题。① 在重复的相合中这个领域增加了课题的力，而且虽然它不会成为一个连续延续的与不变的课题，正是由于同一之物的连续相合的力，我们通常很容易使之成为课题，但是，它获得一个不连续的直观相合的力，通过连续同一的，但空泛的意向片段在传递。

然而，这独自是课题分析的现象学的一个部分。无论如何，明见的是，在一个瞬间反思中(也许在瞬间-刚才-曾在中)的一个个体片段的样式的瞬间领域是可把握的，并且其本身在其客体性中(作为真正的对象)是一个观念，当然，这个瞬间反思不可能是现实逐点的反思。

但是，在这里，这个领域是从一条河流中被选出来的，我们不断地意识到这条河流，它自身原初地被给予我们，这个领域是从一条由这样一些瞬间领域组成的河流中被选出来的，在这里，正如来自在延续地持守一个瞬间领域的尝试中的直观性之减少的那个现象，这些瞬间领域以固有的与可描述的方式部分相叠

---

① 对样式领域之把握的再回忆的功能。

地推移自身，但是，它们并不实项地共同具有现实的块片。① 看来，自身叠推之物确实具有一个不同的样式，在这件事上，奇特之处在于，我们可以通过一个样式（部分地）看见另一个样式。如果我们对此不加考虑，那么问题在于：这是一个什么样的对河流的原初意识？

因此，我们对"在每一个瞬间、眼下"中的一阶现前的河流具有一个意识，这个意识作为相关项具有"受限制的"领域，我们把这个领域称作二阶的瞬间现前。

但是，我们在此正进行一个奇特的"抽象"，我们把一个凝视的目光投向一个瞬间被给予之物，但是，这个瞬间被给予之物只是"停留之物"。实际上，我们在这样的抽象化面前具有一个流淌的活的意识自身。② 生活自身在流淌中是流淌的活的意识。对每一个流淌的相位（每一个瞬间）来说，我们都具有一个流动的（fluente）视域，具有我们谈过的那个流动的双重连续统一体。但是，恰恰不仅如此，或者毋宁说，这只在我们已经具体意识到了这些流动的河流的范围内。如果意识在流淌，并且按其本己本质不可能是这个流淌的意识，那么我们绝不知道这个流淌的某物。并且这个在此被给予的流淌，作为一个新现在的闪现中的原初的生成被给予，作为下沉中的这个新物的原初的流逝被给予，作为已下沉之物的原初的下沉被给予，并且像这里一样，这一切不是抽象的（in abstracto）连同抽象地考察个别的相位，而是现前的原初流淌的变化，是绕着新奇之物的原初的自身扩展连同刚才新物与刚才曾在

---

① 从这样一些二阶现前的一条河流中被选出来的二阶瞬间现前自身。部分的叠推。
② 关于流淌的活的意识的原事实。

之物的下沉,如此等等。

　　登场。一个此在的开始:在起源状态的延续。延续的完成——此在的结束。①

　　已完成之物、已完成的过去,不再提供真正的过去之物,而是已结束了,可以重复再造(reproduktibel)、重又生动地描述。

第4节　河流原事实的不同阶段·〈河流中当下的出现与过去·河流描述中不同的反思视向〉

　　一个内在的个体被给予,比方说,一个声音被给予。在这里,它作为是其所是的东西被构造成一条河流的统一性。声音有一个登场,现在,它进入现实性,它成为现实的。② 但是,由于它在延续,它存在。它总是新带着一个新的(相同的或变化的)内容进入现实性。或者,换言之:它进入当下,它因其内容是当下的,但是,这个当下之物随即成为过去之物,并且带着一个新的(相同的或变化的)内容的同一个声音成为当下的,而且这个声音当下与声音的刚才过去之物合一。新的声音当下重又转变成一个声音-过去,这个声音-过去重又转变成一个进一步的声音-过去,如此等等。③ 一个总是新的声音当下在出现,它与恰恰已生成的当下转变成一个声音过去合一,并且与先行当下的恰恰已生成的过去转变成一

---

① 在生成中的活的存在。在出现与过去中的存在。
② 声音的登场。
③ 当下的变化。

个遥远的过去合一,如此等等。

因此,我们有一条"河流",这条河流是新现在的一个不断的出现,并且是已生成的现在的一个不断的"过去",是其向过去的不断的变化,而且是已经现存的过去向进一步的过去的一个不断的变化,如此等等。或者说,它是当下的一个不断的自身生成,是当下向过去的一个不断的转变,是过去向进一步的过去的一个不断的转变,如此等等。我们最好把这条河流描述成一个唯一的、持续生动的序列,其相位有确定的同一性关系,在这件事上自身相合之物不是同一的,而是不同的,如此等等。这要求极其细心。但是,人们最好一开始就不谈论转变、改变,如此等等。

在这里,人们可能有不同的反思观点。①

人们可以向现在(声音现在)看去,并且可以跟踪当下,可以不断地追踪当下之物。② 注意的目光与当下的形式结合,并且与在这个形式中被给予之物结合。在河流中不断更换的是这个形式的内容,但是,在这个更换中一个同一之物被意识到,正如在持续的曾在性的整个已融合的统一序列中也贯穿一个同一性,并且在继续行进的演替中这个同一性始终是被构造的。如果目光指向现在,那么一个同一之物、同一的当下之物、同一的声音就固持地被意识为不变的或变化的,这就是说,在这里,作为不变的或变化的被抓出来。并且在目光的回转中:在此延续下去的同一个声音刚刚已经延续了,通过这个滞留性系列的完整的片段已经延续了。

---

① 不同的反思观点。
② 看向当下。与当下同行。

如果我们持守凝视同一固持之物的目光，那么在这个固持之物中内容的更换就显现为它的变化，而保持相同就显现为未变化，显现为"单纯"延续的继续延展自身。在固持的、延续的内容上流过的是当下形式，或者更确切地说：同一被持守的对象让当下的形式过去，让现在过去，让它渐渐变为过去，并且随着这个过去让充盈内容过去，让变化相位过去。对象之延续的相位向后流淌，对象自身成为新的。对象发生了变化，由于它转变成另一个内容，转变成进入的新物，对象成为在这个新物中存在的对象，对象存在，并且相位向后流入已生成性（Gewordenheit）。因此，如果我们在其统一性与连续当下中凝视这个对象，我们就具有对象的"状况"向过去的一个流动，并且与此相对具有新生成的河流。而后，时间，即时间样式在流动，并且这个流动是对一个同一状况的保持，但是，是一个其存在样式的变化。

但是，如果我们使河流成为对象，也就是说，如果我们使原初的演替及其相关项成为对象，这些相关项在其中在其相合关系中存在，那么看来这个对象进入时间运动。如果我们注意观看一个将来的点，如果我们持守某一个时间点，尤其是持守一个确定的相位，〈那么看来这个时间点〉在往后退、在下沉，并且与此相对所有新物"在显露"。因此，应该描述的是：不同的可能视向，不同的显现"进程"，从当下进入当下的延续、向前推进，每一个当下沉入"这个"过去，或者向后沉入越来越远的过去远处，以及所有"显现方式"，也许在此〈这些显现方式〉必定产生。①

---

① 一个延续之物的出现与过去，每一个点的出现与过去，一个延续之物的每一个瞬间状况的出现与过去。

此外，在河流的每一个瞬间，我们都可以站位，并且可以把在滞留中还直观被意识之物的总体性把握成统一性。对来自还在延续的进程的某物的〈把握〉，在这个瞬间一般是直观的，还会是直观的。这是来自直观现前、结构、视域的不同概念之一。对河流的意识是对活的演替的意识：由于这条河流（图表）的结构，它包含由那些直观现前组成的序列的意识，的确它全部意向相关地是这个序列。

第六篇 行为作为"现象学时间"中的对象·〈时间对象性与构造的原河流〉

第1节 〈内在素材的感知如何有别于这个感知的内意识?〉

关于意向体验的内在感知问题,关于行为与意向相关项中行为相关项的内在感知问题,更普遍的是这个问题,哪种"内在对象性"与"内在时间"具有行为,是否这些行为一如原素素材被构造成现象学时间中的延续统一性,并且在这一时间中与这些素材一样是被构造的①;此外,是否与此密切关联的东西在这两者之间可以区分,一方面是我们称作"内在行为"(这些行为作为内在时间中的对象)的东西,另一方面是我们称作原初的构造时间(构造时间形式中的时间对象性)的意识的东西,是我们称作原河流的东西。在这条原河流中,据称所有内在对象应该原初地构造自身,那就是说,行为作为内在对象也应该原初地构造自身,因此,在一个恰当

---

① 一系列问题。

的意义上,存在的较高地位(Dignität)应归于它们,最原初与最真实的存在的较高地位应归于它们。

就内在的原素素材的感知来说,问题如此尖锐化:这些素材的存在包含在其内在被感知的存在中(当然排除了把握)。而后,这些素材的感知自身情况怎样? 如果它们也是内在对象,那么其存在也在其内在被感知的存在中存在——我们在此不是得到了无限后退? 但是,如果应该可以证明:实际上,对内在素材的感知是被感知的并因此存在,由于它们作为时间的感知在体验中构造自身,这些体验不是与它们同一的,而是越过它们向外把握,那么这只能是"内意识",这个内意识实际上是一个统一的感知。于是,产生的问题是:如何区分内在素材的感知与这个感知的内意识? 在这里,这如何成为完全明见的,即诸感觉素材不是"内"感知的对象,而且并非与对它们的感知和所有其他行为一样在相同的阶段被最内部的意识包括:那就是说,对行为(所有直接的内意识的种类)的感知有一个本己的最内部的关联与最本己的结构,并且具有这样的结构,即在其中被感知之物自身重又能够是"对……感知",而且能够在自身中构造新的内在对象性与感觉素材。①

最终,应该指明:内意识是体验的原河流,由于内意识的本质结构,对内在素材的感知与所有这样的行为必须被构造成内在时间与同一个时间的对象性,正如被它们感知到的素材一样;正是在这个构造中存在其"内部"(innerlich)被感知到的存在。而且也一定会遇到混淆,仿佛感知已经在完满的意义上是构造的行为,而这

---

① 在《逻辑研究》中(与外感知相对的)内感知曾是一个称号,也许这个称号与对感知和行为的感知一般同样包含内在的感觉素材。

第二编　论原过程与其中被构造的带刚性时间秩序……　163

归根到底只对内意识的感知有效,这个感知是最后的感知,是在自身本身中构造并且内在包含所有其他感知的感知。

只要一个内在的声音在延续,那么这个声音的感知也在延续。感知体验自身是内在时间中的一个事件,其延续与被感知的声音的延续相合。在一定程度上,这一个内在时间的每一个时间点是双重被占有的,被声音相位占有并且被声音之感知的相位占有。

在这里,还应该考虑的是:声音可能是一个不变固持的声音,部分内在的时间形式为持续同一的声音内容(声音本质)所充实。我以前已经意指,一个行为,那就是说,例如,声音的感知,绝不可能用本质同一的相位充实时间片段,即使这个声音是不变的声音。它不可能给予一个不变的行为,那就是说,在此不可能给予一个不变的感知。这是正确的？如果我们必须或者能够到声音的感知下面去理解原初构造声音的延续统一性的意识,那么不可能存在一个不变的感知。因为从时间对象构造的图表可以看出,虽然构造意识的每一个相位类似于每一个其他相位,但是两个相位绝不可能成为彼此完全相同的。但是,如果人们到声音素材的感知(在某种意义上的内在感知)下面去理解内在时间中的一个行为对象性,如果人们必须到声音素材的感知(在某种意义上的内在感知)下面去理解在内在时间中的一个行为对象性,即理解像所有内在时间之物的某物,理解像原初的时间意识中首先被构造之物的某物,那么声音感知与构造声音的意识以及构造声音感知的意识就可以加以区分,在这件事上,构造的意识在一个非常新的意义上意指一个内在感知。在这里,"内在的"具有一个确定的意义,这个意义在《观念》中是权威性的并且在那里是一贯被持守的:正是具有这个

109

意义，它涉及一个相即被给予的时间形式中的相即被给予的对象性的统一性，而不涉及属于内意识的这些要素与形式。但是，在这里，这不可能得到阐述。无论如何，在对声音感知与在其中声音感知自身作为时间的统一性构造自身的原初意识或内意识的区分中，现在，明白的是，上述论证毫无用处，并且否认一个不变声音的内在感知自身是不变的，这毫无根据。因此，行为也可以不变地固持着。这是否对所有行为有效是另一个问题。① 一个意志决定是一个逐点的行为，它是一个不连续地奠基于诸行为的行为跳跃（Aktsprung），这个行为跳跃自身是一个行为，并且与一个质性跳跃本身一样，很少能够越过一个片段扩展。

第 2 节 〈原河流的被给予性与行为的被给予性以及行为相关项作为内在时间对象·内在感知的不同概念〉

一个内在原素的感知，比方说，一个感觉素材声音的感知，是内在时间中的一个延续对象，一如这个感知感知到的这个声音是这个同一时间中的一个延续的对象。两者是原初时间意识（原初构造内在时间对象性的意识）中彼此相关的且不可分割被构造的统一性。在此，人们将会推断出：内在原素的感知正是作为在原初的时间意识及其系统化的意向性中被构造的统一性，它不可能与

---

① 每一个具体滞留是一个行为的范例，这个行为不可能不变地充实其时间。与此相对的〈是〉再回忆与感知。

这个意识自身是同一的。

但是，它不可能是一个层面，不可能是一个被编排给这个系统化意识的行为连续性？如果我们已经知道，原初的意识流也自在自为地作为河流构造自身，即一个行为序列不仅是合意识的，而且也对意识作为序列构造自身，那么人们的确很容易有这个想法。

如果我们回忆起构造一个原素的延续统一性的意识的系统化结构，那么它就是一个二维的行为连续统一体，那么我们在这个连续统一体里面就发现一个凸现的线性的行为连续性是一个持续的演替，其中每一个相位都使一个声音时间点成为原现前。

在其中存在的是，每一个声音相位在有关的"原体现"中以切身的自身性被给予，以纯粹的相即性被给予；并非预先把握的意向还附着这些体现，即并非尚未被充实的意向还附着这些体现，它们要求与其对象点相关的更进一步的充实。因此，在这些行为相位的每一个行为相位中，所属的声音点是在绝对的原本中被拥有的，对这些行为相位来说在最严格意义上是内在的，它"实项"地被包含在其行为相位中。但是，这不可以被误解。声音点不是自为的事物，它们像被插进盒子一样被插进那些行为点。两者是相互一前一后不可分割的：声音点以切身当下的样式是其所是，它们是作为行为的相关项，正如这些行为只是是其所是，是作为合本质寓居于它们的相关项的行为。而且不仅如此，这些行为，或者毋宁说，这个由行为点组成的演替的连续性是一个不独立的线性连续性，这个不独立的线性连续性来自构造时间对象性意识的一个继续伸展的具体连续性，它只在这个完满的关联中才是可想象的。前摄性系列的连续关联属于每一个原体现的点，它用每一个原体现的点充实自身。滞留的连续序列从这些点的每一个点出发作为脱实的必然序列在流动。贯穿整个具体的河流连同其充实与脱实的河流路线的是一个意识的统一性，作为包容的、认同的并因此客体化的相合的统一性，通过这个统一性只就意识作为相关项来说，具体的、流淌迭复地建造自身的具体声音片段连同其声音点统一地被意识到，这些声音点是流淌地相互排成一列的，或者是离散地生成出来的。只在这个也只是在其中它们才是可想象的关联中，这些原体现才具有真正与纯粹以及绝对切身给予的行为的特性，并且其相关项才具有声音点自身的特性，这些声音点是作为以未来的样式前摄性地被设定的声音点，并且作为现在使其自身得以显露的声音点，而且重又作为以刚才-曾在的样式还滞留性合意识地被保持的声音点。

但是，现在，如果以原被给予性的样式被意识为在原体现行为序列中的声音素材是声音延续片段自身的声音点，当然，它们是在这个具体的关联中这样的，那么其相关的原体现行为就是其感知自身。在这里，对把握的感知，即对一同拉近的把握，我们也可以这样说：注意（aufmerkend）到内在延续的声音——把握内在延续的声音——感知的指向内在延续的声音，这是河流的一个这样的"注意的（attentionale）变异"，这条河流即使没有这样的样式也是可能的，也是构造体验时间的，在其中注意的目光贯穿原体现，并且追循其持续的序列，并因此指向其原当下。对此这只是换一种说法，即注意的变异，而且对被构造的时间对象有效的那个变异，是时间意识之进行的最后一个奇特的凸现，在这件事上，这在对象方面涉及一个原体现系列的凸现，并且涉及最后一个再也不可描述的凸现。另一个注意的样式是对声音感知反思的样式，这个声音感知作为延续的、绝对切身把握声音的意识,或者作为在持续演替中随着在其生成中的声音行进的、逐点实项地在自身中拥有它并且可能把握它的意识。因此,在后一种情况下,我们一同接受了指向声音的注意力的样式,一如它是可能把握的感知组成部分。这个新的注意样式、这个新的"注意的目光朝向"(这当然是个比喻)在构造时间的意识结构中不仅可能存在,这个意识的确按照它具有奇妙的,但完全可理解的特性,而且可能涉及它在诸行为演替和相关项上包含的东西,可能涉及统一性意识。当然,在此引起我们兴趣的这个不独立的行为连续性、声音点的原体现的连续演替,是内在声音的感知,是其生成中持续延续下去的或存在的感知,只是由于构造统一性的总体关联,在这个关联中这个演替起作用。①但是,它恰恰已经借此具有这个功能,即它出现在这个关联中,在此关联中它是唯一可能的,而另一方面,由于同一个关联它是一个自身被构造成统一生成的、延续下去的行为序列;与在总体关联中反思性可发现的前摄与滞留相对,其每一个相位以原体现的方式被意识到,它是对有关切身声音点自身的各自当下与绝对切身的感知自身。其被给予性的方式作为在生成中延续存在的统一性,与其相关项的被给予方式完全是同一个。延续与延续相合,它们不是两个分开的时间形式,而是一个由于相合一致的、向两个视向完全相同的,甚至在两边同一的时间形式。甚至还应该关注如下问题。

如果我们谈论内在的声音感知,那么看来我们意指对在其原

---

① 人们会说:同样如此的是声音点的原滞留的连续演替,是声音的连续的新鲜回忆(声音已流逝得这么远,或者是整个已流逝的声音的具体滞留),但是,随后我们没有落到一个线性连续的行为上面,而是落到河流的多维性上面!

本当下或实项当下中声音本身的延续下去的拥有，并且如果我们进行"反思"（洛克意义上的反思）（或者进行在最初的，但非最低级的意义上的感知），如果我们把握就其而论在其原本当下中的这个拥有，那么与先前属于被意指之物一样，属于被把握之物的不是由前摄与滞留组成的杂多的系统，通过这些前摄与滞留它只能存在于意识的原河流中，并且这些前摄与滞留先行与追随地赋予它一个内在时间客体的特性，即赋予它一个延续的、在各自瞬间原当下的时间客体的特性。在这里，能感觉到一个二律背反，因为，一方面，从与其内在对象合一来看，内在感知（对象的确不在这个感知之外且不是自为的，而是与它不可分割合一地存在、生成、延续）被视为具体对象。但是，另一方面，声音原体现的持续演替无非正是延续的声音感知，它是一个不独立之物，是构造时间意识中的一条不独立的界线。

回答的内容得是这样的：关于具体化的言说涉及时间对象领域，或者涉及一个时间对象领域，或者涉及在一个把握指向中存在的个体被给予性，即涉及一个封闭的时间域。在其中我们具有抽象之物、不独立之物，具有作为一个具体的要素才是可能的东西。在此，首先应该很有启发地关注，尽管有其与原初给予它们并且而后进一步向后一同构造它们的行为相对的不独立性，我们把单纯内在的感觉素材视为具体对象，即以这个观点把它们视为具体对象，在其中我们不进行反思，并因此在其中唯有内在原素的领域作为一个本己的时间域在我们把握的目光面前扩展地存在。同样，如果我们反思并且通过原初构造的时间意识这样指向我们目光，以至于原体现系列是作为我们的客体，作为前摄性被意指的而后自身被给予的时间客体,那么我们就在内在时间中发现延续的感知,这个内在时间是作为统一性的这样一些行为的形式;我们发现在此它在朝向原体现的目光中是现实被给予的,并且在通过相应滞留的目光中,发现它还原初地被给予为刚刚曾在的。如果目光回掠到继续产生其刺激的内在感觉素材上面,如果我们回到"更自然的"立场,那么我们就具有相关的内在时间领域,但是,在这些过渡中它作为相关项相合,并且由于相同的形式联合成关联的内在对象,这些对象现在一前一后不可分地给予自身。

最后,我们也可以把目光指向原河流,这条原河流是一个由连续体组成的序列,并且不仅如此,原河流可以如此接受一个注意的目光,以至于这个序列自身成为显而易见的。① 于是,我们具有一个新的时间形式与一个新的对象领域,具有一个新的具体化,在作为最全面的(umspannendsten)具体化中,在适当的特殊目光朝向那里(正是在以前的目光朝向那里),所有以前独立的对象及其时间显现为"被包含"在现在对象及其时间中。但是,这应该得到正确理解。并且应该研究的是,在此在何种程度上可以在类似于刚才的意义上谈论一个时间与一个具体的领域。② 甚至问题在于:是否正如我们也可以表明的那样,而后原河流如此作为一个时间域、作为一个直接感知的领域被给予我们,一如内在被给予性的领域被给予我们的那样,无论这个领域(在我们最初的现象学意义上)

---

① 我们具有河流时间的保持不变的形式,我们在其中具有生成地建造自身的对象,这个对象的原现前相位或原生成相位是线性的行为连续统一体,我们曾把这个行为连续统一体称作横连续统一体。

② 但是,为什么这应该是有问题的?

是感觉材料的领域,还是行为的领域。我们在此具有一个被预先确定的阶段系列。我们在原素素材中具有一个最初领域,这个领域是具体被给予性或个体对象连同所属时间形式的领域。一个反思把我们引向一个新领域,引向时间对象的样式,或者引向在其各个时间样式形态中的最初领域的对象。①

第3节 〈内在时间对象的流逝与构造其进程的流逝平行,但并不真正同时发生〉

我不指向生成的、延续的声音,或者不事后把握刚才曾在的声音,或者不在再回忆中重新把握它,并因此不关心同一的时间对象,却可以指向当下,指向声音的过去,指向样式的转变,指向这些样式的连续关联,并因此而后在声音被给予的时候,或者在它曾被给予之后,可以发现其时间样式的流动。于是,我发现一个在一个方向中流去的流动,正如图表展示的那样,这个流动确实在每一个相位之后是一个连续统一体。内在素材的样式,例如,内在声音的样式,与声音或每一个声音点的被给予性方式叠合(它们在自身中有其被给予性方式的特性)。在这些样式下面我们可以凸显一条连续的路线,可以凸显由原当下性组成的连续序列,可以以原当下样式(在"现在当下的"这条线段中,在切身的当下或自身中)依次

---

① 注意力的样式在此引起了困难。线性地下沉自身的注意力被集中起来;在此需要把注意力分配到诸片段上面,甚至分配到由诸片段(这个集中〈不是〉注意力的"强度")组成的连续体上面。但是,如果我们确实关注一个声音的一个完整的延续片段,那么我们就具有一个分配。但是,如果我们关注延续的被给予方式的河流,那么我们甚至具有一个二维的分配。

第二编　论原过程与其中被构造的带刚性时间秩序……　171

凸显这些声音点的被给予性方式。但是,我们也可以不谈论以当下样式或过去样式被描述特性的声音,而谈论声音的感知、声音的滞留、声音的再回忆作为就其而论的当下体验(但而后我们甚至可以谈论其曾在存在,合再回忆或滞留性地谈论其被给予存在),在其中声音显现为当下的或刚刚过去的,如此等等。①

　　问题在于,与先前的观点相比,这表明什么。声音是过去的,这个过去的声音不是现在的。但是,对"过去的声音"的体验是现在的,并且这个声音现在被意识为过去的声音,在当下体验中它被意识为过去的声音,而且如果它原初地被意识到,那么它就滞留性地被给予(此外,它以再回忆的方式被设定为过去的声音)。在当下的序列中越来越多过去的声音是带着同一个时间位置的同一个声音,过去的声音本身是一个当下之物,但是,是跟当下河流一起流淌之物,并且按照过去样式在流淌,在这件事上同一性相合保持同一个"声音"。

　　当然,为了从作为实事的声音回溯到这个实事的构造时间的意识,我们需要改变观点,由此我们发现这个意识与这个实事在现象学时间中不在同一个层面。② 但是,如果我们而后进行反思,并且同时持守(把握)被构造的实事,那么我们必须把这个意识称作与这个实事同时发生。它是在反思中被给予的意识,并且必然是被意识为与这个实事不可分割的、一致的意识。双方的形式——实事的时间形式与对这个实事的意识的过程形式——相合。但是,

---

①　同一个声音在过去样式中存在＝声音在被给予的滞留中变异了。声音是过去的:过去的声音的现象而且作为当下的、在原本中出现的现象是滞留,它是对声音的意识,把这个声音设定为过去的。

②　在这期间,我已经区分对实事的感知与这个实事的原初的时间构造;因此,就进一步考察来说同样应该加以区分。

如果人们是仔细的,那他们一定会问:这个相合是与一个形式要素有关的一个同一性相合?我们称之为实事之延续的这个形式与我们发现它是意识的进程形式、意识的河流形式的这个形式,这两个形式现实地被意识为同一的形式?现在,确定无疑的是,这种方式,例如声音通过体现与滞留构造自身与这种方式,如过程作为过程构造自身,这两种方式最终是相同的。甚至原过程的每一个过程相位是在一个原体现中被给予的,一次被给予为绝对原本的,而后进一步在前摄与诸滞留中被给予,完全就像在其中被构造的实事之物那样。因此,两者是时间相同的与本质相同的。

但是,似乎在实事时间中两个同时发生的实事构造自身是不同的。每一个实事通过其滞留等系统构造自身,并且构造性的形式相合。但是,我不相信弄错了这些,即这个相合在此现实不断地构造时间形式的同一性,构造个体时间片段的同一性,或者一个延续实事的不断相合按其延续(一个同一性相合)如此构造它们,但是,这种情况在这个同一的意义上不会对构造的过程意识及其对象发生。如果人们看向普遍之物,那么虽然在此存在一个形式的共同性,但是,一方面,实事与对实事的意识这两个统一性的构造属于不同的维度。而另一方面,它们在构造方式上不是现实完全本质同一的,这确实已经在其中表现出来,即实事在意识的流动中构造自身,而不是相反。实事相位形成一个连续的序列,这个序列在一个新序列的过程中构造自身。过程相位形成一个连续序列,这个序列并不在一个新的过程中构造自身,而是过程在自身中具有这个奇妙的特性,即它同时是对过程的意识。

对此人们将不会提出任何异议,而且我觉得明白的是,实事时间与意识流时间的相合不像在不同实事的时间性那里是一个纯粹的同一性相合。在后者情况下,时间确实在数字上是一个时间,而同时发生的时间片段在数字上是一个片段。两个同时延续的实事在数字上充实一个内在实事时间的片段。对此人们不可能认为,一个声音延续的时间片段与构造它的意识流的相应片段是同一个片段,而且确实在数字上是一个片段,而另一方面,如果我们考察两个构造的过程,这两个过程构造两个同时发生的实事,那么我们重又一定会说,它们按其时间片段在数字上是同一的。存在着过程的这一个形式,它包括作为内意识的所有意识,在此相合重又是严格的同一性相合。但是,至于意识时间与对象时间的相合,除了本质一致性之外,这个本质一致性尽管如此以演替的形式在两边存在,它是一个必然彼此相关的平行线的相合。

第4节 〈关于同时性概念:时间流逝的不同层面与时间秩序的统一性·《观念I》学说〉

如果这个考虑是正确的,那么看来其结果必将转而适用于内在时间与客观时间的关系,同样必将已经事先转而适用于内意识的意向相关项构成物的时间关系,这个内意识与被构造的外部对象性自身有关,例如,在这个内意识中一个外部对象性展示自身。[①]

[①] 正如内在感知很少属于内在被感知的原素素材的时间系列,外感知同样很少属于被感知事物的时间序列,反之亦然。

在不同的反思指向中构造自身的东西,虽然每次作为一个在其时间形式中的对象性构造自身,但是,唯有同一个反思指向的对象具有同一的时间形式的共同性,它们形成现实实事与可能实事的一个在自身中封闭的领域,这些实事带有一个包括所有这样一些实事的时间形式。因此,这意味着,〈人们一定会〉走得这么远,即连感觉素材与外部对象也不在现实同一的时间中显现(为被接受的东西,显现〈为〉它们恰恰伫立在感知者眼前的某物,并且按照外感知的意义伫立在感知者眼前的某物)。它们是两个实事"世界"的对象,但是,这些对象的时间形式具有必然的平行关联。

照此,同时性概念包含一个现象学的多义性。在正前方与相反的(反思性的)方向构造了自身的所有彼此构造性本质相关的并且以某种方式统一的对象,在其构造性的层面有其时间;但是,所有这些时间是一致的,只要它们由于对象构造的平行逐点地相互"相合",并因此形成一个秩序的统一性。每一个点在一个时间中通过单纯反思性的改变把平行时间的相应的点给予我们。它是一个唯一的秩序系统,尽管这个系统的秩序点是多种多样地被构造的。平行线在这里具有一个被构造的关联,这个关联导致一个平行领域中的每一个环节也可能涉及另一个平行领域中的平行环节,并且按照这个平行领域中的秩序位置可立义它们。

在此,在空间构造的领域中可以指明一个类似的情况。如果我们从外部空间(在其中感性事物是被给予的)的观点转向视觉视角的观点,那么这些视觉的视角虽然有其并存的本己秩序,这个并存作为其在各自视觉场中的扩展与地位,但是,由于在此发生的这个"相合",由于借助于视角客观的空间之物展示自身,我们发现,在由这一个观点向另一个观点的过渡中，不仅各个视角涉及相应的事物，而且它们被嵌入事物空间。在其中客观的着色展示自身的着色视角连同其感觉扩展被加给事物自身连同其客观的空间性。视角着色的部分的秩序与客观的秩序具有某种联系，这个客观的秩序是被觉察到的空间事物的平面及其着色的部分的秩序。

但是，在我们的时间领域，相合或平行是一个还经常继续下去的平行，因为我们具有相互单义的一致，并且必然具有这个一致。因此，如果我们偏爱这一个对象性领域，它对我们来说是最先的对象性领域，即它是如此被构造的，以至于它（在发展的意识中）是唯一没有任何反思地在顺行的目光朝向中被给予的，而我们只有通过从它出发的反思才获得所有其他对象性——总之：如果我们以自然世界及其客观时间为出发点，那么反思世界的时间就把自身加给这一时间，正如反思世界的对象一定直接或间接地把自身加给自然对象。客观时间成为这一时间，所有平行时间的时间之物都按照这一时间被排列，都被排列到这一时间中，即使在一个非本真的意义上，与之相合之物、与这个客观时间相合之物被转用了。

也许这可以得到更好的展示。但是，我认为，无论如何，我们必须谨慎地区分构造性的形式与平行反思层面的平行形式的构造性的形式，前者属于一个唯一的属于同一整体的反思层面的被构造的对象性（在这里，可以这么说，未被反思的对象性形成反思的零层面，并且同样有效），而后我们重又必须区分它们用其平行与这些平行线的本质连接组成的这个一致的秩序。

《观念 I》：在那里，我已经略述了一个现象学时间的观念，属于这个观念的是原素素材作为被构造的统一性，且同时是意向活动与意向相关项的相关项。因此,我相信,作为被构造的统一性,可以给后者与原素的统一性以同等的地位,并且我相信可以逐渐相同地认为它们是这一个现象学时间的诸环节。(如果我正确描述了我过去的立场),那么在这后面我就设想了原初的构造时间的意识,其结构需要一个本己的研究。而且我认为,这些结构对所有现象学时间的对象、对原素的素材与行为是同一些结构。但是,应该考虑的是,在排除时间构造问题的情况下,在《观念》中我已进行了哪种行为研究。什么样的纯粹意识结构在此能够真正得到探讨?在原素事件与意向活动的事件之间什么样的关联在此能够真正得到探讨,如此等等?

如果我的考虑是对的,那么一切到了这种地步在主要实事中就确实是正确的。相反,在这里,我上面已写出的东西可能要求一些增补,如果不是要求改正。① 如果我拟订一门感知、想象、判断、意志等的现象学,那么就可以排除时间构造的问题,例如,可以排除这些体验的类型作为时间客体构造自身这个问题,因为这个构造对所有行为及其意向相关项的相关项是一个共同之物,是一个本质相同之物。因此,在这方面我已经做了绝对正确的处理,也许这也是正确的,即把原初时间意识的现象学放在后面处理。

第5节 〈意向活动与意向相关项的时间性〉

现在,进一步考虑一下:

---

① 已经改正了!

一个外部对象在客观时间中延续（它在延续，它用一个由对象-时间点组成的连续统一体充盈一个延续。从构造上说，在被感知的对象的延续中，每一个被感知的对象-时间点［每一个原初被给予为在场的对象-时间点］恰恰是一个点）。同样，一个内在对象、一个原素素材在延续，并且这个被给予的延续，为原素的点素材所充实，这些原素的点素材正是一个瞬间一个瞬间地被给予为在场的。（当然，在对象点在场被给予之后，它们就在两边被意识为刚才在场曾在的，如此等等，不这样就没有延续意识的统一性。但是，这属于时间对象性的构造，而这个构造自身是出现在原现前中的素材的连续的时间序列。）

一个感知、一个想象、一个判断等等也是一个时间对象，也是一个充实其时间之物，也是一个由相位组成的延续连续统一体，这些相位依次获得原初的被给予性。

现在，在此需要慎重考虑。比方说，我把一个感知描述成一个感性事物的切身现实性的意识；或者说，我把它描述成一个内在声音的切身现实性的意识。在这个意识中包含什么？总体构造时间的意识，在其中确实不仅延续的声音构造自身，而且（包括原过程在内）一个瞬间一个瞬间地构造自身的不仅是当下的声音，而且是刚才曾在的声音，被期待的声音，简言之，一个瞬间一个瞬间地构造自身的是一个由时间样式组成的连续统一体，并且在整个过程中是这些连续体的连续统一体，在这个连续统一体中一条唯一的路线被构造成内在声音的通过整合建造自身的延续。这个延续是这样一些意向相关项组成的一个相合统一性，但是，它不包括这些意向相关项的组成，而恰恰只包括意向的统一性，这些意向的统一性表明了一条时间路线。

现在,如果我们谈论感知、回忆、感受、判断的延续统一性,情况会怎样?由瞬间向瞬间转变的感知、声音切身当下的意识是原初被给予的,并且由于其内意识中样式的渐次变化是自身维续之物,是维续成同一之物。在此,我们在连续的感知自身及其时间与在其中它每次被给予的这些时间样式之间也有区分,那就是说,我们在连续的感知自身及其时间与在内意识河流中的被给予性方式之间也有区分。我做出的这个判断,2<3,是一个进程统一性,每一个当下要素都对这个进程统一性做出其贡献,并且在此原初被把握之物持续地变式自身,但是,这些样式的被给予性的统一性属于判断,同一之物属于判断,而非这些变式属于判断。这一个判断作为进程在判断时间中并不包括滞留性的与前摄性的变化,这些变化属于内意识的判断现象。而且在所有行为中同样如此。因此,我们确实具有一个本己的行为时间,并且这些在上面尝试过的展示不可能是正确的。并且这个内在时间是一个形式,这个形式对所有内在之物是共同的。内在感知不是在真正意义上构造被感知之物的东西,而是它是内在时间的一个相关的与合本质从属的统一性。因此,这一切确实又再次是正确的!

行为、行为相关项直到意向的现实性、拟-现实性等等的所有本质特性在内在时间中进行。但是,内在时间对象性自身是被构造的,并且向我们回指内意识及其原过程。也许在此我们才具有一个彻底的划界。这个原过程是过程,但是,它不再以与内在时间对象的同一的方式构造自身。但是,已经明白的是,诸行为作为内在统一性如何构造自身?确实这样!

第二编　论原过程与其中被构造的带刚性时间秩序……　　179

　　由图表一定可以看出的是,不仅延续声音的统一性由于原体现、滞留、前摄的相互作用构造自身,而且声音的内在感知的统一性构造自身以及如何构造自身。① 就前者而言,被原体现的素材的连续统一体在考虑之内,这些被原体现的素材借此被意识为由声音点组成的持续生成的连续统一体,即在内意识的过程中每次出现一个原体现的相位,并且一个此在借此可以设定为客观的此在,即在这些前摄与滞留的流走中,这个声音相位始终对象地保持同一性相合,而新的前摄迎向新物,它们在入场中认同它,在滞留性的河流中只是以其他被给予性样式同一地保持它。但是,类似之物也对原体现自身有效。它也对实事之物的被给予性方式的样式有效,我们把这些样式称作当下样式。它们是更原本(originaliter)被意识到的,有其滞留性的变化,如此等等。由于内意识的本己结构,这些原体现自身的序列作为一个客观的序列构造自身,作为一个时间的统一性构造自身,在这一时间的统一性中每一个点都通过其被给予性的所有样式得到维续,并且汇聚成一个时间片段的统一性。例如,每一个点都是对声音的感知,这是声音的原本把握,或者是对声音点的原本的意识拥有,这个声音点是其相关项。

　　由原体现组成的系列在构造时间对象性的总体意识中是一个抽象的片段,但是,这个总体意识是如此被形成的,以至于它在自身本身中把这个系列客体化为序列。

　　因此,声音点系列自身作为序列借此一次构造自身,即正是原

---

① 也许是多余的重复。

体现逐点地在设定,并且在从属的必然变化中保持这个设定(这是通过所有被给予性样式作为同一之物被保持的,只是作为在不同样式中呈现自身之物被保持的)。但是,相关地构造自身的是声音感知系列的序列,这是行为相位的序列。这些行为相位对声音点来说绝对是借此原初给予的(并且它们只是原体现的行为相位),即这个序列自身不仅已经意识到客观之物,并且在其变化中以变式的与同一客观的方式已经意识到客观之物,而且同样与其自身有关的这些行为的变化藏匿着诸变式,藏匿着样式的被给予性方式,在这些样式的被给予性方式中其本己此在认同自身。因此,一切都取决于意向活动与意向相关项的变异的结构。

第七篇　关于诸时间样式的学说

第1节　感觉对象那里的原初时间构造·〈关于一个延续声音的新现在与过去现在的意识的关联〉

如果我们从构造的意识中凸显一个"瞬间",那么它就把一个点相位"现在"呈现为原本原性的相位,并且把一个"刚才-曾在"的连续性呈现为滞留性渐渐消逝的本原性的点相位。因此,这个最普遍的形式对每一个瞬间存在(而且,更准确地说,它是一个多维的形式)。但是,它在相继中原则上对每一个新的现在来说是一个内容不同的形式,每一个新的现在有一个不同的"彗尾"。就每一个瞬间来说这个彗尾是一个融合的统一性。必然发生一个类似性的连续相合,并且必然按照类似性等级发生一个融合,这个等级同时是其意向的渐次变化的等级。无论如何,这涉及滞留性的渐次变化的形式。但是,一个个体感觉素材的构造自身的统一性,例如,一个声音的构造自身的统一性,伸展得这么远,它也这么远地涉及意向内容,并且这个双重的类似性按照形式与内容凸现声音进程这个对象的相位的连续性,给予声音进程这个对象一个特殊的、"凸显自身"的统一性。因此,我们在每一个瞬间、在每一个"现在"都有一个融合的系列,这个系列对每一个新的现在来说是一个必然不同的系列,而且是持续不同的系列(并且这些系列的消退自身重又形成一个融合统一性,这个融合统一性持续变化着)。

如果我们选取某一个现在,并且探究其滞留性的变化①,在其每一个变化中同一个现在连同其内容是在连续的渐次变化中被代现的(在这件事上,在这个演替的连续统一体中起作用的不是相同性相合的统一性,而是同一性相合的统一性),并且如果把这些系列与属于另一个现在的系列比较,那么这些系列是不同的,在两者中同一个现在必然不可能被意识到。但是,这是因为在一个意识的统一性中,在那里两个现在被给予,两者在不同的意向体验中被意识到,它们绝不可能通过同一性相合被联系在一起。每一个新的现在恰恰设定一个新的〈内容〉,尽管它具有一个跟先前现在一样的相同内容。先前意识的滞留与新的本原的意识融合,但是,一如在对同一个意识的滞留序列中,它们不可能联合成一个同一性意识,这个同一性意识与一个持续新的被给予性方式联系在一起。它是一个持续新的意向性。每一个声音要素、每一个声音点是在过程的每一个瞬间以一个不同的本原性样式被给予的,并且被给予为连续不同的,并且在此合一被给予的东西,是不同之物(非同一之物)的一个连续的渐次变化,是一个延续与在一个定位连续统一体中的这个。

----

① 见下一页〈=这里第126页,18行及以下各行〉:一样的。

在过程的每一个瞬间我们每次具有一个现时现在，并且在属于它的瞬间系列中每一个当下化一个以前现在的相位，必然已经意识到跟正是现时现在一样的另一个现在，而不是意识到跟正是现时现在一样的同一个现在，并且已经把它意识为在某个其他一同被给予的滞留性的相位中。毕竟，每一个现在在一个不同意向性中被意识到，在不同滞留性的阶段被意识到，并且在不同滞留性的关联中被意识到。如果我们设想一个不变延续的声音的情况，那么每一个现在虽然具有同一个本质内涵，但是每一个现在是这个声音，它带有在一个连续时间延续中的一个本己时间位置的规定。每一个现在在连续的瞬间现前中有一个确定的本己被给予性方式。在这个瞬间连续统一体的每一个相位中，虽然内容是同一个，但它是在连续不同的本原性阶段中被给予的，它是在原本原性样式中的一个唯一之物、现在新物，这个原本原性是完全直接的原本原性。在其他相位中，本原性以持续的间接性渐次变化自身。正是借此对象的相关项具有一个连续不同的形式，它可以不断具有存在的特性，但它在每一个点上具有在另一个时间位置上存在的特性，具有在另一个不同过去中存在的特性。

不同的本原性阶段在演替中可能受一个同一性的统一性贯穿支配，并且不断地受其贯穿支配。原则上，不同的本原性阶段在并存中（在河流的意义上理解这些词语）不可能通过一个同一性相合的意识被联系在一起。为什么不能？——对此人们也许确实只可以说：因为正是每一个新的现在创造了一个新的意向性，并且这个新奇之物恰恰表明了一个意义的新奇之物，但是，这个新奇之物贯穿所有相应的滞留连续同一地保持着。

第2节 〈一个新现在何以有别于另一个相同内容的现在？意识的流动与关于一个对象的延续的意识〉

在原初构造时间的过程的河流中，在相关项方面出现一个总是新的现在，或者说得更确切些，出现一个总是新的个体此在。新物在自身中何以不同于新物？一个现在的"质性"不同于另一个现在的"质性"？但是，在本质上，现在与现在是绝对相同的。而且如果我们指向"内容"，那么正如在一个完全不变内容之延续的情况下一样，我们确实可能接受一个完全相同的内容。而且如果内在素材像连续序列中的"完全不变的声音"一样，我们在这个内在素材的被给予性的原初构造过程中已经给予了双重之物：两个从相位到相位被联系起来的相同内容（不同的声音相位自身）与从属的"现在"，那么情况怎样？于是，两者个体地区分自身，它们通过在演替连续统一体中的位置得到区分，即通过时间位置得到区分。因此，看来我们具有这些时间位置的连续统一体与这些现在的连续统一体，并且具有这些声音点的连续统一体。但是，这些时间位置确实重又在种类上是完全相同的，它们何以得到区分？由此看来，我们进入这些独特性，它们必定以一个现实被给予之物与描述可把握之物的不理解为依据。

如果我们客观地谈论意识的过程，在其中一个内在素材被给予，那么这个过程自身显然被设想成一个在每一个相位上自在地得到区分的过程；而且如果我们说：在其中被意识到的是一个声音延续，那么在这个被给予的声音延续中每一个相位自身显明地不同于每一个相位，相同的内容在每一个相位与一切相位中都有其现在特性，这个现在特性不同于每一个其他相位的现在特性。但是，在此疑难问题是什么？首先，作为现象学的事实被给予我的是，像一个不变延续的声音能够被给予的这样的东西。而后我具有对这个不变的声音的意识，具有一个可指明的、可观视的体验，并且具有在其延续中的这个在其中被给予的声音。

意识作为这个内涵的意识给人什么印象？它必定给人什么印象？为了这个内涵能够作为其相关项被给予，其本质作为必然本质情况必须怎样？而且这个内涵必须以何种方式被给予？正如可以明察到的那样，它以多种多样的样式被给予，意识自身一定具有一条河流的特性；而且当"自我存在"是一个必然事实的时候，流动生活与一个流动的特性对每一个体验来说是一个必然事实，并因此一个必然的事实是把每一个体验构造成一个内在的时间对象性，并且重又把这个内在时间对象性构造成在这条河流中从相位到相位以不同的样式被给予的。简言之，原则上，对内在对象来说，我们没有一个对一个完成之物的单纯拥有，而是具有一个存在，这个存在作为在一个生成中的统一性，而且作为一个展示的杂多性的"统一性"，这个杂多性由统一性的被给予性的样式组成，如此等等。

于是，我们必然在构造过程的每一个相位上发现其特殊的相关项，并从中发现延续是被意指的延续，或者毋宁说，发现声音素材是被意指的声音素材，而且发现这个被意指的声音素材重又在每一个相位上是在一个连续统一体中被给予的，并且在这个连续统一体中发现一个"声音点"之出现的一个本原的点，发现在现在这个原形式中的一个内容之出现的一个本原的点，而且这个现在在这里表明了声音素材的本原与最原初的被给予性,并且表明了来自这个声音素材自身的一个点的本原与最原初的被给予性。它不是第二个内容,而是这个内容,但是,这个内容不是作为单纯被意指的内容,不是作为一般被直观的内容,而是作为原本被给予的内容。而且这个原本的被给予性不是形成这个内容的某物,而是它具有一个意向特性,由于这个意向特性内容对意识来说是被意识到的内容。于是,我们发现,原本原性形式、被给予性的样式当然自身显明地在过程的进展中不断地是同一个,并且客观地说,其自身当然与时间有关地区分自身,即与这一时间有关地区分自身,在其中这个本原性特性在意识流中作为意向相关项出现,或者随着这一时间本原被意识到的声音点本身在意识流中出现,这是一回事。在意识流中,在其演替的过程中,改变自身的是本原出现的声音点。一个连续的、自身可改变的声音点过去走上其位置,这就是说,持续改变自身的意识把变异了的声音点内容作为对同一个声音点内容的被代现者来把握,在向新意识的过渡中保持着对这个声音点指向,这个过渡在奇特的统一性与同一性(Selbigkeit)意识中出现,但是,在改变了的被给予性方式的意识中出现,作为刚才过去地出现。而且甚至每一个过去样式连同其内容在构造过程的河流中都有其位置。

第3节 〈过程的时间形式与被构造的对象的时间形式·时间秩序与诸时间样式〉

因此,实际上我们具有过程的时间形式作为其体验的形式,并且相应地具有过程的时间形式作为其体验相关项的形式,那就是说，在此具有过程的时间形式作为意向相关项的统一性的形式，这些意向相关项的统一性是在现在样式、在过去样式中的声音点-被意识到之物的统一性，如此等等。但是，明白区分的是：属于声音自身之本质的时间形式（这个形式由于意向相关项构造自身）与属于这些意识过程及其意向相关项的相关项的形式。其实，从最后方面来看，我们也没有某个东西，而只有属于同一整体之物。当然，我们知道这一切，因为我们觉察到它，因为我们可以通过对构造时间意识自身的反思指明它。但是，在此难题重又是阐明这个意识的那些结构，由于那些结构就涉及或者可能涉及这个意识的自我自身来说，过程自身与在其中出现的意向相关项的连续序列能够得到区分，并因此每一个现在、每一个声音点的每一个原当下与每一个其他声音点的原当下能够得到区分，或者难题也在于，当下性的演替本身如何能够被认识到；当下性或"现在"本身还如何能够被看到、被把握、被判断，在它们不再是当下的之后（因为在进程中，我们觉察到它们自身是要素，这些要素有其当下，它们自身是"现在的"，随后不再是现在的，而是过去的）；并且难题在于这如何能够成为明晰的，即我们一方面对声音做出评判或者看向它们，另一方面我们把它们自身称为当下或者过去的（但是，它们固定地保持其在作为声音时间的时间中的位置——这重又在不同的方向中存在），而且难题重又在于，这如何能够成为明晰的，即我们谈论当下的现在或"现在"现实的当下，并且谈论过去的现在作为过去的当下，并因此我们能够把一个过去的当下与一个当下的过去以及一个过去的过去归于这些过去的声音；这些言说已经全部正确理解了其恰当的意义。例如，过去自身在过去，在其中刚才的声音被给予我,这个声音在一秒(如果允许把一个此外不可使用的客观计时的表达式暗中带进来)之前曾是当下的,并且在一秒之后这个过去是过去的过去,而且原初的当下是相应进一步过去的当下,如此等等。

声音或者声音相位有一个时间。这些声音有其时间样式的被给予性方式,并且它们以某种方式是一维的杂多性,在这些杂多性中声音时间(作为"客观的"时间)"展示"自身,而且如此以至于与每一个声音时间点相符的是一个由被给予方式组成的一维杂多性(并因此与每一个声音时间片段相符的是一个由一维连续体组成的一维杂多性)。时间样式的被给予方式的这个一维杂多性在时间上也是有秩序的,也有一个时间;但是,这一时间也有其被给予性样式、当下与过去,而且这些被给予性样式同样重又在时间上是有秩序的,如此等等。

在这里,正如上面所说,构造时间的意识的意向活动体验在时间上也是有秩序的,并因此这条链在反复出现。必须表明的是,为什么这一切是正确的,并且它如何能够不同,因为我们可以现实地进行有关的反思,并且能够观看在其秩序中的不同的时间与被给予性方式,但是,未被引向无限后退,也许被引向时间秩序的现时的无限,对此可以比较以前的图表。

因此,作为意识,这属于其本己本质,属于其本质必然性,即它不仅使构造时间的成就(Leistungen)成为可能,而且毋宁说在这样的成就(Leisten)中存在的是,由于它自身作为个体的现实性构造自身,它首先只是个体的,只是此在,具有个体的现实性。进一步说,它不仅自身个体化自身,而且也通过其意向性使其意向的对象性实现个体化，而且使自我陌生的对象性实现个体化，首先使感觉素材实现个体化，把它们构造成个体，对它们来说它以必然的方式创造(感性地创造)使个体化成为可能的时间形式作为其本己本质的形式。对意识与意识主体来说在个体上不同的一切，其本身及其在其中被构造的非意向活动的对象，以一个所属的时间形式与诸时间样式的被给予性形式被构造，并且原则上只能如此被构造；而且原则上它可能无非正是时间的，因为与存在者的非本质之物相比，如此被构造之物与可构造之物没有时间形式，而是具有属于它自身之物与本质之物，并且借助于意义具有属于它自身之物与本质之物，构造的意识自身赋予它这个意义。

但是，不可能存在其他对象，作为这样一些对象，意识自身已经将其意义赋予它们。于是，一个自我、一个我们把它设想成可能认识的主体一般的纯粹自我，即每一个想得到的自我一般，只能谈论可能的对象，并且只能够把一个合法的存在赋予它们作为可能性，如果它能够表明这些可能性，能够明察到这些可能性。并且这重又意味着表明其可能的构造，这个构造因此对这个自我及其体验来说是可能的，并因此意味着观看一个对象性自身，它自身已经把它的意义赋予这个对象性。但是，这个意义并不取决于这个自我，而是属于每一个想得到的自我；因此，纯粹自我与对象一般连同所有从属的意义等等，以及因此甚至就此在(个体)的对象来说的〈从属的〉时间规定，以最根本的本质必然性属于一个整体。一个此在对象性是非时间的，因此它在被描述的本质结构连同从属的被给予性样式(时间样式)的构造时间的意识中不可能是直观的，它是一个无意义，并且不是一个自在之物，这个自在之物对我们与我们人类的主体性来说是不可达及的。

因此,如果人们问何以区分一个声音当下(一个现在)与另一个声音当下,那么回答的内容当然是:它们在意识过程中是个体不同的,作为声音的时间样式它们自身有一个此在,并且像所有个体之物一样通过时间区分自身,它们有其在时间中的位置。无疑,单单这样还不够,看来这甚至取决于关联,并且在此它们一般还是难题!

第4节　几个时间与这一时间·〈主体的与交互主体的时间〉

首先是几个时间的难题,我们在上面已述及,并且反复述及。每一个时间回指一个构造性的关联,但是,看来这些关联自身不是分开的关联,而是所有关联形成一个唯一的关联。它们都以某种方式相合。但是,以何种方式相合?这个相合表明,所有这些时间是一个时间,或者说得更确切些,所有个体以一个唯一的时间本质形式属于一个"世界"?但是,我意指这一切:自我陌生之物与自我性之物;实事与主体的行为;意识流与人;一切以一个形式联合成一个世界;一切同一切有时间联系,这个联系是一个唯一的、自在确定的联系,并因此也是可确定的关系。当然,对此真实之物也一定存在。但是,问题是,这个真实性受哪个意义束缚。明白的是,如果我们进行现象学还原,并且退到纯粹内在之物与其中被构造的、一般被意指的、被设想的、表明自身的、自身被给予的对象性本身上面,那么首先被给予我们的不是"我们"(uns)、不是"我们"

(wir)、不是众多的主体，而是首先被给予我们的是体验的河流与这条河流的纯粹自我，并且是恰恰在其中存在的一切。"陌生"主体对作为纯粹自我的自我来说是客体，这些客体在我的意识流中意向地显示出自身，也许意向地表明自身。并且在此问题首先在于，这些对象性的构造性的过程、这些在此陌生的主体、诸纯粹自我与不是我的意识流的意识流给人怎样的印象，并且它们把哪个意义分配给这个陌生之物。因此，我们首先具有内在时间，而后才具有一个"客观"时间之构造的难题，才具有一个在内在之物中构造自身的非内在的时间之构造的难题，而后重又具有一个时间之构造的难题，陌生意识和而后陌生与本己的意识构造这一时间，后者是人类的、交互主体可认同的意识。

因此，目前必须考虑这个问题，在纯粹内在中，在其中自身分离的不同时间彼此情况怎样，在这个纯粹内在中一个超越的客体性还没有构造自身，并且在其中超越客观的主体性还没有构造自身（或者说，如果不考虑带有从属行为的这样的客体化，尤其不考虑带有结构行为的这样的客体化）。诸时间，它们根本就不是"客观的"，而另一方面它们并非在一个任意的意义上是主观时间。甚至它们有其客体性，它们是个体的形式，这些个体已经在内在中构造自身，并且与它们没有偶然的联系，〈它们有〉其固有的客体性。

但是，现在，看来在此确实必须表明的是：所有在此"相合的"时间作为构造一个同一的时间现实地相合，并因此在这一时间中同时性应归于由个体组成的所有系列。①

----

① 诸平行的内在时间或一个内在（唯我论的主体性）的时间？

第5节 〈延续作为客观时间片段与主观被给予性〉

首先，该设法获得明白的概念。对一个内在的感性素材，例如，对一个声音，如果我们说，它有一个时间延展，它是一个事件，这个事件在时间中充满一个片段，那么我们就在时间与时间片段下面理解一个客观之物。时间是所有时间片段的形式，并且像声音的时间片段一样的一个时间片段是同一个时间片段，无论我现在从开始到结束在听这个声音，即在活的当下中拥有它，还是我在回忆它；正如这个声音个体是同一个声音个体，可以这么说，在那个现在中我自身生动地在站岗，并且从那时起在这一个或那一个过去深处把握它，因而作为个体形式属于它的时间片段是同一个。类似于对超越对象有效，对它们的超越时间有效，这也对内在对象有效。伯罗奔尼撒战争是一个事件，这个事件充实一个确定的时间片段。时间是一个客观的形式，所有历史的事件都具有这个形式。有形自然的时间〈是〉一个形式，有形事件在确定的演替中把自身嵌入这一时间。没有事件能够跳出其时间位置或其确定的时间片段。它属于其本质。

对此，如果我们说，一个事件"在延续"，那么这表明：其时间片段在起源状态、在生成中，它正在现在这个瞬间中发生，在现在这个瞬间中我在说这个事件，或者在思考这个事件，或者觉察到这个事件，它以现时当下样式在某一个时间点发生，并且在时间片段的流逝样式的流动中，它自身是当下的，它在体现中。关于延续我们说：声音现在在延续，或者绝对在延续，它在延续或者已经延续了，其延续在现时现在面前是一个越来越远在后面的延续。对于这个现时现在我谈过,并且在其中我自身具有现时的当下。现在,当这个现时现在在流淌中的时候,并因此当延续的曾在性恰恰总是接受新价值的时候,声音的延续始终是同一个延续,只是它是随着这个不同的过去样式被设定的与可能被给予的延续。因此,人们会说,延续自身与时间片段确实是同一个;但是,应该关注的是,关于延续的言说有其歧义性,而且看来这个歧义性不是偶然的。

如果我说,我不断地在听到声音,这个声音有一个很长的延续,那么这恰恰意味着:声音(现在)在延续中,并且其延续迄今已发展得这么远,它已经具有一个长期延续的特性。在超越那里也同样如此:我们抱怨战争的长期延续,并且谈论一个还生动的延续。但是,如果某人询问伯罗奔尼撒战争的延续,那么他就意指过去的延续,这个延续与一个生动延续相比是另一回事。(在我写这部著作的同时)世界大战在延续,它在延续中;伯罗奔尼撒战争延续过了,它曾在延续中。另一方面,无论延续在现时现在的河流中往后退多远,从这个现时现在出发目光朝向这个延续,贯穿过去的不断变化的同一之物、不断保持同一的同一之物是"延续自身",这个"延续自身"正是通过所有本原的与滞留性的或合回忆的被给予性的样式是这个同一之物。

这个自身是作为有关个体的本质形式的时间片段,有关个体作为时间客体、作为在其时间中存在的客体就其而论有一个同一的客体性。但是,在这件事上属于每一个时间片段之本质的是:这一时间片段只是作为时间样式的"永恒"河流中的同一的存在者;而且它必然与一个流动的现在有联系,没有这个现在各自的当下或过去根本毫无意义。而且随着这个现在也指向了一个主体性、一个自我,这个自我有生动流动的生活,在这个生活中现在能够构造自身。确实现实不断地构造自身？但是,我们仍须把这个主要观点与描述进行比较。现在,歧义性由此是不言而喻的：在时间与时间对象构造的"永恒的"生成河流中,每一个个体连同其客观的延续或时间片段必然有一个当下,这个当下作为它同一客观时间的存在的起源点,它必然有一个生动的生成时期,并且这个原初被构造的延续在构造时间的（或正如我们也习惯于说的那样,时间的）生成的河流中随即丧失其原初的实存,并且变成过去的连续统一体,这些过去在自身中是那个当下的过去,是原初实存的变式,在这些变式的过程中同一个实存恰恰以总是新的时间样式不断被持守。

因此,在当下的样式中有其第一个设定或者第一个出现的这个同一之物,并且在所有进一步的变化中回指这个原被给予性的这个同一之物,它作为自身变式之物并因此作为把原现实的实存转变成过去的、不再原现实的实存,它是时间客体,而且属于它的是作为本质时间的客观时间。

第6节 〈时间作为全面的刚性形式与流淌的现在·诸时间样式与时间的被给予性方式〉

时间作为客观时间片段的全面的形式是刚性的,而不是流淌的；但是,现在在流淌,并且时间样式在流淌,而且必然属于每一个时间点与每一个时间片段以及整个时间的是样式,这些样式自在地以其真实性应归于这些客观的时间性,即它们有其本己的对象性,在这个对象性上是无法改变的,并且它们在偶然的主观事件或附属物或表象方式的意义上一点也不主观。因此,这些样式有一个客体性,这个客体性在持续的河流中存在,但它是一个有效性的自在的客体性。因此,甚至时间自身具有不断流淌的自在之物,尽管它自身是一个刚性之物。它正是河流中的刚性的同一性,并且没有这条河流或者除了这条河流之外什么也没有。它是一个确定这条河流的系统,是一个与它的同一之物有关的系统,而另一方面,如果我们自为地使它成为客体,那么它是不确定的形式,这个形式的确定要求这条河流的特征,要求其真正的特征。

但是,我不一定要说:"时间"是所有当下的河流,是所有当下的持续出现与下沉?也许人们可以这样说。但是,随后应该关注的是,我们还在另一个意义上使用时间,即把它用作同一连续线性的秩序。这个秩序构成在这条河流中同一的固持之物,构成同一的时间点与时间片段。正是这些同一的时间点与时间片段使得同一的个体事物与事件成为可能,它们自身以其本性分享这条河流,但是,它们作为时间对象在其同一的时间位置上、在其同一的时间延续中是刚性的,是是其所是的。

正如我们已讲过的那样,这些时间样式是属于这些时间自身的确定或者样式。其中包括,我们必须在时间样式与时间的被给予性方式之间做出区分。当然,在此,时间样式是时间的本质要素,时间样式没有被给予,时间、客观时间就不可能被给予。但是,如果时间样式只是本原地被给予，那么我们对其有关时间的确定的从属性就具有明见性。同时，我一定会说：客观时间的本原的被给予性并不表明客观时间的最原初的被给予性，那就是说，并不表明在当下这个样式中的被给予性。最原初的被给予性在时间的河流中是第一个被给予性，并且它也是唯一的被给予性，在其中时间片段的存在与在这一时间片段中延续之物的存在在生动的延续中、在生动的生成中被给予。但是，其实（在明见被给予性的意义上）这不是客观时间点与时间片段的原初的被给予性。① 就时间点来说，这表明，作为客观的时间点，它们不是在生成中本原被给予的，即不是在时间点的出现中本原被给予的，而是在出现与离开的流逝中本原被给予的，或者毋宁说，是在往后退与总是远走（沉入-过去）中本原被给予的。客观时间点是一个连续杂多性的一个统一性，而且类似之物也对客观的时间片段有效。这就是说，在生成中，在延续之物及其延续的原初建造自身中，也许点统一性与片段统一性在这个延续里面已经以某种客体性被构造了。但是，整个延续作为被客体化的时间片段在整个已生成的〈延续〉的下沉中构造自身，并且这重又表明：只要一个生动涌出的生成点还在延续中，并且只要一个部分或这个结束点自身尚未客观地被时间化（verzeitlicht），那么它就只是结束的当下相位。因此，在生动的滞留的河流中，或者在由原当下进入这些滞留的河流中并且贯穿这些滞留，我们明见地观视到客观时间，这就是说，我们以最原初的被给予性形式观视到客观时间。

---

① 客观时间之物的明见被给予性与时间之物的原当下不同。

第7节 补遗:〈内感知与外感知、再回忆与想象中的时间样式〉

在内在领域内在时间①具有时间样式,例如,内在声音的时间具有时间样式,这些时间样式与声音时间自身的被给予方式叠合,假如我们把这些被给予性方式理解为在流淌滞留中的原初的被给予性方式。在再回忆中,我以对每一个延续相位的再意识的特性获得"现在"。但是,其"质性"只是借此具有这个现在,即它在其原初构造时间的过程的位置上出现,它正好具有这个此前,具有与已下沉之物合一的这个此前,如此等等。

因此,一个现实的再回忆会要求整个前行的意识是重又更新的。这也确实对一个想象做出非同寻常的区别,这个想象与一个感知相对。在想象中,我们具有一个出现-过去的显露,但是,它带着不确定的视域,并且在"想起的"再回忆中也同样如此,在这件事上无疑在两者之间还存在一个区别。总的看来,在想象中视域是一个空泛的、只是为统觉的形式所限制(umschränkter)的视域。在再回忆中,它是一个在内容上或多或少确定的与可展现的视域。在一个现实被感知的事件开始的时候,在其中我们具有一个完满生动、"本原的"过去视域,这个过去视域的终点仍然是直观的。在再回忆中,我们具有一个模糊的与不生动的视域,这个视域对进一步的再回忆来说是一条准线,是一个索引,这些进一步的再回忆

---

① 在内在领域时间样式是随着相即被给予的内在对象相即被给予的,并因此样式与被给予性方式在一定程度上叠合。

会展开这个视域,而且这些再回忆的确立重又把生动的视域给予我们,被再回忆之物已经从这个生动的视域生长出来。唯有当这个视域被确立的时候,时间、被再回忆之物的时间才是现实直观的,或者毋宁说,而后它才是更加完美直观的,并且越完美,这个背景就越好地被获得,就越丰富地且越特有地被获得,这重又要求这个背景的背景。因此我们总是进一步地回归。视域质性认定时间样式与时间,这些时间样式与时间成为直观的,因此不言而喻的是,为什么这些被孤立的再回忆对我们是不够用的,即对时间关系来说是不够用的。①

这意味着什么?在原素素材的内在感知中,在声音时间点的原当下和与它们联系在一起的滞留的河流中,每一个各自现在、每一个各自过去之物在原本中被给予,并且相即被给予,即使在某个持续的变暗中被给予。贯穿流淌过去的自身如此被给予的连续统一体的是一个同一性,是时间点与时间片段的同一性,并且这些统一性是在其各自样式中存在的或被给予的统一性。统一性的被给予性方式在其合本质的时间形式中,声音个体性自身的被给予性方式在其合本质的时间形式中,这确实无非表明了由时间样式的被给予性组成的这条在自身中明见地承载着统一性的河流,这些时间样式的被给予性自身在此意义上是相即的内在,其中一般恰恰谈到并且必须谈到内在对象。②

在超越的时间对象那里,这些时间样式是在这些对象的感知

---

① 难题的解答在第 7 页〈,也许所指的是 D5,页面 12a = 这里第 297 页,28 行及以下各行〉。

② 在此尚未顾及被给予方式之变化的恰当意义,这些变化涉及透视。

中原初切身被给予的，并且在它们之中其统一性是原初切身被给予的；但是，正如这个统一性一样，这些时间样式对体验（Erleben）与在这个体验中自身是内在之物也是超越的。在内在样式中统觉地展示自身、代现自身的是超越时间客体自身的样式。

第 8 节 〈活的当下、滞留与再回忆中时间样式的时间性〉

时间样式自身在时间中具有地位？它们在内在领域具有地位？它们在超越的对象世界中也具有地位？

一个事件，比方说，一个发出的声音，生动地在延续，它作为一个活的当下在发生。这个活的当下延续多久？这条流动地生成事件的河流延续多久？现在，它随着第一个事件点的当下开始，随着最后一个事件点的当下结束，并且客观的延续、事件自身的时间长度，是原初涌出的延续的生动性的长度，或者是事件活的当下的时间长度。在一个声音进程中，同一个声音作为同一之物在延续，这个同一之物在所有进程相位中，以自身变化之物或自身不变之物的方式存在。发出声音的当下通过其延续的客观时间得到测量。

发出声音的进程自身在一个进程中被给予；当下性的进程，声音进程的当下生成的进程，不是发出声音自身的进程。发出声音的进程是客观的统一性，带着客观的时间，它以当下的样式被给予，并且这个当下样式自身是一个进程，即自身是一个客观之物，即这个客观之物作为当下的生成现在存在，而后曾在，并且贯穿所有时间样式同一个进程在同一个时间片段中。

现在，这一时间情况怎样，在这一时间中这些样式的河流作为进程在流逝，以此方式，一个进程恰恰变得怎样？并因此在多远有其保持不变的、刚性的位置？对内在的与超越的对象与时间来说，这些是问题。在这里，还应该考虑以下情况：如果一个进程在原初的生成中已经完成，那么它就"沉"入过去。一条河流在进行变化，并且就这点而论一个持续的"生成"在进行，但是，在此生成的东西不再是个体自身，并且不再是关于它的任何某物，而是生成每一个个体点的过去之物的一个总是新的样式。如果直至最后一个点的所有点已经生成，那么在最后一个点那里以前的点已经持续地变异了，它们已经成了过去，并且直到其过去阶段的每一个点已经出现，这个阶段正是确定的已生成之物。并且这个总是新阶段的生成在确定的单调的秩序中持续地继续下去。已生成的总进程如此持续地通过阶段变化在增加，这个阶段变化让所有点围绕同一个阶段差别持续地下沉。这个过程不在时间中进行？即这个进程不在时间中进行？这个过程的每一个部分自身有其当下，有其过去，并且有其通过当下与过去的同一之物。

原初体现的过程及其相关项，原初的现前。我们由何处知道，达到了过去转变成无限？尽管原初的现前向界限"在流淌"，但是，它是受限制的。为什么我们偏要无限地设定时间的河流、时间样式的河流与时间自身。

现象学时间的皱缩问题。反复的贯穿。正如每一个已皱缩之物消除了皱缩。正如每一个已下沉之物重又提高了高度，并且重新回到"时间场"的"中心"，这个"时间场"作为每一个直观现前的形式，但是，这是以再回忆的方式进行的（类似者：视觉场的中心）。

但是,"旁边的"被意识到之物不会进入中心活动,而是在再意识中它重又是"中心",并且重又沉入一旁。

一个"遥远过去"的再回忆。缩短了的、被拉紧的回忆。对一次旅行的回忆,在粗略估计中,也许在一个直观回忆中,但是在一个被拉紧的直观回忆中,对度过的一天的回忆。有关被充实的时间的代现的表象,通过了这个"图像"与插入的(interpolatorische)充实进程,通过了与新插入的图像的认同。

相即的、完美的回忆是"观念",但是,它绝不可能在一个直观中现实地被确立。

回忆图像连同其回忆视域。回忆视域与原初的现前视域的区分。原初的现前视域是一个"活的"视域;我们也可以说,这个视域是一个本原(本原产生)的视域。

第八篇 〈从意向相关项方面描述诸时间样式〉

第1节 〈过去与将来中现在的变异阶段·关于时间变异的两个概念·一个时间对象的流动意识与流动的意识〉

一个时间对象原初地被意识到（"被感知到"）：一个对象时间点在感知中出现，原初地被意识到，它被意识为"新"出现的，被意识为现在的；此后它被意识为刚才曾在的，并且一个或多或少确定的前意识在其出现之前涉及作为"刚好未来的"它。①

在意识中（在构造时间对象的河流中），对象的时间点以"现在的""刚好过去的""刚好未来的"这些意向相关项的形式被意识到。"刚好过去的"这个形式不是一个形式，而是一个由形式组成的连续统一体的普遍称号，"刚好未来的"这个形式也同样如此。

---

① 请注意：在-1——6这些页面中〈＝这里第八篇文字，第1节，第142—150页〉谈到了时间对象一般的意识，并且在这些描述中首先在各个内在对象与空间时间对象之间没有加以区分。

在这里,现在这个形式与其他形式群具有一个固有的关系。意向相关项的"对象"由于某个内容具有现在这个形式,它在这个形式中具有"原本形式或基本形式",与那个"原本形式或基本形式"相关的所有其他形式是"变异"。在此,变异表明了一个本己的特性,并且表明了本己地涉及这个原本形式或者基本形式:刚好-过去的意思是刚好过去的现在,未来的意思是未来的现在,或者毋宁说被意识为过去的或未来的"对象",在这个意识中具有现在-曾在的特性,或者具有成为将来-现在的特性。现在,在作为意向相关项的"感性"形式的形式中包含意义,但是"变异地"包含在其中。变异的是:过去之物不是现在的,"不再"是现在的,它〈是〉过去的现在。

变异按其本己意义是持续地与渐次地增加或者减少。因此,在一般的部分,它们标明一个持续的连续统一体的梯级排列,而且导致变异的持续性有其在现在这个形式瞬间中的零界限。此外,每一个变异形式自身可视为其进一步变异的相对出发点,即可视为与它有关的较高变异形式的相对出发点,这些较高的变异形式在零或现在的变异的系列中。如果以零为出发点的持续的数列象征现在或零这个瞬间的持续的变异,那么就较高的数字来说,每一个持续的数字象征一个相对的零。但是,实际上这表明,在此象征的语言是对意向相关项事态的一个精确的表达:不仅每一个变异在自身本身中具有"现在"变异的特性,而且具有相对变异的特性,并且已经相应减少了与一个先行的零的变异的关系。例如,我们设想 0……a……b;b 标明零的 b^{te} 变异,同时标明 a 的 b—a^{te} 变异。因此,就 b 作为对此的 b—a^{te} = c^{te} 变异而言,a 也可以看作相对的零(相对的现在)。每一个过去的 b 不仅是过去的现在,而且是过去的过去,即就每一个更接近现在的"过去"而言。因此,"现在"要么是绝然的现在,是绝对的现在,是绝对当下的意向相关项形式,是原本当下的形式,要么是一个相对当下的形式,就是一个变异的形式,即涉及它的变异。

但是,为了完满地确证这个定句与赋予它完满的意义,还需要一个进一步的东西,的确,对一个纯粹的与详细阐明的描述来说还缺少许多东西。我们尚未考虑将来变异与过去变异的不同的作用,而且尚未顾及"变异"这个概念的不同的、必然属于同一整体的含义。

对一个时间对象的原初的意识,流动的生活,可以被称作一条连续"变异"的河流,在这个流动的生活中,这一时间对象对我们作为原初被给予的、被感知的(被关注的或者未被关注的、课题地被考察的或者未被考察的)时间对象被意识到。而后,这个"变异"仿佛标明一个操作(Operation),这个操作在一个不断相同的意义上发生。操作活动(Operieren)是意识自身的生动连续的流动,并且标明其固有的、连续变化的意向成就,标明意向相关项组成的一个连续的流出来,其每一个组成按其"形式"是以前组成的持续变异,并且这根据其本已的意义存在。现在,尽管这个操作"在某种意义上继续下去",即就这点而言它涉及一个在意向活动与相关的意向相关项之后的流动,但是,以此方式我们在每一个相位(我们首先把边缘相位放在游戏之外)与两个"变异"的一个交织有关,在这里,这两个"变异"的情况是相反的。

我们首先考察过去变异:

1) 起始点，首先被意识到生成的"时间对象点"变异自身，在河流的进展中改变自身：它以现在-当下的样式开始，并且在过去样式的持续序列中转变为刚刚过去，转变为越来越遥远的过去；样式的序列在过去形式的秩序中与河流相位的序列相合。每一个过去样式在自身本身中以其本己意义与属于它的"内容"是关于……过去，而且是关于现在（连同充实这个形式的内容）的过去。但是，如此以至于它同时是关于位于中间的点的过去样式，这些位于中间的点是在有关的对象时间点与这个对象时间点之间的，后者与现时的具有现在特性的点合一（这个对象时间点在同一个河流相位中被给予，并且与一个连续统一体合一地被给予，这个连续统一体是由所有"已流逝的"点的过去样式组成的）。意向相关项样式与先行样式的这个相对关系是持续的，并且在持续的间接性中这些样式（按其本己意义）是彼此相关的，而且贯穿在其秩序中的所有样式，每一个样式都与原点有关，与相应的零有关。

与其过去样式有关的每一个意向相关项与一个其他过去样式的连续统一体的这个内在关系，提供了一个变异概念，这个概念在自身中不包括任何流动的东西，并且不包括任何在流动中发生的变化的东西，这个变化是一个河流点转变为总是新的河流点，是其意向相关项内涵转变为总是新的意向相关项内涵，或者说得更确切些，这个概念不谈及来自另一个河流相位的某一个河流相位之内涵的（通过变化）已产生的存在。但是，事态是这样，即在此称作"过去变异"的这些意向变异（在这件事上，正如从现在起一般后者的意义始终是唯一权威性的），在流动中依次连生，在构成其本质的连续变化中依次连生；而且在河流的进展中变异的零（原当下）

持续转变为一个越来越远的过去。

但是,没有内容,形式并不改变自身,而且值得注意的是我们在这里必须重又区分:a)内容作为现在这个形式的质料与作为每一个过去之物的形式的质料是一个意义核心,这个意义核心同一地贯穿所有这些形式。有关的时间对象点从内容方面来看"被意指"为同一个,这就是说,在这里,它正是根据意义对所有连续的变化是同一个。b)但是,不仅如此。在每一个形式的变异中,在由时间被给予性的形式的〈一个〉样式向同一个质料的总是新的样式的观念的(并且也许甚至在流动中想到的)过渡中,不仅质料是同一个,而且时间点自身也是同一个。贯穿的是同一个时间对象点,是其形式:纯粹的时间点及其内容按照意义对这个时间对象点的所有被给予性方式是同一的同一个。同一个时间点时而以现在这个形式"显现",在其中它本原地、未变异地被意识到,时而变异地"显现";贯穿这些变异它不断地"被意识到"。最终,这还不够:内容虽然根据意义一直是一个同一的内容,但是内容也有变化的被给予性方式,这些被给予性方式与时间点的被给予性形式的被给予性方式平行地行进。我们谈论直到非直观性的直观性的不同等级。我们说,内容在原本中的现在被意识到,在过去样式中它这时不在原本中,而是在一个或多或少衰弱的映射中。贯穿这个映射它展示过去之物,并且这个特有的展示的样式正是在其阶段中的"过去的"这个形式。

如果我们把原意识(构造时间对象性的原意识)看作河流或河流片段,那么它是一个线性连续统一体,一如与其时间点有关的时间对象自身,与普全时间的一个片段有关的时间对象自身是一个一维的连续统一体,这个时间对象的时间嵌入这个普全时间,即作为时间片段。① 但是,在河流连续统一体的每一个相位不仅一个时间连续统一体的相位被意识到,而且如果且只要河流作为一个对这一个时间对象的意识在进展(或正如我们也可以说的那样,只要对它来说时间对象是其"事件",是其对象的"当下",在此这意指同一个),只要在每一个河流相位整个对象连同所有其时间对象的相位被意识到,即使以不同的被给予性样式被意识到,那么它就被意识到。细言之,在河流的每一个被选出的中间相位,一个且唯有一个时间对象点被意识为现在,并且所有在时间中"在"它"前面伫立的"或以前的时间对象点被意识为"过去的",被意识为刚才曾在的。在这里,与这些时间对象点的时间秩序相符的是一个连续的梯级排列,这个梯级排列是在持续上升的高度中从零开始的现在变异的梯级排列,是从被意识为现时现在的时间点向后直到最早的时间点的梯级排列,这个最早的时间点时间对象地被充实,并且在有关的河流相位被意识到。应该关注的是,与其时间点有关的时间自身在自身中具有一个秩序,它带有时间以前—时间以后这两个反方向。但是,过去与将来是完全不同的概念,它们涉及在河流中的时间被给予性的样式,而且在这里恰恰正在谈到在两者之间的合法关联。相对于在现在这个样式中被意识到的对象点(绝对的或原当下的对象点),一个对象的时间点越早,其"刚刚-过去""刚才-曾在"的变异梯级就越高,即就越间接,在这个变异中它被意识到。

---

① 对此,我们没有说:这个普全时间对所有时间对象一般是一个形式,并且悬而未决的是,对象的不同基本范畴是否具有作为形式的不同的普全时间。

现在,可能随之出现的是对过去透视的描述,是对直观性与模糊性以及属于此的东西的进一步的样式区别的描述。

〈2〉〉现在,我们也考察第二个相关的变异系列,在这些变异中,现在变异成"未来",变异成刚才的("原初的")将来。正如我们在从现在出发的每一个河流相位对时间对象的原当下点具有一个过去视域,正如我们在这方面必须把相位体验看作一个意向活动的连续统一体,在其中,我们以原初-过去的持续渐次变化的被给予方式发现,"过去的"时间点的连续统一体是意向相关项的相关项,以此方式在从原现在(Urjetzt)、原当下发出的同一个河流相位,我们必须在观念上把一个原初的将来视域描述为意向相关项的变异的连续统一体,这些意向相关项的变异是原初("刚才")未来这个类型的变异,在持续的渐次变化中,其零重又是原现在。只要相位意识是一个意识,并且只要其被意识到之物本身也是一个被意识到之物,只要其意向相关项是一个意向相关项,那么在双方分成意向活动的或意向相关项的要素就是一个观念的划分。但是,它恰恰具有两条支线,这两条支线在零(双方变异的零)中有其共同的点与一个完全凸现的点,并且具有两个"提升"的方向。因此,每一个河流相位的总体意向相关项是一个双重的线性连续统一体。两个线性连续统一体在一个共同的零点中对接。我们把这些连续体的点称作原河流-原子。

但是,我们发现实事并非如此简单。正如图像表明的那样,仿佛这两条支线,正是单纯的两个系列是完全离散存在的,并且只是在零中对接,在那里它们可能在同类的、类似有秩序的、结构完全类似的变异的目光束中。为了使存在的东西得到忠实的表达,极其困难的描述是必不可少的。当然，对两条支线的言说也有某种正当，即无疑的是，一个从原现在出发的流逝的时间对象片段以持续变异的方式被意识为"未来的"，与现在的时间点有关的这个时间对象片段构成了时间对象的将来，较近的点被意识为此前，被意识为较快到来的，较远的点被意识为此后，被意识为在较高程度上"将来的"。前者是"较近的"，后者是"较远的"（遥远将来的），类似于原初的过去有其现象的近处与远处，并且有其现象的远点。①

但是，在其中确实存在一个巨大的区别，即过去之物具有已完成之物的特性，已结束之物的特性，确定之物的特性，未来之物具有未完成之物的特性，还未完结的有条件之物的特性，以某种方式未确定之物的特性。如果我们已经区分了前期待与"前摄"（作为原初的将来意识，这个将来意识取决于原当下之物的意识），那么造成困难的是直观性的问题。尽管我们在此无疑会承认一个真正直观性的确然领域，并且困难只是涉及我们如何释义非直观的意识，但是，这时在过去那里困难已经存在。但是，关于将来，问题在于，是否一般一个前直观应该被承认，是否一般一个证据应该被承认，这难以察觉到。

在我们在这个方向继续下去并且在这里探讨过去与将来的复杂蕴含之前，尽管存在着这个双重分支（Doppelzweigung），但是，在其中存在的是，例如，与其过去意识有关的每一个河流相位不仅是一个由原子组成的连续统一体，这些原子使"已流逝的"时间对象的片段本身作为过去的片段以不同的样式被意识到，而且它也

---

① 可以引入过去与将来的"远点"作为术语！零点是"近点"。

意识到了过去的总体现在及其属于它的总体前摄——如果我们首先想通过考察在河流统一性中的河流相位的相互关系来补充对个别河流相位的分析。

流动不仅一般是流动，而且在流动中也存在一个对这个流动的意识，存在一个从河流相位向河流相位过渡的意识，这些河流相位只是持续过渡的点，恰恰只是被意识到存在的河流自身的点。如果我们反思这个过渡，并且反思这些河流相位在这里合法起作用的关系，这些河流相位是由更深阶段的相位组成的连续体，是由原原子组成的连续体。我们考察了一个河流相位的时间对象的原当下的点，并且持守这个时间点（时间点确实始终在流动中被意识到），我们贯穿了其在新的河流相位的连续统一体中的被给予性方式。因此，虽然每一个相位的普遍结构，更确切地说，每一个中间相位的普遍结构是持续相同的结构，但是，内容变了，以至于一个河流相位的每一个原当下的点丧失了其在下一个河流相位的原当下性的形式，并且对此接受了最低等级的过去相位的变异的形式；在下一个河流相位，被意识为刚刚过去的时间点丧失了这个形式，并且接受了进一步-过去之物的新的形式，而且如此连续继续下去。同一的内容，即有关对象点的充实〈这个〉时间点的内容贯穿过去变异的形式系统"在流动"，可以这么说，这些过去变异作为固定的支架被保留下来。在河流的流动中固持着其形式的意向相关项的本质，固持着其总体形式系统，并且同一个时间内容总是只接受这个系统的新的形式。

我们也可以这样描述所觉察之物：在这些相位的连续序列中，我们不断地发现一个意向活动的要素，这个意向活动的要素使这个时间对象的点被意识到；在过渡中这些要素作为对"同一之物"的意识"相合"，并且当其意向活动的形式贯穿一个由变异组成的固定系统的时候，它们相合，这些意向活动的形式的相关项是刚刚-曾在的持续变化的意向相关项的形式（演替的相合，在这件事上，正在谈到河流中相继意义上的演替）。

如果我们从一个被选出的相位的原子连续统一体考察原初过去之物的某一个相位，而不是从原当下相位的原子连续统一体考察原初过去之物的某一个相位，那么类似之物完全对之有效：在河流的进展中，在此被意识为过去的时间对象点还始终不断地被意识到，但是，过去的样式持续地改变自身，并且从变异的固定的连续统一体连续贯穿越来越多过去的下降的序列，即连续贯穿时间远处的其他样式。最终，与此有关的是这个规律：只要我们恰恰还具有一条河流，在其中事件在流逝中，并且活的事件、活的当下在流逝中，那么在每一个河流相位整个形式系统就始终被充满。不必持续是这么回事，并且在这方面需要补充的描述。但是，只要是这么回事，只要与每一个变化相衔接的是一个对象的新的原当下点的出现，这个变化是各自原当下的时间对象点变成其下一个过去，那么这个新的原当下点在继续流动中当然重又服从原变化的规律。

但是，现在我们根本还没有谈到将来样式。将来视域作为本己的形式系统对未来事件片段或时间对象片段的意识不断地存在下去，但是，在形式中"流动"的是一个总是新的内容。即使不确定的被意识到之物、作为"直接"未来的被意识到之物转变为闪现的原当下的意向相关项形式，作为下一个间接未来的被意识到之物是一个直接作为未来的被意识到之物,并且如此持续下去,然而一个完满的视域却不断地保持着——当然,就对一个事件终点的期待情况来说,这要求一个限制,在这件事上仍然剩下一个越过终点的视域,正如关于还被意识到的事件的开始点,仍然剩下一个对此回溯的视域的一个意识。总之,在此,对起始点与终点,对视域与远点,此外,对一个超过被给予事件凸出的无限时间的意识,对通过许多事件的时间的充实,对"同时性"等,需要进一步考察与描述。

第2节 〈河流和时间对象与时间片段的映射形式·时间与空间(关于术语)〉

河流是一个由河流相位组成的连续统一体。每一个河流相位是一个时间对象的视角,我们谈论跟空间对象视角相对的时间对象视角。因此,河流意向相关项地是这些时间对象视角的演替连续统一体,是从时间对象视角向时间对象视角的一个连续的溢入。在河流中,我们具有一个意向相关项的河流连续统一体,具有这些视角的连续统一体。我们不可以使用"映射连续统一体"这个表达式,因为它是多义的。时间对象是(被嵌入普全时间中的)一个时间的连续统一体,并且在通过一个连续统一体的每一个河流相位意向相关项地映射自身。

正如时间对象作为意向相关项在每一个河流相位中存在,它(具体完满的时间对象)的每一个个别的映射,或者,换言之,每一个个别的时间对象的视角,其自身是一个连续统一体,并且也是一个"映射连续统一体"①,即整个时间片段借此映射自身,即每一个时间对象的点映射自身,并且按照"形式"每一个时间点以流逝样式映射自身。

因此,我们必须把时间片段映射和具体的时间对象的映射(视角)与时间点映射和时间对象点映射相区别开来。

也许我们会说,"点映射"与"片段映射"。我们把这些片段映射称作"视角"。这些点映射形成一个点映射连续统一体,这个连续统一体形成一个线性的片段,点映射片段 = 视角。但是,为了把这个视角表达成与它的点有关的连续统一体,我们需要特殊的语词,并且对此"点映射连续统一体"〈这个语词〉可能起作用。

跟空间范式相对的时间范式:

我们把具体的时间对象与其时间"形态"相区分。但是,形态指向单纯的形式,并且正如在空间对象的领域中一样它缺少合适的语词。在空间那里,我谈论范式,并且把完满范式称作质性被充实的形态,把空泛范式称作单纯的形态,但是,并不作为单纯的形式。但是,在此存在一个区分:时间形态是时间自身的一个块片,空间形态不是空间的一个块片,而是它在运动中是同一的,就这个运动来说在时间领域没有类比,并且它只与在每一个运动中的空间的一个块片相合——即只与在时间相位中的空间的一个块片相合。

为了标明空间自身的一个片段,干脆谈论"空间块片",这是最简略的与最好的(我在手稿中时常讲述"几何体"[Körper],但这

---

① 此外,我们必须区分:具体的时间对象的视角与纯粹的时间片段视角。时间形态的视角与被充实的时间形态的视角、对象自身的视角。

不是单义的）。① 它是一个面积块片与一个空泛块片的类似物。就后者来说，如果一个贯穿方向得到了先示，那么它也称作"片段"。在空间中空间块片有别于几何体，或者更好地说，有别于空间几何体。一个空间几何体在单纯的运动（单纯的状况变化）中始终是同一的，并且在这里贯穿全等的空间块片（如果我们不通过几何体运动定义全等）。

在时间中，时间块片或时间片段与时间几何体叠合，这就是说，在此不存在空间几何体的类似物。但是，对时间对象性来说，如果我们对其时间形态感兴趣，那么我们对这就不感兴趣，即这个形态是时间块片，那就是说，它作为部分涉及无限的时间。因此，类似于在空间中我们讲述"空间事物的范式"，以此方式我们在此也讲述（时间对象）的"时间的范式"。

第3节　进一步研究时间对象性与时间范式视角之意向相关项与意向活动结构·〈适合时间构造的立义与被立义内容的样式同样恰当地适合空间对象的构造？〉

在这里，主要问题在于：是否在此可以实施按照"立义内容"

---

① 但是，空间块片指明部分与整个无限空间的关系。空间几何体、非事物范式称作空间几何体，只要它恰恰是一个事物性的范式（形式）。与类似物相反，在时间对象性领域我们讲述空间的范式。

("代现内容")与"赋予灵魂的立义"之建造的在空间事物对象上被抽象出来的类型(这个类型具有诱人之物),并且是否直到点映射可以实施这个类型。确实,"映射"这个表达式在这方面是可疑的。每一个河流相位借此在意向相关项方面是一个"视角",即它包含一个由感性素材组成的连续统一体,这些感性素材不管作为"原素材"还是作为"原声响"与"消退"已经连续具有细微差别,如此以至于被"赋予灵魂的立义""所伴随",我们在河流中具有这样一些感性-逐点的连续体的一个蕴含过渡?① 无疑,关于在每一个河流瞬间中显示出来的过去,我们具有一个直观性的片段,但其中应该区分"显现的"过去的时间内容与这个内容的一个显现方式的样式(Wie)。无疑,作为过去的以前的时间对象点的被给予性方式绝不单纯借此有别于作为原当下的被给予性方式,即同一个感性内容或是以"原当下的"形式被给予,或是以"刚才曾在的"形式在现时的河流相位如此被给予,以至于它在自身中实项地包含感性的要素,而且每一个要素被插进另一个自身实项当下的形式。在这里,甚至应该小心谨慎地确定:"实项当下的"在此表明了什么,来自实项当下性的建造表明了什么,在这些实项当下性中意向的要素"被意识到"。在河流中,每一个时间对象点被意识为在其"映射"或"展示"的连续序列中的同一的时间对象点。在这里,保持同一的是其"内容"②及其时间位置,并且对在这个时间位置中的每一个对象点来说保持同一的是一个不同的时间位置。

---

① 是否"被代现者(立义内容)—立义"这个类型对原初的时间构造提供一个意义。
② 内容＝充盈时间点的普遍的对象的本质。

因此,我们在"河流"中有一个连续统一体(一个演替的连续统一体),这个连续统一体是一个对时间对象的意识,是一个其本质是流动的意识,因此,这个连续统一体在每一个相位是对……的意识,但它自身在每一个相位必须被视为一个由意识点组成的连续统一体,每一个意识点重又是对……的意识。但是,正如不必言明的那样,各个点是不独立的。意向对象对河流连续统一体来说是一个对象,并且它在其中如此是一个对象,以至于这个连续统一体用演替的连续体建造自身,这些演替的连续体由逐点的意识瞬间组成,并且每一个这样演替的点连续统一体每次具有一个时间对象的点作为意向对象。整个时间对象作为意向对象已经用内容充实了时间范式,充实了一个由时间点(即被定义的点)组成的连续统一体这个时间范式,并且每一个时间对象点已经用内容充实了它的点范式,充实了这个时间点。这是意向对象,即意义作为"被意指之物",作为带有这个或那个内涵的被意识到的某物。它具有"某物"这个逻辑形式与"内容"这个逻辑形式,这个逻辑形式通过作为其述谓的"确定"述谓地展显自身,有关的〈确定〉基于这些述谓。我们觉察到,逻辑形式与逻辑质料这个区分并不与形式与质料的区分叠合,后一个区分正是我们必须做出的。时间形式、范式与时间质料同样好地属于逻辑质料,属于确定内涵,并且这个确定内涵是"某物"或"对象一般"这个逻辑形式的确定内涵。

现在,带有这个结构的意向对象以此方式是意向相关项的"组成部分",即这个意向对象是意向相关项的意义,但是,这个意义在一个被给予性方式中被意识到。意义是流动的意向活动(Noese)的同一之物,是在其相位的同一被意识到之物,或者说得更确切些,是在与时间对象点有关的这些相位演替的点连续体中的同一被意识到之物。作为在演替的相合中构造自身的意向统一性,它不是"实项地"被包含在作为流动生活的意识中。在每一个相位我们都意向地发现这个意义,但是以不同的被给予性样式发现它。因此,时间范式及其范式的点在其被给予性样式中,并且根据原当下、原将来、原过去这些意向相关项的形式在变化,但是,甚至变化在不同被给予性样式中的内容。①

在此,什么东西在考虑之内?在这里,引入在内在对象与超越(transienten)对象(空间时间的对象)之间的区别是必然的。我们这时预设了,超越对象通过内在对象的统觉构造自身,那就是说,它们是更复杂的。② 空间时间的内容通过一个内容展示自身,这个内容不是空间时间的,正如空间时间的时间范式通过一个范式展示自身,这个范式是内在时间的范式。无论如何,如果我们现在偏爱内在对象,而且首先偏爱感觉对象,例如,我们偏爱一个响起的声音,纯粹在自身本身中偏爱它,那么我们就不把内在伴随这个声音的统觉看作小提琴声音延续,小提琴声音延续自身只是扩展了这个内在对象,并且只是内在的。

在它每一个时间点中属于意向对象的是一个声音点,并且这些声音点以声音片段的形式,以具体的内在声音的形式形成一个就内容而言的连续性。现在,如果声音点的范式贯穿原将来、原当下、原过去这些样式,那么它如何被意识到?看来,以反复不同的

---

① 参阅-4页及以下各页〈=这里第145页,16行及以下各行〉。
② 与观念对象有关的时间意识是一个本己的课题,这个课题也应该放在这部著作中,这些观念对象也只能"在"时间意识"中"构造自身,但它们不是时间的。

方式被意识到，这是完全明见的：通常在意向相关项中我们没有发现任何同一之物，但是，在意义上同一个时间点就内容而言被意识为同一个。但是，这个规律性该如何描述，依照这个规律性内容的被给予性方式与时间范式的被给予性方式平行变化？也许我们想说以原当下的样式被意识到，这表明：声音点更原本地被意识到；一如它自身存在，它在意识中是实项的要素，但是，不像它在其时间范式的不同河流相位及其另类的被给予性方式中被意识到。在不同的河流相位，我们发现在被意识到之物实项组成中的那个原本的变化。例如，不仅声音点在其阶段中被意识为过去的，而且从内容方面来看它也以原初的声音点的"消退"样式被意识到，这就是说，以原本的"消退"样式被意识到，这个原本在以前河流相位曾实项地被意识到。因此，这个"消退"作为原本实项地被包含在变异的意识中，被包含在过去意识中？① 但是，而后我们也一定会问：难道一个要素"过去的"不是实项地被包含在各自河流相位中？从最后方面看，人们将回答：不。在那里时间点是"原当下的"瞬间，声音内涵也不是在原本中被意识到的，而且原当下也不是被意识为原本中的一个其他要素，而是在意识中实项被包含的内容在这个意识中以原本性的特性被立义为它自身，并且切身地被立义为它自身，而在新的河流相位变化了的内容被立义为被代现者，仿佛被立义为另一个东西的图像，贯穿这个图像，我们像在一个图像意识中一样"意指"原本，已经意识到原本。但是，实项地被包含与

---

① 参阅第3页（在此＝附录4，第159—163页），被给予更深的与更好的考察。但是，在此已开始与继续进行的考察在意向相关项与意向活动的理论方面是同样重要的。

在原本中现实地被包含不是一回事,与在意识中"单纯意向地"被包含不是一回事,并且我们没有一个对这个原本性的意识?以任何一个方式都毋庸置疑。的确,我们不是在胡说意识,在胡说河流,而是对此我们可以看过去,并且能以其现实性把握它,那就是说,对意识的所有实项组成部分我们也一定具有意识,或者一定能够具有意识。但是,在此叫作"意识""河流相位"的这个体验,它是如此奇特地形成的,以至于它的某些实项要素用作"展示",以至于它们经验到立义是对某物的立义,以至于借此存在一个超越的意义,也许存在一个贯穿这个意义的把握,而且这个把握是一个意向对象的把握,这个意向对象不是实项被意识到的。

　　这是必要的,即小心谨慎地仔细考虑事态的这个明察,小心谨慎地折叠出事态的这个明察,结论性的东西就包含在事态的这个明察中。因此,我们进一步考虑一下!人们不一定要说:而后,这些就内容而言的展示其实不是在此意义上的意向相关项,正如这些时间点样式不是意向相关项?因此,甚至对一个空间对象来说,展示的感觉素材不是意向相关项,正如一般构造体验的实项组成不是意向相关项。样式中的对象是意向相关项。它包括引号中的作为"被意指的"意向被意识到的绝然对象,并且包括它在此如何显现的样式的方式。对象在一个确然的定位中显现,在一个确然的透视、颜色透视、形态透视中显现,如此等等。但是,对象颜色在瞬间的颜色透视中不是包含实项的感觉素材的某物,或者说得更确切些,不是包含实项的扩展素材及其扩展形态的某物(其实被觉察到的对象的形态以形态透视的样式也同样如此)。但是,人们也不可能说,不管用什么方法把一个感觉素材与另一个感觉素材联系起来,在对象颜色与感觉素材之间有一个单纯的关系。当然,在意向相关项中(在样式中的意向对象中),可以以某种方式发现用作映射的颜色要素及其扩展与扩展形态这个形式要素。由于这个要素映射地起作用,它作为展示的要素与被展示之物以本己的方式相合。人们也可以说,它在其中类似化自身,并且这是与图像展示共同之物,而且这个形态是与被构想的表面形态共同之物,然而,空间形态是通过表面形态的连续过渡生成这个完满形态的潜能性。① 由于通过映射的要素被映射之物类似化地展示自身,双方相合,并且在这个相合中产生"在样式中的被展示之物",产生双方的一个奇特融合,但是,这个融合是一个完全特殊的构成物,是意识的一个特殊的成就(如果人们已经进行了意向的分析,那么这个特殊的成就绝不是一个不可理解的事实,而是在本质与必然性上完满可理解的)。人们会说:这个融合是统一性要素,这个统一性要素对于建立联系是先决条件。

现在,我说过:意向对象本身是在对同一个对象的杂多意识的过程中"相合"之物,是带有同一确定的同一对象(加引号的对象)的观念。它也具有变化的不确定性的意向相关项的样式,这个变化的不确定性或多或少地确定自身,并且在不确定性视域的媒介物中包含同一的"X"与各自的确定。真实的映射功能达及那么远,确定性就被给予那么远,就映射地被展示那么远。同一之物的

---

① 但是,这里应该关注的是,在这上面尚未顾及,即,当然从视觉上说,在一个透视显现方式的意义上,一个空间事物的"视角"是一个由映射组成的视觉运动的(okulo-motorische)统一性,在此曾谈到这些映射。就与时间透视比较来说,它并不取决于较高的纠缠。

观念与同一的确定(在其引号中"作为"被意指的确定)的观念能够被把握为体验的实项块片？我说过:不能！如果我们没有体验的实项块片，那么到这种地步同一的意义就是成问题的。并且如果我们把意向相关项概念作为在样式中的意向对象来把握，作为在确定性的样式中的意向对象来把握，但也作为在直观的展示方式样式中的意向对象来把握，那么事实上我们不可能把意向相关项称作体验的实项要素，尽管某物按其实项本质与它相符(类似于在个别事物及其个别本质中，其普遍的绝然本质作为埃多斯类似化自身，我类似地说，同一的意义毕竟不是普遍的"概念"，不是"比较"的统一性)。因此，展示要素的统一性与意义统一性也不是体验的实项要素。或者说，展示要素自身不可能进入统一性。

我以自然的态度设定空间事物。它在外部世界中。于是，如果我关注展示，那么我也将乐意说，在事物外面有其透视的展示——除此之外在哪里有其透视的展示呢？但是，把它们的展示方式作为其本己要素嵌入这些空间事物，因此，把它们的展示方式作为内部特性嵌入这些空间事物，这是荒谬的。展示要素不在外面，当然，如果我此前已经把心灵插进身体或大脑，那么它们也不在心灵里面。但是，〈作为〉起作用的原素素材，它们在意识中，并且在其中如此存在，正如展示要素恰恰在其中存在。因此，为了获得映射要素自身，我认为，首先，一个本己的目光朝向是必不可少的(这个目光朝向在更宽泛的意义上已经在意向活动方面指向意识生活或体验的实项之物)，但是，这些映射要素并不作为实项素材属于意向相关项，而是可以这么说，当它们起作用的时候，一个关于它们的观念变化进入这个意向相关项。在观点转变中，实项要素与一个意向相关项的要素以特有的方式相合，后者只在意向相关项中意向相关项地得到改变。

我们根据这个但愿很有启发的考虑回到我们的出发点。如果时间对象点在流动的意识中变化地展示自身，那么（在我们尝试了的明察的意义上）我们对原当下相位就具有这一个变化的"展示内容"。这个内容在自身本身中不属于意向相关项，不属于刚才过去的声音"本身"，并且在其被给予性方式的样式中不属于刚才过去的声音"本身"，确切地说，在此意义上不属于刚才过去的声音"本身"，正如我们刚才对空间事物意向相关项已经讨论过它的那样。但是，而后除了作为同一的、就内容而言被充实的时间点的观念的意义之外，一同属于这个意向相关项的是其向内容的各自"展示"方面的样式，是其向"映射"方面的样式，我们已经把这个映射预设为河流相位的"实项"要素。

附录4　（关于第八篇文字第3节）:〈当下原本被给予的声音点是一个实项的意识内容？关于意向相关项的时间对象及时间意识中立义的问题域〉

a) 在原当下的瞬间声音点在"原本"中被意识到。作为原本时间点作为范式被给予，并且在这个原本中声音点的内容被给予；〈在〉一个河流相位的每一个瞬间，这个河流相位已经把同一个声音点原初地意识为过去的声音点，我们具有 b) 一个原本的变化：时间点不是被意识为在原本中被给予的，而是被意识为在过去的变异的形式中被给予的,并且时间点的内容不是原声响,而是消退。

但是,我们考虑一下!"声音(与这个声音点)是现在的","它是现时的当下"。"同一个声音点曾在",此后它意味着,"它是刚才过去的"。在后来的河流相位声音点不是在原本中被意识到;这意味着在第一种情况下:a)声音点是意识的实项要素? 意识是体验,在其中声音被意识到,被意识为"在原本中"被给予的。〈b)〉在另一种情况下,我们具有一个意识,在那里声音点不是被意识为在原本中被意识到的,即被意识为以刚才过去的样式被意识到的。因此,"被意识为现在当下的"与"被意识"为"在原本中被给予的"是一样的。但是,后者并不立即表明如此被意识到的,以至于对象是体验的实项块片,这个作为在原本中被意识到之物是体验的实项块片。此外,甚至每一个外感知也必须包含其作为实项的意识素材的对象。

形式与内容存在地不可分割地属于一个整体,在此,形式与内容是时间范式与时间质料,并且如果带有这两个要素的声音点以"现在当下的"样式在某一个意识相位被意识到,如果我们把原本性(=现在当下性)的意识和"在那个相位,在这个意识中的实项组成-存在"认同,那么时间点(它是声音点的形式)一定是意识的实项块片,即它一定随着意识出现与消失。但是,让时间点出现与消失,这毫无意义。但是,声音不是"内在对象",其"存在=被感知"?声音只可设想成现在存在的,或者只可设想成刚刚曾在存在的,如此等等,并因此没有一个意识它就是不可设想的,这个意识作为感知的、构造的意识把意义与统一性给予它。但是,尽管有这个或那个现时的被给予性样式,它在其时间位置上,并且这个时间位置是被充实的时间位置。

在此,内在对象的概念成为难以解决的,或者它需要一个进一步的确定。我们谈论与外部对象相对的"内在感觉对象"。前者不相即地与有条件地被意识到,后者则不是。后者的原本被给予性"绝对"包括它们。但是,这表明,它们是意识的"实项的块片"——在这件事上,我们必须询问,"实项的块片"在此表明什么?这并不指明,我们恰恰区分了意识与对象,并且把这个意识自身作为一个对象来把握,而后在一个对象那里,我们通常如何有其组成这个对象的部分规定,这些部分规定是一同形成其本己本质的规定,或是通过对来自其本质要素的抽象可凸显的规定?于是,我们必须说:对声音的意识自身不是声音,而且并不包含它作为部分。一个声音不是意识。一个被构造的意识统一性绝不可能是在构造意识中的意识块片,并且意向对象绝不可能是"意向对象本身",而且其被给予性的样式同样如此,简言之,所有意向相关项之物、意识块片同样如此。

但是,实项之物不与现象学时间的客观素材相符,不与声音及其所有声音点相符,同样不与其在体验自身中的被给予性的意向相关项的样式相符?因此,对当下意识来说,不可以区分涉及作为原本性意识的形式之物的要素与涉及内容的东西,这个内容是在原本中被意识到的?与客观的"声音"(即使是"内在声音")相符,我们并非在流淌的意识中具有一个"声音感觉"(Tonempfinden),具有一个生活要素,实际上,这个生活要素流淌地出现与消失,或者我们说:"实项的原素素材"〈是〉意识自身的〈组成块片〉,而不是被意识到的对象(所谓的内在时间的内在声音)的组成块片?①

---

① 原素素材的概念的新形态。

同样，在滞留性的意识中，在对刚才过去之物之意识的相位，我们具有变异的原素素材（在上述意义上！）（这个原素素材在反思中才成为对象），而后我们可以使用立义内容与立义这个范式？当然，并非一如在外部对象的意识中，在那里立义内容自身通过原意识的内在构造是被构造的对象。① 但是，而后对立义的言说是否还具有某种意义，这还是问题。当然，原素要素是一个不独立的意识核心，这个意识核心为功能所遮盖；对此这首先来到，这首先存在，即通过所有可能反思的进行，系统地取出自身实项位于绝然的（本体论的）意向对象中，位于意向相关项之物中并且位于意识中的结构。但是，从最后方面看，在此其实可以创造一个新成就？撇开特殊的自我样式，它们在《观念》中与意向性的特殊的意识样式一定已经被分开，这些特殊的意识样式在本质上始终未受这些自我样式变化的影响，我们在探讨非实项的意识结构的时候并非必然跟踪意向相关项？

无论如何，在此需要新的更深的考虑。首先，我们必须谨防混淆不同的层面，谨防混淆不同反思的被给予性。由于这涉及"内在的"对象，因而确定无疑的是现在意识，是原初当下的意识，是在原本中对时间对象点的被意识到拥有（Bewussthaben），并且可以这么说，是相即地、无条件地、完备地对这个时间对象点的被意识到拥有。而且我们可以同样确定无疑地说：在我现在当下已经意识到的这个相位，对时间对象点的流动的意识实项地包含相应的原素素材，可以这么说，作为核心内涵，它实项地属于现在意识并且

---

① 但是，难道这个自为的意识自身与我自身，并因此其所有实项要素不是在对象上被构造的，甚至不是在时间上被构造的？但是，我们可以看向这方面。

是意向活动的"基质",这个意向活动设定带有其内容的时间点,并且以原本立义与设定的样式设定这个时间点。于是,我们也可以这样表达:"在这个原素要素中在意识中'代现'自身的是对象内容"——正如我们也可以说,在另一个意义上或以另一个方式,在当下立义的实项要素中"代现"自身的是形式之物,是时间点及其意向相关项的现在样式。但是,而后人们不得跟这个"基质"与不同的"代现"胡闹;并且这意指的东西必须从体验自身被获得,必须从实项与意向的分析被获得。此外,在起初很多是尝试性的东西上面,人们用像内在的对象声音等等及其立义这样的东西成功建造了构造时间对象性的意识,并且成功提出了完全错误的问题,比方说,这个问题:以何种方式可以释义在现在中被意识到的、实项现存的原本声音点转变成其在过去意识中的消退,无论这些消退是新的感觉,还是再造,或者是完全特有的变异,如此等等。

但是,人们不可以混淆〈这一切〉,〈这一切〉在生活流或意识流中在不同的反思方向中自身对象地被意识为意向对象、意向相关项、"代现的"对象(符号等等)与其他东西,在这条生活流或意识流中时间对象性以这些或那些样式被意识到:因为这没有得到证实,即并非在不同行为中起不同作用的要素是反思性可指明的——从实项方面看,它们在这里确实不是意识自身的意向活动的要素。因此,我们在想象中发现在生动性不同等级中的感性内容。它们属于想象对象性的意向相关项的样式。同样,我们在原初的过去意识中发现在生动性不同等级中的"感性内容"①,它们属于作为

---

① 我们在感知中也发现感性内容,它们属于被感知之物的意向相关项样式;但是,每一个被感知之物以完全不同的方式存在,我们必须区分这个方式。

滞留性的时间对象性的意向相关项的样式。并且我们重又发现在原现前相位的感性内容。我们不可以混淆它们，并且不可以在同一阶段上讨论它们，仿佛在此接受相同的"要素"具有某个意义，这些"要素"只是表明其他混合的不同结果。并且这并非好得多，即给本质同类的要素增加不同的"功能"，仿佛功能是这样的东西，它只是一些与那些要素联系在一起的东西。

而且如果我们渗透到"最后的"意识流，那么我们恰恰具有最后的意向相关项的构成物，并且我们必须表明：它们在自身中如何承载一切；在自身中承载它们的这个意识，客体化地与自身本身有关的这个意识，它如何能够使自身本身通过意向相关项的被给予性与意义组成、意向的对象性而被意识到。

最后，意向活动和意向相关项成为主要难题，正如我起初其实乐意接受的那样，在何种程度上这个区别一般是一个绝对的区别，而不是一个单纯相对的区别，并且在何种程度上正如必然的那样确实不是在最后剩下的绝对之物，这个绝对之物可以明白地加以确定。

但是，这一切只是暂时的考虑，并且现在它需要系统化的澄清。当然，在反思中最后可把握的意识、河流是一个意识被给予性，那就是说，其自身是一个合意识的构造自身之物，但是，正如我试图表明的那样，（作为河流）它必然是一个自身构造自身之物，并且在其中所有其他意向相关项的阶段向下构造自身。无论如何，我认为，其实人们只能通过其意向相关项的组成描述这个原意识，并且人们必须逐级探究其意向相关项的组成。

第三编

论原初时间意识分析中内容与立义模式的使用及无限后退的危险

第九篇 〈外感知与内在感知中立义与被立义的内容〉

第1节 〈外感知奠基于内在感知的时间对象〉

在超越着的意识中我们区分立义与被立义的内容，当然我们是在外感知中以本原的形式区分立义与被立义的内容。超越对象展示自身，在"感性的映射"中"映射自身"，这就是说，在"原素素材"中映射自身，这些"原素素材"自身不是被感知的超越对象的组成块片，而是"展示"这个被感知的超越对象，并且这个"展示"（Darstellen）表明立义的意识。这些原素素材自身有其内在的存在，它们是现象学时间形式中的个体素材。（这个形式不仅必然属于这些素材，而且它必然也是立义的形式，并因此是所有"意识"的形式，是所有"内在的"意向性的形式。）感知的体验是一个序列的连续统一性，并且贯穿这个序列的是一个意向的统一性；（从与感性素材统一来看），这些感性素材的立义是在其不断"相合"的现象学时间的连续进展之中，并且一个延续的同一之物构造自身，这个延续的同一之物以不同的显现方式被给予。

因此，每一个"外感知"在确定的意义上奠基于内在体验，奠基于现象学时间的内在被给予性。这表明，以上述方式每一个超越之物在内在之中构造自身。因此，与自发行为中的每一个自发行为的奠基（每一个综合的奠基）相比，这完全表明是另一回事；因此，这并不表明，在一个综合中这些内在的被给予性首先如何必须被把握，如何必须被设定为存在的，并因此这些被奠基的被给予性在较高阶段中如何必须被建造，对此如何必须在一个存在中被设定。毋宁说，事态是这么回事：如果一个超越对象应该获得原初的被给予性，如果对意识主体来说它应该是〈作为〉本原现存可把握的，那么这些给予的体验必须具有一个确定的结构，由诸体验、原素素材及其立义组成的一个内在的流动必须在"现象学时间"中流逝，并且必须带有一个进一步确然的结构在"现象学时间"中流逝。于是我们发现，正如在此可以推断出：每一个外感知是一个双重客体化的一个交织，或者说，正如我们也可以说的那样，是一个双重"感知"的一个交织；外感知按其本质是由各个"内"感知组成的某个连续的过程，而且在这里也就是说，是由各个内在时间性的"内"感知组成的某个连续的过程，并且贯穿这个内在感知过程的是第二个意向性，其中外部客体在其超越及其客观时间中通过"展示"（Darstellung）获得原初的被给予性。

在这个考察中，内在感知被视为一个连续统一体，这个连续统一体由被连接起来的、时而相同的、时而不同的（连续变化的）感性素材组成，这些感性素材充实（内在时间的）一个时间片段，并且作为素材它们是原初被给予的（"被感知的"）。此外，作为内在的感知被给予性，属于同一个内在时间的是超越立义，这些超越立义连续追随感性素材，与它们具体地一致，并且视角显现也属于同一个内在时间,这些视角显现无非正是其所带有的样式中的感性素材,通过这个样式,它们是对外表的展示,并且能够与之相关。

第2节 〈关于不同地被形成的内在时间对象的活的作用与立义的把握〉

如果我们考察内在感知,而且考察关于原素素材①的这样一些内在感知,那么与外感知很少属于被感知的空间事物的时间系列相比,内在感知自身同样少地属于被感知的素材的时间系列。但是,两者是不可分割的一致,双方的时间对象性与时间一同被构造。不仅如此,这些外感知,或者毋宁说,一个各自的延续的原素客体的一个延续的外感知被编排给原初的时间意识,并且只有在其中才有其完整的存在。我们在最初的现象学反思中称之为一个内在声音之"感知"的东西,不是完满的、构造声音统一性的意识,正如在他处已表明的那样,而只是一条原体现的路线。由于总体的构造意识的结构它自身获得一个本己的"立义",由此进行的恰恰是(一阶的)现象学的行为客体化,一如在这个系列中作为"各个核心"出现的这些原素材经验到"立义",依此它们在意识流中成为自身当下的客观的声音时间点,成为内在时间的延续声音的点。

---

① 与这些内在感知及其内在对象相对,这些纯粹的原现前与纯粹的核心素材对这些核心素材用作展示。试图依此把这些核心素材解释成"立义内容",解释成对这些内在时间素材的展示。

因此，我们在此谈论"立义"与"立义内容"，那就是说，我们把在原初时间意识中的原体现系列中出现的这些核心（原素材）称为"被立义的内容"，并且"立义"应该是贯穿它们把"客观的"声音素材意向地构造成在内在时间中原初显现的"立义"。或者说，这些"原素材"应该意向地"展示"内在的素材。当然，我们同样必须说：在原体现的行为要素之连续性中本原出现的个别的行为要素，它们对立义用作立义素材，并因此成为对（感觉素材）的内在感知的相应相位的展示，这些感觉素材作为一个内在时间的具体对象。

在这里，应该注意到的是，我们将这样一些主张归功于不同的反思，这就是说，归功于不同的注意、不同的把握，其可能性必须从对总体的构造性意识自身的反思中得到理解。对感觉素材（内在感觉素材）的反思，对内在感知的反思以及对总河流自身的反思，这些是原初体验的不同的注意形态；并且即使这些反思看来触及同一些内涵或者部分地触及同一些内涵，但是它们并不把握同一些对象。朝向原素素材的目光贯穿原体现，但它们在这里用作前摄的充实，并且在向脱实过渡的状态中同样起作用；因此，目光迎向未来之物，把握它（未来之物），察觉到它（未来之物）下沉，但不断地走向新物，并且走向对新物的把握，这个新物不断地被意识为一个新物，被意识为同一之物。并且即使在对延续下去的内在声音的指向中目光持续地朝向新的素材，而且正如已说过的那样，已经迎向这个新的素材，但是曾经被把握之物对意识始终保持着。新物不断地指向作为终点的新物（起始点除外，并且这以某种方式也对起始点有效），这个终点是一个被充实的并且随着新物扩展自身的片段的终点。因此，目光也贯穿所有相应的滞留，并且只是在被偏爱的新物中达到顶点。①

因此,总体的构造意识在这里活动起来,或者把握活动以某种方式抓住其所有意向性,即以一种确定的方式起作用地闯入所有意向性,描述应该暗示了这种确定的方式。并非行为自身明显地被目光切中,但也不是原体现的原素材作为这样一些素材被把握,而是它们"在起作用",并且内在的声音(它不是进程的组成部分)在(作为整个构造性体验的一个奇特的变式的)把握中如此起作用地被把握。如果我们把声音的感知及其相位把握为内在感知,只是在这里注意的把握完全不同地"照亮"整个过程,把意向性的其他路线与编结变为起作用的路线与编结,那么情况是类似的。如果反思朝向过程自身,把握前摄、体现、滞留的系列及其相关项,把握其原初的或者变异了的核心,那么情况又不一样。而后原素材并不生动地用作"立义内容",行为并不在这些立义内容的立义中用作立义的,如此等等。

更准确地说,在此关于"生动起作用"的言说获得一个特殊的含义,而且甚至关于"立义"的言说也获得一个特殊的含义。无论如何,无论我们〈是否〉"进行"立义,这就是说,无论我们〈是否〉有把握地指向这个或那个对象,体验流连同其在河流中的所有意向之物(Intentionalien)与构造存在;并且这不仅涉及与被编排给它的河流有关的总河流,在这些被编排给它的河流中"感性的"统一性构造自身,而且涉及与这样一些河流有关的总河流,在这样一些河流中特殊的自我行为、自由的自我活动形成内在的统一性,通过次生的感

---

① 当然,与其他滞留相比,由刚才原生被关注的这些点组成的滞留具有另一种优越性。那就是说,在这些滞留的连续流逝中存在一个注意的凸现,尽管注意力的焦点、优先点不断存在于新物之中。

性客体化自身。如果我们抓住这些最先之物,那么不同的统一性就被构造地存在于构造性的河流中。但是,注意力、对这个或那个对象-方向-朝向,即通过主体把一个确定的进行赋予灵魂给予构造性的系统,才现时化这个系统,才使它成为正是这个对象的一个感知。当然,这个对象在把握之前就是"现存的",但恰恰不曾现实地被把握,并因此不是主体的现实对象,不是其现时周遭世界的现时环节。

但是,而后现存的是相关的对象性,并且生活的结构是如此形成的,以至于每一个生活脉搏自身服从构造时间对象性的河流的规律,即自身重又通过反思变得可把握,这就是说,通过意向的现时化变得可把握,这些意向对它来说是构造性的,它们在注意的进行之前在一定程度上是隐藏的意向,或者是非现时的意向,是在进行之外伫立的意向,尽管另一方面它们仍然是完全确定的本质特性的生活要素。照此,现时立义表明了有关意向体验的进行样式,而且涉及行为内涵。这些行为内涵像感性素材一样出现在起作用的行为中,但它们自身不是起作用的行为,并且它们在贯穿这些行为的把握中具有奇特性,即它们以奇特的方式展示被把握之物,但它们在这个展示中是贯穿点,而不是目标点。

因此,甚至行为自身可以用作行为的内涵,而且可以用作展示的要素;以此方式,如果我们对感知等等进行〈一种〉洛克式的反思,那就是说,对行为感知进行〈一种〉洛克式的反思:那么在河流中的原体现中出现的这些行为要素是对内在行为点的"展示",这些内在行为点作为在内在时间中的一个内在延续的、自身发展的行为的点。但是,而后这些行为要素没有被进行,它们是"内意义"(inneren Sinn)的感觉素材。

由此可见，只有当把握的注意样式朝向对象并且〈对象〉恰恰如此发挥"现实功能"的时候，在原体现中的原素核心要素才经验到现实的立义，并且它们才用作内在的原素对象的立义内容。但是，此外如果我们谈论立义与立义内容，那么我们就看到把握的相应潜能性：而后它们恰恰是可能的立义与可能的立义内容。但是这种可能性不是空泛的可能性，它以原初构造的时间意识的意识结构为前提，没有这些意识结构就缺少意向的关联，这些意向关联可能发挥现时的功能。当然，我们恰恰也可以在这个意义上理解意向性、行为等语词，并且也可以说，这涉及各个潜能的意向；只是应该说的是，潜能的意向性不是把握制作的某物，而是把握以之为前提的某物；并且在未进行的（或潜能的）意向性与进行了的（发挥现实功能的）意向性之间存在一个本质共同体，在这件事上后一个意向性至少在我们内在时间对象性之构造的情况下必然先行。

在这些澄清之后显露出的是，而后被称作对在原体现中的原素核心的立义的东西，不是在抽象地被设想的原体现自身中被完成的，并且不是唯一被完成的，而是还以确定的方式要求进一步的、通过各个相合联系被联合起来的系统，这个系统是同属一个整体的前摄与滞留的系统。立义，对每一个新的原体现的原素核心的本原立义，不是作为单纯原体现的这个"抽象"，而是通过"展示"它的原素材对相应的原素时间客体点的把握。正如我们反复说过的那样，原体现作为这样的"抽象"在一个不变声音的生成或延续的进展中总是相同的。但是，每一个原体现充实一个前摄，并且随着新的原体现的进入而脱实自身；如果我们把边缘点除外，那么在其中也存在相同性。但是，尽管我们在过程中具有连续的不相同性，按照这个差别，即每一个原素的客体点是时间位置不同的，并且这首先表明，每一个原素的客体点按其在总体延续中的位置是不同的，这个连续的不相同性必须把每一个原在场之物变为一个改变了的被立义之物。每一个点是内在客体的另一个生动被意识到的片段的终点。（或者毋宁说，不是终点，而是另一个生成点，这个生成点经过另一个片段，在序列中经过一个已生成性的持续更长的片段。并且生成点各自被构造成这样，即在生动的功能中被给予，也在把握中被给予。）

但是，也许这有点太过分，因为人们会提出异议：在对有规律地延续下去的声音感知的反思中，感知自身作为有规律地延续的某物对我们出现，只是在这里必须把开始点与结束点除外。因此，客体点、声音点作为完全相同的点一再向我们出现，即如果〈我们〉恰恰一再地凸显一个点，并且独自考察它，而不顾及随着这个点逐渐形成的片段，尽管这个点由于其在整体中的位置确实也有其关联特征。与此相应，如果延续的长度对我们〈不〉存在，如果只有当下的现实性、只有延续下去的声音自身伫立在我们注意的目光中，那么我们就可以谈论总是相同地自身保持不变的感知，因为我们恰恰一再地具有被滞留与前摄围绕着的相同的原体现，在这个统一性中不断相同地具有设定的与保持衰弱的河流。当然，延续声音的本原被给予性的意识在原体现的河流中进行，即只要注意的与把握的目光限定"在"这些原体现"之中"，在它们之中发现其对象，在其持续的、生成的存在中发现其对象。但是，我认为，唯有通过相合，这个相合贯穿前摄与滞留，而且它作为同一个延续的声音的相合从原体现向新的原体现继续行进（在这件事上过去的原体现已经坠入滞留），我们才恰恰具有声音这个时间对象；并且如果我们每次只是抽象地凸显一个原体现，并且在原初的时间河流中凸显这样一个原体现的单纯序列，那么我们在每一个原体现中就具有一个新的抽象地被设想的核心素材，但没有时间对象的核心素材，或者，换言之，我们没有对核心素材中的一个客观之物的展示。

因此，我们①不可以简单在延续的声音感知下面理解原体现的只是被客体化的系列，正如原初河流的其他系列和这条河流自身一样，也许这个系列是（在把握之前）被构造的；但是而后它在不同意义上被客体化。基于对构造流动的反思性的把握，我们可以抽象性地拉长各条路线，也许可以把原体现的抽象路线拉出来，我们可以以此方式来完成它们，即我们首先不考虑所有相合功能，仿佛它们在此不存在，而且它们在其位置上〈并不〉必然存在，或者我们可以考虑它们，而且我们始终还有一个抽象之物，因为我们确实只考虑这些达到顶点的位置。

第3节 〈外感知与内在感知中不同的立义概念·滞留、想象或再回忆的意向变异不包含新的立义〉

但是，这一切必须得到更明白的阐述，并且还必须以更有细微差别的方式得到展示。

立义概念必须得到仔细考虑。如果我们向滞留性与前摄性的"变

---

① 参阅 γγ〈＝这里第六篇文字，第 107—124 页〉：不是那么明白的平行阐述！

异"看去,那么每一个变异及其连续的统一性不可以称作立义,而是最多可以〈称作〉一个立义的变异。并且这对每一个意识都有效,我们把这个意识〈称作〉一个变异的意识,或者〈称作〉一个意识变异。

立义与被立义的内容这个概念首先如何呈现自身？例如,在外部被给予性的领域:我们把一个事物称之为一个立义内容,似乎我们在说,一个信号(即在一个外部事物中的一个外部进程)被立义为这个或那个意义的信号。看来,而后我们会具有一个本原给予的意识,具有一个感知的意识,在其中用作信号的事物与事物的进程以切身的现实性向我们显现,并且在这上面建造自身的是一个被奠基的意识,是赋予这个事物或进程作为信号的含义的意识。这个新的意识样式独自并不自为存在,而是以奠基的方式建基于素朴感知意识的某物。

而后,我们重又可以把每一个外感知自身称作对立义内容的立义,这个外感知与被讨论的范例领域相比被称为"素朴的"。我们称它与感觉素材和封闭视角的杂多性有关,在其中,在感知中被意识为切身被给予的现实性的事物之物展示自身；因为反思向我们表明:我们能够发现被称为这些"感觉素材"的对象的杂多性是属于感知之本质的,这些对象自身不是外部对象,并且它们带有"展示"的立义特性,这些立义特性是赋予这些素材"显现"、视角或视角组成部分之特性的立义特性。因此,我们在此也具有一个"被奠基的"意识。因为这些感觉素材在它们那方面被意识到,它们是"内在"时间中的延续统一性；它们不仅被意识到,而且被感知,对反思者来说,它们在此是作为切身的现实性,在反思前就已经是"现存的",也许它们对自我产生刺激,自我为刺激所驱使最终朝向它们，并且有把握地发现它们是对象。外部立义或感知奠基于这个感觉的立义或感知。① 如果我们谈论绝然的外感知的体验，那么我们在这下面理解完满的具体现象，这个现象在自身中包括被奠基的立义连同其基底，在此称作感觉的具体内在感知，并且由于后者也包括其内在对象。

如果我们再后退一步，那么问题就在于，是否内在感知自身可以称作立义。看来，在同样的意义上不可以再称作立义；我们不再具有一个具体的意识连同一个在其中被构造的最低级的对象，这个对象在感觉素材下面存在，恰恰类似于感觉素材被构造成具体的个体，并因此除了感觉我们没有一个被奠基的意识，这个意识奠基于一个个体对象性的这个更深的意识。

但是，还必须考虑到补充的范例。我们也在如下情况下谈论"立义"：我在幽暗的森林中听到一阵簌簌声，并且把它立义为一只奔跑的动物，立义为一条钻进树叶的（但没被看到的）蛇。或者说，我看到一个运动的对象，并且把它立义为一只狍，此后，我变得犹豫不决，我改变了这个立义，它是一条狗。也许我始终在一个感知的统一性中，动物在靠近，在各个新的显现中显示自身，而现在我认出它是一条狗，"把它立义"为狗。或者说，我发现一个引我注目的事物，发现一块石头，并且把它立义为一个来自石器时代的箭尖，把一块碎片立义为一只古希腊罗马花瓶等等的一个块片，把一个在这上面被描绘的人物形象立义为墨丘利②等等。

---

① 但是，这并不意指立义的现时性与彼此重叠被建造的主动设定的综合。但就外部对象之构造的可能性来说，被预设的是感觉素材的构造。

② 墨丘利是罗马神话中司商业、旅游等的神。——译注

在所有这些"立义"那里，也许我们确实可以谈论被奠基的行为。如果我在感知的统一性中改变我的立义，那么新的立义当然是被奠基的，因为正如我们已说过的那样，感知从一开始并且根据其本己本质就是立义，而且是被奠基的意识。但是，无疑在这些范例中却重又存在一个新的立义意义，由于言说的意义确实在于：在先行感知中被给予的对象（簌簌作响之物），不确定的对象，仅仅以后补的方式经验到"立义"，即立义为蛇，而后又立义为壁虎等等。如果我们一开始就明白地看到这个动物，那么我们在这个意义上就不谈论立义，而是谈论感知。因此，在这里，立义被称作一个感知，这个感知使在以前感知中不明白与不确定地被给予的客体获得一个确定的被给予性，但是又不使它一定会获得一个明白与被充实的被给予性，这个明白与被充实的被给予性已经决定总是还会向前抓取的感知立义。

但是，无论如何，存在一个如此进一步确定的感知，它在关联中提供一个新被动机引发的感知立义，重又提供一个被奠基的行为，因为这个被动机引发的，却不完美的进一步确定的行为按其本质以一个先行的对象意识为前提，而且在这里以对同一个对象的一个先行的对象意识为前提。在其他范例中这也涉及被奠基的行为，但不涉及感知；在陶器碎片上显而易见的人物形象是墨丘利，这我不可能现实地看到，其实也不可能看到，如果我把某一个有形的事物"立义"为工具、"立义"为餐具、"立义"为房子，总之，"立义"为文化客体，尽管我们在此也喜欢谈论感知（我在那儿"看到"一栋房子，在房子前面"看到"车辆，"看到"工具等等），并且此外在某种扩展了的意义上我们并非毫无根据。

我也把我正在看到的一栋房子"立义"为我从前就看到过的一栋房子,我也把一条路"立义"为我不久之前在上面走过的一条路,如此等等。最终,关于立义的言说进入所有领域,在那里,任何一个对象性,无论它是原初地被给予的,还是被当下化的,无论它是被感知的,还是通过归纳,通过某一个抽象的思维被给予的,它都确定或不确定地、明见或不明见地、直观或非直观地存在,并且现在建基于此的是一个被奠基的对象意识、一个认识、一个意指、一个评判。

但是,在最狭窄的意义上,立义是一个原初给予的意识,是一个感知的意识,在其中一个感知的立义建基于一个感知,并借此奠基感知的被感知之物被用作一个较高意向性的立义内容,在这个意向性中被分配给它的对象自身被意识为被感知的。①

看来,与其变异之物(Modifikate)有关的变异意识〈自身〉在自身本身中(按其本己的意向本质),既不在较宽泛的意义上不是一个立义的意识,又不在较狭窄的意义上不是一个立义的意识。认为想象是一个奇特的立义,这个立义的内容是"想象材料",这是错误的。想象是一个相应感知的变异,想象内容是相应感觉素材

175

---

① 但是,在此应该表明:1)立义这个表达式恰恰是不合适的;2)随着对立义内容的言说,某物在此突然进来了,它在对立义的其他言说中起着一种很不一样的并只是类似的、深远类似的作用。但是,要点恰恰应该放到这上面,而不是放到被奠基状态上;3)但是,与此同时在此不予考虑的是认识到——个-被给予之物-是—个-α,于是,在此首先被给予之物是一个α,而后甚至被确定为α的对象也是一个α。但是,在此这〈不〉涉及外感知中的展示(也〈不〉涉及一个象征化的表达关系),〈不〉涉及"统觉",正如统觉的常见意义表明的那样,这个"统觉"不再是认识,而是涉及对一个内在素材中一个客体的完全奇特的展示。而后就类似地转而适用于原初的时间意识而言,这个关系必须被用作基础,即使在此发生一个"展示",发生一个"立义"。

的变异之物，它们自身不是感觉素材，只是不同地被立义。同样，一个滞留、一个再回忆、一个前回忆也不是立义，而是至多是一个立义的变异。正如一栋被想象的房子、一栋曾在的房子、一栋将来的房子不是房子（即没有当下的现实性），一个想象、一个回忆、一个期待也不是立义，而是一个对此的变异。"变异"的这个非常奇特的意向性在《观念》中就已经出现（为了澄清不同的变异基本种类与所有"当下化"的种类，这个意向性多年前在诸讲座中就已经得到详细考虑）。

每一个"变异"借此具有特性，即在其自身中包含与另一个意识的关系，它称作对这个意识的变异，这个意识不是现实地被包含在这个变异中，但是，对一个恰当指向的反思来说，它是可把握的。因此，每一个变异具有这个本己之物，即它不仅允许这种属于每一个意向体验的反思，并且通过这种反思它自身作为内意识的统一性成为对象，而且它还容许第二个反思，通过〈这个反思〉变异了的意识进入目光。而后还与此关联的是对相应行为相关项的奇特反思。例如，在想象等中就这样。或者说，在回忆中，在此通过使目光从被回忆之物转回的这个内部反思，这个回忆显然制作了以前的感知，连同以前的视角等，这些以前视角获得直观的被给予性，但是以"再造"的变异了的特性获得直观的被给予性。属于变异之本质的这些特有的反思在行为与行为相关项（感性素材被包括在内）上所获得的一切，与这些反思相比具有一个改变了的特性，这些反思朝向未变异的行为，并且朝向被包含在它们之中的相关项内涵、感觉素材、视角、立义，等等。

第 4 节 〈构造时间的河流与核心素材的关系仍具有一个实项内容的立义形式?〉

现在,如果我们回到一阶的现象学领域,回到最初现象学时间中的最初内在的被给予性,那就是说,例如,在抽象于可能发生的立义情况下,这些立义使内在感觉素材成为外部对象的映射,回到这些内在感觉素材,并且如果我们询问内在感知的结构(这就是说,如果我们询问感觉体验的结构,在这些感觉体验中这些感觉素材是被给予的感觉素材),那么我们在此就遇到由各个意向性组成的连续体,这些连续体按其相位完全是不独立的;并且在它们下面除了不独立的相位我们还发现感性的原素材、原感觉素材,如果这涉及内在被给予的感觉素材,但是它们只有一个逐点与暂时的此在,而不像绝然的感觉素材具有一个具体的此在,这些绝然的感觉素材是内在时间中存在的(subsisterende)统一性。此外,我们发现一个由连续的滞留与前摄组成的环境,除了其单纯的相位特性以外,这些连续的滞留与前摄具有变异的特性,那就是说,它们在自身本身中不可能被称为"立义",即使我们确实打算转向于此,即把作为统觉的立义概念转用到这些逐点的被给予性上。但是,如果我们打算在尝试过的划界的意义上持守立义概念,那么这绝对不可以。在内意识中,在最原初的、构造内在对象性与内在时间的意识中,我们确实还没有具体地预先给予对象(这会要求一个进一步在后面的意识),并且还没有通过一个被奠基的意识立义这些对象。

人们可以尝试这样进行对比：在外感知中外部对象"单纯"意向地被意识到，以切身现实性的特性被意识到，但是（这表明那个"单纯"）在其中并不实项地被包含；与此相比，感知的实项组成块片是原素素材（这些原素素材用作对表面的颜色、形态等等的映射的"展示"），是"赋予"这些原素素材"灵魂"的立义，是设定特性等。因此，实项素材被一个立义它们的意识覆盖，它们自身实项地寓居于这个意识。① 类似于它们的这些属于内意识的本质组成的原在场素材（原感觉素材）实项地被包含在内意识中，在这个内意识中那些感觉素材作为固持的统一性（或者作为时间上被扩展的进程）构造自身，并且这些原感觉素材不仅在此存在，而且它们"起作用"，它们被一个意识赋予灵魂②，恰恰被原体现的意识赋予灵魂。此外，外感知是一个时间上被扩展的行为；在每一个时间点上我们具有一个新的相位，并且具有感知与被感知之物的唯一现实本原的相位。具体的感知是一个意识的统一性，这个统一性越过本原行为相位的连续演替伸展出去，可以这么说，它持续传播每一个相位的获得物，并且这借助于滞留的连续性，这些滞留以"新鲜回忆"的形式，或者更恰当地说，以原初滞留的形式扣留瞬间被感知之物。③ 现在，这一定会在内意识中类似地〈存在〉，对外感知来说，

---

① 在这件事上它们具有"对……"的展示的特性！

② 感觉素材被一个统觉的意识赋予灵魂；它们也可以不被赋予灵魂。但是，（被理解成单纯的核心）的这些原在场的素材未被赋予灵魂，而是单纯的核心，并且如果我们把行为理解成对时间客体的原当下的感知，那么它们仅仅是展示。

③ 与此相反，应该提出异议：连续的外感知是一个由各个点感知组成的连续性，感知意识的统一性贯穿这个连续性。当然，没有滞留是不可能的，但是我们不把这些滞留算作感知连续统一体自身。

这个内意识是建造性的。我们在作为外感知之下层的内在感知中具有一个由各个原感觉素材组成的连续序列。这些实项素材在一个体现的意识中持续地被意识到，这个体现意识就其而言持续地改变自身，并且就滞留性变化中的每一个相位而言持续地改变自身，通过〈这些滞留性的变化〉原被体现之物恰恰始终滞留性地被意识到，并且对此变得有用，即通过由各个原在场素材组成的连续序列使原初给予的意识的一个包容的统一性成为可能。①

当然，这一切都是正确的。只是在这里必须敏锐地注意观察：这个"实项的"无非称作"在一个未变异的意识中被意识到的，在一个纯粹本原给予的意识（原现前）中被意识到的"；并且对此肯定没有得到说明，即现在在最内部路线上起作用的实项之物，像在内在时间被给予性的路线中已经被构造之物一样是一个感觉素材，那就是说，像一个就其而言重又在"立义"意识之前已经被构造之物一样是一个感觉素材。最内部领域的这个实项之物是一个最后之物，不再是一个被构造之物，不再是由其他被构造的"杂多性"组成的具体统一性，并且它是其所是，只是作为"内容"，作为原体现意识的实项核心，没有这个原体现的意识，它是不可想象的。并且最终这个原体现的意识不是一个具体的体验，而是其他原体现相位的一个连续演替的一个抽象不独立的逐点相位。在这件事上，这个连续的演替自身重又不是具体之物，不是任何自为可想象的东西，而只是是其所是，作为一个多维连续统一体的一条界线，这个连续统一体包含由滞留与前摄组成的连续体。

---

① 而后，类似之物在这里可以说明内在感知，或者说得更确切些，可以说明一个内在感知的连续统一性。

当然，没有任何东西能妨碍把承载那些核心素材的东西命名为一个立义：但是，而后它恰恰不是从前意义上的立义，正是因为那些核心素材（原感觉素材）甚至不存在，而且此外"从功能来看"根本不必然地被一个走向于此的意识"立义"为这个或那个，而是它们面对这个承载它们的意识（除了逐点的不独立性之外）是不独立的，并且只有作为如此被承载的核心素材才是可想象的。它们根本不是通常意义上的对象，它们必然缺少每一个独立性，缺少每一个具体化，正如已表明了的那样，这个具体化恰恰只有作为被构造的统一性才是可想象的。但是，所有被构造的统一性与构造它们的体验，把我们回引到内意识与在这个内意识中作为意向成就进行的时间构造。可如此现实命名的最后时间是"内在时间"，但是，而后在这一时间后面还存在构造时间的河流与属于这条河流的演替。但是，演替（与并存）还远不是时间，尽管属于时间之本质的是一个被构造的演替，是一个客观的演替，并且是一个客观的并存。

所有考察还不够。主要问题在于：是否我们可以谈论这件事，即在原体现行为相位的原核心素材中客观的时间点才展示自身，更确切地说，是否我们在"原现前行为"这个标题下面可以区分：

1) 这样一些原现前行为，它们还根本没有自为抽象思维地意识到时间客体性，而是通过与伴随的行为系列的关联和相合才获得它，由此而后这些"原核心"成为对时间客体的展示。

2) 正是这些最初行为的补贴（Zuschuss），制作客体化的东西，制作展示的东西。

但是，这个区分是可疑的，尽管我已经在我最后拟好的稿件中把它作为基础。但是，分开地表象原体现，并且说它仍然不会给予对象，这是一个虚构。仅仅在可变化感知的可变化认同的可能性方面，这些外感知也不给予外部对象？为什么这些原体现不应该首先在自身中体现，为什么其核心不应该是时间客体自身，尽管只有通过认同其同一性才可把握？

第十篇 〈关于最后构造的原过程的时间性与可感知性的问题·一个无时间与无意识的原过程的假定〉

第1节 〈客观〉时间和诸〈主观〉时间样式（定位）·诸重要的时间本体论公理

我们区分时间本身（及其各自时间充盈、其事件与这些事件的基质［延续的对象］）与时间的被给予性方式、其时间点与事件点、其延续的对象、其事件或被充实的时间片段。

时间是一个客观形式，并且每一个时间点是一个客观形式的点（界限），并如此其自身是客观的。一个时间点是一个充盈这个时间点的个体之物的时间点，并且也属于这个个体之物，只是另一个个体之物也可以"在"这个同一的时间点"上"存在。个体之物的本质按其所有构造性的要素受这个形式的约束，并且不包含任何来自"现在的、过去的、将来的"东西。时间在自身本身中不是当下的，而且不曾是与不将是。但是，不仅时间是作为无限的时间，而且每一个时间点也存在，但其自身不是自在"现在的"。时间点在自身中不是曾在的或将在的：每一个时间点"贯穿"每一个过去与将来的样式，一次又一次"贯穿"当下这个样式。① 作为整体对时间一般有效的是：它"始终"是当下的时间，或者它始终有一个当下片段，始终有一个过去片段(〈一个〉无限的过去支线)，同样始终有一个无限的将来支线。甚至这个定理必须得到陈述。同一之物也对时间对象及其相位有效。每一个对象相位像整个时间对象一样存在，但是，是其所是的整个时间对象，由于"其"时间而存在，由于客观的时间片段而存在，它充实这个客观的时间片段：但是，按其本己本质(无论多远，我们都可以分析这个本己本质)，一个现在当下的、过去的或将来的要素不属于这个时间对象自身。另一方面，一个时间对象必然与认识主体(并且与每一个可能的主体)有一种被给予性的关系，这也属于这个时间对象的本质，尽管这不构成其本己本质之物，即对认识者来说，时间对象〈以〉不同的样式存在：它不仅在其时间中存在，而且它当下"发生"，或者它已经发生了，或者它伫立在可能的展望中——它还没有发生，它将发生。

因此，"事件"是一个主观的被给予性概念。而且不仅仅这样；在发生中重又区分自身的是一个现在当下的时间点与"一个一再更新的时间点"，外加被给予为刚才曾在的这些时间点，在这件事上每一个在样式中现在当下出现的时间点与时间对象点，持续地变成曾在性的样式与越来越远的曾在性，如此等等。时间点与时

---

① 但这属于下一页。

间片段以及时间客体"被充实的延续"与"延续的自身"——通过被给予性方式并不给这一切带来任何东西,它们以其刚性同一性保持不变,然而其被给予性方式却在流逝。时间之物对我(或〈另外〉一个人)是现在现时当下的,并且已经是"一个刚才曾在的时间之物",而且在其被给予性方式中继续改变自身。或者一样:它是被期待的,它走进"将来视域",被给予为将来到来的。

时间及其对象不流逝,它们存在,并且这个存在是刚性的。时间流不是时间的河流,而是时间及其对象的被给予性方式的河流。但是,这些对象难道不是在时间中出现与消逝?水不流,鸟不飞,许多或所有的时间之物难道不是生成的、开始的与变化的,而且难道不是一条变化的河流?在刚性的时间中客观存在的是刚性的数学功能性,我们把这些数学功能性称作"数学因果性"。鸟在飞:客观时间的一个确定的时间片段这样或那样客观地被充实,并且它可能在"不变"的意义上观念地被充实,或者也可能在一个变化的意义上,在一个飞行的意义上观念地被充实。变化表示一个时间之充实的一个确定样式,不变表示另一个样式。但是,在客观时间中这个被充实的片段是刚性的。并且变化在客观时间中不可以与被给予性方式的"河流"混淆,在这些被给予性方式中每一个时间之物对主体"显现"。一个变化的显现是一条不断的"河流",但是,客观的变化是一个刚性的存在,是一个刚性的时间片段,它充满了这样或那样被分配的同一时间充盈。

这首先对现象学时间连同其现象学进程有效;被给予的是感觉素材、感受、判断,它们在体验河流中是作为现在出现的,沉入过去的,但是,每一个进程随着这个或那个最初的相位,随着这个或那个进一步相位的连续统一体，被给予为客观之物，被给予为一个个体之物；每一个相位都是时间相位，并且时间点连同其内容是同一的同一个，无论它被给予为"现在出现的"，还是被给予为刚才过去的或较远过去的。它在重复的再回忆中是同一个，在每一个回忆中都"重又"被当下化为现在出现的，被当下化为刚才过去的，如此等等；并且这个新的方式，被给予性方式的再回忆，丝毫不改变这个客观之物的刚性同一性，通过这个再回忆时间点与整个时间进程现在被给予。这个客观之物的客观存在可能与现象学主体有本质关系，与有关生活的自我有本质关系，只要对这个主体来说它一定会必然获得被给予性，而后它要么一定是在现在与刚才-曾在中原初被构造的、原初被感知的，要么一定是被再回忆的。但是，我们始终具有两类不同情况，或者毋宁说，我们必然具有两类不同情况：存在自身与这个客观存在的这些变化的并在这里先天奇特形成的被给予性样式。①

第2节 〈客观时间、现象学时间与最后构造的意识流·无限后退的危险〉

现象学时间②是时间；现象学进程具有一个客体性，作为体验的体验在这一时间中具有一个客体性。但是，这一时间是一个超越论客体性的形式，它不是自然形式意义上的客观时间，不是有形的与心理物理学的自然形式意义上的客观时间。就自然时间的构

---

① 但是，如此表达不是毫无异议的。
② 等于内在对象的时间。

造来说,这就是说,就从一个超越论主体方面对这一时间的感知可能性来说,现象学时间的构造已经被预设了。现象学时间是最初的与最原初的时间形式。通过它们空间与空间事物给予自身的这些显现,它们自身是时间对象,但是是现象学时间中的对象。自然时间是"客观的",如果人们把与自然时间相对的现象学时间及其对象性称作超越论"主观的",那么在这个时间领域的主体性后面就存在一个进一步的超越论主观的领域,就存在由"体验"组成(也是由新阶段与新意义组成)的领域,在这些体验中这个时间性构造自身。因此,人们首先会说,这些体验用其时间形式展示时间对象,使它们得到显现(也使它们得到超越论更深阶段的显现),但是,这些体验自身不是时间的,与一阶的那个超越论时间事件相比,它们既不是客观-时间的又不是时间的。①

但是,现在出现这个问题:由体验(作为这样一些体验,它们使这些时间性以变化的被给予性方式得到显现)组成的构造现象学时间性的河流自身不在现象学时间中?一个声音感觉素材出现并延续。它借此时间显现,即"滞留"连续与每一个"新出现的"相位结合在一起,在这些滞留中每一个声音点连续地被意识为同一个点,只是以不同样式显现的同一个点,被意识为刚才曾在的,越来越远地向后沉入曾在性,如此等等。因此,我具有一个由同一个声音点的被给予性方式组成的系列,并因此具有一个由同一个声音片段的被给予性方式组成的序列。我可以关注它,而且每一个这

---

① 难题:1)"感性的"、自我陌生的素材的内在时间;2)行为情况怎样?它们与这些自我陌生的内在素材一样现实地具有一个同一意义上的时间?它们能够与"变化地"延续一样好地"不变地"延续?它们是同一意义上的个体客体?

样的被给予性方式自身重又是同一之物,这个同一之物以不同的样式被给予,在新出现中是现在当下的,而后持续地向后沉入过去。同样,在其中声音事件被给予的这条体验流,是一个个体客体,并且有其时间片段与时间位置。①

当然,这有其困难。首先,就这个个体客体而言,我们也谈论其被给予性方式,且必须谈论其被给予性方式,由此看来我们回到了一条新的河流,这个河流自身重又是一个时间客体,并且有其被给予性方式——看来,这不可避免地通向一个无限后退,而且这是荒谬的。

人们也可以说:现象学时间是个体体验的包含形式,这些体验对现象学主体来说是通过其他"体验"被给予的,比如说,是通过一个更深流动的生活被给予的,在这个更深流动的生活中,那些时间的体验以流淌的被给予性方式"显现"。这些重又具有时间性——在现象学时间中使其自身获得被给予性的时间性如何能够具有席位?而且现在这甚至在一个梯级排列中是无限的。我们已经彼此重叠地层叠了无限多的时间?

第一个问题在于:现实的描述达及多远?以客观时间与时间对象性(空间)为出发点,我描述地落到空间-时间的映射上面,落到作为一阶超越论时间之事件的感觉素材上面。而后在下一个步骤中我获得各自(从其他方面来看:映射)的感觉素材的被给予性方式(并且也获得其客观"立义"的被给予性方式),获得杂多的过去样式、现在样式,这些被给予性方式的河流,获得时间形式,它们

---

① 这条体验流作为个体客体,即自身在时间中?

自身属于作为二阶超越论时间的时间。于是，我重又可以进行反思并确定进一步的阶段？而后我发现这些被给予性方式的被给予性方式，它们与类似意义上的下一个更深阶段的素朴被给予性方式相比是不同之物，正如这些素材与客观空间-时间的这些素材相比是不同之物？

1) 声音延续——客观声音的延续，如钟声，作为事件，它连续地用声音点充实客观时间。

2) 感觉声音，它不在空间中，并且在空间时间中没有其位置；声音作为延续的"纯粹体验"，或者作为（一阶）的现象学时间中的一个事件。

1ª) 钟声的被给予性方式。

2ª) 声音体验的被给予性方式。① 从最后方面来看：原被给予性方式作为原在场的，被给予性方式作为刚才的，对个别的感觉点来说作为越来越远在后面的。但是，这些被给予性方式的河流也同样如此，由各个体验组成的河流也同样如此，在这些体验中感觉声音作为同一的统一性给予〈自身〉，作为展示事件的统一性给予自身。因此，河流的时间在观念上有别于一阶体验的时间：河流一个片段的"诸进程"与在此称作发出声音（感觉）的进程不同。

现在，我关注河流及其相位的被给予性方式：在此我发现一个由各个事件组成的新系列？并因此难道这样会进入无限？不！我发现体验的河流，这些体验又称作"在变化的被给予性中的声音"，我发现这条河流是一个统一性；从中我接受某物，例如，我接受与

---

① 此外，它们彼此情况怎样？这哪个地方都没有讨论过。

迄今已流逝的声音或声音乐句(Tonphrase)有关的这个片段,并且关注:"现在它是这样被给予的,而后是一再不同被给予的。"

因此,就这点来说,我可以关注声音被给予性的河流的被给予性方式,并且可以在观念上加以区分。但是,在此称作"声音的被给予性方式的河流"的这些体验现象学地有别于这些体验,后者在此称作"声音的被给予性方式的被给予性方式的河流"?当然,不考虑注意力的目光朝向。不!我们在指明的描述中不可能发现区别,更谈不上我们还随意发现由这些区别的组成的新阶段。

但是,在此没有一个难题?我们明察到,没有一条由被给予性方式组成的河流,声音统一性就是不可设想的,这些被给予性方式带有我们对此可以并必须做出的描述。而后,与统一性相比,河流自身不是必须正好也是这样构造自身,并且如果这样的话,通过新的被给予性方式构造自身?①

现在,我们甚至考虑如下情况:在反思中我们觉察到构造的过程,这个过程向我们表明一阶的内在对象是意识统一性。我们可以关注个别的"点",而且关注各自的现在,并且可以关注在其中一个事件点如何"展示"自身。

而后我们可以考虑,我们没有关注它们,或者我们没有反思其被给予性方式,但我们谈论体验,谈论被感觉到的声音。这应该如何思考?没有在其中我们通常发现它们的这些注意的样式,这些体验应该流逝,而且看来它们在这儿当然是构造时间的,并且这些体验作为一条河流在流逝:只是以一个不包含注意力的样式在流

---

① 因此,这是难题。

逝，无论这个注意力与原生的对象相关，还是与次生等等的对象相关。但是，一个在自身中一般不构造时间的体验过程不可能流逝？一个体验过程必定与对这个体验过程自身的意识合一？对这个体验过程的意识与体验过程自身如何合一地行进，它们是如何可能的并可理解的，这刚才就是难题。但是，在此带来了这个难题，是否这是一个有意义的可能性，即一个体验过程存在，但是对这个体验过程与在其中构造自身的对象的意识还不存在。体验在流逝，它们是时间形式中的对象，或者是一个时间形式中的对象（我们的确还不明白，是否这在每一个意义上都是正确的："只有一个时间，并且所有时间只是这一时间中的片段"〔或者正如通常康德律听起来的那样〕）。一个这样的时间与时间对象性（在对对象的把握的意义上）是可感知的，如果它并非一开始就自身作为对象性（但是是未被把握的对象性）自为地被构造？没有意识到其自身，而后恰恰没有被意识为这样或那样被配备的过程的内容，一个流逝的生活过程首先通过一个感知的添加过程才得到意识，通过一个客体化时间的立义的添加过程才得到意识，这个流去的生活过程以显现的时间形式"合显现地"构造自身，这是可设想的？

首先，一个一阶的内在对象是可设想的，没有合意识地作为时间对象构造自身——没有现实地作为时间对象构造自身，无论它在这里是否是被把握的对象，这无关紧要？或者说，对象在这里在内在中表明一个可能感知的单纯潜能性，这个单纯的潜能性通过一个原过程得到满足，例如，通过一个流逝的感性素材、消退等的过程得到满足，但是，这个原过程在自身本身中不是构造时间的过程，而是首先通过一个随后到来的与伴随的"立义"才成为构造时间的过程,并且随时可能成为构造时间的过程?但是,借此我们也被引向另一个重要问题:这个恰恰被假想的过程对一个一阶的内在体验来说不应该是构造的。另一方面,它自身应该是一个体验过程或"意识过程"。后者是一个错误的表达式?没有现实的意识过程,一个原生活过程能够存在,并且没有意识到其自身作为过程,一个意识过程能够存在?它能够给予一个体验过程(不是由一阶在时间上被构造的体验组成的体验过程),能够给予一条河流,其自身(并因此作为河流)未被意识到,即其自身不是在一个时间构造中被构造的,这条河流就作为生活流在流逝?而另一方面,这应该是一个必然性,它而后毕竟能够有别于一个也在自身中构造一阶内在体验的过程,因此我们称作原初生活流的这条生活流只可设想为 1)一条构造一阶内在体验的生活流,一条构造最初现象学时间的内在体验的生活流;2)同时只可设想为一个意识的过程,这个意识是回涉自身本身的意识,是已经把自身本身意识为在第二个时间性中的意识?当然,在这里,难题在于:使这个意识成为可理解的,并且证明一个这样的立义并不通向一个无限后退。

第3节 〈不同阶段时间对象的可感知性·带有把握的感知与不带把握的感知〉

为了进一步深入到这个自身在此开启的或已经被开启的疑难问题里面去,我们考虑如下情况。(正如在这部论文中一般总是那样,我们在向所有可能方面的雷区全面打眼并且炸毁它们,考虑所有逻辑的可能性,并且追踪其中哪一些可能性展示本质可能性与本质不可能性,并因此最终我们看见一致的本质必然性的系统。)

我们以事实为出发点,以现实反思的事实为出发点,或者以可能反思的事实为出发点,这就是说,以范例上的可能性观点中被发现的个别的可能事实为出发点:但这考虑到对时间对象与时间对象意识的反思的阶段,这个反思从空间时间的对象向构造空间时间性的体验往上进行;在其中,我们觉察到展示的感觉素材以及其他在《观念Ⅰ》意义上的现象学时间的"内在对象"。在新的反思中,我们重又觉察到较高阶段的构造这种对象的内在体验及其"体验流",这条体验流有其时间秩序。这些是事实,并且向我们提供可能性,提供在恰当观点中的纯粹可能性,提供不同阶段的可能对象的类型,这些阶段彼此是奇特相关的。它们在反思中被给予,即它们是被感知的对象,或者是可感知的对象。我们转入超越论现象学-埃多斯的观点!

个体对象(在扩展的意义上而后是对象一般)不是可感知的,就是不可设想的。〈对象〉的存在与"感知"的观念可能性是相关之物(Korrelativa),是逻辑的等价物,这个感知使作为在自身中是其所是的这些对象获得被给予性(在这件事上,我们已经知道,感知不一定是一个封闭的个别行为,这个个别行为一定按照是其所是的一切用尽这个对象,使它获得被给予性)。现在,我们谈论了基于感知的对象,即谈论了可感知的对象,但我们在难题考虑中也遇到了被假想的原过程,这些原过程未被感知,但原则上它们必须是可感知的。这引向对感知可能性条件的询问,而且就所有在此可以考虑的对象来说——是的,就所有个体对象一般来说,因为所有时间对象一定得按照一个先天的必然性存在。

因此，如果我们询问一个时间对象的可能感知的条件，那么我们立即就遇到这个问题：一个构造〈一个〉时间对象被给予性的过程必然不属于每一个感知的本质？而且一个就其而言自身不一定被感知的过程也必然不属于每一个感知的本质？但是，在这时在感知概念中需要进行区分，即区分把握的感知与不带把握的感知，后者是一个未被把握的注意力射线"赋予灵魂"的对象意识。甚至每一个把握感知不以非把握感知的可能性为前提？无疑是这样！现在，感知或者至少通常的给予行为可能来源于把握的行为，它们作为这些把握行为的"变异"给予自身。评判对象也同样如此。人们以发生的方式这样表达它们：评判必须被做出，它们必须是主体的对象，于是，述谓在评判的关联中被"设定"，被"把握"，或者说得更确切些，评判内容按照直接"生产"以单论题被把握，因此，评判在背景中"显露出来"，能够被意识到。

由此可见，可以询问，对时间对象的把握感知是原行为，与这些把握感知有关的非把握感知是变异？它们甚至在发生中现象学地回指这些把握感知？此外，从本质必然性上看，一个个体对象的感知包含一个构造过程的进程，没有由滞留、前摄等组成的河流，它就是不可设想的。现在，问题在于：在这里应该要求什么东西是本质必然的，构造的过程看上去必然怎样？无疑，它不一定是一个把握的过程，不一定具有特殊的注意样式。无疑，它必须允许一个对这个过程的反思的可能性，唯有通过这个过程我们才了解它，但是这重又以什么为前提，它"看上去"必定怎样，如此等等？看来，本质必然的是这个梯级排列："外部"对象，一阶的内在对象，内在之物的原构造的过程——在外部对象之感知的情况下。

如果我们现在考虑内在对象一般：其感知的可能性条件是什么？当然，如果它们被感知，那么它们就在构造的过程中存在，这个构造的过程自身是其感知（如果我们不另外计算把握，而是把它算作同一个把握的一个变化样式）。但是，没有在这个意义上被感知，它们也可以存在，并且其存在(esse)不等同于其被感知(percipi)——在这个并不必然一同包含把握的意义上？其存在并不与其构造过程的存在不可分割地一致？在此，没有构造的存在，被构造之物不是不可设想的，并且这个把握不以一个不带把握的先行感知为前提：在一个确然可限定的意义上？

由此出发马上出现下一个问题：构造性的过程情况怎样，即下一个原现象阶段的时间对象情况怎样？它们的感知重又以构造过程的形式为前提。看来，这引向一个无限后退，因为这个过程的可感知性看来重又要求第二个过程，如此等等。所有这些过程是随后而来的、在后面被生产的过程，或者重又属于过程之本质的是，它只能作为被构造的过程？是的，但这现在并不要求一个起作用的无限性，这个无限性由各个相叠被建造的构造性的过程组成？如果不要求的话，那么构造一阶的内在对象的这个过程，它不仅一般一定是一个自身被构造的过程，即一定是一个自身"被感知的""内部被意识到的"过程，而且如此以至于不要求各个新的过程，它一定在自身本身中就意识到其自身，一定在自身本身中就是自为地自身构造的过程，即一个最后的原过程，这个原过程的存在就是意识，并且是对自身本身及其时间性的意识。这是怎么可能的？

还有一点。这些难题与现象学观念主义难题的关系也应该得到考虑。

第4节 〈现象学的观念主义·现实的与观念可能的主体与时间对象的可感知性〉

超越（空间时间）对象的可感知性，它不要求这些对象像原生的现象学对象一样是"内在的"，即不要求其存在＝被感知，其存在是构造中的存在。没有现实地"被感知"，空间时间的对象就能够存在。现在，本质合法地属于作为〈一个〉构造过程的一个"感知"的潜能性是什么（除了现时的感知一定不是完满的构造过程，而是只给予且只能够给予一个时间对象性的碎片，而且除此之外对被感知的时间来说也只能够给予对象自身的一个"面"）？如果它是一个无限的过程，那么属于此的是一个这样的过程的潜能性，除了必然的片面性，这个过程在持续感知中可以无限地继续行进，并且可以现时地构造对象的整个时间性？但是，在此还必须在感性事物（幻象）与有形事物之间加以区分。只是已说过的观点对后者完全有效。

空间事物的感知可能性，而且首先是感性事物的感知可能性（感性事物的感知涉及唯我论的主体），对主体中的内在感觉对象的存在（实存）要求一个准则，这个主体的感知可能性被考虑了。就观念对象而言不是这么回事，其"感知"、其本原的构造可能基于单纯的想象实例。如果超越对象（例如，空间对象这个观念）的想象被给予性，应该必然现象学-发生地回指类似的这样一些对象的感知被给予性，那么事态对这些观念对象与对一个现实世界的对象来说仍旧是一个不同的事态，一个现实世界的对象在此应该能够感知到。毕竟,就现实的空间对象来说,这个准则对继续行进的意识过程的整个领域表明了一个这样的准则,并且隶属于这个准则的感觉对象对所有过程的片段来说是那些感觉对象,它们应该对现实的事物形成可能的立义素材;而且对可能的立义形成可能的立义素材,这些立义会一致地构造这个存在。但是,本质实在的对象的准则只涉及这个意识过程的过去片段,并且不要求在其中现时被感知的对象必须让自身作为实在的对象维续,这对总体意识流来说又是一个准则。(此外,超越的埃多斯不是所有埃多斯一般。)

我得出结论:一个本质对象的感知可能性要求一个可能的主体与主体意识,要求一个观念可能的主体与主体意识。一个"实在"对象的感知可能性不要求一个单纯观念可能的主体,连同其感觉对象的相应被确定的规定,而是要求一个现实的主体。甚至而后可能始终相同的是这些交替的感觉秩序,并且在这下面也如此以至于这个主体能够具有一个对象感知的块片,但是,对此在理性思维中这个感知难以维续,并因此被设定的世界难以维续。但是,这对结论来说还不够。如果我们考虑感知的观念可能性,即考虑构造性关联的观念可能性,那么被构造的对象的可能性就表明自身。但是,在这旁边可能保持不变的是任意的其他对象。但是,本原意识的可能性对观念对象来说表明了其现实性,这个现实性排除其他争执的可能性。因此,一个实在世界的现实存在不是通过主体的观念可能性得到保证的,这些主体可能感知这个世界,并且它不仅要求这个观念的可能性,而且要求现实性。只有当主体是现实的,并且对这个世界已经现实地构造了某物的时候,我们才获得这一个感知的实在可能性,这一个实在的可能性等值于被感知之物的现实性。但是,这需要许多更有细微差别的阐述,涉及唯我论的与社会的主体①,等等。

一个时间对象是可感知的,一般只可理性地设定为要么现在存在的,要么曾在存在的,要么将来存在的。现在,人们可能得出结论:那就是说,没有某一个现时的主体,一个时间对象就是不可设想的,就这个主体来说,"现在"或"过去"或"将来"是被构造的,如果不是通过这个时间对象的感知被构造的,那么就是通过其他时间对象的感知被构造的。每一个时间对象都对我存在,无论我是否经验到它,在此,它在我的将来视域或过去视域中,或者在我的当下中,即使它不是现时的。时间连同其对象自在存在,但也对我存在:所有时间的存在之物涉及我的现时现在。并且这不仅对我有效,而且对"每个人"有效。

现在,人们会说:我不需要实存,而且此外没人需要实存。但是,如果人们试图把可感知性和理性的可设定性笼统地阐释成"逻辑"可能的认识主体的一个纯粹观念的可能性,那么人们就陷入困境。一个观念可能的主体以"现在"等这些被给予性样式——按照观念的可能性,已经意识到一个带有时间对象的观念可能的时间域。在对一个这样的主体的观念可能的感知与理性的设定中,也可能存在一个观念可能的被感知的对象,这个对象就内容而言与预先被假定为现实性的对象是同一的,并且它当然在可能主体的时间域中具有一个地位,而且与其现在具有定位关系。每一个可

---

① 在此我很难发现完整的阐述。

能的对象对每一个观念可能的感知者都必须具有定位的时间地位,这个定句说的是一个纯粹的平凡现象。

而后也应该给每一个这样的可能主体提供一个这样的东西,(人们可以这样尝试)它应该在同一个现在中,但是具有被配备了交替的、互不相容的规定的时间对象。就这个观念可能的主体来说,我们具有观念可能的对象作为相关项,并且观念的可能性作为可能性是相容的,但是,也许它们是互不相容(在一个现实性中互不相容)的可能性。

如果我们设定一个现实的时间客体,那么每一个观念可能的主体就不再是"实在可能的",如果我们设定一个现实的主体,那么就对所有观念可能的时间客体做出了一个选择,而后实在可能的只是现实性。现实主体的现实意识进程对所有可能的世界规定,哪些世界对它来说是理性可设定的,哪些世界不是理性可设定的,而且不是理性可设定的世界是现实的。

如果我做出这个开端:我不实存,思维者不实存,而且任何一个其他主体不曾实存,那么就只剩下作为主体实存的主体的观念可能性,而后就每一个可能的G来说"G存在"与"G不存在"的理性可设定性就一前一后地失去每一个凸现。这个理性可设定性表明了来自一个可能主体方面的理性可设定性,且以同样的方式对两者存在。在这里,也许"G不存在"与一个与G冲突的G的实存是同类的。

但是,在此还应该阐述与时间问题有关的许多东西,并且应该澄清与之有关的一些困难。重要的是探讨最终与超越时间对象相对的"内在"时间对象的本己性。

第 5 节 〈对时间对象的构造来说需要一个把握的感知？存在一个无时间的与无意识的原体验？〉

但是，进一步的困难接踵而至。我们认为，主体在进行各种各样的体验，并且时而指向其体验，好像它"具有"感觉，而且感知它们，原生地或次生地指向它们，并且时而不是。它体验这些感觉，例如，它体验声音，这个声音在响起，并且在这里有其延续，也许在这个延续中有其不稳定的强度，有其始终不变的质性与音色，但是它没有注意听；感觉素材、现象学时间的统一性是背景素材。

现在我们询问："在背景中"时间统一性现实地被意识为时间统一性，它必然被意识为这样的时间统一性，还只是偶然被意识为这样的时间统一性？时间被给予性只是一个感知的成就，如此以至于指向时间对象、已经注意地与把握地意识到其时间对象，不是一条单纯的注意"射线"（一个单纯与一个照亮可比较的变异），这条单纯的注意"射线"照进体验，这个体验使时间对象性以流淌的被给予方式被意识到，并因此使这个对象性成为被注意到的对象性？毋宁说，感知是这些体验连同其被给予性方式的一个来源。因此，如果时间客体是背景客体，那么就存在两种可能性：要么它在此就在背景中存在，通过构造的被给予性的流逝存在，这一时间客体现实地被意识到，只是未被注意；要么不是这么回事，在此生活流存在，这些生活流尚未表明时间构造，但是，当主体（现在，这个主体不仅注意到了时间对象性，而且新构造了时间对象性）转向的时候它们渐渐变成一个时间构造，只要它们通过其特性激发一个这样的时间构造，使一个这样的时间构造成为可能。而后存在一个原体验，它既非时间的，又非使时间的对象性在自身中被意识到。

反思把握到的一切在这个把握中有其时间的形式，即它被把握，也同一地被持守，但是它却在一条由同一之物的被给予性方式组成的"河流"中被发现，这是无疑的。如果我们关注一个疼痛素材，或者关注一个美学的喜悦，那么我们就把握了一个事件，我们把握了连续具有这些或那些相位的某物，并且这个由各个相位组成的连续统一体是一个时间连续统一体：每一个时间连续统一体出现，沉入过去，并且在这个下沉中它始终被意识为同一个，只是始终被给予为不同的。但是，如果我们关注同一之物的被给予性方式，那么它们也是一个系列，这个系列是时间的。它使一个时间之物获得被给予性，但是，在此是给予的并且在其中被给予之物以这个或那个方式被意识到的这些体验，它们重又形成一个我们可以关注的这个时间系列，而且这个时间系列重又有其被给予性方式，我们可以关注这些被给予性方式。

无论我们是否关注它们，这些生活系列在此并不存在？并且它们不是在自身中构造时间性的？我们谈论各个系列，谈论"各条河流"，那就是谈论存在中的一个相继，即谈论一个时间，在这一时间中生活发生了，在这一时间中某个感觉素材、某个感受、一个客体化的立义、一个客体化的指明等出现、变化、重又消失。并且这个出现存在于客观时间中，一个本己种类的生活素材的存在与自身变异也同样如此：这个客观时间以确定的方式被充实，在反思中它被发现、"被感知"为这样的。属于此的是：通过在对同一之物的这些展示中的变异已意识到每一个（例如，在再回忆中重新流逝

第三编　论原初时间意识分析中内容与立义模式……　269

的)"出现",反思的目光把它把握并持守为其本身。没有构造性的统一性意识,绝然的原初河流就存在,并且这个构造性的统一性意识通过反思才进来?但情况如何?照此我们就有一条原河流,这条河流作为时间流是可立义的,但是,对一条时间流的意识不存在,对一条时间流的感知不存在?

如果人们考虑这样一些困难,那么人们就必须考虑到下列事情:现象学时间与在这一时间中的各个进程是合感知被给予的。这可能表明,河流的主体"把握"它们,注意地指向它们,进程是原生或次生地被关注的进程。但是,这也可能意味着:某个注意没有把握这个进程,它就在现象学时间中发生了,并且其本身就被意识到了,它在"背景"中发生,但是在这里被意识到。① 这个"被意识到"叫作什么?现象学感知的分析,或者说得更确切些,我们向这个感知自身及其组成块片方向进行的这个反思,它向我们表明一个由意向体验组成的复杂构成物,这些意向体验在其过程中必然存在,因而贯穿这些意向体验有关的现象学进程可能通过所有原当下与变异的过去意识的样式被意识为同一个。现在,这是一个可能性②,即在每一个朝向之前,或者没有任何朝向,一个正是这样在我们图表中被标明的过程就在流逝,在其中进程在连续的统一性意识中是意向对象的,那就是说,由各个产生的事件点组成的这个序列是对象的,它现实地被构造成现象学时间中的一个序列的统一性,这个统一性没有分到(朝向它)的注意的偏爱。此外,我们的确也知道:在其中对象之物被意识到的这些意向体验,它们可能经验到注意的变异,并

---

① "被意识到",但未"被注意(被把握)"。
② "第一个可能性"。

且在这下面也经验到否定的注意的样式,在这件事上,意向体验的结构始终保持着,有关对象的被意识拥有的结构始终保持着,只是对象不是被把握的对象(原生或者甚至只是次生被把握或被注意的对象)——在这件事上,正如我们所知,只是大致以原生与次生地被指明的不同样式,它们恰恰存在于这个"把握"的领域。

但是,另一个可考虑的可能性①曾是这样:在原体验中与事件相应的原当下性依次出现,或者更确切地说,作为"现在"新出现的瞬间相位依次出现;每一个相位并不随着在新的现在中出现的新相位而消失,而是在原初变异中渐渐消逝;但是,在这个原产生的与变化的或者原初变化的素材过程的流逝中却缺少这一切,它使一个贯穿所有瞬间的统一性意识成为可能,使对同一的时间点与进程相位的意识成为可能。因此,在这下面,这是可理解的,即与新出现的瞬间素材相衔接的变异恰如新内容一样出现,并且不作为变异出现;或者更确切地说,缺少这个"立义",它使变异了的内容、消退成为对先行新的瞬间内容的意识,并且在连续变化中生产一个对同一之物的连续意识,并生产一个自身滞留性地以连续不同的被给予性方式被意识到的时间点连同其时间内容。② 在这里,

---

① 第二个可能性。

② 在这里,意指的是:就一个对一阶的内在体验的可能构造来说,这涉及由可能的立义素材组成的原过程。这再次涉及一阶的未被注意的内在体验的难题,无论这些体验在此意义上必然存在,即它们也是存在地被构造的,也是存在地"内部被意识到的",还是其存在表明一个单纯的潜能性,即表明一条由立义内容组成的河流的未被统觉的存在,以及在"对内在体验的反思"这个标题下在体验的现时构造的意义上立这些河流的可能性。当然,在这里,明见性被1〈大概=ＬⅠ21/15a,这里第 203 页,24 行及以下各行〉否认了或忽视了。另参阅3〈大概=ＬⅠ21/17a,这里第 206 页,16 行及以下各行〉。因此,想法内容是:时间构造是对立义素材的持续立义,那就是说,具有类似　(转下页注)

这可能存在,即按照对时间对象的先前已经完满被意识到并注意地已进行的把握,虽然在背景中完全未被注意的时间对象偶然完满被构造地被意识到,但它们恰恰只是偶然被意识到,而非必然被意识到。如果我们倾向于认为,自我生活的原过程是一个对每一个把握之前的现象学时间进程的体验,那么这就畏惧无限后退。但是,由于立义自身是体验素材,即其自身必须服从原过程的规律,并且在这个原过程中必须经验到新的时间立义,于是一个由立义要素与时间性组成的无限性不一定被接受?

因此,在此困难在于对原初"意识"的理解,或者在于对原初自我生活的理解,这些困难具有重大意义,因为在此这个问题也一同被裁决了,是否在最严格的意义上所有一切具体的自我生活具有一个关于……意识的特性,那就是说,是否它必然是构造对象性的自我生活。现象学的对象性,超越论时间的对象性,是就自我而言在构造时间过程中被意识到的对象性,是在对现象学时间事件的感知中被意识到的对象性。但是,这个被构造的时间性的领域是原初生活的大全领域,或者换言之,生活其实是一个"感知",要么是一个通常意义上的感知,这个感知是一个注意或特别留意的把握,要么是一个扩展意义上的感知,这个感知已经意识到一个意向之物,或者是这样的把握,但是,在这件事上,意向客体不可能与"行为"同一,不可能与意向的体验同一,这个意向体验是不是对它的意识?

(接上页注) 于其他统觉的结构,例如,具有类似于外部统觉的结构。认为滞留是对变异了的原感觉素材的立义,是对原感觉素材之消退的立义,一部分时间分析就已经得到了应用与尝试。

第6节 〈进一步考虑该假定,即时间性的构造是一个无时间的和无意识的原过程的一个后来立义的实事〉

通过对"无意识的"、非意向的、非"被构造的"过程的假设,我们确实妥善地避免了无限后退的危险,并且这个假设一般是不是可想象的?它并不引向最严重的错误?

对此我们考虑如下情况,它将自为地向我们提供几乎不能忍受的错误。

因此,在"对一阶的内在体验的反思"与立义之前,这个反思首先把这些立义带进来,我们应该有一个过程,这个过程绝对是无意识的,并且其自身(在作为这样一些体验的感觉对象的情况下)是一个由原素要素组成的原序列,由此可见,这些原素要素本身不是对……意识。从一个确然的点开始,在这个点上所谓的反思开始了,人们认为,这些点获得立义,借此现在这个无意识的过程应该成为一个一阶体验的构造的过程。

为了通过立义构造一个内在的事件,一个无意识的单纯过程 $\alpha\beta\gamma\cdots\cdots$ 不可能起作用,这是明白的并就在最初的时间分析中将会得到说明。(但是,甚至不存在这个可能性,即一个被意识到的过程对此起作用,即通过立义构造一个内在的体验?一个被意识到的过程自身是一个内在的事件。一个这样的过程能够构造另一个内在之物?而且通过一个事后添加的立义构造另一个内在之物?但是,在此这个问题不是紧迫的。〈对〉我们〈来说〉,

问题在于,非内在的事件究竟是否只有通过一个构造才对我们存在或者能够存在,这个构造是一个立义的单纯潜能性。以此方式这究竟是否可能,即这是可设想的:内在的事件根本还没有被构造,而一条生活流却在流去？发生地说:所有时间性只有通过发生地发展的统觉才对意识主体存在;无意识的过程在这个意识主体中流逝,在这些无意识的过程中没有时间构造自身,而且它们自身绝不是已经在时间上被构造的,这是可设想的？因此,必须一开始就关注这个被凸显的,而且较尖锐被凸显的难题,它涉及对作为后来统觉的内在对象之构造的可能性的考虑:在无意识的、非自身已经内在被构造的原过程的前提下。)

现在,我们考虑:一开始就明白的是被假定的生活要素的一个单纯无意识的相继,例如,"原感觉素材"(从这些原感觉素材的时间统觉中内在的感觉对象应该被意识到)的一个单纯无意识的相继,它不可能为一个统觉提供支撑物。如果这一个要素已过去,一个新的要素已到来,那么对统觉来说这个已过去的要素是缺失的,并且唯有这个新的要素在此存在,统觉才能够抓住它。我们具有一个由统觉组成的相继,先行的统觉不可能固持,因为其被代现者过去了。最多能留下一个对它的变异。我们如何继续行进？为了从无意识的序列中使序列与延续的意识成为可理解的,我们试图假定每一个意识序列是无意识的意识序列,并且试图把对它可能发生的意识解释成随后到来的某物。如果我们已经预设了一个由内容组成的无意识的序列,并且让它从一个点开始变为一个伴随着统觉的序列,那么的确不可能看出,为什么统觉的序列自身应该被意识到。难题的确始终是同一个难题。因此,作为原规律,我们设想:每一个感觉、每一个立义、所有原素之物与意向活动之物,归根到底都是一个由无意识的过程组成的序列,基于这些无意识的过程统觉是可能的,通过这些统觉对各个序列与延续的对象的意识成为可能。

于是,现在,人们有好几种可能性来解释一个意识的产生,这个意识是对各个序列与内在延续的对象的意识:

a) 要么我们接受由原素材组成的序列,连同随之而来的立义,并且表明新出现素材的各自立义的这个意识是当下存在(现在存在)的意识。但是,根据一个规律与新统觉相衔接的是以前统觉的变异,并且这些变异传递过去的意识。但是,而后〈我们〉具有这个不相称,即通常原素材在流逝,而没有别的什么在流逝,但是,这些统觉不仅在流逝,而且费解的是为什么它们还经验到变异。它们自身确实是一个新的层面的"原素材"。

b) 另一方面,我们可能接受或试图接受:原素材不仅在流逝,而且随着一个新物的出现也出现了以前原素材的变异,并且这些变异与新的原素材结合为一。但是,这些变异重又是素材,同样变异自身,并且这持续继续下去。由此可见,这对各种各样的统觉同样有效,正如一致性所要求的那样。我们现在试图表明:新的素材被立义为新的点,被立义为当下点,并且变异了的素材持续被立义为过去。在这里,统觉自身在这条连续无意识的河流中是持续自身变异的统觉,变异总是合一地涉及新的素材与新的统觉、未变异的素材连同其统觉,或者更确切地说:新的 $A(\alpha)$ 持续变异自身,并且持续渐渐变为 $A'(\alpha')A''(\alpha'')$……并且在这个过程每一个被选取的瞬间,在这件事上一个新的 $A(m)$

与一个直到 A(m) 的过去的 A(α) 的"同时发生的"消退连续统一体联系在一起。

在这里,明白的是:在此称作"变异了的素材"的东西,不可以是对起点素材的随意变化,而是在此它们具有使不同阶段的相对过去成为意识可能的不断的功能,因此,每一个变异本身都具有特性,也都与每一个其他变异阶段相比具有特性。因此,这需要一个立义素材的形式特性,这些立义素材不仅是作为新出现的素材,而且是按其变异等级的变异了的素材,这〈需要〉形式特性,这些形式特性必须独立于内容的特殊性。完全不同的无意识的内容的确应该使完全不同的内在对象得到显现,而且完全不同的内容的确应该使一个内在的现在显现为声音现在、颜色现在,等等。同一阶段的变异就内容而言是不同的,但是按其形式是相同的,这个形式恰恰与这个阶段相符,就统觉来说也同样如此。

现在,出现一个异议:新奇之物(还不是变异的原新奇之物)的要素恰恰不是一个体验的要素,恰恰不是在一条无意识的原河流中每一个原体验的一个要素? 如果新的体验素材被立义为现在,那么在其中这个要素确实也必须被立义为现在,因此,对新奇之物来说这需要一个新奇之物的新的要素,并且如此无限。但是,每一个变异与作为新物的新的素材自身合一地出现;因此,除了其阶段的变异特性之外,变异还不一定带有一个"新出现"的要素,并且如此无限? 因此,就应该表明时间的这个立义而言,人们可能求助于"新的"要素与"变异要素"? 那是完全错误的!

附录5 （关于第十篇文字第5节与第6节）:〈关于原过程意识的问题〉

a)〈问题的明确表达，是否原过程必然能够被理解为一个构造（也许合感知地尚未被把握的）时间对象的过程，或者是否只有在对原过程的一个后来反思中才可以谈论构造与意向对象〉

两个可能性：

1) 在现象学最初的时间中，存在一个"感知"，存在一个由体验组成的构造性的过程，毫无对这些体验的把握，这个过程就发生了，而且如此以至于这个感知不是把握感知的变异。并且更加确定的是：自我生活的过程是一个对体验的持续"感知"（Wahrnehmen），是一个对时间连同充实时间的内在对象的持续构造。依此一个反思性的把握可以不断地开始，这个把握把注意与把握的"目光"指向不断构造自身之物。

2) 不是这么回事。在时间上被构造的统一性的意义上，体验在自身中没有现时被构造，诸原初生活的河流就存在，就在流逝。只有一个潜能性，反思表明一个"立义"的新进行，表明一个对时间构造（Zeitkonstituieren）带入，而且是一个总是可能的带入，但这个可能的带入此前就不曾在，本来就没有参与，并且只是必须改变其注意的样式。

因此，两个可能性涉及这个问题，是否自我生活是一个（原生的）现象学时间之构造的持续过程，是否它是一个由在这个现象学时间中的内在对象组成的持续过程，但是被承认或者能够被承认的是：自我不断地"具有"这个时间性的体验；这些体验在这个形式中"实存",因此,人们也可以谈论一条由体验组成的时间流,但是,无论如何这些体验不是最终之物。因此,这预设了:这已经被表明了,即体验按其本质不仅通过感知被给予,这些感知具有构造过程的特性,而且这些过程并非在同一意义上是体验;但是,这也被表明了,即体验只是是其所是,要么作为现时被构造的,要么可能作为构造的潜能性。

但是,这必须事先得到彻底探讨,这对认真对待这两个"可能性"是有意义的。

如果原过程是持续构造一阶现象学时间的原过程,那么它不断是一个意识过程,是一个意向体验的过程;在其他情况下并非必然如此。此外,它可能是由一个原素的原素材组成的过程。这些原素的原素材对一个原素的体验统一性的构造来说足够了,但是,对一个现实的构造来说还需要"立义",这些立义在这里不一定必然存在。

现在,通过感知我们知道了原过程,并且它恰恰作为一个自身构造时间对象性的意识中的过程给予自身。更准确地说:如果我们感知一个内在事件,那么我们就可以对这个内在事件的感知进行一个反思,我们可以反思内在时间对象之部分与相位的被给予性方式的河流,可以反思"体验"的河流,这些体验在自身中是"对"那些其他体验的"意识",并且是"对"可能属于它们的东西的"意识"。

这又必须根据最确切的东西得到描述。但是,现在问题甚至在于:反思在此把握一个现实的意识过程,恰恰把握这个意识过程,它刚才曾是对一阶超越事件的流动的意识,并且还继续是对一阶超越事件的流动的意识。

除了通过反思,一个超越论的构造时间的过程能够注意地被感知? 它必然不是一个反思性的被给予性? 换言之,它并不预设把握的注意才〈朝向〉原生被构造的事件?

此外,如果原过程应该假定被接受,它们不是"感知",不是构造时间对象的过程,它们充其量是事后用构造时间的立义装扮自身的过程;那么这个"事后"能够表明什么? 这些添加的"立义"能够表明什么? 并且最后,如果我们在外感知中谈论立义与立义内容(被代现者),那么看来属于这些立义内容之本质的是:它们是在时间意识中被构造的,并且在此意义上是合感知的被给予性。在此,谈论立义前的内容与没有立义的内容,并且谈论后来的立义,谈论这样一些立义的改变等等,这没有困难。但是,在此被设想的内容不应该自身被构造成时间对象,或者更干脆地说,不应该自身被构造成个体对象。

此外,如果这样一些内容存在并作为一个过程在流逝,那么该如何澄清这些内容与这个进程之感知的可能性? 在上面,有过构造时间对象的感知,甚至有过把握的感知,并且一个反思曾是可能的与可理解的。在这里,不应该有我们反思它们的构造时间的感知。在那里,我们发现那些构造时间的立义及其内容组成自身是在第二个构造时间过程中的对象。但是,没有对这样一个基础的反思,非构造时间的过程能够给予? 并且这个过程按其本质不一定具有它,它的确不应该具有这个基础。而如果没有一个与之有关的感知意识的内容,它就存在,那么注意力如何能够切中它? 但是,其感知无论如何是不可设想的,除非以一个构造时间过程的形态,它是这个过程的对象。但是,与在此情况下相比,这个过程一定是一个本质不同的过程,在那里原过程是通过对一个过程的反思被获得的,它就其而言构造了一个原生的内在体验。① 毕竟,后一个种类的一个过程是这样的一个过程,这个过程不仅在反思中能够被发现是时间的,而且在此也存在这个明见性②:它在反思前曾被构造为过程;存在与被构造状态在它那里是不可分割的。在这种情况下,明见的是:我们不是随着反思才把某一个统觉添加给一个组成,没有这个反思,这个组成就曾在,而是过程曾被意识为过程,确切地说是这样,正如我们还没有朝向它们,感知的立义内容就被构造为时间对象,就合感知地被构造为时间对象,并且我们在反思中具有这个明见性,即我们并非首先把时间对象性与构造本身带进来。

因此,在这些情况下,可以确定的是,反思实际上是一个单纯的目光转向,这个单纯的目光转向贯穿作为过程的已经进行了的构造,并因此朝向这个过程自身。如果我们询问,这个过程以何种方式被构造,或者更确切地说,如果我们从朝向这个过程的视向反思其被给予性方式,那么这个反思虽然与对过程自身的单纯反思相对是一个新的反思,但我们在此并未发现一个新的系列形态,这些形态是与过程自身相对的这个过程的被给予性方式,一如在由内在的原生对象向其被给予性方式的过渡中,例如,在由声音向其被给予性方式的过渡中,实际上我们在这些被给予性方式中发现

---

① 此外,我们可以回忆一下这个古老的争论问题:"有没有无意识的表象?"至此为止我们说:有没有一个自身无意识的自我生活? 可不可能有这样一些生活瞬间,无论是哪个阶段上的体验,其中已经包括意识,它们是没有自身意识到的,甚至它们是没有自身"被感知的"? 我们要探讨对这些问题的最彻底回答。

② 无意识的原过程学说的代表不是否定这个明见性,就是忽视它。

了新物；毋宁说，我们与此前一样只是发现同一些形态，只是它们以其他方式被看清，以其他观点在起作用。因此，看来在此一个过程成就了双重之物：1）成就了对原生事件的构造；2）同时成就了对次生事件的构造，成就了对过程自身的构造。

但是，如果这个过程自在地是未被感知的过程（并非自在合意识原初地被构造为过程），那么（根据这个原则，即存在的一切有其可能的原初统觉，有其可能的"感知"）一个对它的感知确实一定是可设想的，一个原初的统觉确实一定是可设想的，这个统觉恰恰以一个构造过程的形式已意识到它。并且后一个过程一定是一个新的过程，一定与这个在其中被统觉的过程不同。因此，这个统觉与在刚才被讨论情况下的统觉不可能具有相同的特征，即与在一个原过程情况下的统觉不可能具有相同的特征，这个原过程是通过对一个一阶内在体验的意识的反思被把握的。因为在此我们的确发现，而且明见地发现：这个原过程与反思性地（在进一步回溯的反思中）指向它的统觉是同一个生活过程（可是我们对这个特殊的事态确实不理解）；这同一个生活过程只是让把握目光的不同方向对可把握的对象保持敞开。它的意向性曾是这样的，即正如我们也说过的那样，能够"看清"它向不同的指向。

此外，这也是明白的，即如果非被构造地（无意识地）流逝原过程的统觉与在对比情况下具有同一的特征，那么它会把原过程标明为一个构造一个一阶内在体验的原过程。但是，我们说：如果一个一阶内在体验原初地被意识到，那么这是明见的，即对同一个体验的构造作为内在体验不可分割地属于这个体验自身，并且不只是以后补的方式被统觉进来的。

因此，我们不一定推断出：一个原过程是不可设想的，这个原过程自身并不自为地被构造为过程，即意识到其自身？① 因此，每一个体验必须被意识到，并且对这个体验的意识自身也必须被意识到。现在，一切将取决于对自身相关性（Selbstbezogenheit）的阐释，它是构造一阶体验之过程的自身相关性，因而这个阐释的确首先听起来就像冯·明希豪森先生揪住自己的头发摆脱沼泽地一样，但是如果无限后退应该得到避免，那么我们就不可能放弃这个阐释，当然，这倒不如说是一个外部视角。内部视角在于上述对明见性提出要求的展示。明见的关系可能恰恰还包含"不可理解之物"；只要没有全面得到仔细研究，它们就可能为"逻辑上的"异议提供开端，这些异议随着逻辑上的不可能性出现，其明见性来自其他领域，并且用未被澄清的概念吸引我们。

b)〈把握不同阶段外部对象与内在对象的样式〉

"所有存在的个体之物是可感知的，因此也是直观可表象的"，这个原则需要一个澄清与界定。

如果这涉及外部对象，那么这不是什么困难。每一个这样的对象在原则上是可表象的；如果我具有一个它的间接的、或多或少不确定的表象，那么我就可以利用它的不确定的表象，只要我具有的这个表象不够凸现一个确定的直观，但是，无疑我知道：它可以直接被给予，例如，它按照这张桌子的类比是可直观的；把它们的类型给予给我的这些类似的表象，它们在普遍性上是确定的，这个

---

① 参阅这一页 5a〈大概＝Ⅰ Ⅰ 2，页面 20a，这里第 200 页，4 行及以下各行〉。

普遍性与空间事物概念相符。

在内在对象那里情况怎样？在此我具有未被注意的背景。因此，正如它们作为未被注意的背景存在，它们确实是不可感知的。我可以事后朝向它们，具有一个把握的感知，并且与此合一地具有滞留性的意识，即它们曾是未被把握的，它们曾在，同一些背景曾在。我的目光进入滞留，朝向它们，而进入的目光自身不属于它们。但是，即使〈我〉把握一个内在体验地感知它们，把握的目光也不属于它们，尽管这个目光在此与它们结合为一，而且它们与这个目光也结合为一。如果一个未被注意之物，例如，一个声音感觉对象，渐渐变为一个被注意之物，渐渐变为一个被把握之物，那么这涉及一个时间上延续之物，或者涉及片段中的一个在时间中延续的被给予之物，这些片段是延续存在的片段，并且是延续下去被给予的不再存在的片段，而是曾在-存在的片段。在这里，我明见地把握曾在之物，尽管它是未被注意的曾在之物，这个曾在之物在下沉中不断地是同一个，并且如果它还延续下去作为当下〈存在〉，那么在贯穿时间延展的固持存在的意义上，它就是同一个。以此方式，每一个内在对象是原初"可感知的"，而且这表明，它是原初可把握的：要么可把握为在反思性的真正感知中延续下去的存在，但是，与过去的片段有关的这个感知是作为过去把握的原初把握；要么一开始就可把握为刚刚-曾在-存在。总之，表明"原初的把握"而不是"感知"，这必将存在①，例如一个评判有其评判内容的后来原初把握的形式，等等。

---

① "原初的把握"以一个原初的统觉为前提。当然，康德"原初统觉"的意思是另一回事，它表明了内意识的最后统觉。

如果我们设想第二个超越阶段的内在对象，那么情况如何？在此，不存在固持的个体存在，但存在对贯穿其被给予性方式的同一些过程的固持。原初的被给予性方式对这样一些对象来说是反思，这些对象在原则上不可能是固持的，并且不是固持对象的进程，正如声音进程是声音的进程，这个反思把它作为一个构造过程的"对象"来把握，但是不把它作为上述意义上的固持的某物来把握。①

这个反思把握它，而且一个反思也把构造它的这个过程作为一同属于它的而不只是事后进来的某物来把握。

---

① 但是，这个过程并不固持在其时间中？甚至声音感觉进程固持在其时间中。但它是一个发出声音的进程，而原过程不是这样的。

第十一篇 〈原体现、滞留与前摄中的内容与立义〉

第1节 时间意识的基本事实

1) 存在像原当下意识这样的某物，在其中某物被意识为原当下的，被意识为现在存在的。一个内容（在意识意义上）被意识为现在，并且这个现在是这个内容的一个形式。

2) 原当下意识转变成过去意识的连续统一体，并且在这个连续统一体中同一个内容以连续自身变异的形式被意识到，以过去的形式被意识到。这些过去从零这个原当下点起形成一个持续的连续统一体。原当下之物是其所是，存在于向过去状态的过渡中，并且如果过去之物本身存在，那么当下之物不再存在。但是，过去之物自身在河流中存在，正如当下之物转变成"紧接着的过去"，它以相同的方式转变成一个进一步过去之物。过去之物本身存在，这就是说，一个当下存在，即〈作为〉对这个过去之物的一个当下的意识，并且在其中这个过去之物"本身"〈存在〉；并且这个次生的当下重又转变成一个过去，如此等等。

原当下意识与过去意识的连续统一体是一个河流的连续统一

体，在其中从原当下意识涌出一个常新的意识，这个常新的意识自身是当下意识，而且它是与"刚才曾在"有关的当下意识，然而它称作过去意识，因为它原生地意识到的东西就其而论展示一个当下的变异，这个当下自身不是变异。原当下意识是对一个原初未变异之物的意识；并且其自身被意识为未变异的。虽然每一个涌出的其他意识是当下，但是它具有另一个意识的变异的特性，并且它意识到的东西具有另一个东西的变异的特性。因此，它是一个当下，这个当下使另一个当下被意识到，使一个更原初的当下被意识到。因此，来自原当下意识的持续新的过去意识的这个涌出，它也是一个常新的〈当下〉的涌出，但不是一个原当下的涌出，但它也仍然具有一个新的特征。

3) 每一个原当下意识具有在此意义上的一个确然的延展，即与一个原当下意识的相位点持续相衔接的是一个新而又新的原当下意识，并且在某些情况下它给予一个延续之物的意识，例如，给予一个延续响起的声音的意识。而后，属于这个原当下连续统一体的每一个相位的是作为（也是意向活动构造的）系列的过去连续统一体，这个原当下连续统一体是一个常新的原当下的涌出。

4) 像刚才一样，原当下能够持续地联合成一个延续的原当下的统一性；但是，甚至能够与一个持续的原当下（一个"延续的"原当下之物）相衔接的是一个不连续的新的原当下。但是，这个不连续的新的原当下与每个持续的原当下一样只有作为"延续"才是可能的。

原当下性源自于其中的这个持续的涌出与过去源自于其中的那个涌出，这两个涌出不可分割地一致，如此以至于连续新的原当下之物（或者不连续地新的原事件）的意识只有通过每一个相位与片段沉入过去才是可能的。与每一个原当下相位融合在一起的是作为过去的过去的当下,这些过去属于同一个事件意识的统一性。生产这个统一性的东西尤其应该得到探讨。因为一个新事件向后下沉的相位,"第二个"事件向后下沉的相位,并不与第一个事件的相位"融合";尽管在此也存在一个共同的联系形式:同时性与时间的序列。例如,楼梯上格格声响与雨的簌簌作响以及钢琴上同时被弹奏的旋律,每一个都自为地形成一个事件统一性,但它是在一个时间形式里面形成的。因此,我们得把这个普遍形式的构造与不同事件的构造相区分,这些事件时而是同时发生的,时而是相继的。

第 2 节 〈原体现、滞留性的变异、想象意识〉

如果我们进入构造时间的意识的建造,那么我们就落到一个过程的原事实上,我们知道这个过程,因为它存在,由于它自身自为地作为过程构造自身。我们落到由相位组成的建造上,这些相位自身由一个未变异意识的每一个相位与一个其他相位的连续性〈组成〉,其他相位是(以前未变异相位的)变异了的意识,并且在这里是连续不同阶段的变异。

正如原体现在自身中具有核心素材,具有"实项的"核心素材,只要它未变异地包含这些素材,以此方式每一个原滞留在自身中也具有核心素材,但不是实项地具有核心素材,只要它变异地包含这些素材,即作为变异它是另一个带有核心素材的意识的变异,并因此以变异与非实项的方式包含另一个意识的核心素材本身。在这里,变异对意识与内容来说是一个连续间接的变异。它在这里也有一个明白性与模糊性的等级性。我们从想象上辨认出类似之物。在极其不同的明白性中,一个想象能够使一个对象性成为表象的,并且它也能够以完全模糊的、非直观的方式使之成为表象的。甚至替代的要素能够进入想象;如果我们让一个模糊的意识与一个直观的意识叠推自身,那么这也许是可理解的。

在我们的情况下,明白性与模糊性的等级性依照滞留性变异的等级性。总的看来,也许人们将不会设想一个确定的滞留阶段,在其中滞留已达到模糊性的零点,并且渐渐变为一个空泛的滞留。如果注意力与一个特殊的兴趣凸现一个片段,那么明白性似乎维持得较长,尽管不可能阻止明白性的贫乏化,或者根本不可能保持开始的完满明白性。现在,这个贫乏化与感知被给予性的贫乏化一样具有相同的特征,进一步说,与"强度减弱"状的感觉素材的贫乏化一样具有相同的特征。就每一个感知内容来说,存在一个直至零界限的明白性的降低,这个降低涉及整个具体的内容。内容变得越来越衰弱,并且最终消失了。

现在,在此存在一个巨大困难。在滞留的河流中,我们有一个向原体现的持续的意识过渡,并且在这里这个原体现的核心素材连续渐渐变为滞留的核心素材。

后者一定表明:现实的、实项被意识到的核心素材在原过程的持续序列中渐渐变为非实项的核心素材,而且持续渐渐变为非实项的核心素材;在一个瞬间统一被意识到的滞留的垂直连续性中,与从属的逐点的原体现相合一,一个恰恰已流逝的事件片段的瞬间意识的统一性生产自身,在其中已流逝的核心素材也以一个持续自身变化的被给予性样式与本原被意识到的核心素材合一地被意识到,而且以奇特变异的滞留性的样式与之合一地被意识到。为什么这理应是一个困难?确实如此,内在直观现实地表明了它。我们发现一个事件片段属于一个瞬间现在,并且按其"质料"这个事件片段被给予为一个由核心素材组成的连续统一体,这些核心素材对我们无非被视为过去的核心素材,只是它们以"刚才"(Vorhin)的变异样式,以刚才过去的变异样式,在极其确定的自身改变阶段被意识到,而且以一个持续自身渐次变化的明白性(强度)样式被意识到。

但是,人们认为:在"现在"中,只有这一个事件的当下点现实地被给予,只有属于它的核心素材现实地被给予。另一方面,在对事件的瞬间意识的总体相位中,我们发现,一个由核心素材组成的连续统一体被包含在生动的直观性中,而且如此以至于我们只能说这一切都是"感觉",并且不只是想象或再造。关于瞬间直观的事件片段,我们说它"仍然"在感知中,正如只要原体现在发生,我们甚至也在进展中把整个事件称为"被感知的"。但是,在各自的直观片段那里,我们认为〈有〉某种正当权利表明,直观之物仍然现实地是超出原当下之物的感知,并且如果我们对此不想否认刚才曾在的变异,那么看来我们必须把对"感知"的言说建基于一个由感觉素材组成的连续统一体。我们认为,我们在总体瞬间相位(片段)中现实发现的东西是一个感觉素材连续统一体,这个感觉素材连续统一体用作过去立义的被代现者;通过当下之物我们直观过去之物,类似于我们感知一个图像,或者"看到"图像中的一个非当下的人,如此等等。

在这上面可以回答的是:这是正确的,即我们在这些滞留那里

第三编 论原初时间意识分析中内容与立义模式…… 289

发现一个作为核心的感性内容,并且将它与过去的内容区别开来,将它与作为其质料进入事件过去点的东西区别开来。我们甚至说,我们在滞留性瞬间发现的东西,其强度充盈是更贫乏的。并且它是现在的,而过去之物恰恰不是现在的。甚至存在一个直到原当下的点的贯穿片段相位的连续统一体,存在一个完全在瞬间事件意识中存在的连续统一体,并且如此以至于我们倾向于认为这个连续统一体是感觉连续统一体。这个感觉连续统一体的意识形式引起了,过去的渐次变化或者事件片段的过去点的渐次变化也显现在明白性的渐次变化中,也在当下之物中展示自身。

无疑,这不涉及单纯的再造与单纯的想象。一个想象或再造(回忆)也可能是非常生动的,并且我们知道,在此存在疑惑情况,即在感觉强度或感知强度的不同阶段那里存在疑惑情况。这个"还被听到"存在,还是它是生动的"想象",钟还在继续响,还是它已经停止了,并且我已经把一个生动的想象视为一个现实的听到? 在此存在的是在感知与被充实的前摄(期待)以及一个想象(作为拟-充实的感知)之间的一个不稳定;并且准确地说,这个不稳定不是这个不稳定,而是在后来的滞留或再回忆中的一个不稳定,无论它曾是现实的感知还是想象,甚至是不可靠性,是否这个感知能够有效,因为在如此衰弱的强度那里欺瞒是容易从经验得到的,这并不表明,它曾是一个想象,而是表明它恰恰曾是一个无效的感知。无论如何,在我们看来,对很少"有强度的"、很不明白的客体的一个感知与一个相应的想象没有形成深不可测的区别。但是,我们不可以给想象实项地嵌入感觉内容。一个被想象的声音素材或颜色素材不是一个当下的感觉素材,它只是被想象的,或者只是另一个感觉素材的想象被代现者。

而后,每一个想象也是感觉,在对一首旋律的想象中,我也具有对旋律的感知。现在,一首被感知的旋律(一首被感觉的旋律)对我来说可以图像化地当下化另一首旋律。但是,而后我具有一个完全不同于一个想象现象的现象,在这个想象中,按其本己的陈述感性素材作为合想象变异了的素材给予自身,并且不作为当下的素材给予自身,它们展示、图像化非当下之物,或者无论什么东西。

但是,这并未排除:在直观之物的衰弱的强度那里,对同一直观之物的感知与想象显得很相似。在非常模糊的情况下合感知直观之物也断断续续,如此等等。此外,出现拟-相同之物的普遍相似。甚至一个很生动持守的想象与相应的感知是相似的:"我具有一个如此生动的表象,对我来说,这就等于,'仿佛'我在感知它。"

第3节 〈原体现与滞留作为实项被包含的素材的立义〉

在滞留的情况下,困难在于:"原感知"、原体现连续地渐渐变为滞留,并且在这里持续贯穿的是一个感性内容的统一性与这个内容之明白性的一个统一的渐次变化。看来,在此一切都在说明:感性内容不仅实项地被包含在原体现的瞬间意识中,而且同样实项地被包含在每一个进一步的滞留性的相位中;那就是说,一个感性内容的连续性实项地存在,这个连续性通过一个"立义"的连续性被"赋予灵魂",通过一个意识的连续性被"赋予灵魂",并借此使对象构造得到实现。

但是,现在人们对此不可以考虑到通常意义上的一个立义,这个意义已经以一个对象为前提,那就是说,不可以考虑到一个被奠基的意识。这始终是不予考虑的。为了再次表明这种情况,人们在此可以以一个具体滞留为出发点,正如它与一个刚才被听到的感觉对象性相衔接①,在其停止之后,也许纯粹合感觉地说来,它与一个声音序列或颜色状况相衔接。在此,当下对象(一个现实的事件)不是一个声音序列,这个当下对象就其而言通过一个立义代现过去之物(一如一个感性的视角经验到立义,并且通过这个立义一个空间对象被意识到)。而后,明见的是,一个具体滞留在一个事件流逝后直接完全用同一种类的原滞留建造自身,正如这些原滞留在一个声音事件的感知意识中建造性地起作用。但是,从同一的本质直到编入的方式,一个已流逝事件的一个具体滞留与那个滞留是完全同类的,那个滞留构造一个被感知事件的一个具体块片,即构造同一个已流逝事件之块片的一个具体块片。

如果具体意识是一个被奠基的意识,那么同一个具体意识的每一个相位按其特性同样是被奠基的,反之亦然,如果每一个相位是被奠基的,那么具体的事件意识自身〈也〉是被奠基的。因此,无疑,原滞留不是被奠基的,那就是说,在它们那里我们没有立义素材(被代现者),并且没有被拒绝的与非本真的意义上基于此的立义、代现。因此,这点是无疑的,即如果我们在原体现与相衔接的滞留中设想一个由原感觉素材组成的连续性,如果我们对原体现设想一个原素材,并且对这些涉及同一个事件点的滞留设想这个原素材的"消退",那么这些消退不可能用作被代现者。(边注:只要将消退理解为滞留的核,而不是例如理解为与此并列的原素材

---

① 为了表明滞留不是"立义",还有一种考虑。

的余音，这些余音构成与构造进程相平行的持续流动的当下性，并且如此这般地经历了它们自己的时间构造的立义。）

现在剩下什么？如果我们把核心称作感觉素材，那么应该关注的是，这些（原素的）感觉素材在某种意义上意指内时间意识中的对象，而且这是通常的意义。感觉素材应该对原初时间意识的核心表明什么？

人们可以这样回答：如果我们试图进一步贯彻这个观点，即感性的素材在原体现与滞留中是本质相同的"实项的"组成，那么是什么促使我们这样讲述，并且原因是什么？在反思中我们在每一个相位中都发现一个区分：1) 一个原素材，正是感性核心；2) 一个意识方式，这个意识方式已经把这个感性的核心意识为在原本中被给予的，或者说得更确切些，把它立义为现在。在每一个滞留中我们发现：一个原素材，一个"立义"（一个意识方式），这个立义在这个原素材中抓住一个过去的原素材。人们可能尝试性地说，其中也存在一个奠基，只不过恰恰不是超越感知的如此烦琐被拒绝的奠基。这个超越感知以一个固持的时间客体为前提，以现象学时间中的一个延展了的客体为前提。当然，对此在此是谈不上的。但是，在此替代这个位置的是作为瞬间的现在设定的原客体化。原体现并非被奠基地设定一个现在，它是其内容的本原意识。其内容并不自为地存在，它作为内容只是是其所是，并且在此作为一个原体现的内容。在滞留那里存在一个原则上同类的内容，并且这个内容作为一个原体现的内容也是是其所是，它也是现在的。但是，这个瞬间体现对一个进一步的意识方式来说是奠基的，并且这是新的意识方式，是滞留性的意识方式，是过去意识的意识方式。在每一个进一步的滞留中提升自身的是滞留的等级性(持续的间接性),并且作为基础一个当下的内容始终保持不变,这个瞬间内容是通过一个当下意识被"构造的"。

第4节 〈滞留性的消退阶段作为一个实项内容的立义阶段〉 [218]

因此,我们必须说:当一个常新的消退出现的时候,作为一个新的当下,这个消退滞留性地被立义成与其先行者有关。但是,这个滞留性的立义是一个新的当下,这个新的当下自身重又渐渐消逝,并且这个消退自身重又被立义成与其先行者有关。

E_0 渐渐变为 $R[E_0']$,这个 $R[E_0']$ 渐渐变为 $R[\{R[E_0']\}']$。现在,这是什么,$(R[E_0'])'$ 是什么? E_0' 应该是一个当下的瞬间内容,这个瞬间内容被立义为一个这样的内容,其中刚才过去之物展示自身。带有其展示内容的这个意识在其消退中,此外,它一定是一个当下的变化结果,这个变化结果就其而言引出一个新的被奠基的立义作为刚才已流逝之物的过去之物。现在,在这里 E_0' 转变成 E_0'',并且 R 转变成 R',但是,这个 R' 还不是滞留的较高阶段,而是一个当下之物,这个当下之物只是通过一个新的 R 得到立义。因此,我们具有 $R\{(R[E_0'])'\} = R(R'[E_0''])$,并且在其中存在 RR' 与 $R(E_0'')$。

(因此,似乎一个外感知[作为瞬间相位]渐渐变为另一个相位,不仅感知立义滞留性地变异自身,而且展示的内容也滞留性地变异自身。)RR' 是先行的立义要素的滞留,并且 $R(E_0'')$ 是滞留性地涉及 E_0' 的这个立义。整个 $R(R'[E_0''])$ 滞留性地涉及 $R(E_0')$,并且贯穿

这个 $R(E_0')$ 滞留性地涉及 E_0。于是,它也许类似于在一个间接的图像性那里,⟨例如,⟩类似于在一张照片里,这张照片是一幅版画的图像,这幅版画又是一幅画的图像。因此,我们具有像一个连续变化一样的这样的某物,这个连续变化带有一个连续的图像性。这会这样继续下去,并且如此看来上述规律确实是可理解的与可解释的。

基本规律就在于:每一个原在场的素材从自身连续释放消退,"第一个"消退重又是一个瞬间的现前素材,但是它借此被原在场的素材凸现,即在此与此合一的是同一个素材的一个立义,这个立义把它视为原声响要素的(具有图像性质的)被代现者。在下一个相位中,由于前行的行为自身是一个当下之物,这个前行的行为连同其奠基的基底将渐渐变为一个消退,并将再一次经验到一个过去立义,因而,在其中存在一个对第一个原在场素材的一个意识的意识,并因此在其中包括一个二阶意向性,这个二阶意向性容许一个对一阶的反思,并且通过一阶容许一个目光朝向在其意向的被给予性方式中的第一个原在场的素材。

因此,这个完整的观点确实是可以一贯与一致贯彻的。但是,人们可能提出异议:如果原在场素材的序列 $E_0 E_1 \cdots E_n$ 正好与消退系列 $E_0 E_0' \cdots E_0^n$ 相一致,那么情况会怎样?消退的确被凸现为 E_κ 素材非本质之物中的"内意识"的素材。如果一个声音在其强度上确实在渐渐消逝,那么我们在此就具有双重的消退,或者只具有单一的消退,因为它们必须融合?但是为什么其他消退不与原声响融合?于是,我们遇到了困难的考虑。因此,目前我们具有一个片段 $E_0^\kappa E_1^{\kappa-1} \cdots E_\kappa^0$,它是通过渐渐消逝与新的可以听出形成的。但是,每一个消退自身重又渐渐消逝,并且消退的消退自身重又是消退系列中的消退。这些消退必须重又经验到在当下立义附近的滞留性的立义。因此，如果 E_0 渐渐变为 $E_0{'}$，那么它就经验到 $V'(E_0)$ 意义的一个滞留性的立义；$R(E_0{'}) = V'(E_0)$。而后 $E_0{'}$ 渐渐变为 $E_0{''}$，于是我们具有 $R(E_0{''}) = V'(E_0{'})$。但是，$E_0{''}$ 应该经验到 $R(E_0{''})$，$R(E_0{''}) = V''(E_0)$。因此，$V'(E_0{'}) = V''(E_0)$ 一定〈存在〉，同样，$V'(E_0{''}) = V''(E_0{'}) = V'''(E_0)$ 一定〈存在〉，并因此一般 $V'(E_0{}^\pi) = V''(E_0{}^{\pi-1}) = V'''(E_0{}^{\pi-2}) = \cdots\cdots V^{\pi+1}(E_0)$；$V^\kappa(E_0{}^\lambda) = V^{\kappa+\lambda}(E_0) = V^{\kappa+\alpha}(E_0{}^{\lambda-\alpha})$。$\alpha<\lambda$。如果我们仅仅说，随着消退变化的进展在这上面创建自身的是其持续变异的滞留性的意识，这个意识涉及作为起点要素的被代现者的实项消退要素，那么难以理解的是，滞留与以前的消退如何应该获得一个类似的，但相应地有不同梯级的关系。如果我们认为每一个滞留是对一个滞留的滞留，正如我们确实必须这样认为的那样，那么情况就不同；因为不仅在原过程中消退在改变自身，而且每一个滞留性的立义在改变自身，每一个"对……过去"转变为一个进一步过去，转变为对过去的过去。这些几乎是不可消除的困难。

第 5 节 〈对立观点：滞留不是奠基于实项被给予的当下素材〉

但是，在对立观点中，我们具有滞留性的核心素材向原素材的持续过渡的困难，这种对立观点在滞留性的意识中觉察不到通过一个当下意识的奠基，并且不给它嵌入一个作为瞬间当下的感觉当下。我们在此必须贯穿的这个观点就在于：原现前是一个"内容"的一个意识,是一个不独立的意识,作为瞬间意识它不可能没有延展。这个内容就其而言是不独立的,它只是作为"在场的"内容,也就是说,作为以这个特征被意识到的内容。带有其内容的这个意识自身并非重又是一个进一步在后面的体现意识的内容。(在这件事上,难题在于,对此我们如何能够知道;毕竟一个注意的反思已经以一个意识为前提,它贯穿这个意识。现在,我们不理会这个困难,如果我们接受无意识的原在场的内容,那么看来它未被清除。)因此,而后我们必将进一步说,带有其内容具体被接受的这个原现前意识持续地变成另一个意识,后者是一个以前意识的"变异"。在这件事上,现在,意识与以前意识的内容在变化了的意识中被意识到地可找到,以变异了的被给予性方式可找到。变异了的意识(或关于其内涵变异的意识)自身是一个当下之物:一个新的现前,一个与其变异相比相对的原现前,这个变异在原过程中跟着出现。在此,人们将会问,为什么变异了的意识还应该是一个未变异的意识的内容,而未变异的意识则不是,为什么人们不应该说:一个原素材出现在生活的原河流中,并且这个原素材渐渐变为一个新的原素材,这个新的原素材具有一个以前原素材的滞留的特性,这个原素材渐渐变为一个对此的意识? 在这件事上,困难重又〈在于〉,不是意识的某物如何变成一个关于……意识。

第6节 〈本原意识与非本原意识·意识与把握〉

X 被感知 = X 在原本中被给予。对立面:X 被意识到,但未被感知：X被想象，X被再回忆，X以任何其他方式被当下化为当下的、过去的或将来的。X在图像中，间接的想象与图像性。X直观地被意识到，本原地或非本原地被意识到，X直观地被想象，直接地或间接地被想象，等等；X空泛地被意识到，直接地或间接地被意识到。

在这里，所有"X都被意识为合想象的"，或者"对X的想象"这个体验自身是本原被给予的，它是可感知的，并且在（作为反思的）感知之前它恰恰是现实的、本原的体验（与此相反，即这个体验，或者一个正是这种的体验，"可以合想象地浮现出"，或者"在再回忆中可以浮现为过去的"等等）。每一个体验是"可感知的"，每一个体验自身是一个当下之物，并且在其当下中可以把握。在原本中把握一个个体之物（一个体验或一个超越个体）与在原本中感知它是一样的，并且与在原本中已经把它给予为当下存在的是一样的，因为一个X的当下也可能是被想象的当下，"现在"也可能是"想象-现在"，或者是合回忆的现在，等等。

在把握之前的一个体验，在把握感知之前的一个体验。一个体验作为在把握之前的现实（原本）的体验；在拟-把握之前的一个想象体验，或者在对"被想象之物本身"的把握之前的一个想象体验，等等。"在原本中"具有一个体验，而后朝向它，把它作为现在的"现实性"来把握，这是什么？在对比中：在原本中已经给予一个体验，等等，而后不仅把它自身作为现在来把握，作为当下的现实性来把握，而且在其中把握另一个体验，它同样要么以当下的现实性的特性被把握，要么以当下化等等的特性被把握，以刚才过去的特性被把握，以过去的特性被把握，并且在这里被再回忆，如此等等？

222　　　这些是基本事实,但它们需要进一步探究。并且这恰恰延伸到"原初的时间意识"里面去;一个原素的对象或者一个这样或那样建造自身的评判是原本的体验,并且本原地被给予为充满一个被延展的当下(一个内在时间片段)的,而且在这里一个把握的反思是可能的。这个反思把这个体验分解成其时间点,而且它对每一个点在本原的被给予性方式与非本原(滞留性)的被给予性方式之间做出区分,并且把握到,延续的原素素材或延续下去的评判在一个由"被给予性方式"组成的连续性中展示自身。因此,我们具有一个原初连续的序列,具有一个原过程,在这个原过程中内在对象作为统一性构造自身。此外,如果我们朝向一个内在之物,而后回溯其构造性的原过程,那么我们就把握:对这个朝向的反思的把握自身还不属于这个过程;新的把握(Erfassung)在一个回顾的把握(Erfassen)中进行,这个回顾的把握贯穿滞留,但是作为自身不属于被滞留的内涵的某物,因而好像我们在一个想象中在反思:我们区分,属于被想象之物自身的东西与在进去的目光束之前想象体验自身的东西,以及不属于它们的东西。在时间意识中接继的不同体验,它们也许如此表明新的体验:包括在其序列中的 A 与 B 的这个同一性意识(在这件事上,这个序列是被意识到的序列),并且也许在 A 中被回忆之物连同在 B 中被回忆之物,或者本原地被意识为 A 之物连同作为 B 通过再回忆展示自身之物等等,已经被意识为一,意识为同一之物。同一性意识等于这样演替相合的意识。

　　能够对意识、被意识到的对象、这个对象的被给予性方式理性地提出什么样的问题?

　　我们将本原意识与非本原意识区别开来,在一个意识中一个

X 本原地被意识到,在另一个意识中则不是。这是一个对体验的区分。但是体验自身是本原被意识到的,或者不是本原被意识到的。并且在自身本原被意识到的这个原过程中,我们在各自的过程相位之间做出区分,这些过程相位是原原本的相位,与它们相对的其他相位是非原本的。但是,这些非原本的相位自身是原本的体验要素,只是关于另一个在它们之中"被意识之物"它们不是本原给予的相位。被意识到不应该表明被把握、被注意、附带地被留意(被把握)。

把握自身是一个体验要素,这个体验要素可能是现存的,或者不可能是现存的。如果意识是对 X 的非本原的意识,那么对 X 的意识自身是一个本原的体验,例如,(对它的空泛意识)自身是一个本原的体验。这表明,它不是在另一个非本原的意识中被意识之物,而另一方面它自身可以把握为本原被给予的:那就是说,正如人们首先将进一步表明的那样,其自身是一个本原意识的对象。因此每一个体验,甚至一个本原给予的体验,就其而言是本原被给予的,即是本原被意识到的。这个"被意识到"表明什么?在一个通常意义上的体验那里,这意味着,它是在原初构造时间的过程中被意识到的,并且按照在这个过程中的划分,我们在作为本原意识的本原相位与作为非本原意识的本原相位之间获得一个最后之物:每一个过程的瞬间相位是一个相位的一个连续统一体,这个相位是本原被意识到的,并且其自身是对其对象的本原意识,并且是一个其他相位的连续统一体,这些相位是本原被意识到的,并且就其而言不是对其对象之物(时间对象的过去相位)的本原意识。

第 7 节 〈当下原过程的本原意识中一个无限后退的危险·对一个非意向意识之把握的询问〉

如果每一个过程相位被意识到,那么我们就必须认为每一个相位是对这个相位的意识。对这个相位的这个意识自身不一定重又在同样意义上本原地被意识到,并且如此无限？这是困难。每一个非本原的意识,在最后意义上作为原过程相位,自身本原地被意识到。对对象的意识始终是当下之物,即使这些对象不是当下之物。如果这些对象是一个当下之物,那么对它们的意识也是一个当下之物。在超越对象的情况下,这没有困难,因为我们具有内在的对象,这些内在对象在时间意识中构造自身,并且建基于此的是超越立义。但是,原过程的当下状态表明什么,对这个原过程的意识表明什么,尤其对每一个相位来说,这个意识不重又是当下的,这个意识并不要求一个进一步的当下意识,如此等等？这是"内意识"被还原到最后之物的古老难题。

解决办法可能在哪里？当然,首先想到的是这个尝试,即考虑到一个连续的潜能性,新构造一个对……意识(当下意识)。我可以使一个事件点的当下被意识为当下,这个意识重又这样,如此等等。当然,这对一个任意的事件点来说是不可能立刻这样的,这个任意的事件点的确立即从本原性中消失,并且渐渐变为滞留,一如这个滞留持续地消失,并且变异地生长。但是,我可以把目光指向一个未来的事件点,而后可以把进入滞留的目光指向其过去的当下状态,或者一开始就可以把进入滞留的目光指向一个未被注意事件点的一个过去的当下状态,并且现在也可以一开始就在一个未来的事件点那里把目光指向其当下状态,指向其已经被意识为当下。而后同样可以把目光指向这个已经被意识为当下的当下状态,等等。

现在,尤其是为了避开这些困难,人们可以把注意力放在把握上面,并且可以说,把握是构造"当下"这个总是可重复的意识的东西,假如它并不贯穿一个意识,就其而言并不当下化这个意识。而后指向这个意识及其意向内容本身的把握是当下的。当下的是对过去之物的被意识到拥有,过去之物是在当下意识中被意识之物,但是,过去之物自身不是当下的,通过把握指向在过去意识中被意识之物,它被把握。

但是,对此可能提出反对意见,即这并不是自在明白的,并且确实在滞留性的意识中可以反思到当下的曾在状态,或者说得更确切些,可以反思到被意识为当下的曾在状态,即使在那里它不是被把握之物。

在我的注意力理论中,注意力可被理解为一个意向体验的样式,这个样式有其对应样式。也就是说,视意向体验是一个原初给予的体验,或是一个变异给予的体验,注意力是把握,或是拟-把握。并且在这里执态的样式是一同被变异的,或者不是一同被变异的(或者说,它是一种我们在回忆中一并做出的认可):注意是一个意向体验的进行样式,在这件事上,在已讨论的理论中未触及与此执态有关的那些困难。但是,对此我现在不进行探讨。一并做出或者不一并做出不是简单的事情,在这里新的意向性与相应的相合或争执也起作用。通常我们无非具有一个变异或未变异的行为的"进行",此外,我们具有一个更单一或更复合的行为的"进行",

并且与此相对我们具有否定的进行样式,也许这一切涉及意向性的组成部分,这些组成部分自身是意向的组成部分。因此,这个"理论"或者毋宁说描述曾是这样的。

我们说,在对原过程及其相位的把握之前没有意向体验,这样我们现在应该放弃这个理论,或者更确切地说,应该从本质上改变这个理论?那就是说,存在一个原过程体验的注意的变异,这些原过程体验不是意向的体验,存在一个原在场素材的注意的变异,以及存在一个作为素材的滞留的注意的变异。自我可以把它的目光指向意向的瞬间体验,并且自我可以指向贯穿这个瞬间体验的目光。但是,这应该称作什么?对一个意向被意识到之物的把握与指向与对非意向的,而是"单纯的"某物的把握或指向,其同等地位如何得到理解?因而,在此我们无法取得进展。谁在此没有反感,他就尚未理解意向性的本己之物。因此,我们重新询问,我们由何处知道一个原过程?我们由何处在这个原过程中知道原相位?

第8节 〈甚至在前摄那里存在一个无限后退的危险?〉

现在,我重提前摄并且试图指明,每一个前摄作为原前摄通过新物的进入充实自身。此外如果一个充实在发生,例如,在感知进展中的一个感知在发生,那么一个意识就通过演替的"相合"中的一个意识充实自身。但是,除了意向性的一个奇特样式,这个样式意向地回指一个先行的样式,这表明什么?如果现在原前摄在过程中充实自身,那么我们恰恰首先具有一个未被充实的意向性,这个意向性渐渐变为一个对……意识,这个意识具有被充实的意向性的特性。但是,现在我们在其中区分核心与行为特征。但是,核心在此不是一个另外被构造的立义内容,而是对象自身,这个对象在充实中毫无中介地被意识为"其自身";并且这个绝对被意识为"其本身"是其被意识为现在。原则上,这个核心只能作为核心出现,即只能作为一个充实意识的核心现象出现。

但是,而后对这个意识的一个可能的意识情况怎样？我们避免了无限后退,因为前摄自身确实重又是当下性,而且其充实确实是当下性,我们一定可以向这些当下性看去,并且实际上我们能够向这些当下性看去。这用什么方法？通过我们预先把目光指向未来的(即自身被期待的)前摄及其充实。

由此可见,在此,前摄在前摄(与充实);它们自身重又是当下性,因而指向它们的前摄也必须被接受,并且如此无限。

第9节 〈解决办法的尝试:原过程当下的直接意识作为滞留性与前摄性间接性的两面连续性的界限〉

困难不是不可克服的。如下考虑指明了这种情况。在原过程中的是每一个现在的充实与作为过去的每一个过去之物的充实。整个原过程是一条河流,这条河流是由前摄与前摄的充实组成的。当然,我们也可以说,它是一条由滞留与滞留的脱空组成的河流。每一个原过程的相位可以这样得到描述:$R(\infty \cdots\cdots 0 \cdots\cdots E_\kappa)$ $P(E_\kappa \cdots\cdots 0 \cdots\cdots \infty)$。

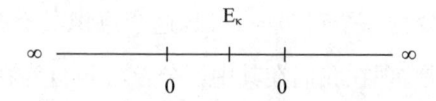

$$\infty \underset{0}{\overset{E_K}{\vert\qquad\vert\qquad\vert}} \infty$$
$$0\qquad\quad 0$$

　　这种象征语言的意义在于如下：在每一个原过程的相位中，我们将一个直观性的连续片段与一个非直观性的片段区别开来。这个建造是一个两面与对称的建造，它具有一个滞留面与一个前摄面。因此，为了首先考察这种情况，我们具有一个滞留的连续统一体，这个滞留由一个直观性的"领域"与一个非直观性的"领域"组成。双方的界限是零，即直观性的零；达到顶点是直观性的持续充盈，这就是说，是在强度阶段的持续提升中，是在 E_K 这个当下点上。在前面存在的是"还"直观被意识到的 E，但是，这些 E 是滞留性被意识到的，即它们是以过去样式并且在不同过去阶段被意识到的"先行的"E，这就是说，在前面存在的是事件点，即大体上是被意识为过去的而且直观被意识到的过去片段，这个过去片段消失"在黑暗中"，这就是说，它恰恰持续渐渐变为明白性的零点。（当然，这个转变在此不是过程，因为我们在此谈论一个原过程的唯一的"点"。）

　　现在，至于不明白性领域，不明白地被意识到的过去，它重又能区分一个双重之物：有细微差别地被意识到的过去，例如，还被区分的，但空泛地、非直观地被意识到的声音，这些声音恰恰已流逝了，并且它们被意识为在直观声音后面存在的、无细微差别地被意识到的过去，一个无差别的现象学的点。这与空间的视域范围相似，空间的视域范围封闭这个视域，并且不再现象学地（即在此直观地）指明深处的区别。但是，这个过去的视域点的 ∞ 不是最后一个被意识到的事件点，或者它只是假象的，尽管作为观念人们可以谈论最后有细微差别的被意识到之物是非直观细微差别的下限。因此，这是第二个零。但是，这个零具有一个样式，我们无非能把这个样式称为一个敞开的视域，但是，这个视域不仅是非直观的，而且是无细微差别的。作为这样的视域，其含义以在滞留本质中存在的可能性存在，这个可能性是澄清与拟-充实的可能性，即其含义以一个再回忆的形式存在，在这个再回忆中限定在 E_k 这个被描述的相位的这个原过程以重新认出的样式更新自身，并且在这里不明白的视域"展显"自身(在意向的认同中"展显"自身，这些意向是自身通过滞留或再回忆被持守的或重又被意识到的过程相位的意向，这些过程相位在此是在有关意向瞬间之后的过程相位，而另一方面这些意向是对块片的再回忆的意向，这个块片把"视域""展显"成明白性)。① 在 U_k 这个原过程相位的滞留性面中的秩序是一个系列的秩序，而且是一个持续系列的秩序，在这个滞留性面中 E_k 被意识为现在的。这个持续系列的每一个相位是滞留性的相位，是一个意向性的点，这个意向性不仅一般持续改变自身，并且在这里有其持续变化的对象性，而且能表明自身是与过去之物有关的意向性的持续间接性。直接性的最大值如此存在于 E_k 那里，以至于绝对的直接性是一个观念，这个观念在 E_k 中有其界限，这就是说，在现在意识中有其界限，这个现在意识是对 E_k 的直接意识，并且滞留只是作为滞留的持续性界限，这个滞留与零相反，并且进一步向着无限是越来越间接的，而且在无限中"包含"一个间接性的敞开无限性。

---

① 在此缺少对前摄无限展显的平行讨论，前摄的无限在进展的充实过程中把自身离散地放入一条平行的射线束，这条射线束在无限性路线下面恰恰逐渐变为被展显的前摄，进而逐渐变为明白的前摄，这条无限性路线在上方视域地封闭了有细微差别与明白的过程。参看示意图。

毋庸置疑,这个考察转而适用于 U_K 的第二个反向构造自身的面,转而适用于前摄面。前摄与属于 U_K 的滞留一样是一个意识,但是,这个意识有其持续的相位,这些相位由向着零迅速渐渐消逝的直观性,并且由一个有细微差别的非直观性向一个无限继续下去,这就是说,向一个无细微差别的界限继续下去,这个界限具有一个包含敞开无限性的空泛的、无细微差别的视域的特性:具有将来视域的特性。明白性的最高点重又是 E_K,在那里反向的片段对接,并且组成一个片段的统一性,这就是说:一个唯一的意识在此被标识为瞬间意识,被标识为一个具有内在意向性的两个延展的意识。在此,在过渡点上包含间接性的零点,也包含前摄的零点。这就意味着,与这个点有关的前摄是绝对直接的,但是,它其实不再是前摄,一如在此滞留"其实不再"是"滞留"。间接性的等级性、直观性与有细微差别性的等级性,对 U_K 这个意识的两条支线来说向着相反的方向行进。

第10节 〈细微区分图示的尝试(图表)〉

我们已经把瞬间意识描述为一个带有两个延展的连续统一体,这个瞬间意识构成一个构造时间之过程的相位——它是一个意识,这个意识具有意向性的两个连续的延展。但是,现在为了澄清规律性这需要进一步描述,这些规律性表明了按普遍样式一致的瞬间相位的彼此重叠序列的特征,并因此也把诸殊相带入每一个瞬间相位的内部结构。对此过程新的、完备的图表对我们有用。但是,在这件事上时间透视没有得到图表-感性的表示。在 $U_{\langle x \rangle}$ 中我们谈论一条滞留支线与一条前摄支线,并且通过一个中性的点,通过一种前摄与滞留的零点,这一条支线逐渐变为另一条支线。

但是,现在我们也可以说,每一个 $U_{\langle x \rangle}$ 是一个由滞留与前摄组成的连续统一体的相位,而且〈其〉自身是一个由滞留组成的连续统一体与一个由前摄组成的连续统一体的零点。在图表中,我们可以把 $U_{\langle x \rangle}$ 这条作了粗标记的中垂线视为零点,并且可以把它的滞留视为在其左边的垂线连续统一体,把它的前摄视为在其右边的垂线连续统一体。

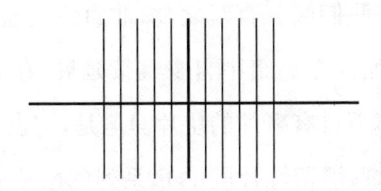

那就是说,它们可能以完全类似于在 $U_{\langle x \rangle}$ 自身中的事态把意识标识为点连续统一体。因此,我们具有一个垂线连续统一体,它是一个由点连续体组成的连续统一体,每一个点连续体是一条垂线。

这该如何理解?当然,在过程的彼此重叠序列中,$U_{\langle x \rangle}$ 是一个连续序列的环节,但是,以此方式我们说,在这个被编排状态中每一个 $U_{\langle x \rangle}$ 应该前摄性地指向所有紧接着的 $U_{\langle x \rangle}$,并且滞留性地指向所有先行的 $U_{\langle x \rangle}$。在这里可以考虑时间透视的规律性,据此关系的直观性向两面有其狭隘的范围,因此,我们落到这个前摄与滞留的一个直观性的零点上,而后我们落到一个有细微差别(即使不确定)的意向的领域上,并且最终落到一个无限上,这个无限是一个没有展现的其他形式的潜能性。

$U_{\langle x \rangle}$ 自身被描述为一个连续统一体,这个连续统一体带有两条以零点为出发点的支线,一条是滞留性的支线,一条是前摄性的支线，这个 $U_{(x)}$ 自身何以能够再次是两条支线的零点，同一之物应该对这两条支线有效？U_x 的下面支线已经被称作与 E 有关的滞留，这些 E 是直到终点的已流逝系列的 E，是直到过去的"E"的已流逝系列的 E，这个过去的"E"伫立在视域中，或者毋宁说，这些 E 是直到过去视域边缘的已流逝系列的 E，这个过去视域边缘标明一个敞开的无限性。（我在描述中尚未考虑一个"开始"意识的很不一样的广度，例如，尚未考虑一首钢琴曲意识的很不一样的广度。在这件事上，我们区分直观之物，非直观的有细微差别之物，而后区分直到开始的在黑暗中自身继续延展，在这个开始后面还有"其他事物"，但不再有事件的块片。）但是，它也是与滞留性片段有关的滞留，在这些滞留性片段中 E 系列的已流逝的片段在过程中展示自身。我已经在以前的图表中这样说过。但是，现在我想说：它是与过去的 U_x 有关的滞留。这用什么方法？

我们设想一个确定的事件开始。在 E_1 这个开始上，它没有涉及其事件点的滞留，其下面的 U_x 支线属于过去的事件，在这些事件的敞开视域中有一个新开始的空泛可能性，这个新的开始就这点而言被感觉到了。

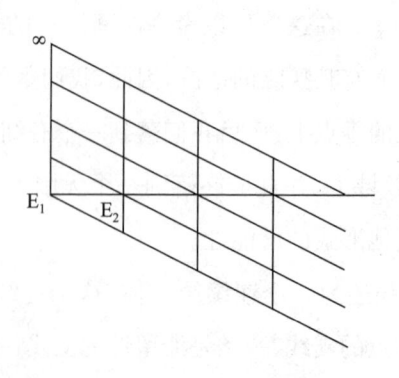

一如 E_1 在此存在,上面的 U_x 支线也同样在此存在。在过程的进展中,这个空泛的前摄持续充实自身,即它用直观限定的充盈 $E_2E_3\cdots\cdots$ 持续地充实自身,这是一个意义上的充实。但是,同时 $E_1\cdots\cdots\infty$ 这条片段向下挪移,它在下沉。并且这也是一个"充实"的进程,这个"充实"是其被包含的意向的"充实"。无细微区别之物变得有细微区别,不明白之物变得明白,明白之物挪入终点(terminus ad quem),但是,界限(Terminus)自身挪入否定的领域,它经验到脱实与滞留性的变异。($E_1\cdots\cdots\infty$)这个意识经验到一个持续的"变异",并且滞留性地包含在这个变异中的是对此是变异的东西。因此,不仅过去片段的"过去状态"存在,而且在每一个被置于前面的 U_x 中的过去的 U_x 的"过去状态"也存在,一如这些过去的 U_x 与事件有关(即首先不是在我们上述描述的意义上与事件有关,这个描述在两侧一直进入无限性)。另一方面,当每一个 U_x 片段充实自身的时候,它反复地向无限向上"生长",并且它以这个上面支线与一同带着其下面支线的完满形式进入所有进一步的将来,并且这表明,它包含在 U_x 右边的整个半平面。每一个 U_x 不仅是通过一个以前 U_x 的变异形成的,它也是对一个类似将来的"期待"。

附录6 (关于第十一篇文字第9—10节):〈上升的无细微差别性与间接性的解决办法模式的困难・滞留性下沉中的区别〉

在有细微差别被意识到的过去与无细微差别被意识到的过去

之间的区分造成了困难。如果我们听到一首旋律，例如，听到一首单纯的民间旋律，这首旋律一节一节地重复，那么实际上我们必须区分：在听到中直观伫立的这首旋律的块片，超过刚好发出声音的声音，我们"还听到的"东西。但是，除此之外我们有另一个很重要的块片，这个块片对我们来说"还在耳朵中"，并且在其调性的分段中被意识到，它还不是被听到的声音演替。因此，我们一定得承认这个区分。歌节结束时，我们还有一个整个歌节的意识，即使明晰性与其开始那儿相比可能减少很多。这也可以越过几个歌节伸展出去。〈至于〉由歌节与对应歌节等组成的建造，也许一个意识的统一性越过整个诗歌，如果它不是"太长的"。在一部小说、一部戏剧等那里则不同，其统一性的根源并不在于一个包容的"感性的"统一性，这个统一性是直接统一的滞留的统一性。

在这个有细微差别的过去意识领域，有细微差别性向过去那儿在减少，观念地说，它自身有一个向零的等级性。但是，在其中并不存在的是，这些差别在每一个意义上都在消失，因为再回忆与在这个块片之后的滞留相合，它可能自身事后按其方式"重又显露出来"。我们该如何考虑这个事态？

我们可以这样试一试：在"下沉"中，在滞留的持续自身变化中，我们首先具有直观性的较高等级，这些核心的差别清晰地得到了区分，并且这些滞留性变异的立义也清晰地得到了区分。在现在在考虑之内的第一个领域直观性迅速减少，但是，以此方式以至于这些相对的区别是极其显而易见的。但是，在一个接续的低级阶段，虽然这些核心还在此存在，但是它们在明白性降低中已经丧失了大多数"区别"，已经丧失了被凸显性，甚至首先已经丧失了相对的明白性区别;但是,至于这些滞留性的"立义",我们说,这些滞留自身是对……意识,主要的意义分界线还始终在它们之中存在,而其余的意义分界线则在不明白性中"渐渐模糊起来",沉入潜能性的状态。而后它们是可展现的,但不是作为被展现的差别,不是作为意识的被凸显的要素可找到的。也许,最终剩下的是像一个整个先-过去的歌节的意识这样的某物,这个意识作为一个按歌节内容无细微区别的,但还以模糊的方式被确定界线的意识。于是,在现时被意识到(原初)的过去领域,甚至于无细微差别的意识的块片混合起来,细微差别与潜能的包含混合起来,并且只要还达及这个领域,它就不应该谈论一个直观性的现实的零,而是应该谈论其另一个直观等级,这个直观等级不再让直观性差别得到凸显。但是,无疑在其中各个组成部分与这样一些组成部分自身能够区分自身,前者已经现实具有一个直观性的零,后者没有这个零。的确,总的看来,它具有下沉之物,这个下沉之物形成一个事件的统一性,它在所有相位中没有同一个"直观充盈",并因此在滞留性连续统一体的同一个位置上的每一个相位不一定将在零那里未达目的。直观性的紧张(Intension)一开始越厉害,它在下沉中就持续得越长。并且在这里这些滞留也参与了。

但是,应该考虑到:不仅滞留性的点相位在下沉,而且它们组成意识统一性,组成一个声音的统一性,一个节拍的统一性,一个声音相位的统一性,一个歌节的统一性等等。① 但是,如果已经生产了一个这样的统一性,那么它确实以一个意识统一性的形式存

---

① 如果一个超越的统一性构造自身,那么这当然同样有效。

在，这个意识统一性虽然包含一个由滞留性的点组成的连续统一体，但是，它不仅是这样一些点的融合，而且由于一个本己的统一性在一个由滞留性相位组成的连续统一体流逝后把自身封闭成一个单一的自为存在的声音，某物形成了，它从现在起以其统一性与本己性逐渐变为进一步的滞留性的过程。对每一个较高阶段的统一性来说也同样如此，每一个由几个〈声音〉组成的较高阶段的统一性组成一个和谐的声音同一性，组成一个节拍等等。因此，每一个这样的意识具有一个封闭状态，具有一个凸显，并因此在其接续的具体滞留中具有一个自身保持的力。作为构造的统一性它具有一个意义的统一性，并且由于它不断地持留这个意义的统一性，它确实可能在滞留性的变异中丧失细微差别性，这个细微差别性与那些"立义内容"有关，与那些奠基的被构造的统一性有关，并且与那些从属的构造立义有关。也许这可以持守为现实的事态。并且，因此一般应该顾及这些在观念上被凸显的点相位的滞留，以及这些在时间意识中形成自身的被构造的统一性的滞留，也应该顾及这些"内在的"统一性的滞留。

附录7 （关于第十一篇文字）：关于〈过去意识及其变异〉的标明

如果我们必须假定，每一个原体验要素被意识到，那么它对此不需要标明。因此，如果我们写上 $E_0, E_1, \cdots\cdots$，那么这表明了 $B(E_0)\cdots\cdots B(E_1)\cdots\cdots$。当然，而后有效的是这个规律，它排除了无限后退：$B(B(E)) = B(E)$，这就是说，不存在对意识的意识，或者更清楚地说,对某物的本原意识自身不重又在一个对它的本原意识中被意识到。我们用 V 标明本原意识的持续变异(如果我们把它称作"滞留",那么它也可以被称作 R)。而后 V 可以表明 E 的过去被给予性方式。进而可以说明两者的是:变异具有一个持续间接性的等级性。我们通过一个持续的数值把它称作上面指数,例如,称作 V^κ。

而后,有效的是这个标明规律,它表达了一个本质规律: $V^\kappa(V^\lambda(E)) = V^\lambda(V^\kappa(E)) = V^{\kappa+\lambda}(E)$。一个不带括号的 V(E) 是未变异的,而且一个不带括号的 E 也同样如此。但是,在括号中这个 V 对它来说意指变异的符号。因此,在这件事上,这个 E 并不现实地在 V(E) 中存在, V(E) 是 E 本身的本原被给予的过去状态,或者说得更确切些, R(E) 是意识(本原被给予的意识),在这个意识中这个 E 被意识为过去之物。

如果上面指数是零,即如果 V^0 被选为标明,那么这就表明没有变异。$V^0(E) = E, V^0(V^\kappa(E)) = V^{0+\kappa}(E) = V^\kappa(E)$。

附录 8 (关于第十一篇文字):〈对图表中时间位置与过去的连续统一体的展示〉[235]

E_0 本原地出现。

E_1 本原地出现,从 E_0 至 E_1 的滞留被衔接在一起,或者说,过去变异在一个连续性中本原地被意识到。

与 $V(E_1\cdots\cdots E_0)$ 相符,而且与 $V^0 E_1$ 至 $V^1(E_0)$ 相符,这就是说,与 E 的持续系列相符,关于诸变异的变异连续接续本原地被意识到,并且 V^1E_0 表明,变异在其间接性中已经进展到那个程度,即它与 E_0E_1 这个系列中的 E_1 的位置相符。因此,除了其本质之外,这个本质是同一个或者是一个变化的本质,此外,至少是在一个瞬间连续变化的本质,这些 E 具有一个位置连续性的指数,具有一个新的时间位置指数,并且这个指数固定地被列入滞留的指数。我们知道这些。

这就是说,被给予我们的是时间系列,被给予我们的是 E_0 这个事件,并且对每一个事件的点来说,被给予我们的是一个时间位置。被给予我们的是在一个定位中的事件,而且我们可以反思地说:每一个时间位置相继被给予为现在,内容相继被给予为现在的内容,而后被给予为刚才曾在的,如此等等,并且与每一个现时现在合一的一个曾在性的连续统一体,这就是说,一个由时间位置连同其内容组成的连续统一体,它以连续过去的被给予性方式与现在的时间点及其时间内容合一地被给予;并且被给予我们的是:属于每一个时间位置的是一个必然不同的过去,而且仿佛每一个时间位置贯穿过去的连续统一体。一个时间位置的连续统一体与过去的连续统一体联系在一起。

此外,被给予我们的是:这两个连续体彼此流过,并且在这里相互变化地联系在一起;在这里对事件的意识连续地建造自身。如果这些整数标明在时间连续统一体中的位置,并且 E 在相同的〈或者〉很快就变化的本质内容中,我们并不进一步标明这个本质内容的区别,那么我们就具有 $E_0E_1E_2$ —,它们像连续的数列一样通过持续的位置被传递。位置标明由于离起始点的距离是相对的。

E_0 是现在的,并且是事件的起始点(时间坐标的零点)。如果

E_1 是现在的,那么与此联系在一起的是除 E_1 之外至 E_0 的过去变异的连续统一体,而且这是一个间接性的连续统一体。

而后,同样被给予我们的是:在过去的连续统一体中,每一个过去之物不仅与当下具有过去关系,而且与其在先的过去具有过去关系,而且具有无穷小的过去关系。时间位置指数始终固定地被列入滞留性的指数,始终固定地被列入过去特征,因为每一个同时发生的事件连同这些时间位置指数也共有过去指数。

时间位置如何把自身列入过去指数?当然,一个自在的时间位置与一个过去指数无关,因为它的确可以接受每一个过去指数。

如果一个时间片段 x_0 至 x_1 持续进入本原的被给予性,那么始终只有一个点本原地被给予,而且现在持续地转变成过去,转变成过去的过去,如此等等。如果 $x_κ$ 进入现在,那么 x_0 的过去指数为 $x_κ—x_0$ 所确定。并且 x_p 的过去指数为 $x_κ—x_p$ 所确定。

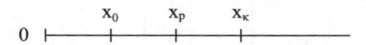

```
        x₀    x_p    x_κ
0  ├────┼─────┼──────┼────────
```

如果这个数值是负的,那么过去指数是一个想象的过去指数;或者这个点不是我感知的事件点($x_p < x_0$),或者它可以期待,它是将来的($x_p > x_0$)。

在过去(作为刚才-曾在性)中的地位或者渐次变化的指数不为绝对的时间位置所确定,而是为离这个时间点的那个时间点的间距所确定,那个时间点的过去样式是可以确定的,这个时间点恰恰伫立在"现在"中。

由于 x_0 是 E_0 开始的时间点,因而 x_0 的过去指数=0,如果 E_0 恰恰是现在点,与 x_1 合一的 E_0 的过去指数(=1,如果我们在时间

单位中设想 x_1—x_0),并因此与 $x_κ$ 合一的 E_0 的过去指数 = $κ$,如果 $x_κ$ 是时间点,在那里 $x_κ$ 是现在的。在这里,应该注意的是,$κ$ 而后是对一个持续变异的象征,这个变异在自身中被意识为零的持续的 $κ^{te}$ 变异。

此外,如果 $x_κ$ 被意识为现在,那么每一个 $x_κ$—x_0(即每一个在事件延续中先在的 x)与此合一地被意识到,因此,我们具有一个由过去的被给予性方式组成的连续统一体,它一致地涉及整个被充实的与迄今被意识到曾在的时间片段。并且这个连续统一体在河流中。就其在其现在被给予性中的每一个时间点来说,我们第一个图表是一个各自已流逝事件片段的被给予性方式的图表。

为了在图表中略述把被给予性方式列入已流逝的时间片段,看来我们得在一个 45°角下面标识倾斜状态?

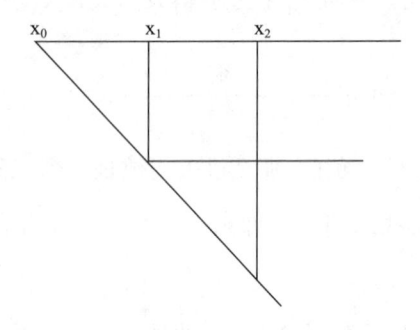

$$\begin{array}{ccc} x_0 & x_1 & x_2 \end{array}$$

被列入 $x_0 x_1$ 这个间距的是过去样式的纵坐标。如果 x_1—x_0 按其数值是 x_0 的变异的指数,那么我得把这个数值给予纵坐标。但是,无疑,我却不可以比较变异的"数值"与时间片段的数值。因此,一个任意的倾斜状态够了。只是它恰恰永远是一个确定的、不变的与非偶然的列入。如果我们用相同的数象征时间片段的相对间距与相应的过去变异,那么对此也许选择 45°是最好的。

如果我们用 E_0(起始点)E_1—标明事件点,那么对此我们就用离起始点的距离数值标明它们。并且就一个事件的每一个伫立在现在中的点来说,与这些距离的数字指数始终相符的是同一些过去片段,这些过去片段在这里可以用同一些数字象征。

附录9 （关于第十一篇文字）:〈原生活流〉的形式系统〈及其在图表中的持续变异〉①

我们试图持守"形式"与内容的区分②,但是,在这里试图考虑如下情况。一个体验要素"新"出现,这可以是指：1)"变异了的"[要素的]对立面(相对于过去要素而言的现在要素)。但是 2),在一个阶段上变异了的[要素]必定会相对于任何其他阶段上变异了的[要素]而凸现出来,每一个[要素]都是相对于其他阶段的更高阶段上的[要素]。这个较高阶段一定对其他阶段伫立着,类似于其他阶段一定还对其他阶段伫立着,并且最终对绝对的新物伫立着,以此方式以至于一个变异跟进一步的变异相比可能具有比较新的特征,这

---

① 一个很重要的未完成的与虚构的考察,但是,这个考察可以自为地重复,并且可以毫无神秘依据地重复。

② 在这方面什么都没有谈及,即"形式"是一个内容的实项要素,在此意义上,如同我们把亮度表象为颜色的要素,如此等等。尚未解决的是：是否这个形式不是一个意向活动之物,是否它不是一个被给予性方式,而且是否内容不是一个意向对象,这个意向对象以这个被给予性方式被意识到。于是,结合为一(Verein)不是真的结合为一,而是每一个生活点是一个对一个内容的意识,生活流是一条意识流。

些进一步的变异有其变异的特征(当然,对此这毫无立义)。

这表明:所有原体验的一个形式要素在一个原新奇之物的点的一个线性连续统一体中渐次变化,比方说,1 持续渐次变化,并且向一个观念的无限小可达及的界限零持续渐次变化。可以这么说,从 1 出发的这个"操作"在一个系列中持续延伸,因而形式与意义始终是同一些形式与意义,并且这个操作从一个被达及的点开始总是继续是同一个。于是,已经符合条件的是,像未变异之物的变异一样,像变异的形式出发点的变异一样,变异之物的变异是一个相同的变异。我们也可以把它称为一个持续的提升。因为这的确属于一个"提升"的本质,如果我们不把一个无限的无限性的强度性质算作这个概念。一个开始的提升重又可以提升,而且持续的提升是一个被提升之物的提升,并且如此无限。这个形式对所有原生活相位是同一个,对每一个最初生活的原生活相位是同一个,是一个固定的连续统一体。而且"河流"对所有生活要素是同一条河流,形式 1 的所有生活要素以相同的方式逐渐变为连续新的形式1……0,并且"同样快地"逐渐变为它们。这应该表明什么?

我们还没有顾及这方面,即形式 1 的生活要素与形式 κ(变异)的生活要素"同时"存在,或者能够"同时"存在,同样我们还没有顾及这方面,即如果形式 1 的一个相同的生活要素新出现,在一个正是这样的生活要素在 κ 中已经变异自身之后,那么这个新物作为新物一定得到了区分。在原河流中不存在保持不变。每一个 1 具有一个新的个体性。形式 1 不是一个形式,而是一个由诸形式组成的连续统一体。就这个新的维度性来说不存在开始,这个开始可以用一个新的 1 标明,例如,可以用 I 标明,在此出现了一个在两边无限的线性连续统一体。这个新的形式属于生活要素的个体性,甚至无非正是这个个体性的指数。系列1—0的每一个变异的生活要素重又有其个体性,而且把这个个体性的特性给予内容,并且属于它的是这个在两边无限的同一个系列的指数。我重复的一个"1_z"(〈在这件事上〉,也许z象征性地标明一个在两边连续的数列的数,并借此象征在此有关的个体性杂多性,尽管数学上的数字之物在此不再起作用,即只用作一个比喻,在那里不存在测量与计数的领域),它可能在自身旁边具有杂多的变异,这些变异结合为一地出现在生活流中,但是,所有这些变异κ都具有同一个z作为指数:$κ_z$。因此,它们具有"同时的"特征。而且现在同一个形式1_z的生活要素的总体结合为一如此改变自身,以至于这个形式的所有生活要素的变化也一定具有同一个z,这些变化每次属于同一个变异阶段κ。

因此,如果一个内容E与形式1_z的事件要素改变了自身,即E_{1z}转变为$E_{κz}$,E'_{1z}转变为$E'_{κz_1}$,那么z必定=z_1。这表明了同样快的流动。现在,我们也可以说:原初的生活流(在所有在其中出现的新的具体事件之前的原初的生活流,所有这些事件是"行为"、事物立义以及其他类似立义的特性的事件)具有一个由各个形式组成的双重连续统一体。由于它在其存在中包含一切存在,它在一个流动中。每一个河流相位连同所有被包含在其中的个别生活要素,都具有一个建立时间的个体性的形式z(这个形式对所有这些要素是同一个),此外,具有第二个与此交织在一起的形式1—0的渐次变化。

但是,我们注意到,还缺少一点。如果人们必须假定,个体性

240 的形式 z 不断与形式 1 联系在一起,即在河流中新物不断原初地出现,那么在同时状态中所有变异 1……0 作为"先"-过去的 1_z 变异也一定对每一个新的 1_z 显露出来,即这些形式不断作为被充满的形式〈一定〉现实地显露出来。因此,我们在河流中始终具有一个"同时发生的"连续统一体,这个连续统一体由所有阶段的被充实的变异组成。旧的图表用恰当的标记(Indizierung)也可能起作用。

但是,现在,在这些假设那里,该如何理解所谓随着朝向而出现的对时间对象性的立义与把握,这还是个问题。

把立义拉进来。并不全部附上。变异 1……κ……0。变异 z。每一个 1〈是〉另一个 1。每一个 1〈是〉一个连续统一体的出发点,〈是〉一个片段的出发点,这个片段是另一个 1 的属于它的、与它结合为一的变异的片段。按照图表。这些变异〈是〉意向的变异,这些消退只是意向相关项的核心。变异的等级性〈是〉一个意向性的等级性,这个意向性带有核心的等级性,"整体"〈是〉渐次的。每一个 1 具有意向变异的零点的特征。或者具有直接性的最高点的特征。但是,它是前摄性的充实,并且是一个充实系列的顶点,这个充实系列变异地被意识到。就每一个新的 1 来说,这个系列是另一个系列;并且由于在系列中的统一性,这个 1 具有另一个特性。因此,相同的"内容"一再不同地被立义,并且具有不同的特性:具有不同的意向特性。

在每一个个别的片段并且在每一个同时发生的事件片段中都是这样的。但是,至于在河流统一性中的片段的联系,不同的再回忆不是对同一之物的回忆,在这些不同再回忆中的一个 1 的差别借此被给予，即一个前摄性的统一性贯穿整个河流，并且每一个点都是充实，以及两个相同的内容在相继中不可能是同一方向的诸前摄的充实。现在，这可以进一步加以阐述。

附录10 （关于第十一篇文字）：〈原当下与过去作为形式与作为个体的被给予性·用公式展示滞留性的变异〉

一个超越论的事件 E。它充实一个现象学时间 t_0—t_1 的片段，并且这个被充实的片段是事件自身，是在其时间延展（时间延续）中的感觉要素，或者是一个我思（cogito），是我感知这个或那个、我感到喜悦、我评价、我判断等等。这个事件在构造时间（构造时间对象性）的意识中构造自身。Et_0 是当下被给予的，并且是一个现在的原当下之物①，它在"河流"中转变为 $V(Et_0)$，新出现的是 Et_1，两者以当下的形式被给予。而后，变化连续地继续下去：

$V(V(Et_0))$，$V(Et_1)$，（新的）Et_2，

$V(V(V(Et_0)))$，$V(V(Et_1))$，$V(Et_2)$，Et_3，等等。

同样，在这里应该区分：Et_0 = 原当下中的 Et_0，并且〈后者〉是一个确定的体验特性，是一个被给予性方式，这个被给予性方式属于 Et_0 的意识，或者属于作为意识内容的 Et_0，对意识主体来说，这个意识的确正是原当下。以先前的书写方式，每一个总表达式也自为地具有原当下的标记，这个原当下〈是〉一个意识形式。但是，

---

① "原当下"总是叫作一个当下，这个当下并不展示一个过去。

如果我们相继写出这些行列，那么虽然我们在每一个行列与每一个环节具有原当下这个普遍形式，但是我们必须区分这个普遍形式与个别的原当下，个别的原当下是一个绝对的唯一之物。现在与新的现在不是同一个现在，而是一个"个体"不同的现在。现在，属于每一个 t 的是一个现在，是一个唯一的现在，即作为它的原当下。因此，我们能够区分 $J_0(Et_0)$，$J_1(Et_1)$……，并且这些指数必须相符。不存在 $J_1(Et_0)$，如此等等。同样，我们必须区分 V 这个普遍的形式与这些特殊的过去样式，这些特殊的过去样式重又是体验被给予性的样式。但是，不仅如此。正如我们首先写过的那样，在"河流"中，Et_0 转变为 $V(Et_0)$，或者 $J_0(Et_0)$ 转变为 $J_1(V(Et_0))$ 而后转变为 $J_2(V(V(Et_0)))$……。这些特殊的过去具有 $V, V(V), V(V(V))$……这些形式。但是，V 重又受到 J_1 的束缚，$V(V)$ 重又受到 J_2 的束缚，$V(V(V))$ 重又受到 J_3 的束缚。

因此，我们也可以写出：$J_0(Et_0), J_1V_1(Et_0), J_2V_2(Et_0)$……，但是，在这件事上应该关注的是：标记用整数并不意味着不连续（Diskretion）（更好的、难以明白写出的标明是用无理数，即用连续的数字）；此外，就 V_κ 来说，指数不仅意指一个连续新的河流位置，这个河流位置为〈在〉其连续数列中的延展中的 κ 所标识，在这个河流位置中唯有按照这个连续性才出现一个新的 V，而且 V_k 意指一个连续的 V 变异，我们在上面用 $V(V(V……))$ 略述过这个连续的变异。如果我们探究被给予性方式的河流，那么我们便对原当下具有河流 $J_0……J_\kappa$。我们把它称作一个深处相位的连续性。

第十二篇 〈分析不带立义与被立义内容模式的原过程的一个尝试〉

第1节 〈借助于立义与被立义内容模式概述分析由原印象被给予性与滞留性消退变异组成的河流·无限后退的异议〉

渐渐消逝属于所有超越论意识素材的原规律性。① 或者说，所有现象学时间的超越事件是被构造的统一性，并且向两个构造性的变化回指一个建造，即向原涌出的印象与原涌出的滞留回指一个建造，产生于原涌出印象的是常新的"原素材"，是纯粹意识的原印象被给予性，在原涌出的滞留中每一个原素材（每一个原印象之物）变成一个次生印象的素材，变成一个以前原素材的"消退"，并如此在持续的变异中，如此以至于每一个消退自身又像先前原

---

① 一个尝试，即仔细考虑跟我从前观点相反的结论。一个背景意向性被否定了，这个意向性已经构造了时间对象。这对诸疑难来说很重要。

素材、先行的消退等一样服从同一个消退变异。变异的河流与新产生的河流合一（当然，在这件事上事件的新素材的原产生可能终止）。因而，我们具有一个原过程，它带有一个原出现与一个已出现之物的原变化。这属于所有超越论的最内部的意识素材的本质，并且属于此的是最原初的意向性，（在某种意义上）产生这个最原初的意向性的是最初的"客观"时间，这个客观时间带有最初的超越事件，带有现象学事件。这个最初的客观时间是这个时间，它在《观念》中曾被称作现象学时间。

因此，在对这条河流或原过程的超越论反思中，我们发现了原印象素材，发现了连续变化，这些连续变化又称作"消退"。但是，我们也发现了立义功能，发现了原素材的立义是事件的真正与纯粹在场之物（纯粹当下）；而后我们发现了立义，其被代现者是消退，由此诸过去展示自身，而且作为刚刚-曾在性展示自身，〈进而〉我们发现了贯穿原过程的统一性意识，并且在这个原过程中随着同一个原素材消退的彼此重叠序列，同一个事件点或〈一个〉被充实的时间点连续地被意识为时间的客体性，并且在原出现的河流中每一个原素材都是这样，融合也同样如此，由于这个融合产生了对这一个被充实的时间片段的意识，产生了对这一个客观的超越事件的意识。

现在，出现了与"功能"有关的困难。原过程作为一个最后阶段的超越论意识特值（Bewusstseinsdabilien）的原规律性在消逝，作为过程在消逝，在这个过程中，首先，客观的现象学时间构造自身，而后所有可能发生的其他意向统一性构造自身。并且这个过程在流逝，无论现象学事件是否被关注，此外，无论一个更深的超越反思是否指向其自身及其构造。

现在，我们应该说，现象学事件是对超越论的主体现实被构造的，无论这个超越论的主体是否关注或把握这些事件与这些构造性的过程？因此，我们应该假定：在原过程中出现的原感觉素材（原素的原素材），它们不断地被立义为原当下性（原印象的原当下性）；并且每一个消退按其阶段也同样如此与不可避免地为一个变异的立义所伴随，由此它被意识为正是这个阶段的时间映射，甚至被意识为一个确然的原声响的消退？于是，我们不仅具有有关构造事件的原素材（它们属于时间充盈）及其在所有反思之前的原过程中的消退，而且作为最内部意识生活的其他要素，我们具有意向活动的要素，这些要素赋予这些素材以立义，把时间性的意义给予它们。但是，而后这些新要素不一定重又是素材，对在后面的地位（Dignität）的进一步立义来说不一定重又是立义材料，通过这些进一步立义它们获得时间的含义？如果这有效，那么我们必然落到一个无限后退上面。

也许我们应该说：原素的素材具有一种优先权，即它们必定为立义所伴随，无论我们对此是否知道？但是，难以看出这是为什么。无论如何，我们不仅能够发现感觉素材是时间事件，而且能够发现在功能上已经被立义的素材是时间事件，而且这些素材是与这些立义合一被接受的素材。例如，这些体验中的一个事物以无限杂多的方式合显现地显示出来，即那些对一个事物的显现（"感知图像"）。但是，也包括每种逻辑行为或复合命题行为，把某物立义为主体，某物与某物有关，等等。①

---

① 一个本己的课题：被奠基的复合命题行为，在其中基于"素朴"行为连同素朴被构造的对象，较高阶段的对象构造自身。这些被奠基的对象性的时间构造与这些奠基的对象性处于怎样情况，同样，诸行为处于怎样情况？

第2节 〈抉择模式的发展：在其出现与变异的渐渐消逝中原过程仍不包含立义·对原素材及其消退的反思性感知的把握通过自我，意即通过时间对象性的构造才要求一个对过程的原素材的意向立义·消退变异之感知的特性〉

我试图以如下形式解决这些难题：反思前的原过程是一个单纯的过程，或者我们更好地说，在每一个注意的把握起作用之前的原过程是一个单纯的过程，如果诸感觉素材未被注意地出现与流逝，这个过程是一个毫无立义或代现的原出现与渐渐消逝的过程。

虽然应该考虑到：如果一个现实构造的时间意识已经被形成，那么也许一个背景统觉发生了，这个背景统觉时间对象地立义那些背景过程。以我称作次生感性的东西的方式，在背景中一个时间客体能够被给予，并且能够产生其刺激趋向。而问题在于，是否我不一定以发生的方式说：这是一个原可能性，并且这以发生的方式是一个原开始，即恰好根本没有真正的时间意识是被构造的，或者说，对自我来说恰好没有事件在一个时间中。这是一个原初睡眠的意识，这个意识还从未苏醒，或者这是一个原初睡眠的自我，这个自我还从未醒过。或者说，即使自我曾是已经苏醒的自我，作为可能性我们设想：它具有诸领域，其中没有构造时间的过程，原过程就在流逝。这表明，这不是一个原初的必然性，即每一个原过程是对时间事件的意识,即它有过相应的立义。

现在,我们设想,出现了一个原素材,而且它刺激自我进行把握,或者毋宁说,出现了一个连续新产生的原素材的过程。(也许人们可把它称作原规律,即每一个素材是一个连续统一体,即使是一个"微小的"连续统一体;一个不管多么短的短促而清脆的响声都有其延展,这在此还不意指现象学时间的扩展。)同样,人们将会说:由于所有功能性的"感性"早先发生,我们偏爱的每一个感性素材都产生其刺激;但是,唯有"凸显的"感性素材"越出刺激阀(Schwelle)凸出"自身,并且最终迫使把握。

现在,我们以此开始,即出现了一个朝向:这是一个时间事件-意识之构造的开始。自我朝向感觉素材,把握它。但是,这个感觉素材在自身中是一个连续的新产生,并且把握的自我已经朝向这个连续的新产生之物。它连续地把握新物,把握原产生之物,并且把握原有效的刺激之物与吸引人之物。(我们可能没有一个连续性,而是可能〈具有〉一些素材,这些素材在本质上具有同类性,并且相继构成一个在质性上被奠基的系列,这个系列是统一联系在一起的内容的系列,例如,一个声音系列。这个系列意识是如何可能的,这还是问题。一如一个序列的连续统一体,过程作为由各个过程组成的系列确实具有一个"感性统一性"? 但是,在此也存在这个问题:这个"连续统一体的感性统一性或原过程的统一性"表明了什么?)①

但是,我们首先贯彻尝试过的想法。把握的自我已经朝向新

---

① 原过程是所有描述的前提。它恰恰通过我们所描述的这些构造时间的立义被确定,并且这是一个新的原过程。

物，并且一直朝向新物，而每一个新物连续改变自身。每一个原印象的声音相位在渐渐消逝。但是，生活在把握中的这个自我，它不仅生活在对新物的连续把握中，而且它也以某种方式进一步继续生活在被把握的旧物中，即对新物的把握无非正是把在原过程中新出现之物"作为其自身"来把握。这是一个自发性的行为，现在，这个行为自身服从持续渐渐消逝的变化。在这个持续的渐渐消逝中，我们具有一个"功能"的持续变异，具有一个意向行为的持续变异。把握的自我始终在这个行为中，持守首先被把握为"这个"之物，但是，原当下的把握、随着其原出现对新物的把握在继续，并且具有原生把握的优先权。因此，变化也是一个从注意力"焦点"的离开，另一方面，它是一个对"同一之物"的持守，这个同一之物曾在第一个意向性中被把握，曾被设定为存在的。

因此，作为原规律，我们具有：对在原过程中持续出现的新物的一个把握的朝向是一个原当下意识，这个意识设定了一个原现实性；这个意识必然经验到一个渐渐消逝的变异；并且这个变异具有一个变异意识的特性，这个变异的意识在连续的序列中必然拥有过去样式中的同一之物的意识。同一之物不再被意识为其自身在原当下中被给予之物，而是被意识为同一个，并且以某种方式也被意识为其自身，但是，在过去之物的变异中被意识为其自身。但是，在这里感觉素材在渐渐消逝，并且就此而论它们与此前不同。但是，随着这些素材的持续渐渐消逝，把握的意识也恰恰必然如此变异自身，以至于同一之物始终被意识到，并因此这些消退具有样式被代现者的特性，这些被代现者是一个改变了的立义的被代现者。并非它们是被把握的，而是通过它们过去的原素材是被把握的。这是一个原奇特性,即原体现意识的变异作为同一之物渐渐消逝借此获得过去意识的特性,即它作为序列的持续变异带有一个意向之物的持续相合,以至于一次被设定之物在这个意识及其感性内容的变化中一定得到维续。

(应该考虑下列事情作为平行之物。如果一个声音以持续相同的方式延续下去,那么关于新物我们也有一个连续的序列,并且不断具有原当下的意识,这个意识按照形式与内容与新物持续相合。在此,不断存在着同一之物与未变化之物,不断存在着一个东西?甚至于在质性的"变化"中,一个意识〈是〉同一个意识,〈是〉同一个声音,只是在发生变化?在此意识方式[原当下]是同一个,并且内容至多是一个完全相同的、本质同一的内容,或者是一个按照属相同的内容。但是,在上面我们具有一个意识方式的变异,同时具有一个内容的变异,我们持续地具有两者。)

照此,构造时间的功能只有通过朝向的自发性才存在,这个朝向在此是对一个原当下之物的"把握",如此等等。没有这些,我们就具有单纯的原过程,这个单纯的原过程不带有一切构造时间的立义,并因此也没有现实被构造的时间的事件,没有现象学时间。所有对象性是构造性功能的产物,甚至时间已经是构造性功能的产物,这就是说,来源于诸自发性。

但是,如果各个时间对象是一次被构造地曾在的,那么次生感性的规律就会起作用。

因此,如果我尚未现实与真正地构造一个时间事件,一个原出现与渐渐消逝的原过程就可能对我的把握产生一个刺激,并且也可能在一个时间事件的意义上再造性地获得一个统一性立义,但是,这个统一性立义仅仅以后补的方式被放入过程。我重又贯穿这个过程,贯穿再造性的新而又新之物,再造地(即使不是再回忆地)行使原当下与当下化的过去立义的功能,如此等等。其实,这是一个由这个过程承担的时间意识的进行。另一方面,时间立义一开始就是"被唤醒的",我把在现实进行立义之前的这个过程统觉为时间的事件,如同我只是在一个单一命题的通观中把握它自身的那样。

因此,人们的确也不会说:关于完全未被关注地存在于视觉场中的这些背景事物的言说表明,在作为映射的属于它们的感觉素材的变化中,这些从属的空间对象的立义真正〈被〉进行了,并且事物的统一性真正被直观了。另一方面,有关的统觉是我们从前的获得物,一个指向那儿的目光就足够了,并且对象的统一性"单纯在此"伫立,立义被进行了,而且如果现在这些感觉素材在流逝,那么它们立即是代现的映射,并且作为事物对象的把握,一个统一性(同一性)的意识贯穿所有这些立义。

在此意义上,即在声音那里现实的消退或余音用作时间意识中的"被代现者",可以赞同关于这些消退的言说?

毋宁说,并非如此,即合经验的一个声音在其现实的延续中由一个片段组成,或者常常由一个片段组成,这个片段被一个较高的强度所充实,与此相衔接的是在一个突然下降的情况下一个向 0 强度的连续流逝? 但是,两者被感觉为现实当下的(印象的)。现在,我具有余音,我现实地听到余音,而且这个余音根本不用作时间被代现者,在其中或者通过它我并不原初地与过去的声音有关,这是极其明白的,如果我原生地把捉这个余音,尽管像在一个延续之物或者自身变化之物的每一个继续那里一样，可以构造一个向后关系。但是，我们主要把第一个片段的声音看作这个声音，它是客观的，并且有其客观的含义，而消退、余音被立义为一个结果事件。但是，在声音"完满地发出响声"期间，人们将不会把延续的意识与余音联系起来，这些余音是随着每一个相位的完满地发出响声被构造的，是先行相位的以前完满声响的余音。

因此，谈论每一个现在中的一个当下被代现者的连续统一体，并且谈论这些被代现者之立义的一个连续统一体，这没有错误？也没有想象素材，再造性的想象素材（此外，在它们那里，我每次已经研究过类似的困难），因为在再造中我们重新具有同一个难题：被再造的声音或者声音关联"仿佛"新出现，并且仿佛在时间中下沉，如此等等。但是，另一方面，我们没有时间片段，在这些时间片段中我们无非能够说：刚才的曾在之物"还"是直观当下的，还没有从直观中消失，只是它恰恰不再是现在的，而是刚才过去的，它还留在意识中。消退的图像想标明的正是这个。但是，也许这只能是图像，并且正如人们所说，是一个令人生疑的图像。如果我没有弄错，那么一个钟声余音还可能是很清楚的，而钟声早就从直接过去意识的明白性领域消失了。这可以反复地检验！因为，无疑，我很少这样，即我反复倾向于偏爱另一个观点。感性素材出现在现在中，而且这个现在出现之物"在渐渐消逝"，并因此每一个在新的现在中出现之物"在渐渐消逝"。但是，这个渐渐消逝绝不可以被理解成一个后效，就像这个后效也常常出现的那样，它是一个感觉当下的较弱延长部分的作为后效的自身衔接。后者是一个偶然之物，前者是一个必然之物，并且每一个体验要素以相同方式是开始之物（Angehendes），即当下立义（或感知立义）或自身把握作为行为也同样如此。如果人们说，它是每一个体验要素的一个固有的普遍变异，那么这也许将是正确的，但是描述在此不起作用。如果人们在过去的心理学时代谈论"时态符号"，那么这个表达式也不是完美可用的。对此唯有这一点是站得住脚的，即这涉及一个变异，这个变异使时间意识、时间统觉（事件与时间对象的统觉）、时间对象的感知成为可能。但是，在这里，人们始终可以把这个变异理解成一个在各自当下中可指明的被代现者（这个被代现者自身是当下的），并且把它理解成与一个再造性的变异相似。

照此，自我的原生活是其原初的生活流，这条生活流不是一条由统觉、感知、体验组成的河流，它们一定已经具有对……意识的特性。"感知"的本质不在于注意力（注意力的确具有不同的样式，而被称作感知的体验按其本质始终保持着），而在于它是一个对……意识，而且其本身有其意向客体，并且已经详细地意识到这个客体是切身的当下。在感知的样式下面，一个感知可以称作原初的感知、注意的感知、原初把握的感知。与之相对，附带注意的感知是次生的，是变异了的，而且背景感知也是一个原生的、原初的感知的注意的变异。但是，自我的生活流不是一个当下行为的背景客体，这个当下行为是切身被意识到给予的行为。它是同时与相继这个存在者，是存在的过程，是存在的原时间的河流，这条河流带有原时间的并存与演替。它是这么回事，但是，它通过一个客体化才被意识为这样，自我在"把握"行为并因此在统觉行为中进行这个客体化。这个统觉，原初的时间统觉，是所有统觉一般的最原初的统觉。所有其他统觉以这个最原初的统觉为前提。对原初时间流的每一个认识都以其感知为前提,或者说,对一个原初事件的每一个认识都以对这个原初事件的感知为前提,并且在这个感知中事件现时地被构造成它的事件,现时地被构造成其客体。感知自身重又是一个自我生活的过程,重又是可感知的,并且如此无限。但是,作为一个由感知(这些感知按其作为生活事件的本质是连续体,是过程)建立的单纯潜能性,这并不导致其他困难。

当然,没有现实的感知来源于已流逝的事件,而是只有一个再回忆可能来源于已流逝的事件,这个再回忆就其而论具有一个在"再造"意识中的再感知的特性。人们可以两次感知一个延续的对象,只要它在原初感知与重复感知这两个片段中可设定为同一个对象,那就是说,可设定为一个贯穿延续的对象。因此,在这里被预设的是在以前时间片段中对象的(明白的或模糊的)再回忆以及贯穿这个时间片段的延续的意识,在这个时间片段中对象未曾被感知。其时间一同属于它的一个时间对象,不可以感知两次,而是它只可以感知一次,并且在再造的变异中、在再回忆的变异中仿佛可以感知。而后,它再一次流逝,但并非"现实地"流逝,而是在变异中流逝。在这里,再回忆是当下事件。它可以重复。于是,我具有重复的行为,这些重复行为自身相继被意识到,并且被意识为再回忆同一之物。在一个横系列中,在某个现在的横系列中(或者连续在带有总是新的横系列的现在序列中),我发现带有其对象的再回忆的滞留,并且(持续贯穿这些横系列的)这个滞留横向地把"认同""相合"联系在一起。如果我注意到一个刚才曾在之物,它还在意识场中(正如我们假定的那样,尽管它不被意识为刚才曾在的),那么在这个意识场中存在无非表明,一个过程的块片的一个"消退"

还是生动的,并且现在我开始注意到了。现在,在此,我在一个过去代现的意义上"立义"消退变异,同样好像一个这样的消退变异作为在一个过程中的彗星尾可以找到,我从未变异的相位开始把这个彗星尾客体化为当下。

但这是如何可能的？在此,一个感知立义与把握确实并未先行,这个感知立义与把握与"内容"以同样的速度与同样的必然性变异自身,一个变异确实并未先行,这个变异应该是过去意识。因此,为什么我不把消退立义为"切身之物"？如果这是一个转用的统觉,那么这个统觉借此成为可理解的,即正是这个消退变异具有一个完全奇特的习性;并且这必定表明,新的感觉素材不可能存在,这个新感觉素材等于一个变异了的感觉素材。属于变异领域的东西,在自身中已经由于一个特殊的本己性而得到凸现。当然,继续变异的习性是不够用的,因为在第一个目光中伫立的变异之前没有任何东西被给予,并且我们还没有有益的时间意识,这个时间意识的出现的确首先应该得到澄清。以此方式就不存在困难,倘若人们可以赋予原时态的变异这样一些本己性。我们在此也可以把再回忆拉进来,即我们可以说:一如逐渐减弱的过程引起我的注意力,以此方式这也对一个过程的再流逝的再回忆用作刺激,并且在朝向与把握中当然恰恰发生了时间对象的统觉。

但是,人们也可以说:渐渐减弱之物只是而后将对注意力产生一个刺激,如果一个对象的统觉在背景中确实已经开始,以此方式,如果我事后注意到钟响(也许,我的注意力通过一个强度的加深曾被吸引到一个图像中去,为了不再作为足够强大的阻碍起作用,在这期间它已经足够饱和了),那么这个钟声本身在背景中就曾被立义,并且现在可能对我有影响。

我如何能够知道:没有伴随的立义,原生活过程就发生了?我任何时候都可以感知它?我一指向一个"新"内容就具有原生的时间事件,我一指向一个在时态上未变异的内容就具有原生的时间事件。如果我指向已经变异了的内容,那么我重又具有时间事件。并且,在这里我已经通过感知立义的手段意向地给予了这些时间事件,因而,它们总是在这里存在。我如何能够知道:并非所有的生活事件都已经被立义了,并且在每一个注意力指向那里我只是通过已经现存的立义看过去,而非新生成这些立义?

自我生活是一个存在的原过程,即使一个同一之物的把握或一个立义作为事件的关联在现象学时间中没有发生。

因此,现象学时间确实是最后的意识生活的形式,因为现象学被构造的体验的确在时间感知中被给予为由各个事件相位组成的"客观的"序列,并且这些是最后的生活要素。它们是现实的,自在的,〈它们是〉作为其在原当下中被给予的东西,并且是现实自在的一个序列。必然与原生素材相衔接的这些"消退"在现象学感知中同样可以把握。

第3节 研究〈(在这两个竞争模式中)原素材与消退作为时间对象构造的疑难·无限后退的危险〉

通过其一个事件或者一个时间对象展示自身的这些消退(或者事件映射)自身是时间对象,时间映射的连续统一体自身是一个时间的事件，是一个现象学时间中的事件。

如果我们假定：不仅每一个原初素材（对现象学时间中的事件来说是构造性的每一个原初素材）服从渐渐消逝的规律，并因此原初生活是一个原过程，而且每一个原初素材及其消退的连续序列，在所有朝向之前，必然通过一个原当下与原当下化（作为构造过去的意识的滞留）的相应连续统一体经验到立义，那么并非不言而喻的是，这些消退自身如何应该成为时间对象。那些立义可以通过它们构造时间对象，例如，可以把一个声音素材的消退，把这个感觉-声音构造成事件。但是，这些立义是在哪里，通过它们这些消退自身应该被意识为对象，其连续统一体应该被意识为一个事件？也许人们说：每一个消退自身是一个现在，它自身在一个当下中被立义，并且这个消退的消退（即相应原声响的间接的消退）用作这个当下消退的被代现者，它们用作过去意识变异。因此，我们不需要寻找被代现者。它们在此存在。大体上，一切都是有序的。但是，现在人们会说，出现了无法解决的困难，这些被假定的当下及其变异确实也是原意识素材；它们自身必须重又构造一个时间序列，并因此对它们来说新的原当下与变异必须被假定。并且如此以至无限。①

适合这一切的是这个基本观点：朝向最原初意识的事件及其过程在于一束单纯的"注意力目光"，这个朝向必然以时间形式立义所有事件及其过程，"这束注意力目光"已经以立义为前提，并且通过这些立义指向其意向对象。但是，据称这个阐释根据上文通

---

① 当然，这是不正确的。从前的拟-稿就已经粗略提供了正确的观点。

向一个颠倒的无限后退。

另一个可能的阐释避免了这个荒谬性,这个阐释内容是这样的:每一个原初的生活素材在渐渐消逝,自我的原生活是一条由素材组成的河流,这些素材部分是原素材,是本原出现的原素材,或者是原素材的消退。而新物总在连续出现与渐渐消逝,并且是一个新物,这个新物与先行素材的消退联系在一起;这一切先于每一个立义。但是,现在存在着这个规律,即这个原初生活的每一个素材,无论它是一个原素材,还是一个消退,都是自我可把握的,而且可把握"为直接切身的",可把握为原初被给予的。这个"原初被给予的"表明了与另一个把握的意识形成对比,即原初被给予之物随即渐渐消逝,而且合感知把握的意识也与此合一地渐渐消逝,并且这个意识在本质上是一个滞留性的意识,在没有出现把握方向偏转的前提下,这个滞留性的意识把原初被给予之物的消退把握为同一个对象的被代现者。这个设定是一个作为自身当下的感知的立义,并且在其中没有传递的"代现"就是指向素材。注意力目光是自我对对象的指向,并且在这里预设了当下意识。①

没有一个对……意识,自我就不可能指向。如果它在这个意识中已经指向了,并且没有出现方向偏转,即没有出现一个穿过另一个已经现存的意识的指向,那么这个指向就继续在当下意识的消退变异中,这个当下意识完全按照素材与当下行为变异自身,以至于这些消退变异在其持续相合中保持对同一之物的意识。自我指向同一之物,但它不再是原初的当下,而是滞留,这个滞留"贯穿"

---

① 但是,该如何考虑这个"预设"? 那就是说,在这里把握或立义还不是注意力的样式,但是,是一个自我的自发性。

消退指向同一之物。但是,在这里,原素材的消退与当下意识的消退也可以成为课题,即其自身也可以经验到一个通过当下立义的把握,并且现在其他消退用作新的时间意识的"被代现者"。这是无限可能的,但是,它并不预先以一个由诸行为与被代现者组成的无限性为前提。

也许照此看来,所有困难通过这个阐释消除了。在此,还应该述及的是,正如我已经说过的那样,为了构造性地使一个事件的统一性成为可能,某些条件应该得到满足。事件标明一个属于同一整体的统一性,并且一些无关联的事件可以同时流逝。现在,如果E是一个事件,这个事件由于一个朝向的过程而充实地构造自身,那么E的消退过程及其当下把握的功能形式的消退过程,也满足一个事件的这个构造的条件,于是我们恰恰把这个事件称作E的事件映射的过程。因此,为了阐述不同的时间客体化,我们随时都有可充实的可能性。在第一个客体化中,由于由其消退组成的伴随的过程与带有其消退的伴随的朝向与把握,我们客体化一个由原素材组成的过程。在第二个客体化中,我们向这些映射连续统一体看过去,我们进行感知,这就是说,对它们可能的把握是当下设定,如此等等。

现实现存的是各自的原过程,部分是感觉及其消退的原过程,进而是自发功能的原过程,这些原过程一出现马上就服从原过程的规律。例如,如果我行使感知的功能,那么它们就以原过程的形式存在。如果我朝向它们,那么这个朝向就不是指向现存之物的一束单纯的"目光",而是一个由各个功能组成的系统,这些功能现在首先本原地产生,并且本原地构造时间事件。也许与此极其相符的是整个进一步的展示。只是这个展示指明,不是在可能反思的序列中必然存在无限多的新立义,而是这些新立义其实已经被包含在以前的立义中,正如一定是这么回事的那样。但是,为了疑难的目的,整体必将再次得到仔细考虑。

现在,作为时间事件(作为一个被构造的客体)的一个体验的实存在朝向与真正构造之前表明了什么?由于先于客体化存在的原过程(或者在再回忆中),它无非表明了自我的观念可能性,即行使自发功能的观念可能性。

第十三篇 〈通过证明构造时间的意识滞留性地回涉自身来规避时间构造中的无限后退〉

第1节 〈难题状况的扼要重述：内在时间对象及其被给予方式的变化〉

一个内在素材在现象学时间中延续，它开始充实一个时间片段并且流逝。这是客观的原组成。

在时间片段里面，在事件的感知中可以区分对开始的感知，在其中起点以当下的方式被给予。这个感知是一个过程，其中一个常新的事件点持续以当下的样式被意识到，并且与在当下样式中的 E_k 这个事件点合一被给予的是过去相位的意识，后者恰恰以过去样式被给予。过去之物 E_{k-1}……E_0 以过去之物的被给予性方式是当下的。我们每次具有一个原当下点，恰恰具有被给予为"出现的" E_k，并且与此合一地具有一个由次生当下性组成的连续统一体，这些次生当下性是"过去"样式中的过去的 E。这个样式对每一个 E 来说是一个不同的样式。并且现在"持续""变化"自身的是每一个 E 的过去意识，或者说，持续变化自身的是这些 E 的被给予性方式（只要它一般"始终是"被给予的）；并且为了以原被给予性的方式在自身中开始这个被给予性方式的变化,等等,与涉及 E_κ 自身的这个被给予性方式的变化合一出现的是一个常新的 $E_{\kappa+1}$,这个 E_κ 从原被给予性的样式进入常新的变化了的曾在性的样式。

如果这个描述是正确的,那么照此区分自身的是事件时间点自身,例如,E_κ 自身及其被给予性方式,这个被给予性方式时而是原当下性的被给予性方式,时而是在某一个变化阶段的"刚才-过去之物"的形式中的当下性的被给予性方式(滞留的被给予性方式,还-当下的被给予性方式)。如果我们把事件称作一个现在-存在者,那么这个事件每次只有一个事件点在严格意义上是现在的(即是原当下的),所有其他事件点要么尚未当下,而是未确定地预先被意识到的(未来的),要么以滞留方式还是当下的。

现在,如果我们谈论 E_κ 的被给予性方式,那么我们就对时间对象的样式进行了反思,或者对感知的意识进行了反思。这个意识是对这些 E_κ 的意识;或者在感知主体中 E_κ 是被意识到的,而且在连续的感知进程中、在连续的"体验"中事件 E_0—E_n 是被意识到的[①],并且这个反思向我们指明了变化的奇特之物,向我们指明了某个事件点如何以总是新的方式被意识到,它向我们指明了,我们如何能够按其本己内涵考察当下的体验:这一个当下的体验相位称作对 E_κ 的意识;例如,在过渡变化中,即在向对同一个 E_κ 的总是新的意识的过渡变化中,我们发现了相合的连续统一性,发现了"同一个" E_κ。另一方面,我们在体验中并未发现 E_κ "自身",即并未本原地发现 E_κ "自身"是原当下的 E_κ,而是在当下意识中我们发现一个映射,发现

---

① 因此,对一个事件的原初体验等于感知。

一个"余音","贯穿"这个余音我们以总是新的方式穿过地意指 E_k。并且我们在此区分"映射内容"自身与"立义""赋予灵魂",后者在映射的变化中组成对同一之物的意识的统一性,并且与反思变化中的同一之物有关,这个反思时而关注一个东西,时而关注展示的杂多之物,给予自身的正是作为变化展示的这个,而且是作为对同一之物的过去展示的这个;或者同一之物以不同的被给予性方式给予自身。完全如此,正如同一个空间平面作为同一个平面给予自身,而另一方面作为反复以其他方式通过映射展示自身的给予自身,我们可以根据其内容关注这些映射(〈这就是说〉,我们可以使它们成为对象),并且由于赋予它们灵魂的立义,这些映射是"对"同一之物的映射,这个赋予它们灵魂的立义让我们注意到"综合的"关联。

这一切都是扼要重述。它们对此起作用,即完全明白地把我们置于事态中。在这方面人们还能发现什么样的困难?

第2节 〈无限后退的异议:构造事件相位的体验自身不重又是被构造的?〉

我们从被假定的事件、在现象学时间中的被感知的事件、延续的感觉素材回溯到"构造"它的意识体验的关联。我们已经觉察到的东西不是被臆造的,而且我们已经觉察到这些体验,已经感知它们。并且在此我们具有由事件相位原给予的体验组成的连续序列;诚然,为了随着出现立即丧失其作为原被给予性的绝对自身性,它们依次出现在绝对的自身性中。并且我们具有变异的系列,这些变异是这些原被给予性、原当下出现的事件点变异为作为过去的被给予性方式之种类的次生当下性。我们已经从"体验"的立场、从"意识"的立场考察了一个连续的出现、消逝或者自身变化。我们具有演替,并且具有并存。这些次生的当下性(过去体验的当下性)与原生的事件-现在并存,与新出现的事件-现在并存。因此,我们从意识的立场具有一个带着涌出与膨胀的原过程,并且我们使用的所有词句是这样一些词句,它们似乎〈具有〉一个时间含义。这些构造的体验自身不在现象学时间中,那就是说,它们不再需要构造的体验,并且如此无限?[①] 每一个超越论事件是现象学时间中的事件,它表明自身是超越论反思中的事件。[②]

在一阶的超越论反思中,我们具有原生的事件,其构造在这个图表中得到了展示。

C_0	E_0			
C_1	E_1	$V^1(E_0)$		
C_2	E_2	$V^1(E_1)$	$V^2(E_0)$	
C_3	E_3	$V^1(E_2)$	$V^2(E_1)$	$V^3(E_0)$

但是,从这个图表可以看出,在其中〈不仅〉一方面连续的时间片段(具体时间片段,即在其时间片段延展中的具体事件)E_0—E_n构造自身,而且第二个超越阶段的构造体验的序列也以某种方式

---

① (这个立场在 a)中〈=这里第十二篇文字〉已经得到详细阐述,并且必须明确地被反驳),(对这个立场的)异议:问题的提法是不确切的。但是,我们确实有过超越论事件之感知的出发点,并且描述了在感知中的这些超越论事件的被给予性方式,描述了感知自身在其中存在的这个过程。到什么程度"这个过程需要构造的事件"? 当然,在我们应该感知它的程度上,为了反思的目的我们必须这么做。但是,我们必须反思,并因此不一定具有对此的感知,或者说,不一定具有一个类似给予的意识,例如,不一定具有一个再回忆的拟-感知。

② 但并非每一个超越论事件作为事件"被构造"、被意识到、被感知。

被给予为在超越论时间中被构造的。

如果我们把第一个事件系列超越论构造的意识依次称作 $C_0 C_1 C_2 \cdots$，那么如下情况就是明白的：如果 C_0 渐渐变为 C_1，这就是说，如果 E_0 渐渐变为 $E_1 V^1(E_0)$，如果后者已经进入，那么我们就通过 $V^1(E_0)$ 意识到先行的 C_0，或者说，通过它把 E_0 意识为刚才过去的。而后，如果 C_1 渐渐变为 C_2，即如果 $E_1 V^1(E_0)$ 渐渐变为 $E_2 V^1(E_1) V^2(E_0)$，那么我们就在后者中意识到 $E_1 V^1(E_0)$ 的刚才过去 $= V^1(E_1) V^2(E_0)$，这的确构成了在 C_2 中的总体过去组成部分。同样，如果 C_2 渐渐变为 C_3，或者说，〈表明〉同一之物的是，如果 $E_2 V^1(E_1) V^2(E_0)$ 渐渐变为 $E_3 V^1(E_2) V^2(E_1) V^3(E_0)$，那么重又在后者中、在 C_3 中包含前者的过去意识，包含 C_2 的过去意识，在此 C_2 的变化结果是：$V^1(E_2) V^2(E_1) V^3(E_0)$。

由此可见：完全如同系列 $E_0 E_1 \cdots$ 借此合感知地被意识为现象学的事件片段，即与 E_1 合一出现的是关于 E_0 的过去意识，与 E_2 合一出现的是关于 E_1 的过去意识，并且是关于 E_0 的较高阶段的变异了的过去意识，如此等等；我看，确切地说是这样，构造 E 系列的意识系列借此合感知地（切身对象地）被意识为连续的系列，被意识为时间片段，即首先出现 $C_0 = E_0$，而后出现 $C_1 = E_1 V^1(E_0)$，并且通过矢量 $V^1(E_0) C_0$ 被意识为过去的，而后出现 C_2，并且通过其矢量 $V^1(E_1) V^2(E_0) = V^1(E_1) V^1(E_0) = V^1(C_1) C_1$ 被意识为过去的，如此等等。因此，我们绝对不落到一个无限后退上面。

在带有其原出现与原消逝的唯一最后超越论的过程中，事件 E 与对 E 的构造的事件在不同的反思指向中被意识到。这个图表详细指明这是如何可能的。

第3节 〈超越论反思的两个指向：对构造河流的大河的指向与对被构造事件的序列的指向〉

　　然而，应该关注的是：无论一个留意、把握、注意地-指向-事件是否出现，在这条流逝的构造体验的河流自身与这个体验之间可以加以区分，正如这个体验是通过与……交织较为复杂地被构成的，或者是由于注意的把握事件的反思通过变异（注意的变异）较为复杂地被构成的。

　　如果我们进行一个 E 的现象学感知（一个 E 的注意的把握），那么自我的把握目光束就持续继续朝向 $E_0 E_1 E_2$……在这件事上，一次被把握的东西贯穿所有沉入过去的变异始终被把握。因此，出现的 E_0 刺激了兴趣（或者说，这个兴趣已经由于一个前摄以及贯穿这个穿过的"注意力"迎合它），这个兴趣朝向迎合它的 E_1，当它作为次生的注意继续指向 E_0 的时候，并且它当然贯穿 $V^1(E_0)$。而后，新的 E_3 在下一个阶段具有第一个注意，现在，第二个注意通过 $V^1(E_2)$ 朝向 E_2，并且第三个注意通过 $V^2(E_1)$ 朝向 E_1，最终，仍继续减弱的注意通过 $V^3(E_0)$ 朝向 E_0。

　　在此，我谈论第一个注意的把握、第二个注意的把握，等等。当然，在此，这通常只是一个言说的方式。这涉及一个在抓住（Ergreifen）与易于抓住状态（Griffigsein）中的等级性，涉及对新物与自身持续减弱的新物的第一个最牢固的抓住（Zugreifen），后一个新物是对那些变异地被意识到的要素的把捉（Im-Griff-Haben）——但是，在这件事上，注意力恰恰是注意力。E_k 在离去，它们越来越多地从捉住(Griff)中溜脱,对被抓住之物抓住得越来越少,它消失在黑暗与空泛中。并且这不仅切中就内容而言的充盈,而且正如人们也一定会说的那样,它切中注意力自身的样式(切中一个样式,如果恰好原生的注意力已经持续朝向新物,现在,恰恰在谈到这件事)。

现在,如果我们转向另一个随时可能的注意的反思,转向二阶的超越论注意的感知,转向超越论的构造河流自身的把握,并且转向作为事件的超越论的构造河流自身的把握,那么现在看来注意的结构已经变化了。现在,注意的把握在1这个位置上并不指向贯穿 V 变异的 E_1 与 E_2(或者毋宁说,并不指向 $E_1……E_0$ 这个连续统一体),而是指向 E_1,并且指向 E_0 的连续衔接的 V 变异(或者指向 $E_1……E_0$)。并且在每一个步骤中都这样。并且现在存在着这些横系列,它们贯穿其变异被持守,而在每一个新的位置上目光已经指向这些系列。因此,我们在对比中具有如下反思图表,在这件事上,反思的关注为各条有联系的路线所标明。

反思图表 I:

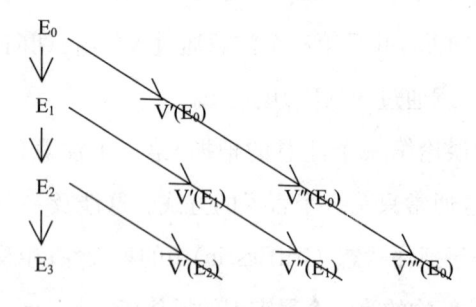

$$
\begin{array}{cccc}
E_0 & & & \\
\Downarrow & & & \\
E_1 & V'(E_0) & & \\
\Downarrow & & & \\
E_2 & V'(E_1) & V''(E_0) & \\
\Downarrow & & & \\
E_3 & V'(E_2) & V''(E_1) & V'''(E_0)
\end{array}
$$

在每一个位置上,我们都对新的 E_k 具有一个优先兴趣,并且具有一个向右渐次变化的兴趣。一次被注意之物"还"始终在注意中,但是,它在此自动逐渐消逝,除非任意地进行持守,但这必然向右减弱。

〈反思图表〉II

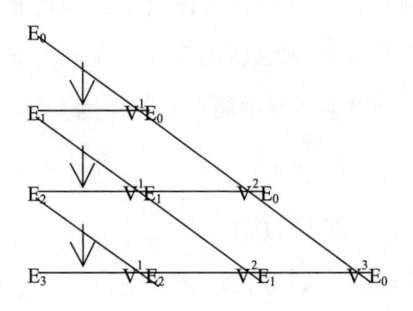

$$\begin{array}{c} E_0 \\ \downarrow \\ E_1 \longrightarrow V^1E_0 \\ \downarrow \\ E_2 \longrightarrow V^1E_1 \longrightarrow V^2E_0 \\ \downarrow \\ E_3 \longrightarrow V^1E_2 \longrightarrow V^2E_1 \longrightarrow V^3E_0 \end{array}$$

更详细的讨论在下一页。①

就第二个示意图来说,这些斜线也在考虑之内。

示意图 III:当事件进展的时候,选择的注意力朝向一个相位(或者朝向一个时间系列的环节),例如,朝向一声钟声。也许朝向 E_0。于是,唯有贯穿所有 $V^x(E_0)$ 的有关斜线方可得到标识。也许,两声钟声(两条路线)可以一同被选出。

现在,反思的意识看上去怎样,在这个意识中反思已指向原意识,已指向构造原生现象学事件的原意识?这是一个较高阶段的反思,只要现象学事件 E 已经〈在〉一个反思〈中〉被给予,即已经〈在〉一个超越论还原〈中〉被给予。我们如何进行这个较高的超越论反思?由于我们从最初指向 E 的观点逐渐变为指向 C(E) 的观点,一方面,把握的光线确实应该依次贯穿② $E_0E_1E_2E_3$,即总是跟

---

① 参阅这里第 264 页,16 行及以下各行。——编者注
② 为了使其在感官上与通常图表一致,所有书写方式都改变了!即 $E_0E_1E_2$——水平地书写,如此等等。

265 新物相反，而旧物在这里也应该被持守，因为我们的确想把握图表系列的恰好被标识的次序，而且在每一个系列中都出现有关的 E_κ，并且如果我们在一个系列中，在应该意向地被意识到与被关注的这个先行的系列中，那么就出现并且应该留下前行的 E_κ 与这样回溯地在每一个过去系列中属于它的东西。

$$E_0$$
$$E_1 \quad V^1(E_0)$$
$$E_2 \quad V^1(E_1) \quad V^2(E_0)$$
$$E_3 \quad V^1(E_2) \quad V^2(E_1) \quad V^3(E_0)$$

因此，注意力功能与把握功能一定会起作用，它们可以在反思图表Ⅰ中以变化的方式找到。另一方面，为了能够把整个系列把握为系列，（较高阶段）的新的超越论反思的目光转向了每一阶段的 V 变异。因而，例如，在第一个单纯的反思中，我在象征地为指数 2 所标识的阶段具有一个原生注意的把握，它是对 E_2 这个新出现的 E 相位的把握，具有一个对 E_1 的稍微减弱了的仍然持守，由于注意的目光贯穿 $V^1(E_1)$，通过 $V^2(E_0)$ 具有一个对 E_0 的更加减弱了的持守。并且这当然应该被理解为连续统一体，而不应该被理解为由三个环节组成的不连续。这个连续统一体（横连续统一体）在渐次变化的把握中是一个连续统一体。如果我现在进行反思，那么目光就朝向这个连续统一体，如其所是的这个连续统一体在一个注意的把握的目光束中得到了把握。连续统一体的统一性是这个统一性，它纯粹为事件被给予性方式自身的本质所引起。对一个事件的相位来说是构造性的东西，它必然是一个瞬间的当下。但是，对此它不是一个通过一个对象化把握的瞬间当下。并

且它走向此。因此,在第一个示意图那里我们具有:

斜指向:注意力通过 V 对同一些 E_κ 的指向。注意力对新物的前摄性的指向。

并且,现在,更深的超越论反思朝向横线,同时贯穿它们,在这件事上,每一条横线在下一条横线中有其过去变异,而且它始终在把握中,始终贯穿这个变异。因此,我们具有一个奇特的多维性,这个多维性是注意力的多维性,并且是被包含在其中的反思把握的多维性。还应该注意的是:对此反思在此朝向横系列,这是 E 的被给予性方式的横系列,绝不是"行为"的横系列。

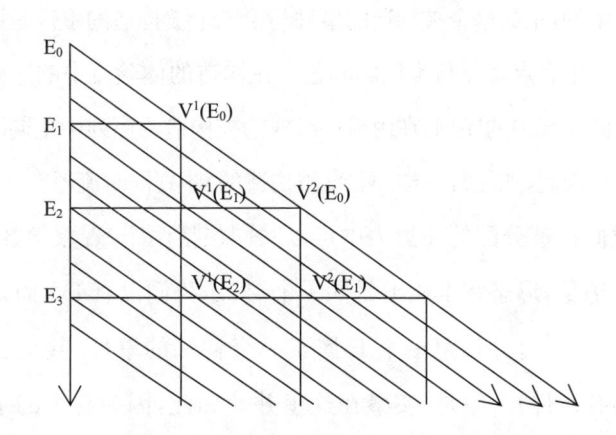

```
E₀
E₁      V¹(E₀)
E₂      V¹(E₁)   V²(E₀)
E₃      V¹(E₂)   V²(E₁)
```

第 4 节 〈构造意识的起作用的原过程的统一性及其在后来反思中的倍增·一阶与二阶被构造的内在时间对象性〉

现在,出现的问题是:最初的现象学时间与现象学时间有什么关系,在最初的现象学时间中一个超越事件作为一个被充实的时间片段构造自身,在现象学时间中构造的系列作为片段构造自身?

以最初的反思性的观点,我们具有时间延展的事件 E,也许还具有第二个同时发生的 E′,具有第三个同时发生的 E″,而后重又具有一个相继,具有一个部分同时发生的体验的自身叠推,如此等等。一切都在一个时间路线中。例如,一个声音感觉素材,同时发生的一个色彩变幻,等等。

如果我们现在进行更深的反思,并且接受构造的被给予性方式的序列,那么我们就问:构造的事件在同一个意义上与被构造的事件是同时发生的,正如这个被构造的事件与第二个被构造的事件是同时发生的? 一个有点奇怪与难堪的问题。在构造的体验流中的序列与在被构造的河流中的序列,在由事件组成的被构造的序列中是同时发生的序列? 因而,如往常一样,两个(被构造的)序列同时流逝?

我们在被分配的注意力中可以共同包括两个"现象学客观的"序列。于是,形态在本质上是同一个,只是我们没有 E_0,而是例如具有 $(E'_0 \cdot E''_0)$,并且每一个 E 属于一个特殊的事件(甚至属于此事件还有条件)。但是,实事在这里并非如此,因为客观的事件与构造的事件是在同一个构造中被构造的。构造的序列作为序列奇特地被包含在构造序列自身中。在此,给予一个回答是困难的。但是,也许人们必将会说:这个同时发生性与一个客观的同时发生性相比具有一个不同的意义;而且,其实,现象学时间在此意义上是一个时间,当它允许两个观点的时候;但是,它是一个双重的时间,只要一个客观的事件序列构造自身,而后这个构造自身在对同一之物的反思中必然重又把自身本身展示为一个系列,而且展示为一个时间序列,尽管存在着这个本质交织,但是这个时间序列不可能被称作同一个。

进一步的考虑:超越论的原生活是一条原意识的河流,是一个永恒的(不停的)产生与消逝。在这件事上,这个"消逝"是一个已产生之物的自身变异。这个产生作为意识生活的原产生是原印象的原产生,并且是次生印象的原产生,后者在自身中具有原印象变异的特性。但是,后者、这个在自身中被描述特性的状态(In-Sich-charakterisiert-Sein)表明:在原过程中,作为其原序列,与每一个原印象相衔接的是一个作为刚才过去之物的被原印象之物的"再造的"①意识,并且这个"再造的"意识是印象,只要它以印象的方式是原本的再造的出现,只要它等于当下的再造的意识,这个意识带有再造之物本身的当下。这个"再造"经验到同一个变化,如此等等,在这件事上,与总是新产生的原印象的序列交织在一起的是不同阶段的再造的序列。当然,如此以至于与一个后来的原印象联系在一起的是一个由不同阶段的次生印象组成的连续统一体。所有一同形成的原印象融合成一个统一性,融合成一个印象性的原连续统一体,或者融合成一个各自生活当下的原连续统一体。与此相关,所有其意向相关项的组成融合成一个印象之物的连续性,或者融合成一个当下之物本身的连续性。

但是,这也属于此,即在由一个相位向新相位的过渡中,一个连续的统一性意识贯穿相应再造的变异,这些变异是同一之物的变异,或者是意向相关项的变异之物(Modifikate)的变异,并因此也属

---

① 为什么要"再造的"这个不好的表达式?

于此,即在由横系列向横系列的过渡中,一个统一性意识贯穿系列的序列,只要这些新系列(包括其原印象的组成部分在内)是旧系列的变异。于是,在反复贯穿一个为再回忆所再造的事件构造的系统中,我们可以通过恰当的反思(在自我对同一意识的已进行的指向的反思中,这个同一的意识在连续的意识变化中)给我们带来把握意识的同一性,而另一方面可以给我们带来这些系列自身,带来这些属于同一整体的变化,如此等等。因此,在这一切中包含着原生活的原本质特性,在这个原生活中,构造自身的是现象学时间的体验杂多性,是连续与并存的现象学时间事件的持续众多性,在那些杂多性中,而后重又可以构造自身的是一个"意识超越的"客体性的统一性,例如,是空间事物的统一性,动物本质的统一性,等等。

因此,1)一方面,属于意识(这个意识是最原初的自我生活,其中超越体验作为现象学时间的统一性构造自身,这些超越体验只在《观念》中被谈过)的原本己性的是联系,是意识统一性的建立,这个意识统一性在图表中作为一个连续系列的统一性指明自身。这是在原同时(Urzugleich)中的统一性,在那里一个事件序列在瞬间现在中被意识到。2)另一方面,〈属于此〉是这个意识统一性,它在连续的原序列中起作用,在原初的相继中起作用,并且它贯穿这个序列统一"延续地"持守在横系列的序列中被意识到的相继。这个认同在序列中不断被预设。在对序列的感受中,我们通过反思自身确信作为一个持续认同的序列的存在。

但是,至于反思,它们是新事件,是意向活动的目光束,从自我出发的这些目光束以不同方式贯穿原生活素材,正是按照不同的反思指向与张力贯穿它们,我们通过新的反思确信这事。当然,通过再回忆与再回忆中的反思,或者说,通过比较一个构造事件的意识的再回忆与一个我们可以自由进行的变化,这个变化是变成一个对同一之物的把握,变成一个已经接受了反思的意识,我们把握了无反思的意识与反思性已变化的意识的区别。因此,这重又指向再回忆现象学的必然性。

附录11 （关于第十三篇文字）:〈扼要重述时间构造中无限后退及其新的可能性·原过程时间性的难题〉

其实,我们已描述了什么？我们把一个事件描述成一个连续统一体,这个连续统一体由在这个事件的时间片段中流逝的事件点组成。我们跟踪事件过程,我们也沉浸在时间河流中,我们描述:一个常新的事件点在出现,一个常新的事件现在在出现,〈新的〉事件当下在出现。我们在反思中描述:每一个"进入的"现在沉入过去,每一个进入的事件点沉入过去,这个过去与另一个事件点的新出现合一。我们描述:每一个新物在"渐渐消逝",消退重又在渐渐消逝,如此等等。我们把这些消退描述为当下的消退,而且它们与新出现的事件点的原当下联系在一起,这个新出现的事件点本身不是消退。我们描述这些新消退的过去生成,并且描述当下消退的已经被意识为过去消退的过去生成:这些当下消退变成过去的消退,或者变成进一步过去的消退,如此等等。我们在此发现不同的反思指向。而且只要描述是本质描述,并且在每一个事件中与在同一个事件上一般应该是可进行的,那么其实这个描述就预设：我们反复地表象同一个事件，我们可以把再回忆中的同一个事件认同为同一个，它带有同一个内容与同一个时间片段。因此，再回忆对本质确定起着某种作用。如果我们必须论及再回忆，那么为了能够通过不同的可能涉及同一个再回忆的反思，考察不同的再回忆，而另一方面考察同一个再回忆，并且确定其本质，这重又需要再回忆。

但是，现在我们不考虑再回忆，我们不久将讨论它。我们把注意力转向这上面，即我们想描述时间意识，想描述构造时间的时间意识，想描述构造诸事件片段的时间意识。事件被给予性的样式，在其原当下与过去的被给予性方式变化中的同一个事件时间点的被代现者（映射），这些被代现者的变化，认同设定的贯穿这个变化的统一性，即认同设定的延续下去的统一性，自身变化之物的立义正是对……改变，后者的立义重又是对……改变，并因此每一个改变的立义是"以前现在点"的连续间接的改变——但是，这一切重又以时间形式为前提，看来，正如对产生、消逝、自身变化的言说表明的那样？

但是，在何种意义上是这么回事，这还是问题。我们说过，这是意识的原规律，即每一个体验-事件在原产生与原消逝中构造自身。在这件事上，一个原延续作为保持不变的时间点构造自身，或者作为保持不变的时间片段构造自身，也作为消退保持不变的形式构造自身等等。照此，我们在时间意识中把握到的一切自身必须服从时间立义。因此，我们视为构造时间的东西，自身必须是一个在时间上被构造之物。并且看来这恰恰要求一个无限后退。

是其所是的映射只是作为意识的内涵，意识给予它们映射的特性,一如是其所是的原映射只是作为原当下意识的内涵,在其中原当下的存在被意识到。在原产生中我们具有一个原素材的出现:这就是说,内容 E_0 的一个原当下被意识到,或者这个内容被意识为现在新出现的,并且这个意识在这个内容中发现自身,而不通过这个内容发现另一个自身。并且一个 $E_1 E_2$ ……持续产生。毋宁说,并不产生对 E_0 的原意识,而后并不产生对 E_1 ……的原意识?于是,看来,$U(E)$ 自身重又是一个时间的事件 E^U,或者是一个由 $= E_\kappa^U$ 的诸相位 $U_\kappa(E_\kappa)$ 组成的连续统一体,并且通过一个在后面的意识 $U_\kappa^U(E_\kappa)$ 产生。并且我们具有一个无限后退。

$U_0(E_0)$ 变为 $V(E_0)$,$V(E_0)$ 变为 $V(V(E_0))$……。但是,而后 $V(E_0)$ 是一个新的事件点,它的确是一个当下之物,并且我们一定会写出 $U(V(E_0))$,而且这个 U 变成 $U(V(V))$,如此等等。但是,这重又是一个事件系列,并且我们重又落到一个无限后退上面,落到多次的无限后退上面。

1) 如果新出现一个原素材(例如,一个声音素材),那么并非在同一个意义上,对这个原素材的意识不是新出现的,〈它〉并非重又〈是〉一个原素材,这个原素材自身重又要求一个新的意识,那就是说,要求一个新的原素材,并且如此无限。

2) 如果 $E_0 E_1$ ……在原当下中产生,那么这还不是对事件 E_0—E_κ 的意识。属于此的是,在原初序列中,与新当下的 E_1 当下合一的是 $V(E_0)$,如此等等。

意识的原序列在双重生产中是构造事件的,这个双重生产是指:1)总是新 E_κ 的原当下"出现"的生产;2)在后面产生的过去变异的系列的生产。到什么程度它自身是事件?这超出了这些图表。

附录12 （关于第十三篇文字）：〈无限后退难题的抉择的解决办法尝试：时间对象性的意识与这个意识的"感知"必然相互联系在一起〉

在此，在 β_1 中已经描述了什么？回答在于如下定句①："我感知一个现象学时间的事件"，而后我反思与描述这个事件的被给予性的样式（Wie），反思与描述这个被充实的现象学时间片段的被给予性的样式。

现象学时间的事件等于那个客体性阶段的一个超越论体验，那个客体性阶段恰恰在现象学时间中有其形式。

一个这样的体验，一个这样的超越论的"客体"，有其原初的被给予性方式或有其感知，即只是在这个感知中它是现实被给予的。并且每一个这样的感知自身重又是一个超越论的事件，（人们会说）即自身重又只是在一个二阶超越论感知中现实被给予的，在一个反思中现实被给予的，这个反思指向这个感知，并且原初地把它构造成事件。如此无限。

如果我们现在考虑到，确实有权认为，主体超越论感知到的同一些体验也存在，也流逝，无论它们是否被同一个主体感知，那么看来在这里产生一个无限后退的困难，即由于人们首先将设想，主体的未被感知的体验的事件，在现象学时间中的事件，它们一定只

---

① β_1 及下页〈＝ＬⅠ3/页面 2a 及以下几页 ＝ 这里第十三篇文字〉的附录已经被观点 a〈＝ＬⅠ5/32—43页，这里第十二篇文字〉谈过。

是借此有别于特殊被感知的事件,即主体在一种情况下没有向这些事件看过去,在另一种情况下向它们看过去。并且看来这重又表明,消退及其立义双方的构造过程在主体的生活领域中流逝,只是一束注意的目光在一种情况下以进行的方式贯穿有关的意向行为,在另一种情况下则不是。于是,在此存在一个实际上无法解答的难题？我们需要立义的无限性,如此等等？

与此相对,α)①这些页面试图表明:事件作为原初真实性中的事件只是在感知中产生与存在;立义只是作为感知立义在此现实存在,或者至多先前作为再造的"后像"在此现实存在。如果我没有感知(首先没有感知事件自身,而后没有感知关于这个事件的感知连续性的事件,如此等等),那么这一切就不是现实现存的。

---

① 参阅这里第十二篇文字。

第四编

发生考察中自我性的与原素的时间性

第十四篇　我的体验流与自我

第1节　〈还原到原初的、无自我的感性的时间性〉

如果我在对意识流的现象学还原中考察所有我物（Meine），考察所有在最宽泛意义上实项被给予我之物（现在，我想忘记一个我自身），那么我就发现我的"体验流"。更确切地说，我发现一个"活的"、在这个生动性中必然运动的"当下"，这就是说，发现我的主体的当下，连同其原现前和刚才-曾在性与一个将来的"视域"结构。我可以闯入这个视域，并且"明见地"把握一个连续性，这个连续性由这样一些主体的当下组成，由一个无限的过去连续性与一个不确定的，但存在于展望中的"未来的"连续性组成。如果我关注原现前的点，那么它们形成一个由一个固定形式组成的流动的连续统一体，形成一个由内在时间形式组成的流动的连续统一体。如果我现在同时关注完满当下的连续性，那么我就发现，属于每一个内在时间点（或者属于每一个原现前，这个原现前属于这个内在时间，并且以时间形式[在重复再造中可认同地]被客体化）的是一个同样被客体化的完满的现前，这个现前只是按照其原现前的点存在于那些原现前的内在时间中。但是，同时每次围绕着原现前点的这个视域,它"涉及"一个内在时间的片段:意向地涉及一个内在时间的片段。

但是,如果我们考察这个活的当下的连续性(一个活的当下〈是〉瞬间的,并且不可持守为现时的,所有其他活的当下〈是〉曾在的),那么正如已说过的那样,它们同样形成一个"客观的"组成,形成一个一再可认同的组成,并且我们重又必须说:从这个同一性来看——每一个〈当下〉曾是一个同一之物,这个同一之物在无数"过去"中意向地展示自身——它们在一个固定的内在时间形式中,这个固定的内在时间形式首先有别于刚才被确定的时间形式,但是,与之"相合"。因此,我们已经看出:在此,在每一个完满当下中的每一个原现前点都确定一个原现前时间点,而另一方面它是一个与它不可分割的视域的焦点,并且与这个视域相合一,重又只是确定一个点,确定一个完满的现前时间点。

在这里,我们同样重又具有无限后退的这个难题(如果我能真正地回忆起,参阅以前另类的展示)。如果我向每一个完满的现前看去,那么它不是一个视域的中心,并且只是由于我闯入这个视域,我确实具有以前完满现前的过去的序列。

在此,对此不探究了。无论如何,我们具有几个内在时间秩序,其中之一必然是第一个形式,是关于在时间上存在之物的形式,这个在时间上存在之物按其存在内涵不包含任何来自那个意向性的东西,通过那个意向性时间的存在作为时间的存在构造自身。

我们必然获得另一个最初之物,即使我们考虑意向构造的其他方式,当然,这些方式也带有时间构造:感觉素材的内在时间状况—流逝视角的内在时间系列—幻象变化的时间系列—事物的时间系列；即在双重意义上最初的、最根本的时间系列，感觉秩序。

我们已经进行了现象学还原，朝着由我定位的方向已经进行了现象学还原。我们在这里排斥了"世界"。

a) 现在，我们想完全有意识地进行一种还原，迄今为止，我们已经进行了这种还原，但是，没有明确的标明：还原到"原初的感性"。就是如果我们通过现象学还原得到纯粹主体性的领域，那么事实表明，我们在此必须区分双重之物。我们意指的与向我们表明一个先天必然结构的这个还原，它是对一个自我与所有自我性之物的抽象——当然，它是一个单纯的抽象，但是，是一个重要的抽象。而后，我们在最初的内在时间秩序中具有感觉素材与感性感受。感性的本欲是对自我的触发，并且是自我被动的被拉状态，同样，"感性的"实现，"本欲行动"是被动的反作用，但是，它们是被动的，在此，没有任何东西作为行为（actus）源自自我，从自我本身涌出。因此，这是"刺激"与对刺激：烦躁的反作用的领域。但是，我们现在〈甚至〉还想排斥这个领域，因为它把自我带入游戏，即我们区分"完全无自我的"感性的趋向：联想与再造的感性趋向与这个领域，借此区分确定的视域形成与这个领域。问题〈在于〉，在原初时间意识那里情况已经怎样。被动的意向性。在这里，自我也被设想成在游戏之外的触发与反作用的极，或者毋宁说，自我抽象于此。于是，我们便具有第一个"抽象"可凸显的结构，具有原初感性的被动性的结构。

b) 而后，我们考虑自我与自我极化。并且作为第一个新物表明自身的是烦躁,是触发与反作用的领域,当然,这个领域以第一个阶段为前提。

c) 而后作为第三个(以先前阶段为前提的)阶段表明自身的是施动的心智(intellectus agens)的领域。但是,我们此前重又得区分:自我参加不同于醒着自我的参加。"注意力"。自我是注意的,尤其是它对某物是醒着的,它指向与此,它作为自我极指向一个意向极,指向一个对立极,指向一个对象,它以不同的方式把握、感觉、追求、想要它们。

在此,需要一门注意力理论,需要一门醒着状态的理论,并且需要分离出醒着的被动性的阶段,需要分离出屈从的阶段;另一方面,需要确切意义上的自发状态,需要特殊自我行为的进行。新的层面如此进入体验流,或者说,我们通过自我极的注意考虑到在它那里的新层面,当然,这些新的层面重又具有一个内在时间秩序,具有自我体验,这些自我体验不是与未被自我考察的体验分开之物(这是有条件的,如果我们在此仅仅对某些领域认为特殊的研究是必要的),而是意指新的结构,但是,也指明旧结构变化的样式。因为,在此功能的变化由于从属性存在着。①

---

① 甚至必须明确谈到存在之物是被意指之物,并且必须明确谈到这个被意指的存在之物本身的"内在"时间,这样这个被意指的存在之物自身是主体之物,并且表明一个存在-主体的时间,这个时间与感觉素材的时间相合,而且与显现方式的时间相合,如此等等。

当然,在此我们在目光中绝对没有真正自然的时间,即绝对没有"真正"存在的时间连同其充盈,而是,例如,如果一个由自然的感知组成的连续性在流逝,被感知的自然在流逝,被感知的事物性本身在流逝,"被意指的"事物性在流逝,而且属于它的事物性在流逝,例如,被感知的空间、被感知的形态在流逝,那么我们就具有被感知的时间与时间形态。

第2节 〈同一的、非对象的存在者与无时间的自我作为体验流起作用的极（原始状态）〉

我们已经试图按这种方式构想内在时间的普全领域，或者构想内在自身"相合的"时间秩序的普全领域。看来，我们对此具有所有主体之物——并且我们以确然的方式"具有"它——但是又不具有它；因为我们具有的东西正是存在之物，正是时间之物，而且并非所有主体之物是时间之物，是在通过一个唯一的时间位置被个体化之物意义上的个体之物。首先，我们在体验流中没有的是自我本身，是同一的中心，是体验流的总体内涵涉及的这个极，是自我。这个自我被这个或那个内涵触发，并因此这个自我积极与这个内涵处于这样或那样的情况，而且主动这样或那样构形它。当然，对这一切，我们已经谈过，并且对此已经发现了一个在体验流中（在其自身相合与穿过的河流中）的位置。但是，在此现在应该探究：自我作为所有体验与所有存在地被包含在这些体验自身意向性中之物（例如，被意指的自然是被意指的）的同一的极，它对所有时间系列都是极，并且作为自我它必然是"超"时间的，时间对它构造自身，时间性、在体验领域意向性中的个体个别的对象性在此对它存在，但是，它自身不是时间的。因而，在此意义上，它不是"存在之物"，而是所有存在者的对立面；它不是一个对象，而是所有对象性的原始状态。其实，自我不应该称作自我，并且一般不应该称作自我，因为它而后已经成为对象。它是在一切可领会之物上方的无名之物，在一切可领会之物上方的这个无名之物不是伫立之物,不是漂浮之物,不是存在之物,而是"起作用之物",它被用作把握、评判,等等。①

而且,人们不一定说:它的刺激-经验,对刺激做出反应是真实的,只要我们把自我当作起作用之物,的确不把它当作时间之物,更不把它当作其执态,当作其采取主动态度,只要它是自我中的态度,或者是来自自我的态度?但是,由于自我起作用,并且主动地注意被构造之物,指向被构造之物,在这上面从事活动,落到这个被构造之物身上的必然是一个时间的组成,是一个"意向相关项的"组成,或者以任何其他方式是一个主体的组成,是一个常新的组成,是一个在时间上变化或相对固持的组成。② 并且作为源于自我功能的组成的这个组成,它给反思指引着朝向起作用的自我的方向,这个起作用的自我现在恰恰在反思中作为同一的功能中心成为对象,作为所有这些成就的成就者成为对象。但是,不是对象之物如何能够成为对象,非时间之物、超时间之物以及在把握中确实只能作为时间之物被发现之物,如何能够成为可把握的?现在,这是合本质被给予的,即恰恰在体验流中出现并且可以反复出现的这样的东西,它具有一个完全不同于其他合体验之物的生成,这个生成不仅作为一个"某事在发生"被给予,并且能够再三再造地被重复,而且作为"我做了某事""我忍受某事之苦"被给予。或者毋宁说,此前:〈某事〉被给予,它带有一个刺激的特性(刺激、刺激的哨声),或者带有一个"构成物"的特性,带有一个成就的特性;

---

① "存在之物"是个体的存在之物,是受〈一个〉时间位置束缚之物,并且是通过这个时间位置被个体化之物。自我不〈是〉这样"存在的"。
② 所有这一切还必须得到再三考虑。这几乎取决于可能描述的界限。

并且它现在回指一个相关项,回指一个在一个新的维度中存在的一同存在之物,恰恰回指"我做了这事""我成就了成就",并且在此我们遇到极,遇到一个同一之物,这个同一之物自身不是时间的。

我们已经把这个自我极和杂多的"对象极",与意向的统一性做了比较,并且确实已经把它与它们做了对照。每一个对象作为对这个对象的"意识"的杂多性的统一性"构造自身"。关于意识的这个言说是多义的。如果我们注意观看"意向体验",在其内在时间中变化的这些意向体验"包含"作为其意向统一性的有关对象。例如,在此,我们在一个连续的感知系列中发现一个被意指的对象是同一个对象,比方说,我们发现一个持续被觉察到的红的四边形平面是在一系列透视映射中被给予的。并且如果它不再被觉察到,那么它可能是同一个还"空泛地"被意指的平面。在此,被意指之物实项地被包含在这个系列及其每一个相位中?是的,人们会回答,它作为意向之物,作为被意指之物。并且如果我们只是向这上面看去,那么我们就具有一个被意指之物本身的时间连续性(这个被意指之物的存在在于被感知)。但是,我突然觉得这是不正确的,如果我已反复地这样说过,仿佛"意向相关项"并非实项地存在于体验中。(此外,人们也不可能恰当地把它称作意向活动。)在此,意向之物是一个时间对象,但是,意指的体验也是一个时间对象,因而,这个时间对象自身重又是"极",并且所有这些极存在于自身相合的时间系列中,而且所有这些时间系列在其相合同一性中构成整个体验,构成体验流。

如果我们现在设想自我行动起来,另外我们把这些自我行动本身当作体验?几乎可以说,自我被一条已经对它存在的时间流触发,并且它朝向其内涵,在这些内涵上从事活动,而且现在朝向是活动,在这个活动中被构造的成就自身重又是体验。

但是,现在,在这些源于自我的体验中,除了一个被叠加的新的时间层面,我们还发现了一个中心点,发现了这个在其中一切都〈在〉这个层面现时被置于中心的点,发现了同一的自我。它对所有时间点是同一之物,对所有时间对象是同一之物,这些对象已经与这个自我建立关系,或者它从自身出发已经对这些对象"采取行为"。并且正如上面已说过的那样:首先,它是行为方式中的同一之物,是关系方式中的同一之物,这些关系方式自身作为体验向我们走来,并且此后它们也可能与自我自身建立关系。的确,所有对象都可能这样,并且自我被称作其关系中心,只要"自我能够"的这个明见性恰好存在,也对对象存在,这些对象还没有与自我建立关系。

在此,在"意识流"、体验流的这个存在秩序连同它平行的、自身相合的时间系列中,我具有我思形式的分开的体验(一如触发自我的相反体验)。我们进行再造,并且在过渡中说,这些被再造的、重又当下化的体验是分开的,它们的自我是同一的同一个。但是,给予自身的是每一个体验,它在此当下化地被意识到,被意识为一个(过去的)"我思"。自我是"伫立与保持不变的"自我,它不像一个体验一样是产生与消逝的。它不是一个时间上被延展之物,即它在每一个时间相位不是不同之物,并且只像一个自身变化之物一样是同一个,或者一般在不同的瞬间状况中,这些瞬间状况是反复不同的,而且至多是相同的,它是连续性中的同一之物。它甚至在非连续性中是同一的。但是,在此人们会说,体验流是连续的,而且即使在那里自我没有进入特殊的触发,或者根本没有行动起来,它在此也仍然是持续的,是与体验流不可分的,并且只是必然连续贯穿这条体验流在延续。但是,延续之物在每一个延续的相位具有一个新的内涵,但自我在时间中根本没有任何内涵,没有任何不同之物与相同之物,没有任何"直观之物"、可感知之物、可经验之物。只是已进入时间的触发、行为,它们有其内涵与延续,并且在每一个延续的相位有一个其内涵的相位。每一个行为具有行为极,具有自我,自我不仅在数字上是同一的,而且对所有时间的时间点来说是同一的,这个时间在此对它存在,〈并且〉对所有体验的时间点来说是同一的,这些体验是其时间的内涵。自我、一个形式的同一之物、在一定程度上一个观念的同一之物〈具有〉同一个绝对同一的意义,这个观念的同一之物按其行为、状况在时间上反复地被"定位",但它确实不是时间的。

第十五篇 〈纯粹自我的时间关系〉

第1节 心灵内向性的本质形态·〈时间的原发生、自我与原素〉

没有普遍的本质,一个统一的内向性是不可设想的。现象学还原的观点:回到纯粹体验的河流与这些体验的纯粹自我,回到内在的存在,这个内在存在的必不可少的形式是"现象学时间"。但是,从这儿出发还继续回到构造原初的、内在的时间对象性的意识。

构造时间的意识的本质规律性(本质的结构)是自在最初与最深的规律性,这个规律性是一个意识发生的规律性,同时是一个作为对象性之原初构造的发生的规律性。但是,我们也必须说:所有在内向性(一个内向性一般)中可指明之物必须属于作为行为方式之主体极的自我的对立面,并且通过这些行为方式自我涉及所有其他内在之物,涉及其"环境"。但是,如果我们说明"内向性",那么这一切可能涉及内在内容,但它也可能涉及构造这些内在内容的意识。作为流入环境的、与环境有关的自我行为方式(或者作为由环境发出的对自我的触发,正是作为触发的刺激在发出的),从最初方面看,内在时间的形式是所有环境客体的形式,也是所有自我行为方式的形式。自我自身作为这些行为方式的主体,作为这些客体在此对它存在的主体,它自身自为地用这些行为方式把自身构造成时间的。这些行为方式〈是〉反思性的对象性,这些反思性的对象性以非反思性的对象性为前提(耸人听闻)。对一个自我应该能够不假思索或反思性地存在的所有东西,必须具有时间形式,这个时间形式是直接或反思性地可把握的形式,并因此作为形式其实存在着一个双重的时间:非反思性的时间与反思性的时间,两个形式"相合",并且作为自我可把握之物的一个唯一的秩序构造自身。

一个非反思性的环境必然存在。一个原素必然属于这个非反思性的环境,并且我们可以谈论一个属于内向性的必然本质形式的原素环境是一个绝对最初的必然性。没有这个最初的客观内涵,就没有内在时间的点,没有原素的原印象,在被定位的内在时间中就没有现在,这个原印象而后转入变异(滞留性与前摄性的变异),这些变异是必然的、构造原素时间对象之生活的变异。属于此的是进一步的本质规律。原素的统一性不可能是逐点的,这就是说,它们必须组成延续的时间对象。不仅这个定句有效,"不存在原素空泛的时间片段",而且每一个原素有其质性的组成,并且这个组成不可能间断地从时间点到时间点变化。间断性只有在连续-在质性上被充实的时间延续的界限上才是可能的,如此等等。

原发生(作为本质的形式),内在原素对象之构造的形式,是每一个进一步发生的基底,并且所有发生在构造时间意识的原形式中进行,只要不仅每一个关于原素的印象向自我行为方式方面作为时间中的内在素材构造自身,而且一般对自我来说作为对象构造自身的所有东西，必然通过内在时间范围内的现象构造自身。并且作为个体之物一般构造自身的东西也一定作为一个时间之物被给予，如此以至于它在环境中不可能两次绝对同一地被给予（本原地被经验到、被感知到），而且如果它不是内在素材，它一定作为一个超越的时间之物被给予，这就是说，在一个超越的时间中被给予，这个超越的时间通过内在时间的现象相合地展示自身。展示现象的时间必须展示被展示现象的时间。

但是，这已经走得太快。时间的构造首先通向直接直观的时间片段。但是，时间本身与一个充实它的环境的构造以自我的再造与自由的可能性为前提，通过这些再造可以闯入时间视域，并且可以以"重又"的形式当下"化"过去之物。

现在，难题在于把属于再造与联想的本质规律确定下来，而后进一步考察可能属于统觉之形成的本质规律。内向性不仅是一条带着一个纯粹自我的意识流；确实，如果我们谈论意识流是一个由诸现象组成的无限的现象，那么我们就已经以一些东西为前提，这些东西在基本本质明见性方面必须被明确地确定下来。我并非单纯地以此方式发现了这条意识流，仿佛自我作为纯粹感知的自我是一个单纯把握的自我，它在一定程度上在一个空泛的观察中把握并且接受一条单纯流动的河流。并非一方面是流动，另一方面是对此流动的空泛的看，它们是一系列现象的意向统一性，是一系列现前现象的意向统一性；而是这个流动与河流的统一性，是一系列现象的意向统一性，是一系列现前现象的意向统一性，这些现前现象有其复杂的结构，并且它们是在持续变化的意识中被给予的，而且重又当下化一个"自我可以回到"、每一个变化的片段与每一个相位、每一个现前以及重又让它们渐渐变为它们进一步的变化，这自身是一个流动，并且以时间形式消逝，有其现前等等。

目的〈在于〉：提取出作为一种发展（亦即本质必然发展）的内向性之本质形式或心理之物的本质形式，正是在这种发展中，一种作为第一个内在时间的客体性与从属于此的最低阶段上的自我以"可理解的"方式平行地向上发展，后者向上发展为经验自我，这个经验自我与一个超越的客观世界相对立，这个世界同时是一个价值世界、善业世界、行动世界以及包含着那些与它相关的作为身体心灵自我的其他人格自我等的客观世界。

第2节 纯粹自我与时间·〈自我作为全时的个体与作为次生的时间对象〉

我思的自我像一个原素的素材一样，并且像其他对象一样，是一个在意识流中构造自身的统一性，那就是说，其自身是一个素材，然后又是一个个体素材？属于一个内向性的所有东西，是这个内在性的自我的现实素材或可能素材。因此，每一个内在对象与一个被凸显的对象自我有一个固有的关系，并且这个自我自身自为地是对象。自我在一个新的我思中涉及旧的我思，并且重又在一个新的我思中能够把握二阶的我思，如此等等。在这里，自我作为在所有进入反思目光的阶段的同一个自我成为对象，并且成为可把握的、可认同的。反思的自我通过一个新的反思才成为对象，这个新反思具有未被反思的自我作为主体，并且每一个反思在较高的反思中显然是在内在时间中出现的与离去的。

在这里，自我作为活动着的自我在时间中出现，并且通过时间的活动片段保持活动。正如反思重又指明的那样，分开的我思的自我在认同中明见地是同一个。但是，反思也许在时间上在我思之前就发现了一个片段，这个片段是一个未被把握的对象性对自我触发、刺激的片段，因此，自我不仅仅生活在我思中。内在时间的对象是可以察觉到的，但它们未被察觉到，〈它们不是〉被把握的对象；并且在其中自我渐渐变为把握的这个朝向，其自身是一个可以察觉到的进程，这个进程也许以后补的方式被注意到。每一个把握都得出被把握的对象，这个被把握的对象带有一个此前的视域，并且人们在这里也不断遇到未被把握之物。自我不是连续贯穿其整个内在时间的把握的自我，而且即使它大体上是这样的，一个未被把握之物的视域始终保持着。未被把握之物在此意义上是可以觉察到的，即它是可以看出的，能够渐渐变为把握，但是，并非所有未被把握之物一下子能够渐渐变为把握，因而视域消失了。

我现在把握到，我的双脚是冰凉的，但我觉知到，这种冰凉穿过了长长的一个时间段，这个时间段自身已经反复向前推进并且已经被把握，而且其间它曾是延续下去未被把握的，在变化程度上曾是可以察觉到的，即曾以变化的力在触发，但它并未达到触发；就触发性的趋向（在朝向反作用中，我把对自我的拉力、吸引力把握为一个在反思中自身可以察觉到的东西，这不是单纯的言谈样式）来说，问题在于它们是否必然是属于背景之物的东西。但是，而后这些趋向（作为一个可以察觉到的东西）也不一定带有新阶段的趋向，后者重又如此，乃至无限？在此，这作为难题被保留下来。

在受其形式规律束缚的原意识流中出现的一切，都有助于构造一个内在时间,这个内在时间充满了内在时间对象。总之,一个对象被充满的内在时间被意识到,这是一个形式的必然性。这些对象自身是偶然的,这些对象连同其如此开始与终止的确定内容是偶然的。但是,所有这些对象是自我的对象,是自我的可把握性或被把握性,自我与所有其他对象不是同一意义上的对象,刚才曾谈到这些对象,而且这些对象作为个体的素材在自我的时间流中被称之为偶然性。诚然,唯有自我自身能够自为地成为对象,它才存在;甚至自我自身自为地是现时与潜能的对象。但是,它是主体,对这个主体来说,所有其他内在之物是客体,同时它自身也自为地是客体,在这件事上,它以内在时间的形式发现自身本身是内在对象。作为所有其客体的主体,它没有偶然性,而是具有必然性。

这属于一个纯粹内向性的本质,或者属于一个纯粹意识流的本质,即正如上面所说,其中的一切在被充实的内在时间形式规律的范围内都可能变化,唯有自我不变。它是必然的内在个体性;如果对象在变化,并且触发、朝向等在变化,它们以自我为出发点,或者向自我走去,那么某物在变化,它恰恰可以变化。一个具体内在的本质及其必然性使这样的变化敞开着,这个朝向正好随之出现,这是一个"偶然的"事件,在规律形式范围内是一个个体之物,即是一个偶然之物。但是,虽然我们在此到处能说"个体的,即偶然的",唯有在自我那里恰恰不能说。它保持不同,但是,它是必然的个体与唯一的个体。此外,必然存在的只是:一般个体存在,而且一般个体事件存在;它们充满时间。

如果我们回到原初构造的生活流,那么它具有一个本质结构,按照这个本质结构在一个连续不断的原产生中出现感性的原印象,这些感性的原印象带有偶然的(只是为形式规律所限制的)内容。与此相合一且相关的一个唯一的原自我属于河流,它不像一个客观素材一样是偶然出现的,而是在此必然作为自我触发与自我行为方式在数字上唯一的主体极,这些自我触发与自我行为方式在它们那方面重又服从时间对象的构造。因此,属于这些被构造的、在时间上开始与终止的行为方式的是持续与必然贯穿整个内在时间的自我,是一个同一之物,这个同一之物也可以始终触发,并且可以成为关于时间朝向的课题。因此,内在的存在以内在时间的形式显现,并且显现为如此形成的,即一个由偶然"客体"组成的基本系列充满这个时间,并且与此有关的是另一个由时间上延续的对象组成的系列,这个系列恰恰是由触发与朝向、执态组成的。简言之,它恰恰是由自我的行为方式组成的,这些自我的行为方式有它们"永恒"自我中的必然统一性,有它们全时的个体中的必然统一性,这个全时的个体通过这些行为方式涉及所有对象,也可能涉及其行为方式与自身,并且其自身在时间中存在,因而是时间对象。

但是,情况并非如此,即一般一个时间对象在所有其他对象面前得以凸现,它带有完全特殊的特性,并且在这下面与所有其他时间客体具有普全关系。应该关注到这方面,即当每一个内在"客体"对主体是直接可感知的时候,当它直接可感知地〈有〉其现在-存在的时候,并且当它在每一个新的现在中〈有〉这样或那样存在,〈有〉这样或那样通过时间延续-延展的时候,自我才是反思性的,并且才是后来可把握的。作为活的自我,它进行行为并且经验到触发,这些行为与触发自身进入时间,并且通过时间延续地延展。但是,这个进入的活的起源点与对此活的存在点原则上不是直接可感知的,用这个活的存在点自我自身与时间之物建立主体联系,并且其自身成为时间之物与延续之物。只有〈在〉一个后来追加的反思〈中〉,并且作为在时间流中流逝的东西的界限,自我才是可把握的,而且是被它自己把握,作为把握着的和可把握的本原自我。原初活的自我是所有客体的持续与绝对必然的相关项,它存在,由于这些客体触发它,或者它朝向了它们,并且借此按其本质规律允许新系列时间事件从自身离去,通过这些它自身能够自为地成为一个反思性的时间对象。但是,其存在完全有别于所有客体的存在。它恰恰是主体存在,并且作为主体存在〈它有其方式〉,它应该生活在一个漂浮在所有时间之物之上的原生活中,但是,这个生活随即进入时间性,并且以一个次生方式使自我自身作为它时间中的体验主体极获得一个时间中的位置与时间中的延续。

也许人们也可以这样说:自我的每一个行为是一个新内容,并且所有自我行为没有共同具有一个"内容",它们就有一个奇特的统一性。按照它们涉及的对象,所有行为(与触发)贯穿时间在延展(它们有它们本己的时间形式,但是,这个时间形式与客体对象的时间形式相合),这些行为(与触发)的同一性点给予每个主体之物一个统一性,这个统一性不是从内容方面来看的统一性,即不是扩展的统一性,但是,它通过一个自我的同一性具有一个拟-时间的延展,这个同一性同样涉及每一个时间点。自我行为具有一个扩展的存在,它在每一个时间点上是一个新的时间内涵;在状态(Verhalten)、状况(Zuständlichsein)等中现实充实时间的一切,是一个反复在个体上不同之物,是一个不断由点到点不同之物。但是,处于如此情况的这个自我是同一的;在内容上不存在同一之物。我们说,自我如此过其原初的生活,以至于它是对常新内容持续进入时间延展的体验,但是,如此以至于给予统一性的同一之物是无内容的同一之物——它不是基质——而是生活主体,这个生活主体与这些客体、与自我陌生之物情况是这样或那样的。

第五编

论个体化现象学：诸经验对象、想象对象与观念对象的时间性

第十六篇 〈时间的流动与个体对象存在的构造〉

第 1 节 〈时间对象的个体性与同一性（事实与本质）：原体现与当下被给予性的个体性、连续的过去变异与同一的时间位置〉

我正在想象的"同一个"对象也可能出现在我的经验中,这个同一的单纯可能的对象（与这样的每一个可能的对象）也可能是现实对象。相反,对于每一个现实对象我可能会说,它不必是现实的,于是它是单纯的可能性。

因此,"同一个对象"并不表明是绝然的对象,因为如果我们绝然地谈论一个对象,那么我们就把它设定为现实对象,我们意指现实对象。毋宁说,在此与在所有类似的言说中,这涉及一个作为同一地可直观出现的内涵,这个内涵作为"完满的意义"不仅在经验意识中存在,或者说得更确切些,在它的意向相关项中存在,并且在此具有"现实的"经验特性（经验相关项）。〈它〉也在作为拟-经验的相应的想象意识中存在,并且在这个相应的想象意识中具有"被想象的"特性(拟-经验的相关项:拟-现实的)。而且如果我以改变了的观点进行一个可能性设定,设定被想象之物本身,那么如此被设定之物就存在,可能性就存在,恰恰这个完满的意义自身就存在,并且这个完满的意义把可能性称作可能的现实性;这就是说,每一个这样的完满的意义可能明见地是一个现实性的"内容",可能以"现实的"特性被经验到。

看来,这构成一个"单纯表象"的概念,即构成一个作为单纯被表象之物的"单纯表象"的概念。这个单纯被表象之物是意向相关项的本质组成,后者在一个经验设定与一个拟-经验设定中是同一的同一个。它不是一个纯粹想象(纯粹想象自身在一个完全不同的意义上称作单纯表象)的相关项,而恰恰是在被感知之物本身与正好平行相应的被想象之物本身中的一个共同本质。

因此,它是各自对象的个体本质,看来这个本质包含双方同一的时间延续与关于这个延续的时间充盈的分配。但是,在此时间延续就像着色等等一样是一个同一的本质。相同性、相似性以及全部的相合统一性,将以现实的样式被设定的"对象"(正是这个带有现实特性的本质)与以拟-现实的样式被设定的"对象"结合为一,而且所有的被设定性都是如此,无论以何种样式与变异,而且是如此结合为一,以至于这个直接被联合之物正是个体的本质。个体本质与个体本质相合或相似,或者在对比中凸显自身。

但是,这个"个体本质"如何是一个普遍之物? 如何是通常意义上的一个本质? 它在相合中的确是分开的,并且在完美相同性情况下达到完全一致,但在这个体验与另一个体验的意向相关项组成中每次存在着一个个体本质。而如果我们把完美的相同之物摆在对面，那么这当然就意味着：一个同一的普遍之物作为个体现实性或者作为个体可能性在这里与在那里个别化自身。因此，颜色在这里个别化自身，颜色在那里个别化自身，延续在这里个别化自身，延续在那里个别化自身，并因此按照每一个时间点个别化自身。

但是，我们现在考虑：相合关系也对两个被经验到的对象发生，比方说，对在一个唯一现前中被给予的两个对象发生，甚至对这两个对象发生，这两个对象中的一个对象是在一个回忆中被给予的，而另一个对象是在一个感知中被给予的，而且两者是一同被给予的。被经验到的时间在这里是不同的，但它们在"完美的相合"中存在。只要我们在这样的拟-经验的一个关联的统一性中活动，那么在拟-经验中也同样如此。与此相比，如果我们接受无关联的直观，这些无关联的直观不属于一个经验或拟-经验的统一性，那么也许这一个可能是感知（或拟-感知），那一个可能是拟-回忆，虽然会发生"完满的相合"；但是，在前一种情况下，我们会把相同的时间立义为且也许明见地视为在一个时间中的不同时间，并且会把它们立义为且也许明见地视为在这一时间中的不同的相同时间片段，对此在另一种情况下却没有谈到。如果我想象到一个回忆，那么这个被回忆之物是一个过去之物，这个过去之物与同一个关联的想象的同样拟-被感知之物相对；但是，如果我在这旁边持守一个与这个想象无关联的想象，那么在这个想象中被想象之物与在那一个想象中被想象之物根本没有以前与以后的关系。

我们首先考察一个唯一现前的情况，在这个现前中出现不同个体的一个相同性。双方"完满的本质"相合,时间延续与时间延续相合。原初经验的过程是这个与那个内涵之持续形成与不断以及持续设定的构造的一个过程(是一个在持续生成中、在可改变的被给予性的一条持续河流中"存在的"且在这个存在中扩展的过程),在这个原初经验的过程中,产生这一个延续之物,或者说得更确切些,产生它的延续活动和延续,并且产生另一个延续之物。而且这在一个包容的过程中在两个位置上、通过不同的被给予性方式、在不同的设定中产生,如此等等;每一个新设定(现在设定)以一个新时间点的形式设定其内容。这表明,时间点的个体差别由于一个被给予性样式是一个确然原创造的相关项,这个被给予性样式在属于新现在的滞留连续变化中穿过所有变化保持一个同一的相关项;作为同一之物的被给予性方式的变化,与这个变化自身相符的是定位的持续改变。

但是,人们在此必将要求更高的明晰性。闪现的每一个新的原初当下是带有一个"内容"的一个新的现时"设定",这个内容在体现(总是新的当下点的生成)的持续河流中可能是一个持续不断本质同一的内容,或者也可能是一个按照本质持续变化的内容。我们假定,它作为不变的内容在延续:在这条河流中本质同一的内容被意识为持续有差别的内容,被意识为"新的"内容,被意识为持续不同的内容,尽管"就内容方面来说"恰恰被意识为同一个。换言之,特殊的同一个内容被意识为"事实"内容,被意识为此在中的不同内容,被意识为序列中的一个在个体上持续不同的内容,而且它在此原初地被意识为这样。

在此,在此在中存在个体性、事实性的起源点,存在区别的起源点。对作为事实的一个内容最原初的拥有或把握，以及对作为有区别的事实（这个有区别的事实带有原则上的可能性，即这个区别是本质同一的）的一个有区别的内容最原初的拥有或把握，在原初体现的现时性中进行，并且在内容的本原当下的意识中进行。这个内容是以现在样式被意识到的现在内容，并且以这个样式是个体内容，是这个内容的唯一之物；至少个体此在第一个与最根本的特性以现在-存在的形式出现。第二个可能特性、在此-存在已经以它为前提。我们在此还不想探究这个特性。

我们在内在对象那里，而且在感觉对象那里会研究，现在-存在如何与个体此在关联，如何与意识流中彼此分开的、新出现的内容的区别关联。这个现在-存在必然关联，与对有关内容的设定的本原意识的现时性是不可分的，并且这个现时设定的意识作为内在的本原意识当然（eo ipso）是现时设定的，它本原地设定一个内容的时间位置，以一个时间位置的形式设定内容，而这个时间位置不是现在样式。因为现在样式按照滞留中本原体现意识的变化持续地变化，按照正是"曾在"连续不同的等级性或阶段中本原体现意识的变化持续地变化，并且贯穿所有这些连续意识体验的是对作为内容的同一个体之物的意识，这个内容有其确定的时间位置，但是以持续流动的过去样式具有这个时间位置。本原意识把时间位置设定为"现在的"，而且过去是同一个内容的过去，或者毋宁说，是同一个个体的过去，这个个体被称作现在的内容；它们按照形式是作为过去现在的过去，而按照内容是同一个内容，这个内容不是现在的，而是在持续的变异中。现在是本原意识中的现时现在，在滞留性的意识中它是变异了的现在，是过去的现在。但是，它通过所有这些变异是作为同一个内容之现在的同一个现在,它变换其持续新的本原意识的相对状况,并且与此合一地接受一个常新的过去样式。过去是一个不断变化的过去;这个变化在观念上无限地行进。而且如此行进的是每一个现在存在者,这个现在存在者是在一个本原意识中被给予的,并且是在这个意识的持续过程中被给予的,这个过程对每一个自我来说是一个唯一无限的过程。

作为一个通过它而成为个体事实之内容的本原的此在特性,每一个现在是由过去组成的一个无限连续统一体的起源点;并因此过去的大全、现实与还是可能的过去的大全是如此奇妙地被组织的,以至于这些过去全都回引到一个原初体现的过程,以至于每一个过去单义地被列入一个带有其内容的原初现在,以至于它们全都自身分成无限过去的线性连续体,而且组成一个二维的系统,如此以至于这些线性连续体连续交织地转移,并且构成由线性连续统一体组成的一个线性连续统一体,这个线性连续统一体恰恰为这些本原当下的河流的线性连续统一体所确定。

第2节 〈当下的出现和消逝与客观-同一的时间位置、时间延续与时间秩序的构造〉

因此,时间位置的同一性是什么,或者说得更确切些,作为一个一维线性连续统一体的这一个时间的同一性是什么,这个一维线性连续统一体与这个二维连续统一体相对,后者是永恒流动的过去的连续统一体,这些永恒流动的过去带有这一个唯一的瞬间当下的起源点,这个起源点就其而论流动地贯穿一个线性连续统一体?每一条过去路线标明一个时间点,这些路线的连续统一体标明这一个("客观")时间的连续统一体。因此,每一个时间点是同一个此在同一性的形式,这个此在通常在一个过去的系统中构造自身,这个系统是从同一个起源点"现在"流出的,并且在所有无穷尽那里是单义地与单调地被确定的。对每一个个体来说,通过其在时间中的位置而后进一步通过其状况确定的延续被切中的是一个确定,这个确定与其此在有关,与其事实性本身有关。它被编排给它的过去系统,而且它是同一之物,这个同一之物是不断消逝的,是进一步向后沉入过去的,并且在这里同一个事实〈保持不变〉,在这方面有别于每一个其他在时间上不同被确定的事实(我们还是不考虑并存问题)。

事实存在作为时间意识中构造自身的存在且作为体现意识中本原构造自身的存在,其本质是出现与消逝的,是一次了结出现的并且在不断的消逝中,但是在每一个过去之后永远是:每一个过去相位是唯一的。但是,一维的同一时间只是一个客体化,其实,它完全没有用尽我们对时间的理解,以及在此是本质必然形式的东西。在客观时间这个标题下,在"自在"时间点的连续统一体这个标题下,完全作为特殊现象而显示出来的是当下样式与过去的连续统一体样式的区别,但是我们的日常述谓与科学述谓也涉及它,并且必然涉及它,因此(在一个不严格的,但在类型上可理解的意义上)现在与当下以及将来,以前的与遥远的过去等这些表达式完全是必不可少的——当人们能够接近这一类对精确性的模糊陈述的时候,这些问题也可能占据一个本己的位置。在此,它们现在与我们毫不相干。

每一个时间点由于滞留的无限连续性作为一个本原被给予的现在的上升性与下沉性的统一性构造自身,并且这对时间点〈有效〉,而后对每一个延续有效。所有存在的一切都存在,只要它变得无限并且流入相应过去的连续统一体。它在由当下向连续渐次变化的过去转变的河流中是同一之物。而且延续在总是新生成的河流中构造自身,在总是新存在之生成的河流中构造自身;它在持续的出现与消逝中。在恰当内容的持续出现与消逝(沉入过去)中,一个同一的基质作为同一之物构造自身,这个同一之物不断地生成,而且在此生成中沿着其时间不断地作为固持之物且延续着,由于每一个生成之物的新当下的闪现的点"消逝地"沉入过去样式,只要每一个这样的点贯穿所有这些样式构造其客观过去的位置,构造其客观的时间位置,那么所有这些样式即被给予性样式都与之有关,并且与现在的本原性点有关。因此,我们具有两个基本进程,但它们是同一个具体总进程的两个不可分割的方面:

1) 一个新的逐点当下的连续出现,在这个新的逐点当下中存在者作为生成之物一再进入当下,总是带着新内容出现;

2) 每一个生成的当下点或登场点的连续消逝,但是在此生成中同一被构造的是同一个时间点。

延续是原初的、当下的或过去的延续;并且它与时间点一样自身是一个客观的统一性,通过第一个原初性直到一个曾在性或过去的任意阶段的所有样式客观同一地被构造。延续原初地构造自身,这就是说,制作一个生成之登场的第一个当下点存在,并且已经在这些过去样式中下沉,而且与这个下沉的连续性合一出现的是一个常新的逐点的当下。因此,我们有一个连续体的连续统一体,有一个由各个连续并存组成的连续序列。在这个连续序列中每一个用作相位的连续统一体有一个唯一的登场点,并且每次有一个唯一的过去样式,如此以至于这些过去连续体也按照"长度"持续地区分自身,而且我在这些相应的点中有〈一个〉带着不同内容的相同梯级形式。在这个连续体的连续演替中,原初的延续作为原初的延续如此构造自身,以至于发生了一个贯穿的演替相合,而且以确定的方式发生,这个方式在我象征性的示意图中是显而易见的。但是,如果延续已经原初地生成,那么这个演替就不中断。在下沉过程那里,不再出现作为新当下性且作为从属于延续之物的新内容,在这些下沉过程的进展中,现在整个被构造的片段在下沉,并且在消逝的无限之中保持其作为片段的同一性(或者说得更确切些,作为不断延续的曾在之物,延续之物保持其在曾在性中的同一性)。

第3节 〈诸时间样式与信仰方式或存在方式的样式:诸时间样式按照事实与本质是进一步可区别的实存样式?〉

人们真正能够把人们称作时间样式的东西(当下、过去)与评判、原意见(Urdoxa)(未变式的信仰)联系起来作为评判方式、信仰方式样式的相关项?而且与此相关的是:那些时间样式标明实存样式,因为信仰的曾在性意识在恰当意义上确实是关于存在之物的意识？

信仰朝向本质，例如，在本质把握中信仰朝向本质，如果我们从这个信仰转向对个体存在的信仰，那么信仰一般就区分自身？难道此在是一个与本质存在相并列的实存样式，而且难道在这里也要谈论特殊的差异，就好像实存这个属要区分为本质存在、这般存在(Dass-Sein)以及其他什么东西一样？

"本原意识"是一个起源意识，各种各样的行为变化来源于这个本原意识，所有这些变化都与这个本原意识"相合"，并且所有这些变化都"信仰"这个本原意识，所有这些变化都是关于它的存在意识，并且在这个本原意识中发现其充实。这些变化到处都是同一些变化。因此，如果我们考察一个本原给予的意识，那么看来它不是属，这个属如此区分自身，就像颜色这个属区分自身一样（在普遍化那里，甚至在我们把属与种之类的概念归功于它们的这样一些普遍化那里，小心谨慎究竟怎样才是合适的）。与此在意识相比本质意识有一个不同与更为复杂的结构，而且如果我们研究这个此在意识，那么我们在这个此在意识中就发现时间样式的区别，并且完全必然发现它们的连续关联，发现贯穿这些关联的融合、"认同"等等。但是，人们应该把这些称之为设定样式，仿佛信仰本身（其本己性）改变了，而非其意义以合乎规律的方式改变了？我们在原本意识中发现一个必然变化，诚然，在那里此在是成问题的，但是，它涉及整个意向活动—意向相关项的结构，而绝不涉及在这个此在上面制作意见之物的东西。

当然，人们可以命名时间样式，也可以命名"实存"样式，即正如通常较狭窄的词义允许的那样，如果人们恰恰在实存下面命名

第五编　论个体化现象学：诸经验对象、想象对象与观念对象的时间性　391

此在与歧义的此在之物。这些时间样式，即当下的、过去的（将来的），是此在之物的样式，是作为时间存在之物的个体存在之物的样式。

原初被给予的是这些时间样式变化中的个体存在之物，或者是这个无限"流动时间"变化中的个体存在之物，其中刚性的或客观的时间（作为刚性"存在"的刚性形式，在这个刚性"存在"中看来变化只是横穿刚性）作为统一性（流动之物的属于一个整体的杂多性的统一性）构造自身，或者所有（自身刚性的）此在之物之本质形式的时间构造自身。我认为：原初被给予的是这个变化中的个体此在之物，是原初现前中的个体此在之物。（这需要适当的界定。）

按本质而后我们必须比较再回忆与再回忆变异，其中原初体现与现前的一个片段以再回忆的样式被给予。我们在此原初地觉察到或者"重又"直观地具有越来越新的现在起源点的持续出现，并因此原初地觉察到或者"重又"直观地具有新时间位置的持续出现，但是这些新时间位置不是在单纯的现在点中原初地给予自身，而是在持续的统一性中原初地给予自身，这个统一性贯穿流淌过去（作为正好-现在-曾在性）的连续性，并且在最小的流动片段中已经成为显而易见的。在再回忆中一切都以相应的方式变异了，设定作为再设定，现在作为重又更新了的现在，过去作为重又更新了的过去，并且在其中时间点的统一性与时间片段的统一性作为个体的本质形式，这个个体不是本原被把握的个体，而是重又被把握的个体。

此外，如果我们具有第二个再回忆，这个再回忆涉及另一个个体与另一个属于这个个体的时间片段，那么看来现在——由于我们确实直观重又给予地具有两个再回忆——关于时间关系我们一定具有明见性。关于这个关系、关于演替、关于间距我们自身在明白的再回忆直观性那里可能囿于怀疑与错误,但这是如何出现的?看来,为什么这需要确立一个再回忆的全面统一性,从客观方面看这两个被再回忆的片段按其序列编排到这个统一性里面?

  人们不可能提出论证:关系在关系点的本质中被给予;因此,为了显而易见地产生关系,关系点的原初直观或者与其有同等地位的适当的直观化一定够了。人们不可能如此提出论证,这是明白的。而且休谟在其关系的划分中对现象之物(Phänomenologen)已经提出的难题在此的确正好可以解决。为什么某些关系等级奠基于关系点的本质之中,为什么其他关系等级不是?而且时间不是一个带着先天秩序规律的先天形式?但是,这可以被理解成有别于此,即类似于质性种类的时间点一般为时间距离与时间关系奠基,对它们有效的正是时间规律。

第十七篇 〈论个体化现象学〉

第1节 理念关系与事实关系＝特殊本质的关系与此物的关系·自然的个体化的形式先天与自然的被个体化的、认定质性的质料先天

自然先天划分成:1)时间-空间联合形式的先天;2)按照康德的发现,确定实在-因果自然的更高形式的自然先天。(康德已经发现了这个区分,但是我们必须撇开他的阐释及其理论根据。)①

人们想说,自然总体先天无非正是纯粹本质、纯粹物性、自然本质。每一个存在之物恰恰有其本质与实存,对此人们甚至习惯于使用:如在与此在。② 我们以此为出发点。事态不是如此简单的。一个个体"具有此在"。如果我们陈述这个"此在",那么我们就区分个体的"可能性"与现实性。但是,可能的个体不是"如在",这就是说,不是述谓的本质,其基质(被包含在其中的述谓主体)自

---

① 关于个体化学说同样如此。
② "如在与此在"——可能性与现实性。

身是可能的基质,一如述谓是可能的述谓。此外:每一个本质述谓使我们回引到一个同一的本质(述谓的双重意义),而且个体的可能性是可能的基质,与可述谓的(prädikablen)本质不可分割地是一,这个可述谓的本质是其本质。①

但是,这不够用。一方面,本质、基质之物是具体的特殊本质,这个具体的特殊本质是一个"可重复之物",并且在不同个体上是可重复的,这些不同个体带有这个特殊本质的不同基质与可能的个别化;另一方面,本质、基质之物是此物(τόδε τι)。这个此物是个体地个别化特殊之物的东西,而且是个体地个别化最低级的、不再特殊可细微区分的种类的东西,是个体化开端(principium individuationis)。它自身有其普遍性,有一个普遍形式,这个形式殊相自身。但是,这个殊相是个体的个别化,而不是特殊的殊相。对此属这个概念也变得具有双重意义:a)在转向个体形式中的普遍化,它属于个体的"差",与此相对的是 b)这个普遍化,我们把它称作特殊要素的特殊化。

但是,个体的差不是一个"附加之物"。如果我们把一个最低级的特殊要素称作要素,那么它已经是个体的——而且不是借此是个体的,即某物与最低级的特殊的本质普遍性联系在一起,而是借此是个体的,即这个本质普遍性正是个体地个别化自身,这是一个最后之物。

---

① 内容:一个个体与作为一个普全无限个体的一个世界的确定性。属于此的是:1)普全此物的确定性,空间-时间形式的确定性,它必须是一门封闭科学的课题;2)特殊物性的确定性,还有先天必然的因果性与因果律的单义的确定。因果律先天性的演绎。

几个相同要素具有一个同一的特殊本质，这个本质在它们之中重复了，但是不同地被个体化的。因此，正如我们同一地设定个体化之物，这些要素也是同一的，在个体化变化中的同一之物也是同一的。

被运用到自然上面的是：空间-时间-形式，此物的普遍"形式"，个别化由于此时此地（hic et nunc）是个体化，这个此时此地不是几何学的区别，只要几何学不谈论个体确定的空间点与时间点，而是只在普遍言说中谈论可能与"确然的"确定的空间点与时间点一般。

一个此时此地预设了一个自我，这个自我有其活的当下及其现时身体（或者定位零点），并且是普遍的与纯粹的可能性，是对一个自我一般（或者一个众多性）的假定，而且是与这个自我有联系的"自然"。

就由各个个体组成的一个无限领域的自然来说，这个无限如何在认识上是可掌握的，与此相关，它作为无限如何能够包含每一个个别之物作为自在存在的，它作为无限如何能够在原则上是个体之物的无限敞开的杂多性，这还是问题。自在此物个体化差异的无限在哪里是确定的？这是第一个问题。

诸关系：特殊的本质关系与个体确定的关系。

看来，这涉及休谟的区分。个体对象由于其特殊本质具有关系，并且特殊的个别性（种类的个别化，这些个别化让个体化之物自由变更）本身具有本质关系。个体对象有个体关系，即有建基于个体化确定的关系，并且这些关系在特殊要素的变更性那里始终不变。

另一方面,一如特殊关系,个体关系自身重又有一个本质;进入其中的是此物的本质。(此物的纯粹形式,像地点与时间位置一般、空间延展与延续一般之类的一个纯粹普遍性,其最后的细微差别正是个体化。)但是,每一个现实的个体化具有奇特之物,即它横穿纯粹的可能性领域,而且同时包含实存设定,或者最后以实存设定为前提,例如,以一个自我的实存设定并且最终以我的自我的实存设定为前提,以认识者的实存设定为前提。具体说来,如果个体不实存,每一个可能的、但确定的此时此地也预先以某种方式是实存之物,即"我的"空间、我的时间的地点与时间。

个体关系隶属于本质规律。同样,我们不得不说:所有此物确定本质合法地形成一个统一性形式,形成一个自在确定与封闭的整体,这个整体有其有关系的本质规律,并且由于这些有关系的本质规律这个整体被确定为这样的整体。空间与时间公理是这些本质规律,并且根据这些本质规律空间与时间是整体。

我们也可以这样阐述:纯形式地说,如果此物的杂多性可能形成一个无限的杂多性,那么我们就具有一个由各个个体关系组成的无限系统。现在,无限个体的杂多性在哪里是一个现实的系统,而且如此以至于从有限〈许多〉被给予的此物出发所有其他此物都单义地得到确定?被给予的此物何时用它们的关系如此确定整个关系系统,以至于通过这些可构想的关系所有其他此物都单义地被确定为对立环节?关于其个体确定,这些公理使个体之物成为确定的,或者此物的杂多性基于其合本质的附属关系与关系公理是一个确定的杂多性。

现在,我们把目光指向质性认定(Qualifizierung)。同一个此物有可能具有各种各样的质性认定,而且也可能具有不同属的质性认定,只是这些不同的属由于一个超越把握(übergreifend)的普遍性而被联系在一起。这些质性绝对不为此物所确定。具体个体何时在诸个体此物的无限杂多性里面自在地得到确定?从各个被给予的具体个体出发每一个个体何时能够具体与单义地得到确定?在这里,同样应该注意:由于其在认识中的不确定性,这个不确定性是继续进入无限的敞开的不确定性,每一个超越个体让无限多的未被认识的质性认定敞开着。它何时能够在自身中是确定的,并且个体的大全性、世界何时能够在自身中是确定的,何时能够是一个确定的杂多性?因果性由于其质性是个体的从属性。个体关系系统中的个体确定一定超出此物及其确定的系统抓住质性认定。因此,个体质性必须具有功能的从属性,而且在它们受它们的此物的束缚中具有功能的从属性。因此,因果性必须发生。因果性必须隶属于确定的因果律,那就是说,隶属于把确定的地点系统补充给一个确定的具体个体系统的规律。

第2节　此物·〈具体的、时间上被个体化的本质及其时间延展·形式考察中时间延展的分配或扩展(诸时间公理)〉

在《观念》中我根据句法形式的析出对这样一些构形的"最后"基质区分了含实事的本质与此物。我们被引回到个体,这些个体的本质是具体的。

具体本质在自身中包含抽象(不独立)的本质,这些抽象本质就其而言只能作为一个具体本质中的要素。每一个本质通过此物被个体化。此物对每一个具体来说是一个杂多之物,由于每一个具体常常能够无限地被个体化。这构成本质的逻辑本质(范畴概念),即存在可能重复的同一之物与无限总是还可能重复的同一之物,而且是在可能重复的纯粹意义上,即在不受现实此在(或者不受此在命题)束缚的重复的纯粹意义上。如果我们始终在纯粹可能性之中,那么在这个纯粹可能性自身中区分自身的正是这些个体,即意向活动地说,在同一个本质的许多拟-此在个体的自由想象及其中性的被给予性中区分自身的正是这些个体。每一个个体有其本质,但是本质是同一个。同一个本质个别化自身,复制自身,它通过一个不同的此物个体化自身。

除了正是对这个必然事态的一个首先完全不确定的、普遍的标明,"此物"这个表达式绝对什么也不是,并且在这里事先对〈我们〉绝对不预先判断任何超过这个普遍性的东西。因此,这个表达式无非表明:属于本质的逻辑本质的是,同一的普遍之物存在,〈这就是说〉涉及一个由个别性组成的无限范围的一个敞开的纯粹可能性存在,如果我们不接受一个属本质,而是接受一个最低级的差,这些个别性自身重又不是本质,而恰恰是同一个本质的"重复",作为这样一些绝对的唯一性,每一个唯一性是一个绝对唯一的此物(Dies-da)。此物是"非"本质的个别性范畴,是"偶然的"个别性范畴,而且,此外,如果我们顾及独立与不独立的(具体与抽象的)本质的区别,那么此物是个体性范畴。个体此物是具体之物的个别化范畴。但是,所有抽象之物是一个具体之物的抽象,而且如果一个具体之物个体化自身,那么此物存在,具体之物的个体性与此物具有合法必然的关系,此物个体化这个具体之物的每一个抽象要素。

但是,关于具体之物此物与抽象之物此物的这个对置以及关于这个规律性的这个对置所表明的东西,难以从如此考察的形式普遍性中推断出来。只是在这上面应该坚持,它作为形式普遍性无疑有权创造它并且已经创造了它,这个权利来自最后的权利源头,在此来自逻辑本质直觉的最后的权利源头。

如果我们现在尝试进一步确定,那么想要独立于这些应该被个体化的具体的所有特性构形它,或者说,等价的是,想要独立于这些对象领域的特性构形它,这是错误的。但在形式之物的普全普遍性中,即使人们不可以说明分离的东西,还是可以说明进一步确定的东西。的确,目光立即并且首先把自身转向时间的个体化的功能。但是,我们必须从这个功能来谈论我们课题化的动因。

如果我,也许不光是我陈述了这个定句并且还认为它是正确的,即个体的存在与时间的存在是等值概念,那么由于最内部的根据这个定句的权利与意义是不言而喻的,而且如此以至于对此我们甚至可以说:1)属于具体的形式本质的是时间延展(而后,这个时间延展自身显明地间接属于所有具体的句法连接,属于借此构造自身的较高阶段的对象,属于句法具体)。2)时间延展作为一个本质要素在此自身可以理解为本质,而且当然可以理解为一个抽象本质,但是,这个本质在每一个具体抽象本质的系统结合中占据一个完全凸现的地位;即每一个其他抽象在时间上是被延展的,而不〈是〉时间延展,它越过时间延展(作为本质的延续)绷紧自身。

因此，在具体上区分自身的是延续与延续之物，或者在一个奇特的与扩展到所有具体（在最普全的普遍性中的具体，在形式的普遍性中的具体）上面的意义上，区分自身的是"形式"与质料。"形式"是（作为本质）的延展确定性本身，或者是延续本身，而"质料"是自身延展的东西，是延续的东西（或者说得更确切些，是充实延续的东西）。

在此称作延续（时间延展）的这个本质要素是无限可分的，而且由于它按其本质属在同一个意义上是不独立的，因而必然要求一个这样的充盈，或者必然要求在这个延展中延展的本质。因此，作为必然结果出现的是，在每一个带有其时间延展之分开的具体中，按照各个充盈要素的一个分开一定无限发生。① 一个任意分开的所有充盈联合成一个充盈的统一性。未分开延展的所有充盈按照时间部分分成部分充盈。这对延续的（被设想成一的）总体充盈有效。但是，它也对每一个个别充盈有效，即对每一个来自总体充盈复合体的抽象可分离的要素有效。它按照时间延续的分开与组成分开自身与组成自身。每一个抽象要素是延续的，或者具有这个延续作为其延续。但是，这个延续自身只是一个唯一要素（在此按本质观点是一个唯一本质的本质），对这个唯一要素我们只可以说，每一个〈其他〉要素在这上面延展自身，但是我们又不可以说，它被每一个〈其他〉要素"遮盖"（überdecken），仿佛可能发生一个多种多样的覆盖（Bedeckung），并因此甚至根据空间图像可能发生一个掩盖（Verdeckung）。

---

① 但是，对此却尚未表明，时间部分的充盈是分开的时间对象的充盈。因此，这是一个本己定句。

如果我们已经认识到,每一个具体作为与其时间充盈有关的时间的与未分开的具体在要素方面全然是能解开的,同样这些要素在时间上是未分开的,并且一切应归于具体的东西按照时间分开把自身分配到时间要素自身与充盈要素上,那么如下基本概念就不言而喻:我们把总体充盈的每一个直接总体要素称作直接特性,或称作具体对象的特性要素,或称作具体充盈的特性要素。我们把所有这些特性的统一性称作总体特性的东西或总体特性,因此它作为总体特性也〈是〉被延展的,并且随着这个延展(延续)形成具体。每一个特性在延续,延续自身不在延续:按照界定(ex definitione)。不仅与时间部分相符的间接特性被直接特性的概念排除,而且〈与〉属和种〈相符〉的间接特性也被直接特性的概念排除。

我们谈论无限的可分性;这当然在特殊的、可以与本质或埃多斯对置的意义上是一个"观念"。如果人们在此想要避开界限概念,或者如果人们对此有异议,人们对此发现某个顾虑,即这里在我们考察普遍性范围内容许这一类界限概念,那么我们就只说这么多,即属于时间分开之本质的是:每一个部分有其邻里,它与其邻里毗邻,每一个邻接部分与邻接部分有一个共同的界限,有一个共同的点;即存在于每一个部分之本质中的是:一个进一步分开是逻辑上可能的(不是绝不可能的),因此观念上绝然没有一个部分是最小的部分,如此等等。但是,在此最终表明自身作为这样一些本质公理之结果的是无限可分性的"观念",并因此是作为部分界限之中间点的一个任意可增加数目的观念。系统地创立所有公理是必要的,这些公理一般属于时间连续统一体,并且首先一般属于一个时间片段的观念。但是,我们可以满足于几个对连续统一体结构特别重要的公理。

首先是关于时间无限的这些公理。每一个具体有其作为一个不独立"要素"的时间延续。而且在此存在这个本质规律,即每一个具体现在可以在时间上扩展,可以在时间上进一步伸展,这就是说,可以与每一个具体比较的是一个新的具体,这个新的具体在自身中包含作为时间块片的先行具体。我们当然把一个具体 A 称作第二个具体 B 的时间块片,如果 B 可被时间分成两个邻接块片 AS' 与 E,在这两个邻接块片中 AS' 与 A 是同一的。而后,补充块片 E 藏匿一个补充时间片段与一个补充的充盈。这个规律的普遍性包含每一个具体时间扩展的可迭复性,而且可迭复地包含每一个带有某种时间充盈的时间片段之扩大的可能性。① 如果人们谈论每一个时间延续的一个任意的扩大,那么人们就抽象于扩展充盈的确定性,但是当这个任意的扩大只是作为在时间中延续的时候,并且当它一同设定延续数值的时候,这个确定性必然被一同设定。

各个时间自身是数值,这通过本己公理确定自身。一个时间片段的扩展或一个具体的扩展也可以被认为是总和的扩展。给每一个具体⟨A⟩加上一个 E 具体,如此以至于 A + E 重又是一个具

---

① 在此,⟨在这上面⟩尚未顾及,即不仅每一个扩展的具体能够被想到,而且两个具体也能够"在时间上被结合成"一个具体,这个具体是事实上无关联的具体的一个总和;或者⟨在这上面⟩尚未顾及,即在"观念"(本质观点)上存在像一个序列一样的这样的东西,这个序列是在时间上相互接续的或并存的、邻接的或在时间上不邻接的声音一般等等的序列。在这里,每一个具体在时间上可以复制,如此以至于复制自身结果是一个较高阶段"几个相同 C 小调序列"的具体。

体,在这件事上可证实的是:从未能够通过求和形成一个具体,这个具体是通过这个求和生成的系列的具体,这个系列是由各个具体组成的;同样时间数值求和或者对各个具体的求和具有所有求和的基本特性。看来,这一切可以以形式有序的方式加以阐述,并且可以系统地加以阐述,这一切是一门数学技术的实事。

我们把纯粹时间规律与这些规律相区分,后者属于所有具体,只要它们属于所有充盈,换言之,我们把纯粹时间规律与这些规律相区分,这些规律陈述所有时间充盈的可能性条件,这些时间充盈应该联合成一个具体的统一性。我们把时间充盈的"连续统一体法则"与围绕着它们的公理算作这些规律。

按照上面的阐述,具体是具体被充实的时间。因此,一个具体不可能具有与充满有关的时间空隙,并且它不可能按其直接特性具有与充满有关的时间空隙,而且而后也不可能按其间接特性具有与充满有关的时间空隙。但是,时间片段只能够连续被充满,而且通过一个充盈被充满,这个充盈确立一个具体,如果连续性还在另一个意义上发生。

但是我们必须区分,并且在这上面刚才尚未顾及:一个具体可能是或者包含各个分开的、分离的具体的一个众多性。这些具体自身重又可能〈是〉分开的具体的众多性,如此等等。但是,最后我们落到各个具体上面,虽然这些具体按照时间延展是自身显明无限"可分割的",但是自身不是各个分离的具体的众多性。因此,必然"存在"各个在自身本身中没有分开的具体,必然"存在"各个在自身中不分开的具体。如果一个具体不是另一个具体被折下的环节,或者不是另一个具体"无缝"(nahtlos)被编排的块片,那么它自为地称作具体。我们把在自身中没有分开的具体的每一个时间块片称作无缝的。我们也可以把每一个这样的具体称作在自身中无缝的。但是，从在自身中没有分开（无缝）的具体到全面的具体我们也具有在统一性形成的方式方面的区别，我们把这些全面的具体称作具体的结合，并且从这样一些结合到较高秩序的更全面的结合我们也有区别，而缝这个比喻只用于某些结合。

这通向一个对本质统一性的分析，与结合的统一性相对，这个本质统一性在一个在自身中没有分开的具体里面起作用。这里的整个区别都涉及时间充盈自身如何充盈的方式以及时间片断自身如何延展的方式。

一个具体的时间块片从内容方面来看（内容在此表明时间充盈）可能是异质的或同质的。并且如果是同质的，那么这些时间块片可能按照充盈表明连续性的统一性，或者表明相应的不一致性。时间上邻接的块片按照内容"在界限上"可能是不连续的，这就是说，可能是"分开的"。而后具体的块片自身是彼此"分离的"，或者它们能够"连续交织地转变"。它们是不分开的，是彼此不分离的。最后，一个具体的邻接的时间部分还可能表明一个特殊的不连续性。为了此后在邻接的时间部分插入（a b c），在一个时间部分找不到任何充盈（停顿）；并非与每一个时间部分相符的就是一个部分具体；a b c 为各个停顿所分离。关于演替也同样如此。至于并存的统一性，〈它们〉需要研究并存的结合，为此需要研究并存的集合、并存的"群"。属于单纯群的是，按照时间充盈根本不存在结合。

第十八篇　观念对象的时间形式·被给予性时间与客观的时间形式

第1节　〈个体对象时间延展与普遍对象时间延展之间的区别〉

每一个意识有其连续的扩展,它在生成中,在一条内河流中。如果人们现在考虑到这方面,即在一个连续统一体中这些相位区分自身并且持续区分自身,那么问题一般就在于:一般把所有相位结合起来的东西是属,并且这些相位的差是特殊的差?

甚至在此还出现另一个问题。意向对象性确实按照内河流的连续性具有一个时间的扩展(Ausbreitung),具有一个到时间里面去的自身扩展(Ausbreiten),在这条内河流中意向对象性时而较长地继续流淌,时而较短地继续流淌?这也对关于一个普遍之物的意识有效,当一个本质认识在一个普遍定句中陈述自身的时候,这也对这个本质认识有效。但是,现在这意味着,一个本质、一个本质关联是无时间的,没有时间中的位置,没有时间中的长度、延续,等等。

对此我们应该回答:在对普遍之物的"概观"中,基于时间的存在我们把这个普遍之物把握为一个同一之物，这个同一之物同样个别化自身。正如它这时瞬间地被观视，然后被持守，虽然它把自身给予为在一个时间延续中。但是如果它在重复行为中重新被把握，那么不是不同的普遍性被把握，这些普遍性通过时间位置区分自身，并且具有一个时间间距，而是在这个与那个行为中被把握的普遍之物在完全认同中作为同一的同一个给予自身，并且在完全认同中作为某物给予自身，视其在较长或较短的延续中是被给予的，这个某物自身没有较长或较短的延续，而是独立于延续的长度是同一的同一个，即在一个时间点（时间微分）中就已是同一的同一个。

311　　即使带有重复的意识，但是一个普遍认识的重复不是一个像我们再回忆一个个体对象一样的再回忆。一个再回忆也可以较长或较短地延展自身，而与此同时在现象上被回忆的片段可以较长或较短地展示自身，并且如果在重复意识中的再回忆是一样的，那么这个被回忆的片段在同一个被意指的时间片段的意识中就认同地被统一起来（贯穿几个自身展示的片段我们意指时间片段自身，但这应该得到更确切地澄清）。正如我们在关于同一之物的几个图像中恰恰意指这一个同一之物，并因此没有"察觉到"一个众多性，以此方式如果我们观视一个普遍之物，那么虽然我们已经观视了一个时间的延续，但是这个时间的延续与这个延续相比起着完全不同的作用，一个个体随着后一个延续显现。

在这个延续的第一个瞬间我们就已经具有这个普遍之物，并且在其持续延展中它不增加，它什么都不增加，它不扩展自身；它自身不是不变的，就像一个个体一样它将确立相同的相位，这些相同的相位〈可能〉也是不同相位，那就是说，它们将转入变化。因此，普遍之物在真正意义上并不自身延伸到时间里面去，在真正意义上它不延续，它不增加，并不自身发展到时间里面去。它不是一个通过带有总是新内涵的相位的连续增加自身整合之物，无论这个内涵是相同的还是不同的。虽然它在一个时间中给予自身，但是对于是其所是的这个普遍之物，这一时间对此根本不做出任何贡献。尽管这个时间是一个必然形式，在其中这个普遍之物显现，但是它不属于这个普遍之物自身的本质。这个普遍之物循着时间延续是不可分的，它在所有时间部分与所有点中是同一的同一个，因此它也是不变的，但是也不是静止的（在此意义上它是不变的，其中一个变化之物可能意味着它沿着一段时间始终不变）。

因此，内在时间是所有对象的被给予性形式，而且只要它原初地属于所有对象，它就不是我们只是附加给这些对象的某物，仿佛这些对象有一个自在（An-sich），这个自在与时间毫无关系。在此，具有与时间的必然关系；但是正是这个必然关系，即各个普遍对象（本质与本质状态）有其在时间中的大全当下，它们到处存在，它们可以在每一个时间位置被给予。并且，因此这给予各个无限。但哪个地方都没有普遍之物。它与所有时间有关，或者甚至总是与它们有关，它不断绝对地是同一个，它没有经验到时间的细微区分，而且与此等值的是，它也没有经验到时间中的延展、扩展，并且在真正意义上没有经验到它们。

经验到（本原给予个体之物）的意识不仅是一个流淌的与在体验流中自身呈现的意识，而且是一个把自身整合为"关于……意识"的意识；因此，在这个意识中在每一个相位可以区分一个对象相关项，在每一个新相位可以区分一个新的对象相关项，但唯有这样所有连续瞬间的对象才联合成一个对象的统一性,一如意识要素联合成一个关于……意识。因此,对经验到之物的把握在于:连续把握的目光被献给在所有相位与滞留之后的这一个意向的连续统一体;把握与显现一样是多维的。

与此相比,本质直观的意识在个别瞬间已经完成了,在第一个瞬间已经完成了,并且在对象中不可能经验到增加(除非这个对象是一个被划分的对象,但是而后这在结束瞬间也有效)。在普遍性的意识与意向相关项现象的连续自身扩展中,没有发生把意识整合为关于……意识,每一个新相位带来同一之物,而不是一个至多相同之物,并因此只要本原的观视在延续,这个意识就以绝对同一性相合的方式是一个相合的连续性。

在经验到的意识中我们具有连续性的一个类似相合,这个连续性是滞留性与连续在河流中相继滞留性的变化的连续性,一个本原的(而后每一个)现在在转变为直接刚才-曾在性中经验到这些变化。但是,在本质意识中,就每一个新的本原的相位来说,我们不仅具有这个下沉的同一性相合,而且具有一个从本原点向本原点进展中的同一性相合。

第2节 〈在诸感觉对象、自然对象与普遍对象上的这一时间与许多时间〉

现在,这无疑是一个正确的现象学描述。但这个描述马上引发这个问题,究竟我们是否已经正确表明并且可以表明:这些本质对象也是在时间形式中被给予的,时间构形地显现。由于时间形式的确也属于相即的本原的被给予性，因而人们一开始就有可能提出异议，难道这些本质对象按其本质一定没有时间形式，那就是说，一定不是时间的？当然，时间性与延续不应该被意指，时间性与延续由于构造它们的行为应归于这些行为。我们在相即本质意识中没有通过现实时间上被扩展的"显现""展示"的中介，一如在一个直观再回忆的情况下，现实直观之物以一个较长时期的极其通常的"概述"或概算的方式是一个"图像"，贯穿这个"图像"在其中合意识不相即展示自身的真实之物映像（透显）自身，真实时期映像（透显）自身，这同样是明白的。存在"较长的或较短的"时间，在其中一个本质或本质关联原初地被给予，存在演替，在其中在一个多项式的本质关联那里个别本质出现在整体关联中，这些个别本质把像一个时间的位形这样的某物赋予这个整体关联自身——这个时间是一个现实的时间？或者说，人们应该在普全的必然形式中对所有可能意识构造自身的对象性做出区分？

人们会说，这是时间。在其中我已经看见给予了一个本质的时间以及它自身作为形式附着在被给予之物上的时间，它是一个现实的时间，因为它确实可能，例如，在现象上可能与一个恰恰合感知地向我显现的感性对象的时间相合，与一个恰恰合感知地向我显现的个体对象的时间相合，正如它的确也与在反思中可把握的构造的普遍性意识自身的时间相合，但是人人都承认这个时间是时间。（当然，我们一定还会确切地探究，无论意识如何是一个自身整合的对象性，是否这个时间是完满意义上的时间——在此意识确实有变化，并且在此如果我们在它那里谈论一个变化，那么真正可能被询问的是，是否这是真正意义上的变化。但是，这原因在于时间，而非相反地在于对象的特性？）但是，也许现在人们也同样可以对本质对象进行询问。它们的时间是现实时间,但是这些本质对象不容许时间上的差异,不容许个体化。

现在,首先毋庸置疑的是:存在我们刚刚谈过的那些相合,并且就这点而论在诸本质对象、行为、感性对象与自然对象那里,一定存在一个"时间形式"的共同性。这个相合留下某个不相合的东西?它按照其所有的点不仅不涉及"时间自身",或者说得更确切些,不仅不涉及较长或较短的延续,而且也不涉及流逝样式,不涉及时间定位的样式。即使我们已经原初地给予了一个普遍的本质,每次被凸现的是一个与刚才相对的现在,并且这个现在〈是〉一个流淌的现在,它不断渐渐变为一个过去与更遥远的过去,而相应闪现的是一个常新的现在。当然,本质意识是一个被奠基的行为,这个行为以个体意识为前提,并因此以时间上被扩展与被分配的个体之物为前提,即使这个个体之物是"可能的"个体之物。

但是,这个时间是我们发现作为普遍之物之形式的那个时间?普遍对象自身不平行于个体之物的时间构造自身?例如,如果我在这个或那个浮现在我眼前的白色上把白色把握为本质,把握为一个这样的任意可继续进行展显的同一之物,那么首先普遍之物的闪现的要素在考虑之内,与之相符的是一个在浮现之物上的现象的时间要素,而且现在我持守这个普遍之物,并且看见它在这个浮现之物上延续,或者〈在〉几个已获得本质相合的浮现之物〈上〉延续。① 在此,本质直观没有其延续,并且不作为单纯的滞留,它

---

① 参阅 3〈= 这里第 312 页,22 行及以下各行〉那就是说,以某种方式确实还是一个继续延展。无论如何,如果没有纯粹本质,那么这些延续的相同之物的共同之物、同一之物仍然延续地"被感知"。

仿佛真是一个单纯逐点的行为,而且不可能有扩展?并且这个扩展还不是在浮现的个别之物中的时间延展,尽管两者"相合"。这应该意味着,普遍之物看上去自身构形,只是其形式与个别基底的形式达到认同的相合,一如一个声音的时间延续与一个颜色的时间延续是同一个〈时间〉的形式,但是在同时性情况下〈它们具有〉同一的同一个形式:一个形式,但这个形式构形每一个感性素材。由此看来,它应该且必须也在此被意指。

现在,关于相合人们也可以指明如下:如果我生活在想象中,那么被想象之物有其想象时间。但是,这个想象时间与感性素材的时间相合,例如,与一个我恰恰现实听到的声音的时间相合。而如果我改变观点把这个被想象之物设定为可能性,那么这个可能性就在延续的一个扩展中给予自身,它重又与各自的现实被感知之物相合。但这不是一个现实时间,这是其他现实时间。

感知对象的时间,比方说,首先内在感性素材的时间,是一个属于它们的个体本质的形式,而且每一个这样的素材不仅具有延续这个普遍本质,而且有其个体延续,有其时间,并且涉及纯粹自我的所有内在感觉素材的时间是一个时间,这个时间在自身中包含所有状况,包含所有绝对为个别的已流逝的素材所特有的时间,包含个体时间。可以这么说,每一个新出现之物带来其新时间,并且这个新时间随即是这一个自身继续发展的时间的一个块片:这个内在感性"世界"的所有对象形成一个世界,而且这个世界通过属于它自身的时间形式,即通过对象的时间形式被集合在一起。

因此,现在,自然也有其作为其此在形式的时间,并且不仅由前部(a parte ante)而且"自在"地有其作为其此在形式的时间,并且在此称作时间的这个形式是一个包容的连续统一体,这个连续统一体在自身中把在其个体个别化中的所有对象中出现的本质确定性(特征)作为个体延续来把握,而且借此整理它们与统一它们,创造在一阶上的实事关联并且借此使进一步的实事关联成为可能,我们把这些本质确定性(特征)称作其时间延续。毕竟,这个延续的个别化使延续之物的个别化成为可能,并且决定延续之物的个别化,这就是说,决定扩展到延续上面的其他特征的个别化。

因此,在这里,时间是一个形式,同时是由自身编排给它的个别"形式"组成的一个无限,这些个别"形式"构成对象性自身的构造性要素。但是,时间虽然对本质对象是一个形式,在这个形式中这些本质对象被把握,但是它不是这个形式,后者包容这些本质对象的某个构造性特征,包容某个部分本质。我们可以将它们归于本质的这些本质要素与所有特性缺乏在此意义上的延续,在此意义上一个个体之物在延续。这就是说,作为"是"其所是的这个个体之物的构造性要素,在自身中包含一个延续。

所有时间对象被嵌入时间,并且每一个对象通过其延续,通过其特殊的、属于它的形式从这个时间切掉一个块片;时间是世界的一个实项要素。但是,在此意义上本质对象的时间形式不是形式。它们自身没有为它们特有的本质形式,这个本质形式把自身嵌入一个时间——并且仿佛在其中它们展示自身的其被给予性时间对它们来说是一个"客观"时间。

时间对本质对象是一个被给予性形式。① 这个被给予性形式

---

① 被给予性形式在这里意指一个原初被给予性的形式。

对它们是必不可少的,只要对象不意向相关项地指明某个延续,并且不对几个对象指明一个同时性与序列,那么它就恰恰不可能被给予并且一般不可能被意识到。但是,这个时间秩序并非立即就是一个"客观的"时间秩序,而且这个延续不是客观的、为对象自身固有的、属于其本质的延续;并因此它对这些本质对象不容许时间差异,不容许个体化。

甚至在感觉对象那里,我们具有一个被给予性时间(延续等等),〈这个被给予性时间〉是能反映它们特征的;对它们来说这个被给予性时间也是本质时间,这构成其固有本质。感觉对象在这个被给予性时间中存在,它们在这个被给予性时间中不仅具有一个被给予性形式,而且具有一个此在形式,具有一个构造性的本质形式。

自然对象有其被给予性时间,并且有其自然时间,自然时间是包容这些自然对象的本己本质形式。

就每一个经验到自然的人来说,一个感觉时间与被给予性时间对其所有感觉素材存在,对此甚至对其所有显现(视角)与所有每次被给予他的事物存在。它是一个固定的形式,它有一个固定的秩序。它呈现固定的同时性与序列。但是,它绝不与自然时间相一致(就像康德已经以某种方式注意到了的那样,无论他如何远离对在此被给予的特征的分析)。它可能部分相符,这就是说,正如一般被给予性时间与客观时间可能"相合",以此方式同样在此而后秩序与延续相一致。① 但是,一个被给予的相继不必是一个

---

① 但是,还应该表明,被给予性延续不是自然客体自身的延续,自然客体的确在被给予性之外延续。被给予性时间属于内在领域,自然时间属于自然。

客观的相继，如此等等。

如果我们不把被给予性时间设想为原初被给予性的时间，那么有些东西就不一样。每一个再回忆呈现一个被给予性时间中的被再回忆之物本身，这个被给予性时间与再回忆体验的时间"相合"。但是，被再回忆之物自身随着一个时间被意指并且直观地被给予（以再回忆样式，重又被给予），这个时间是一个有别于被给予性时间的时间。在再回忆的重复中，（意向相关项地说）我们在一个被给予性时间的一个统一性中已经包含个别再回忆的被给予性时间（延续）作为一个被位形的时间众多性。但是，被回忆之物自身不带有几个时间延续，而是在所有重复那里具有同一个时间，而且合意识地具有同一个时间。

同样，一个想象进程的被给予性时间作为现实的时间，是一个有别于想象进程自身的时间的时间，想象进程自身的时间是一个拟-时间，并且构造性地属于想象的拟-当下具有。可能对象的被给予性时间不是这个对象自身的时间，它只是一个可能的时间。

第3节 〈构造意识与（个体的与普遍的）被构造对象的时间本质确定〉

每一个意识的每一个体验都服从河流的原规律，它经验到一个由变化组成的连续性，这些变化对其意向性不可能是无关紧要的，那就是说，必须在意向相关项中表明自身。每一个具体体验是一个生成统一性，并且作为内意识中的对象以时间形式构造自身。这也对所有内在感觉素材有效，正如它对包容它们的统觉与所有其他意向体验有效。

体验是内意识的对象,但是在其中对象也构造自身。

必然的时间构造对体验的意向对象有何种影响,这个必然的时间构造伴随这些体验,或者把时间位置与内意识方式赋予这些体验自身?在本原体验中构造自身的对象自身何时必将认为一个时间形式是属于其本己本质内涵的形式?我们在普遍对象那里觉察到不一定总是这么回事。

我们不一定说,首先,在自我陌生的未被反思的、自我并不通过对它行为的反思发现的对象与正是这样一些被反思的对象之间可以加以区分?

此外,首先在此我们在未被反思的对象那里具有感觉对象,在"自我陌生的"对象那里具有感觉对象,而后具有空间对象类型的对象。感觉对象是直接原初构造自身的自我陌生的对象,空间对象确实间接地构造自身,通过对感觉对象的"统觉"构造自身。感觉被代现者不应该放到被构造的空间世界里面去,不管它们自身还是其就内容而言的或时间的确定性都不应该放进被构造的空间世界里面去。但是,所有这些确定性用作统觉的被代现者。统觉是直观,并且相互建立关联,它们形成一个直观的统一性,形成一个经验的统一性。在这里,作为代现素材的时间质料的统觉的(被构造的)统一性构造自身的是空间事物的"质料",通过其感觉-地点区别的统觉统一性构造自身的是空间形式,通过感觉时间性的统觉被构造的统一性(作为被代现者)构造自身的是被统觉的或客观的时间。被构造的对象是较高阶段的感性对象,它们通过统觉的感性产生,并且就像最低阶段的感性对象一样,它们被动地产生。它们不需要综合思维,不需要逻各斯思维。

但是,现在我们对上面已提出的问题有一个回答。我们知道,所有体验作为内意识的对象不仅自身必然具有一个内在时间形式,而且以某种方式给它们意向对象印上一个时间形式,即作为其被给予性方式的意向相关项的样式。一个真正的、属于被构造对象之本质的时间形式一开始就据有并且必然据有所有直接被构造的对象,不仅据有内意识的对象,而且据有自我陌生的、直接感性的对象,据有原素的对象。但在原初构造中对象虽然感性地被构造,但是以"有形的"空间对象的方式间接地被构造,即如此以至于直接的感性对象连同直接构造性地属于它们的内在时间,对较高阶段被统觉的对象用作统觉的被代现者,在此通过一个内在时间的统觉的代现一个"客观的"被统觉的时间落到它们身上。

虽然内在时间自身并不进入较高构造性阶段的意向对象,但是贯穿这个意向对象一个在其中合显现地展示自身的时间被意指为一个统一性,这个统一性在内在时间中有其杂多性,并且按照所有其时间点、秩序有其杂多性,如此等等;一个奇特的事态,这个事态在时间那里(与在这些质性、场所那里一样)导致:按照某个贯穿所有可区分的要素的相合,用同一些词句表示展示之物与被展示之物,那就是说,在两侧谈论颜色,谈论形态、地点、时间。

但是,也存在较高阶段的意向性,这些意向性建基于低级阶段与直接阶段的这样一些意向性,或者也就建基于感性较高阶段的这样一些意向性,并且这些意向性没有统觉连同其展示的类型,因此,在它们那里这些在低级阶段的对象中被构造的时间对较高对象没有一个展示的含义。

如果行为在低级阶段的对象上(在构造这些对象的意向体验上)建造自身,低级阶段的〈对象性〉自身并不进入这些行为的对象性,那么其时间也不进入它们;并且如果低级阶段的构造时间的行为也到达了,那么它们恰恰不必这样做,即这些时间与对象性自身进入较高被构造的对象性。在本质观视的行为那里也同样如此。根据被给予的延续观视一个延续的本质,这就是说,正是按本质构造一个对象,这个对象自身不是延续,并且不包括作为部分的延续。

附录13 （关于第十八篇文字第1节）：行为作为现象学时间中的事件·观念对象及其〈有别于个体对象时间性〉的超时间性

一个事物意识可以不变地延续,并且作为同一个事物的"意指"、设定的延续统一性,这个事物是延续的相关项。当映射素材变化的时候,或者当它们自身作为现象学时间的统一性沿着一个片段是不变素材的时候,这个事物意识可以不变地延续。

一个多命题的行为,例如,在其中一个述谓的事态是原初被构造的一个这样的行为,是现象学时间中的一个过程、一个进程。①材料的基底在现象学时间中存在,并且联系或关系以及属于环节

---

① 如果一个单命题的行为"根据"一个多命题的行为被进行,那么原初先行的、要求构造多命题的对象就能够延续地被持守。并且意识自身是现象学时间中的一个延续的意识。

的形式也同样如此,它们在关系中构造自身,在汇集(Kolligieren)、述谓中构造自身,如此等等。因此,这也以某种方式对本质对象与事态有效。因此,其超时间性并不表明与时间的无关性,而是属于其本质的是:对每一个时间来说它们可能本原地被构造;一个认同意识的统一性可能包括回忆中的重复构造,如此以至于在不同时间状况中被构造之物是同一的同一个。

一个个体对象有其时间状况,时间位置、对象时间相位是固定的,它们一起属于这个对象。进入这个个体对象的是绝然唯一的"个体"时间位置,在超时间的对象那里则并非如此。只要它能够在每一个时间中"存在",同一个对象能够在每一个时间中"存在",那么它就在时间中"偶然"存在。不同的时间并不把它的延续加长,并且在观念上其延续是一个任意的延续。这表明:其实它没有作为一个属于其本质之确定的延续。一个延续是一个带有个体确定的时间位置的时间片段。但是,这个时间片段的个体性,确定的个体性,不是对本质对象的确定。在不同的时间中,在分开的状况中〈存在〉的个体对象可能只是同一些对象,只要它们连续贯穿这些时间在延续,即只要它们也在这些间隔中存在,此外,它们只可能是相同的,但不一样的对象。在个体对象那里,时间位置自身恰恰属于对象,这个对象作为被充实的时间延续逐点地构造自身。

这必须再次并且也许更好地被展示。

明白存在的是这个实事,在那里种类的普遍性在个体之物中(在众多中)已经构造自身,并且现在在一个个别个体之物上被进行的是普遍性意识。通过个体之物普遍之物在时间片段中"存在",但是被意指之物是一个同一的本质,这个同一的本质在这个个体之物上个别化自身,并且这个个体之物是一个偶然的个别化。在每一个时间位置上一个相同的个体之物在观念上是可能的,而且每一个相同的个体之物同样可能起作用。普遍之物是"超"-时间的,但是涉及时间之物,涉及作为它范围的时间可能性。而后,经必要的修正,也许类似之物将会对普遍的事态有效。

附录14 （关于第十八篇文字第 1 节）:诸难题·〈时间统一性的不同形式·对个体对象进行事态陈述的时间有效性〉

在向前与向后被充实的现象学时间里面构成一个事件的统一性的东西是什么,构成一个感觉声音、一个评判、一个意愿等的统一性的东西是什么? 此外,应该区分:1)一个延续或变化的声音的统一性,尤其是在一个是它延续的时间片段中的一个不变或变化的同一之物的统一性;2)事件的统一性,作为声音感觉点或相位的时间连续统一体的被充实的时间片段的统一性;3)方式的统一性,例如,这个方式是一个评判,或者,我们说,它也是一个事态(加引号的事态是评判——重又可以与此区分的是:在其被给予性方式的样式中的事态)。一个个体事态有其单纯时间的有效性,超个体的、本质的事态有其超个体的有效性。

但是,跟通常一样,这些是意向统一性,尽管它们只有时间有效性,但是,与个体相比它们与时间有一个完全不同的关系。个体在时间中构造自身,它在时间中延续,它是一个事件的延续(固持)

的基质,是一个被充实的时间片段的延续(固持)的基质。个体事态在原初构造中以个体的原初构造为前提。并且就事态来说个体确实明白地表明了一个不同的时间性。事态按步骤地构造自身,并且被构造的事态也以某种方式在时间中存在。如果我说这张纸是白的,那么我已经把一个个体的主体构形与把握的序列构形为如此概念的,并且已经把一个个体的述谓构形与把握的序列构形为如此概念的。我有一个过渡,并且在这里有一个综合,这个综合逐点开始,并且相关被构造之物有一个与其被给予性方式有关的时间形态,有一个与其构造性起源有关的时间形态。随着逐步的设定与形成进行的是对被形成之物本身的持守,在这里被形成之物以某种方式丧失其原初性。关于被给予性方式它是现象学时间中一个变化,然而它贯穿被形成之物与在形成中同一被意指之物的同一的统一性。但是,这个时间性不是事态的时间性。我的事态陈述涉及在其延续中的这张白纸,这个延续"在"构造这个事态的过程"期间"是在扩展了的意义上的当下。并且这个事态对象性有其时间,这个时间正好与对象时间相合,它与这个对象有关。它与在一个其存在的时间片段中的对象有关。

我们区分"S 是 p"(是现在的,是当下的),"S 曾是 p"。时间样式,"S 是延续下去 p"(这个 S 存在,而且刚才沿着一段时间曾在,并将如此存在),例如,"纸是白的",不仅仅表明,它单纯现在如此,而且在一个不确定的将来它始终如此。更好的是"巴黎是一个大城市",这涉及"当下"。但是,当下并不意指瞬间的现在或一个瞬间短暂的时间片段,而是意指一个将来的视域。这需要缜密的研究。

客观的时间评判与流淌的现在无关,而是涉及一个保持同一的时间片段。

附录15　（关于第十八篇文字）:〈事态的时间关系·观念-同一的对象的无时间性及其时间的现实化〉

在延续与一个"关于……意识"的一般此在之间不存在一个根本区别,并且尤其是在延续与一个活动着的行为的一般此在之间不存在一个根本区别,这个活动着的行为的一般此在与一个内在时间中的原素素材的此在相对? 如果我已经感性地给予一个感性相同性,并且我转向"这与这相同"这个活动,或者我有一个素材红并且解释,"这具有这个或那个要素","这是红的",那么什么东西在此作为不变之物在内在时间中存在,这还是问题。在感性素材那里,我们在内在时间中有其在延续中的自身建造,如果它恰恰是合感知的,这就是说,如果它成为合感知的,而且我们在再回忆中具有在贯穿以前被建造的延续中的再建造。

我们不考虑这个本己问题,这是一个什么样的目光朝向,并且我们〈也〉不考虑其评判方式,在其中我恰恰察觉这个自身建造。无论如何,当我评判"这是红的"的时候,那么"这"是贯穿延续的统一性,是延续之物,同样是红。现在,"这是红的"如何存在于时间中?

当然,它自身不是一个时间的"内容",不是一个时间充盈。它是一个事态,这个事态涉及充盈时间的延续之物,并且按其方式涉及时间,参与了时间性,这个方式恰恰只可以从直观中推断出来。在此,我思维内在事态,我这个内在的主体已经构造了这些内在事态。即使我不"思维"它们,它们也自在存在;它们与这个内在时间充盈的相关性,与这个原素之物的相关性并不表明:它们为有关时间延续附上某个原素的充盈,尤其是附上一个实的充盈,或者思维附上一个这样的充盈作为原素的充盈,好像它们一开始就不是原素的。但是,这"随时"都是可能的,即我把原素素材放到我面前,重又当下化它们,而后在"明见的"分析中进行思维。而后,我发现这个现在"凸出"的事态属于这些素材。事态是一个"观念的"对象性,但是以个体唯一的方式"属于"原素素材。但是,这些是其所是的原素素材自身是作为认同再回忆的"观念的"可能性。①

(我具有内在的原素的时间。另一方面,我具有对原素之物的再回忆,这个原素之物作为每次给予的"意识"。现在,我具有这个再回忆,在它过去了之后,我可以回到它,可以在滞留中把握它,可以在对它的再回忆中重又把握它,并且可以重新如此。如果我谈论再回忆,那么我具有作为平行之物的感知,具有在其延续中的素材的生成-建造自身的体验。如果我生活在再回忆中,那么在其中我在变异中同样具有延续或延续之物的生成-建造自身。在这里,我区分生成的河流、作为现在的开始与一个带有变异的总是新的现在-进行-游戏,每一个现在都保持这些变异作为刚才过去的;即区分自身建造的延续的"定位形式"的河流与延续自身及其充盈自身。最后,对这条河流我们重又区分意识样式、滞留的被给予性样

---

① 但后来觉察到:与内在时间中的思维合一的被思维的事态确实具有一个时间状况,但没有"时间中的实在存在"。

第五编 论个体化现象学:诸经验对象、想象对象与观念对象的时间性 423

式与附带再回忆的被给予性样式,在这个附带的再回忆中各自过去之物能够以不同方式被意识到并且成为被意识到的。每一个定位被给予性、一个延续素材的每一个视角在有关具体滞留的重复中是可重复的[这个重复自身重又能够以不同样式以现在、滞留性的东西与过去被意识到],并且在这个重复中是可认同的。)

(因此,我具有作为原素素材时间的内在时间。此外,作为它的定位样式的时间内在时间与这些定位样式自身能够在杂多体验中被意识到并且成为被意识到的,而且它们的确自身作为时间的素材有其定位被给予性,这重又如此,乃至无限。看来,我们落到〈一个〉无限后退上面。但是,在此除此之外,无论如何我们具有"内在"颜色素材、声音素材等等的时间,并且具有这些素材的定位方式的时间;然而,这是声音现在及其滞留性的刚才曾在性[我们不把这些滞留性的刚才曾在性与这些滞留的体验视为相同的,因为确实这些滞留的体验连续统一体是一个现在,而不是在其中以过去样式表象之物]的各自连续统一体,而后是这些滞留性的体验连续统一体自身。)

我们现在回到思维。它涉及原素素材,作为体验它奠基于在其流动变化中的体验,后者是构造被充实的时间延续与延续的原素素材的统一性的体验;思想、被思的事态奠基于原素素材,事态的显现样式〈奠基于〉素材的定位样式,并且作为在思维体验中的被思之物它自身接受定位样式:现在、刚才等等。并且即使这个事态并不出现在原素的时间系列中,情况也是这样。但是,尽管有其定位被给予性,被思的事态也不在原素素材的时间中,并且一般不是"充实时间的"实在之物(这个实在之物从未能够在不同的时间状况中是同一的),因而它作为在这个思维中的被思之物确实是时间的;人们不一定说,这个思维开始,在时间中延展自身与停止? 但是,被思之物、思想也同样"显现出来",开始与停止;并且本己之物在于,作为这个思维"内容"之思想的这个时间状态恰恰不是一个实在之物的时间状态。这个观念之物:"思想"有其各自在思想中的"现实性",但是这个现实性作为时间的现实性不排除其他这样一些现实化,而且不排除同一的同一个思想的其他这样一些现实化。在一个内在时间的统一性中,在不同的位置上可能出现思想,它们由于其位置是不同的,但是作为思想它们仍然〈是〉同一的;时间位置是个体的现实化位置,但是时间的现实化对多次被现实化之物的同一性不是障碍物。"无时间的"观念之物是一个绝对同一之物,但它必然在认识中给予自身,这个认识作为一个时间形态中的一个时间体验,这个时间形态不确定、不个体化、不实现其本己同一的本质,而只是其"显现形式",当然,观念之物的同一性并不表明一个相同性,这是明白的。

第十九篇　想象对象的时间延续·〈关于经验世界时间与想象世界拟-时间中的时间状况、时间关联与个体化〉

第1节　〈一个现实对象的绝对时间状况及其在诸想象对象上的缺失·现实时间状况与个体化、唯一性与相同性、纯粹自我所有经验的时间统一性〉

对一个"被表象之物",人们说它可能实存,或者它也可能不实存。现实性可能与之相符,或者也可能与之不相符。

也许这涉及一个被表象的半人半马怪,一如它正好浮现在我面前。我说"这个半人半马怪",并且描述它,甚至在这里引向它的延续。它是一个时间客体,因而它有其时间。但是我重又说:它不在时间中。

首先,我们能够说:这个半人半马怪的时间延续就像它具有的拟-着色一样在同一个意义上是随着其所有时间点变异的,这个拟-着色与对一个现实的人的着色相对。每一个事物有一种颜色。一个想象事物是一个事物被想象之物,被想象为这样或那样被着色的,如此等等。想象颜色是想象的意向相关项,并且作为这样的相关项具有相仿的样式。单纯被表象(或者一般被表象、被感知、被回忆、被想象等)的同一个东西也是现实的,但是也许也不是现实的,此外,单纯被表象之物与现实之物是彼此完全相同的,即一个非现实之物与在一个表象中被给予之物或浮现之物是可能的,它与一个现实之物、一个在一个设定的表象中被给予之物与合法表明自身之物逐点地一致,逐一确定地一致,对此的谈论仍然有某种恰当意义。此外,我们对每一个在通常感知中合法被给予之物可以构想一个纯粹想象,这个想象正好表象相同的对象,并且甚至以正好相同的展示方式表象它,也许对此的谈论同样具有某种恰当意义。但是,在单纯的虚构中必然缺失一个东西:绝对的时间状况,"现实的"时间。① 或者也许更清楚的是:一个时间虽然被表象,甚至直观地被表象,但它是一个没有现实与真实的地点性或状况的时间。但是,这句话易被误解,因为尽管它主要不是被用作关系表达式,它也常常被用作关系表达式,并且它现在刚好不取决于此。我们在想象中也直观地具有现象的地点与相对的地点关系或状况关系、间距。但是,这个想象不向我们提供状况,这些状况在一个"自在"意义上允许认同自身,并且相应地允许区分自身。

---

① 想象时间没有现实的状况。但是,这不是自身显明的,由于它们恰恰是想象? 甚至能够-认同是变异的,如此等等。

但是，甚至这还是不明白的，在此究竟描述需要怎样的表达式。但这涉及一个完全明见可做出的区别。

我们局限于内在范围，并且就每一个自我的内在意识来说我们首先接受总体显现的内在之物，那就是说，例如，就每一个瞬间来说我们首先接受总体被给予性，在这个瞬间自我具有本原的原素的被给予性（因此我们排除同时性的区别，排除对同时发生的内在对象的考察）。内在感知把原初与"相即"内在的对象给予〈我〉，它们有其与我的关系，有其与感知的纯粹自我的关系。内在滞留保持在我原初现前域的刚才-过去变异中的刚才被感知之物；内在再回忆"重又"把内在内容给予我，指明它们的视域，这些视域在其展开中引向连续关联的再回忆，这些视域限定在现时现在与属于这个现时现在的新感知之中，如此等等。

在这个内在本己生活的连续性中总是出现新的内在对象（也许出现对直到现在的对象的连续期待），如果它们是分开的对象，这些对象就按照原初与绝对的必然性彼此联合成内在的众多性，这些众多性在各自现前域是较高阶段的时间统一性。另一方面，所有已下沉之物或过去之物始终在自我的控制领域，自由的再回忆可能回涉以前已经曾在之物，在其时间秩序中贯穿它，并且跟踪这个直到活的现在的秩序。在这里，以某种方式也许会出现"矛盾"，（即使在我们在此唯一谈到的内在领域）再回忆也可能被"修正"。在对这些再回忆的贯穿中发生或者能够发生一个相互测量；一个被回忆之物的要素可能具有不该放进去的特征，另一个要素对此可能被要求，并且可能扬弃与它争执的那个要素，可能给它否定一笔。属于每一个内在感知之本质的是该放入一个经验的关联;属于每一个内在被感知之物之本质的是列入一个时间对象的必然性,这个时间对象是一个全面的与继续发展到无限里面去的时间对象,作为在相符的与被动机引发的可能再回忆等之中得到表明的被给予性的某物,这个时间对象部分生动被意识到,部分是自由可确定出来的。

无疑,这是先天的,即每一个在此出现的对象具有某个特性,每一个在内在经验中作为经验统一性自身独自划界的或者在观念上作为部分可划界的个体之物具有某个特性;当然,每一个个体之物每次在某一个自我体验中被意识到,并且与此有关在自我体验的关联中具有某种地位或相对的确定。没有探究体验关联的问题,而且没有探究赋予这个体验关联自身个体确定的东西的问题,我们就排除这个关系。

我们设想,生活在这些体验中的这个自我指向在它们之中意向被意识到的对象,恰恰指向那些内在内容,并且根据属于这样一些行为的合法性在它们上面从事其认同与区分的自由。而后,这必然表明自身,并且这是一个合本质地属于所有这样一些内在内容的必然性,即每一个在与行为的所有关系之外作为反思性可把握的对象(顺便提一下,而后这些对象自身重又是内在对象),具有一个确定的客体性,是一个从其自身出发之所是,而且由于每一个对象在重复再回忆中是可再认识的,它不仅是一个同一之物,毋宁说,甚至存在这个可能性,即认识到一个被再回忆之物与在再回忆中可认同之物,以及一个与此完全相同的被再回忆之物,是第二个东西,并且是一个与此不同之物。

在此,先天存在这个可能性,即一般纯粹自我在分开的感知中

第五编　论个体化现象学：诸经验对象、想象对象与观念对象的时间性　429

已经给予完全相同的内在（原素）内容，如果它事后在再回忆中具有某个任意的内在内容（对象），那么它如何能够知道，是否它正是这个内容，而不是来自一群相同内容的某个其他内容，或者对它来说某些对象如何能够如此被构造，以至于对相同对象的区别是可能的？唯有就此而言这才是可能的，即在对象领域存在与自身本身的现实同一性以及与每一个其他对象的差异，这些对象作为回忆对象随时可供自我使用；即〈存在〉一个现实的个体，这个个体自在存在，并且跟每一个个体相比有其差异，也跟一个（先天随时可能的）完全相同的个体相比有其差异。

　　现在，这成就了"绝对时间"①。对"每一个"纯粹自我（如果我们把它当作可能内在内容的单纯纯粹自我）来说，它的现实内在对象（这个对象曾经曾在，并且现在是作为当下）是什么，即使不是由后部（a parte post）自在地被裁定，也由前部（a parte ante）自在地被裁定；就一个任意内在可能内容之实存的每一个任意开始来说，可以裁定的是，是否它有其真实性，是否与此相应的一个内容在其内在的存在领域已经现实地出现。这个内在对象的领域是一个持续自身扩展的领域，而且虽然将来尚不是先天确定的，但是它将成为当下与过去，而后将是确定的。总将有效与先天有效的是：所有"直到现在"曾在的内在对象不仅一般曾在，不仅所有可再回忆性存在，而且它们恰恰用连续使它们获得统一性的时间连接形式，联合成一个总体对象性的统一性，以至于每一个内在对象在延续，并且这个延续按照其所有相位是一个绝对之物、唯一之物，这个绝对

---

① 或者说得更确切些，原初构造内在时间的方式。

之物、唯一之物确立相同之物的差异，只要相同之物一定必然在时间上是不同的：毕竟相同之物在我们现在的考察中称作内在序列中的相同之物。我们现在已经排除同时性，因为我们允许把所有在一个现在与曾在中显现之物视为一个显现之物，视为一个内在对象。

因此，再认识在其个体性中的内在内容，意味着再认识在其绝对时间状况中的内在内容；两个完全相同的个体通过时间状况区分自身，因此它们根本不可能是完全相同的，它们可能在时间形态中还是完全相同的，但是在状况中不再是完全相同的。这个状况是绝对不可重复之物，并且由于这个状况如此被摆放之物本身存在。但是，在由这一个状况不同之物到另一个状况不同之物的绝对时间的贯穿中，我们认识到状况的差别（并因此我们认识每一个状况不同之物本身）。或者说，属于本质的是，在一个绝对被充实的时间中，而且在现在的内在领域中进入一个敞开无限的将来发展自身的被充实的时间，所有时间状况联合起来或者已经自在被联合起来；并因此每一个个别个体是一个全面的个体的与自身继续发展的时间整体的环节，每一个个体在其中是发展产物与贯穿产物，且通过其先行的发展关联被确定为确定位置的产物，并已连续变为由位置组成的连续系统。一个发展产物只可以在重复制作中重又被给予，并且在其确定位置上只可以在整个发展的重复制作中重又被给予，整个发展在这个重复制作中有其最后环节。并且两个这样的产物在由这一个向另一个发展的贯穿中能够按位置相对得到区分，在这件事上，始终敞开的是发展视域，首先由前部始终敞开的是过去发展的自由可确定的发展视域及其过去时间的形式。

一个自我的所有设定的原素直观（在其他序列中所有原素地设定的行为）在自身中具有一个关联，我们会说，具有一个一致性或不一致性的关联，无论如何，由此关联可以重建一个与一个直观统一性一致的关联。或者同样：所有感知具有这个关联，这些感知形成一条河流，这条河流以一致再回忆的形式是可重建的，并且所有设定的与只是确立（使想象现实性联系起来）的行为作为可丰富的或可改正的行为在此综合地嵌入自身。因此，一个时间是作为在其发展中的总体的内在对象性的形式，它〈是〉可能设定的直观系统的标记，这个系统是在感知（与作为构造原初原素的对象性）意识之本质中被预先确定的一个固定封闭的系统，这些可能设定的直观全部组成一个一致性的统一性。属于这个观念系统的是这样一些行为，它们"个体地"认同在系统的某一个行为中被设定的每一个对象，而且使之有别于每一个其他个体，并且它们在这里随时使这个裁定成为可能，是否在这些对象下面出现几个相同对象，而且何以每一个对象在相同性中作为同一的对象〈凸现〉自身，并且有别于相关的、不同的〈对象〉。

存在一个由行为组成的观念系统，存在理想的可能性。但是不存在一个空泛的可能性，不存在一个想象可能性，一如对象正是实存的对象，是"现实性"，而不是空泛的可表象性，不是空泛的可能性。就纯粹自我作为这个主体来说，由于它体验，它存在，并且由于它具有一个流动的现实性领域，它体验一个现前时间，体验一个现前对象性，进一步发挥想象可能性是自由的，但是设定或不设定它们是不自由的。可能的设定，而且在此作为可能的回忆、再当下化，是作为设定，这些设定通过受"动机引发"束缚的可能性应该能够与各自现前及其过去视域相称。并且与这里一切一样，这是一个先天，当然，这个先天先行于来自经验的心理学，如果我们恰恰进入来自经验的客观世界。

第2节 〈想象行为及其与其他想象行为或者与像感知与再回忆一样的现实性设定行为的关联〉

现在，我们想把自由想象设想成完全来自现实性设定的自由想象，在这个自由想象中我们也具有对象，也具有时间对象，并且跟在感知中、在设定的经验中一样表象地具有同一方式的对象。但是，这些对象缺失必然凸现现实实存对象的东西，缺失绝对的状况，缺失在时间形态中被给予的个体内容的绝对与真正的唯一性。

我们可以在完全相同性中，在完全相同的延续中，表象在随意多的无关联想象中的一个被着色成红色的三角形。而后，每一个三角形有别于作为一个不同想象意识内容的每一个其他三角形，但是对此绝不有别于个体对象。如果这些想象是现实无关联的，那么在这儿谈论几个对象，或者甚至谈论同一个对象，这个对象现在是重复表象的，就没有任何可能性。为了精确，在这里我们设想，有关的想象表象地制作它们在正好相同"视域"中的对象，那就是说，如果这一个想象在一个这样或那样确定的或不确定的时间对象的关联中表象对象A，那么另一个想象在正好同一的、正好相同确定的或不确定的时间对象的关联中表象它。在想象自由情况下，这个完全相同想象的可能性先天地被给予。

第五编　论个体化现象学：诸经验对象、想象对象与观念对象的时间性　433

　　当我把关联给予这些想象，例如，首先把与我感知、与我现实性设定的关联给予这些想象，情况马上就发生变化。如果这涉及内在内容，那么每一个想象必须接受一个内在确定的行为的形式，这就是说，它必须让自身认同地与一个再回忆或一个将来感知（期待）取得一致，而后恰恰与这个设定或合法的设定与现实的实存合一，我们立即具有绝对与现实的个体化。

　　注解：如果我们谈论一个完全相同的对象之物的几个无关联的想象，关于这个对象之物尽管存在这个相同性，但是既不可以谈论个体的同一性，又不可以谈论个体的非同一性，那么应该关注的是，在确切被陈述的意义上，我们在这里不意指一个由同一个被想象之物的想象组成的众多性，这个确切被陈述的意义应该包含，这些合意识的想象是关于同一个被想象之物的想象；即如果我想象A，那么第二次形成一个完全相同内容A的想象，我可以把这个被想象之物意指为同一个被想象之物，我以前已经想了这同一个被想象之物。它以素朴的方式出现在一个行为中，这个行为与第一个想象（A）的想象相比，完全就像一个同一之物的再回忆与一个同一之物的以前感知相比。因此，我们处于这样的情况，"仿佛"我们再回忆拟-被感知之物，并且一个这样的拟-再回忆（它观点变化地包含一个对以前想象与被想象之物本身的现实再回忆）常常可以随意加入，也许同时可以具有一个以前已经被再回忆之物的回忆特性，如此等等。而后，我们没有一连串无关联的想象，而是具有一连串意向关联的想象，这些意向关联的想象在它们那方面能够被变为一个关联的再回忆的统一性，在它们之中多次直观之物被意识为同一个，并且直觉地被给予为同一个。

第3节 〈一个想象或想象世界的统一关联及其统一时间·每一个想象世界有其本己联系与本己时间〉

进一步阐述①：

时间的本质在每一个想象中被给予我。并且在许多想象中与在同一个想象中一样，"时间延续"本质、时间点本质也个别化自身。现在，最低级的个别化情况怎样，与"其他"想象确定的时间延续相比，在"一个"想象中"确定的"时间延续情况怎样？但是，我必须解释这些引号。

一个想象（或者一个中立性意识）的统一性。②

我们可以想象很多个别想象，并且在这里具有很多个别想象，只要这些个别想象不联合成一个直观想象的统一性，它们就是分开的，但是这些想象全都可能在一个想象的统一性中具有关联；即只要在一切变异中，在被谈到的中立性变异中，一个唯一的拟-世界构造自身，那么这个唯一的拟-世界就部分是被直观的，部分是在空泛的视域中被意指的。但是，让这些视域的不确定性随意通过想象拟-充实自身，这存在于我们自由之中。但是，这对此丝毫不能改变，即只要是这么回事，那么所有这些想象就在一个包括它

---

① 对内在"世界"的限定不再进一步被持守。因此缺失〈一个〉相应的过渡。

② 但是，所有已说过的东西也自身显明地对一个现实经验的统一性有效，因而在此恰恰得出一个经验统一性的基本概念，而看来"一个想象的统一性"无非正是一个可能经验的统一性，或者是一个经验统一性的中立性变异。但这恰恰为经验统一性本质提供了立足点。

们的对象意识的统一性中具有关联,就在一个现实或可能的对象意识的统一性中具有关联:所有自由想象的统一性也同样如此,这些自由想象属于一个童话,为了具有一个纯粹的想象,我们从与现时世界的所有关系中自由设想这个童话。无论我们不间断地从头到尾想象这个童话,还是分开地从头到尾想象这个童话:每一个新行列通过一个模糊的,但可展开的视域与以前行列联系起来,在这件事上模糊的回忆对我、对继续察知这个童话的人来说,是对以前被察知之物的现实回忆,而且是对被我想象之物的现实回忆,然而,如果我在童话观点之中,那么联系"在想象中的回忆"中进行,"这些回忆"自身是拟-回忆。

因此,一个想象包含了一个由想象组成的任意的"关联",这些想象恰恰通过其本己意义联合成一个可能的、直观统一的想象,在这个想象中作为相关项一个统一的想象世界协调地构造自身。在一个这样的想象世界里面,对每一个个体想象客体(作为拟-现实性)来说,我们对每一个时间点与每一个时间延续具有一个"个体"个别化。首先,我们在一个想象最狭隘的统一性中具有一个这样的个别化,即在一个现前里面具有一个这样的个别化:相同之物在这个现前中个体地区分自身。但是,而后没有通过新的、与新对象有关的与扩展这个想象世界的想象的补充,这个想象(在关联的个别想象的统一性中)就可能继续、"那么远"转入一个直观的统一性,转入一个在扩展意义上的现前(流逝现前的连续统一体)的统一性。

但是,如果我们现在由一个想象世界转入另一个想象世界,转向一个与之无关的想象世界,情况怎样呢?这在两个任意想象的本质中根本不存在,即它们要求联合成一个想象。当我们在一个想象中意向地活动自身的时候,与此相关当我们在一个被想象的世界中意向地活动自身的时候,它立即就给予一致性与矛盾、不一致性——在无关联想象的构成物之间不给予。为什么不?因为这一个世界的"事物"、进程、"现实性"与另一个世界的"事物"、进程、"现实性""没关系",更确切地说,因为对这一个想象世界是构造性的这些意向的充实与失实,它们从未能够伸进那些意向的充实与失实,后者对另一个想象世界是构造性的,在这件事上,这没关系,即我们有朝向拟-意向的倾向。并且在此作为一个世界统一性的可能性条件,作为"一个"关联想象的经验或拟-经验的统一性的相关项,并且仿佛作为立足点,在这个立足点上所有不一致性作为"争执"发生,时间的统一性起着其特殊的作用。在不同想象世界里面时间点、时间延续等等的个别化情况怎样?我可以谈论关于这样一些不同世界的相同性与类似性,但是绝不可以谈论同一性,这根本没有任何意义;并因此不可能出现有联系的不一致性,这些不一致性的确以这样的同一性为前提。

因此,例如,询问是否一个童话中的格雷特尔(Gretel)与另一个童话中的一个格雷特尔是同一个格雷特尔,是否对这一个格雷特尔被想象与被表明的东西与对另一个格雷特尔的被想象之物相符,甚至询问是否它们彼此是同族的,等等,这是无意义的。我可以确定它,而且在此接受它已经是一个确定,但是而后两个童话涉及同一个世界。在一个童话里面我可以这样询问,在此我们一开始就有一个想象世界,但只是这个问题也在那儿停止了,在那儿想象停止了,在那里想象未必进一步确定地任意切中确定(或者在不自觉的继续编造中让这些确定成为可能),并且在一个想象统一性继续进行的意义上这要留待想象的组织去做。

在现实世界中没有任何东西保持敞开，它如其所是地存在。只要想象世界已经被想象的恩赐想象了，那么它就"存在"，而且这样或那样存在，并且没有想象是最后的，而且没有想象不使一个在一个新确定意义上的自由组织保持敞开。但是，另一方面，在形成想象"统一性"的关联本质中却存在很多本质限制，这些本质限制不可以被忽视，并且它们在其中发现它们的表达式，即在一个想象统一性的继续进行中，即使在一个想象统一性敞开-自由的继续进行中，一个"可能世界"的一个统一性用一个从属的想象时间的包容形式构造自身。

第4节 〈在一个普遍概念个别化与一个现实经验或想象的统一关联中时间-空间个体化之间的区分〉

我们还是通过对照概念外延中一个概念上普遍之物的可能个别化与一个个体概念的个体个别化考虑事态，这个个体概念是在一个世界中并存的相同样品中的个体概念，或者我们甚至通过对照一个纯粹的概念外延与一个可能来自经验的范围考虑事态。

属于一个人的概念外延的是所有人，我可以任意虚构所有人，无论他们是否出现在世界中，无论他们在这个世界的统一性中是否是可能的，无论他们是否已经与这个世界联系起来。而后，他们在也许完全无关联的想象与其他直观中作为自在的可表象性伫立于此，并且举例说明"一个"人。同样这也带有时间延续。因此，时间延续中的范围包括所有无关联可想象的或者现实被经验到的与可经验到的时间延续本身,一如它包括时间中的所有时间延续,即包括现实时间中的所有时间延续。这个时间延续范围的大全性不提供时间延续种类的个体化,因而就像想象颜色的大全性一样,这些想象颜色属于一个颜色的同一最低级的差,不是现实意义上的个体颜色,不是这个最低级种类的个体化。

只要在不同直观里面,在设定或未设定的直观里面,在关联或无关联的直观里面可以进行大小比较,这种"延续"就种类化自身。但是,而后我们发现这个奇特之物,即在一个想象里面,在这些任意扩展里面①,一个想象与想象世界的统一性维续自身;出现一个进一步的细微区分,这个细微区分尚未种类化,而且不可以超出这个世界给予自身;并且如果我们比较这一个想象世界与另一个想象世界的相应的差别,那么对它们我们既不可能表明同一性,又不可能表明非同一性。当然,现在这对所有对象的确定、颜色等有效。但是,在此我们觉察到,这由于其时间性(而后进一步〈由于其〉空间的微分)对它们间接有效,这个时间性唯有在一个"世界"中才是可能的。最终细微区分在一个世界里面的一个颜色的最低级差的东西是这个此时此地,即最终个体化它的是这个此时此地,那就是说,是时间-空间之物的最后的差,但是这个时间-空间之物就其而论也重又有其特殊的微分。

唯有"一个世界"达到这种地步:现实的个体微分在一个现实世界中,可能的个体微分在一个可能世界中,才存在个体微分。换言

---

① 因此也在一个经验的统一性里面。

第五编　论个体化现象学:诸经验对象、想象对象与观念对象的时间性　439

之;每一个感知以切身现实性的样式提供一个个体的个别性,而且每一个设定的直观通常也同样如此。在每一个设定直观之本质中包含这个观念的可能性,即在一致性意义上渐渐变为其他直观,这个一致性创造一个直观的统一性,并且相关地创造一个被直观之物(所有进入的个别直观的被直观之物一致地把自身嵌入这个被直观之物)的统一性。(只要我们始终只是在同一个想象阶段,对设定的直观有效的东西对拟-设定的直观也有效,对想象也有效。)一个这样的一致设定的直观关联达到这种地步,一个固定的个体的微分也达到这种地步,这就是说,每一个完全相同之物到这种地步在个体上可确定地有别于每一个完全相同之物,或者说得更确切些,时间状况与地点状况、确定的延续等等到这种地步是自在的确定之物,是在任意多的直观中一致可认同之物或可区别之物。

　　在一个这样的设定直观的系统之本质中存在的是,在此意义上可以无限与自由地扩展,即"同一之物"是重复可直观的,是重复可认同的,即使并非总是重复可感知的,以及在每一个意义上是重复可感知的,即是自由重复可感知的。此外在一个这样的系统之本质中存在的是:它的相关项具有时间形式,在总是新直观中的敞开期待中可构造的对象性具有时间形式,这就是说,在这个系统中构造自身的所有对象按其时间位置把自身编入一个时间的固定位置系统,这些对象也许已经构造自身,或者还会在某个时候构造自身并且能够构造自身。并且固定之物在此是"客观可认同之物",即作为时间上如此被确定之物在杂多直观中一致获得被给予性的东西,并且是作为时间上如此被确定之物在借此出现的合法表明中获得被给予性的东西,是按照这个时间位置可以表明自身是同一的〈东西〉,可以表明自身是唯一的这个的〈东西〉,是有别于每一个其他这样的这个的〈东西〉。并且恰恰借此作为个体的具体对象的微分与认同成为可能。

逻辑概念的个别化不是一个客观可认同之物的个别化,或者换言之,作为一个对象的个体性的逻辑要求,作为对述谓或者客观真理(这些真理隶属于矛盾律)的一个同一基质的个体性的逻辑要求,并不通过一个概念外延的个别化得到满足,而是隶属于时间的条件,并且这重又表明,在一个一致表明的可能性的要求下面,我们伫立在一个现实与可能(与这些现实直观可衔接的)直观的"连续"关联中。概念外延的大全性不是世界中(实在)对象的大全性,或者不是一个来自经验的大全性,不是一个时间中的大全性。

当然,这转而适用于单纯与纯粹想象领域(即使是混合想象领域)。如果我开始一个想象,那么我对此就(尽管在一个游戏的拟-设定的意义上)设定了一个个体客体,并因此为一个想象世界设定了第一块基石。跟通常一样,如果我继续想象,如果我只是如此想象,即我在一个一致直观的系统的意义上叠起一个又一个想象,那么我对此就建造一个统一的想象世界,而且在其中我具有一个时间形式,并且对此我具有一个时间,这个时间有其确定与可确定的状况;这一切是在变异的意义上讲述的,因为不断存在这个观念可能性,即一致地附入新的想象,这些新的想象允许确定并且认同地持守各自个体性、时间位置、时间值等等。

但是,如果我持守被包含在有限之中的想象,那么就留下不确定性,并且就这点而言留下一个不可确定性。在此没有任何东西是"自在"确定的,但是它被确定到这种地步,我们就可以认同与区别到这种地步,并且这些最初的前提(在逻辑意义上)对一个客观的可确定性存在。如果我具有几个分开的直观系统,那么也许它们可能被转入自由想象中的唯一的直观系统,而后它们构造一个世界。但是,诸想象系统也是可设想的,它们当中的每一个想象系统在自身中是一致的,但是它们难以积聚成一个世界,至多通过两个世界的设定积聚成一个不协调的世界? 而后每一个想象系统有其拟-时间,并且在每一个想象系统中时间是可确定的,每一个个体性是可确定的。

但是,这些是观念。每一个想象系统是一个自由想象系统的观念,是一个一致地继续经验到已开始的世界的想象系统的观念,这个系统是从有限一致性的一个被给予的出发点可继续进行的。并且每一个这样的观念是来自一个可能同样合法的无限的一个想象系统。

现在,几个这样的世界作为现实性是可设想的? 它们当中的一个世界必须合本质地与所有其他世界缠结在一起? 这表明:所有这些世界是彼此互不相容的?

附录16 (关于第十九篇文字第4节):诸本质明察与想象明察·〈以现实与可能对象为例的可能性意识与观点·一个现实世界与诸多可能的想象世界〉

对被想象的对象性本身有效的明察在无条件的普遍性中,或者说,由于我在想象中活动,在其中我以自由的方式变更对象,并且我认识到我这时在（来自这样一些拟-对象的）实例上发现的东西对有关种类的对象一般是无条件有效的，我可以在可能的想象中表象地产生这些对象，我所获得的明察在无条件的普遍性中——这样一些明察也对被给予的经验与每一个可能的经验一般有效。

相反，如果我们以现实经验为出发点，并且如果我们把在其中被给予之物用作纯粹普遍化的单纯实例，我们认识到我们在其中发现的东西，不仅对案例与被经验到的事物一般有效，也对来自经验可能的被经验到的事物有效，而且对一个可能经验的对象一般（属于"一个"经验的统一性的对象，或者个别说来一般是可经验的对象）有效，那么我们思维根本不在其"固定"立足点（连同其各个通过这些现时命题被预先确定的限制）上的现实经验里面活动自身，而是在自由想象中活动自身。现实经验成为实例，它不应该取决于其命题，并因此它不仅与一个任意的想象被给以同等地位，而且在恰当意义上其自身被变为想象；这个命题成为中立化的。

对此彻底澄清这个事态的一个基本的认识现象学难题被提出来了。不管怎样，借此变得唯一可理解的是，休谟怎么会想到把所有先天的明察（与其关于普遍之物的学说矛盾，他如此极力持守这些明察，以至于他让神受到其有效性自身的束缚）放到"理念间的关系"这个标题下面去，在那里尽管没有可用的现象学的澄清（这又造成了他那里的基本错误），但是观念在他那里单纯标明想象被给予性。想象是意识，这个意识"仿佛"具有意向体验的特性。生活在想象中，这就是说，例如，使对象、事物浮现出现，仿佛它们在此存在，仿佛它们是这些与那些进程的主体，如此等等。属于想象之本质的是观点改变的可能性,它把想象变为一个设定的意识,变为一个可能性意识。只要想象是纯粹想象,自我、现时的自我在想象中就没有位置,它始终在仿佛之外,这个仿佛在自身中是封闭的。它是想象的主体,但是这个想象(Phantasieren)并不出现"在想象(Phantasie)中",即并不出现在合想象地被意识到之物的范围内。但是,现在现时自我可能设定地涉及被想象之物本身,并且如果它没有一同进行对这个想象的回涉,那么它设定一个可能性的设定。想象事物成了可能的想象事物,而且成了这个可能性。

基于这个观点的一个进一步的意识是本质意识。可能之物在其个别化中与其他自由的可能性建立联系,并且一个普遍之物、一个本质被把握为属于它们的,当个别的可能性在这个普遍之物、本质上"起作用"的时候,这个普遍之物、本质就在这些个别的可能性中个别化自身。但是,就像它正好给予自身的那样,自由的可能之物不会成为固定被接受的,而是作为这样的个体化它具有任意实例的特性,具有本质的某物一般的特征,在敞开的无限中不同与重又不同的自由可能性作为个别化可以被给以与它同等的地位。

普遍之物、本质没有一个绝然对象的范围,而是具有一个可能对象的范围,具有一个对象可能性的范围。宣布普遍评判作为本质评判,这就是说,鉴于示范性的可能性,鉴于个别被想象的,但在一个普遍之物的任意个别之物的意识中被立义的可能性,评判什么东西应归于它们或者不应归于它们作为这样一些"一般"对象。根据其意义它们对同一本质的所有对象一般有效或者对某物一般有效,只要它隶属于这个本质。

但是,每一个现时被经验到的对象也是一个对象,它属于"一个对象一般"这个形式——虽然它不是在想象意识中被意识到的，不在那个观点改变中先前被设定为可能性。但是，每一个经验对象可以按其现实性设定被中立化，它可以先天地（a priori）被变为一个可能性，正如我们也可以先天地构想一个想象，这个想象正好提供相同的对象。只要它独立于设定被考察，它作为现实的对象就有其本质，它来源于一个本质，这个本质是其所有物。但是，我们在此不一定要修改？我可以把同一个本质的单纯可能的〈对象〉与现实的（在现实性设定中被给予的）〈对象〉进行比较，并且可以在这个现实对象中认同地发现同一个本质。并且在其现实性中存在一个可能性，只要这个现实性恰恰是可中立化的，并且只要这个现实对象借此变成一个想象，即使不变成一个再造的想象（但是在此这不取决于再造或非再造，正如不取决于现实的设定或拟-设定。诚然，为什么不取决于再造，这是一个问题。但是，再造自身作为再造给予自身，而后它具有"回忆"的特性，或者不具有"回忆"的特性，此后它具有拟-感知的特性，并且恰恰在自身中不是再造）。

但是，在此已表明的东西先天地有效。而且在其中重又存在的是，我们专注于可能的经验，并且一般把现实的经验置于可能的经验领域，这些可能经验自身重又在行为想象中作为可能性被给予，并且允许本质观点与一般观点。

因此，不言而喻的就是上面曾被提及的事情：对想象世界做出评判，对在统一想象中或者在各个统一想象中作为拟-世界构造自身的世界做出评判，与本质普遍性地评判，这就是说，对可能世界一般做出评判，这些可能世界作为可能经验的世界，这两个评判〈是同一个〉。并且人们在此具有一个众多，因为每一个可能的经验统一性在自身中并且独自构造一个世界,而每一个可能的其他统一性在自身中并且独自构造另一个世界——另一个可能世界。但是,另一方面,在此重又尚未表明的是:所有这些可能世界形成一个实在意义上的大全性,〈它们〉可能一同实存;毋宁说,如果一个世界实存,那么它就排除所有其他世界。因为一个世界实存,这就表明,给予它、直观它的行为不只是想象行为,而是未变异与现实设定的行为,根据这些行为这个世界的实存被设定或者能够被设定(甚至被神设定)。几个这样世界实存并且同时实存,这对每一个世界都要求这些设定的行为。但是,这是一个规律,是一个本质规律,即只要所有设定个体此在的行为以一个设定的自我为出发点,它们就必然把此在之物全部构造成属于一个时间的。因此,所有这些世界必须是一个时间世界,至少它们按照时间具有统一性。它只能有一个时间,即对所有一同实存的世界来说只能有一个时间。分配到几个自我上面的尝试对此丝毫不能改变,因为一般实存的所有东西必须让自身涉及一个自我(这个自我就这点而言称作超越论统觉的自我)。并且几个自我可能存在,这是只有当它们自身是彼此可能相关的时候,如此以至于每一个超越论统觉的自我存在,而且其他超越论统觉的自我属于其周遭世界。

第二十篇 〈想象中的时间与现时经验中的时间〉

第1节 〈经验意向意义与想象意向意义之间的本质同一性·经验可能性与想象可能性〉

如果我以一个经验到的行为为出发点,那么这个行为有其被经验到之物本身,并且这可以这样被理解,即我把这个被经验到之物理解成同一的同一个,这个同一的同一个是对所有经验到的行为(一个系统的所有经验到的行为,在这个系统中唯一一致的表明可以前后一致地被贯彻)来说的,被给予的行为在一个一致的同一性意识的统一性中,例如,在一个充实的同一性意识的关联中,已经与所有经验到的行为相合、将会与它们相合、能够与它们相合。①

每一个现实经验到的行为(顺便提一下,无论它是否是直观

---

① 但是,在此缺少对综合统一性的描述,这个综合统一性把"所有"这些经验到的行为连接成一个综合的大全性,把它们连接成一个关于一个对象的经验的连续统一系统。

的,无论它是相即直观的,还是不相即的)根据这个统一性形成的意义有其被经验到之物本身。我们说,它意向活动地有其对象的指向,这个对象的指向是所有这样的行为中的一个本质共同之物,它在这些行为中个别化自身。并且这样一群行为中的每一个行为具有"同一个"对象的指向,更确切地说,具有完全相同的对象的指向。与相同性相符的是同一的本质。与此相关,我们在意向相关项中发现同一个被经验到的对象本身,这个对象展示一个数字上同一之物,引号中的对象没有本质——所有这些行为意指数字上同一的同一个。

如果我们接受某个想象的且拟-经验到的行为,那么它就确定一个类似的拟-经验的所有现实与可能的行为群,这些行为在一个关于想象特性的连续的或范畴综合的意识的超越把握的统一性中如此相合或会如此相合,以至于会相关地产生拟-被经验到之物本身的同一性意识。假定的现时想象的被虚构的客体本身(拟-被经验到之物)对这个想象与所有在此统一化的行为合本质地是同一个。它们全部意向活动地具有同一个对象的指向,即具有对同一个拟-被经验到的对象的指向,具有对同一个个体的虚构的指向。① 在此,这就意味着,如同在现时经验情况下的那样,其对象的意义是同一个,并且对象的意义表明引号中的对象。但是这个意义或者属于现时经验,或者属于拟-经验,前者具有单引号,后者具有双引号,第二个引号涉及想象变异。②

---

① 拟-经验到的行为具有拟-同一个指向。想象作为现实的行为朝向作为同一个可能对象的同一个虚构。

② 是的,但是恰恰因此意义不是同一个。

通过对某个被放到前面的或者已进行的现实经验的出发点的强调,或者通过对一个已进行的现实想象的出发点的强调,我们已经使作为"对象"的"对象的意义"受到被给予经验的束缚(并且同样受到被给予想象的束缚)。

现在,我们把这个确定的经验、这个现时的体验当作一个本质的个别化。这个经验,例如,看向这张纸,我现在做出的这个感知:为什么它不应该能够被把握为一个埃多斯的个别化,那就是说,为什么它不应该展示一个与无限多的可能性相对的已实现的可能性,这些无限多的可能性只是重复这一个可能性?并且就确定预先被给予的想象来说,当然也同样如此。我们把它把握为一个本质的个别化。当然,现在这对所有现实行为有效,这些现实行为与假定的现实经验相合,并且在现实联系着的感知统一性中联合起来指向同一个"对象"。如此涉及作为个别化的一个本质统一性的所有行为群自身全部形成一个群,或者说得更确切些,本质自身形成一个群,即所有可能的在一个对象指向统一性中可联合的行为的〈本质〉形成一个群。①

但是,如果我们把每一个现时经验把握为一个本质(而且当然被意指的是一个具体本质)的个别性,那么这无非还是意味着,我们使它与一个敞开的想象可能性的无限对置。因而,对此我们说:在观念上能够与每一个经验对置的是一个想象,并因此(由于明见的是,每一个想象可以在观念上无限"重复")也是一个想象的无

---

① 不。观念可能经验的一个系统正是关于一个对象的可能经验的系统,是关于一个观念可能的对象的可能经验的系统。每一个观念可设想的系统是一个对象的经验可能性,并且两个相同系统不表象同一个对象,而是这毫无意义。继续看看情况。

限,这些想象与它伫立在具体的本质共同体之中,那就是说,看来正如我们必须进一步表明的那样,它们具有同一对象的指向,并因此具有同一指向,这个指向具有已接受本质的所有可能的个别化,对这些已接受的本质我们在上面曾谈过。①

因此,看来明白的是,被经验到的对象本身的观念(埃多斯)与被想象的对象本身的观念必须相合。更确切地说,虽然这一个观念和另一个观念是自在不同的,这一个观念指向可能的经验,另一个观念指向可能的想象(拟-经验),但是,视观点而定(并且就像在此已说过的一切一样,这是先天的),我们从每一个想象中要么得知想象自身,要么得知一个可能的经验,并且相关地得知一个被想象之物本身,或者得知一个可能被经验到之物本身。并且这不对作为虚构的一个被给予的想象的虚构有效,而是对每一个可能的想象有效。因此,通过单纯的观点改变从同一意识获得(即在这个意识上进行一个本质可能的改变)的"被想象之物本身"这个普遍的埃多斯,它包含被经验到之物本身这个埃多斯,而且如此以至于两者一定相合:被意识为一个确定的经验可能性的对象的东西,也是被意识为想象对象的东西,这个想象是通过改变方向被获得的。一个确定的经验可能性在一个想象意识中被给予我,生活在这个想象意识中,我反思拟-被经验到之物。但是,我也可以反思这个想象意识自身,反思现实的想象意识。与后者相符的是虚构,与前者相符的是作为可能经验相关项的可能对象。

但是,如果观念"被经验到之物本身"与"被想象之物本身"在

---

① 但这恰恰是荒谬的。

已描述的意义上是同一的,那么就产生奇特的考虑。首先,我们设想了一个现实经验,并且对此设想了现实的或者还可能的经验系统,这些经验与那个现实经验达到同一性相合。这个无限的(敞开无限的)群具有对同一个对象的指向,包含一个同一的意义。现在,我们考虑一下这表明什么。被经验到的对象本身作为起点经验的意向相关项中的这个对象,并且作为所有可能与这个起点经验相符的〈经验〉的意向相关项中的这个对象,它不仅是一个同一之物与可表明之物,而且与之相符的是一个现实对象。或者一样的是:引号中的这个对象具有现实实存的特性。这表明,经验要么是内在经验,而后所有过去与将来的经验必然与之相符,它们不可能与之争执。如果这涉及超越的经验,那么这就意味着,每一个实际上将到来的现实经验与每一个实际上会到来的现实经验相符,这就是说,与通过对现实经验视域的打开可实现的现实经验相符。经验要么是对同一之物的经验,而如果它是对不同之物的经验,那么相符就表明,恰恰被包含在事实视域中的关联被允许打开,这些关联恰恰限定在现时经验中,即在与它们相合的经验中结束。

如果我们接受现实性观念,那么我们具有一个经验主体统一性中的一个可能经验关联的观念,这个经验关联不是任意的,而是以确定的方式被殊相化的,并且就交互主体的现实性来说,我们具有这样一些关联的一个众多性的〈观念〉,这个观念涉及好些主体,这些主体经验地一致,并且凸现一个现实的与实在可能的经验的交互主体统一性。现实性观念表明可能现实性的埃多斯一般,它涉及现实的与实在可能的经验中的一个这样经验关联的埃多斯,因此这个埃多斯在自身中包含一个敞开的与合法确定的无限。

第五编　论个体化现象学：诸经验对象、想象对象与观念对象的时间性　451

第 2 节　〈感知与纯粹想象中的时间位置・经验对象的统一时间秩序与想象对象的不同时间秩序〉

现在，我们回到"被经验到之物本身"与"被想象之物本身"的本质。看来，与每一个可想出的被经验到之物对置的是一个带有同一对象指向的被想象之物。这似乎是完全明见的，但是它包含一个极端的困难。而且这个困难恰恰涉及我们特别感兴趣的东西，涉及个体性，那就是说，在最初系列中涉及时间确定。每一个被经验到的个体按照其意义是一个时间确定的个体。是否被经验到之物本身也具有现实性，这现在是毫无疑问的。但是，时间确定也属于被经验到之物本身，当然，像这个被经验到之物的所有内涵一样（像"表象内容"的所有组成部分一样），它正是作为单纯的意义组成。（诚然，在容易误解的言说中）我们会说，它作为被意指之物。

这恰好对被想象的对象有效：在它的想象变异中这个被想象的对象被意识为时间的与时间确定的对象，并且以某种方式是完美确定的，如果我们对比一个感知与一个当下想象，假如这是可能的，我们现在也把它们双方视为完美相合的，视为意义同一的。但是，我确实可以说，一个感知与一个正好相同指向的想象指向同一个时间片段，它们按其意义包含同一的同一个时间确定？

人们可以这样指明：各个感知可能具有通常完全相同的意义，而每一个感知以当下样式给予多少被感知之物，并且在这里我们在这儿与那儿都具有当下，都具有完全相同的延续，这个延续是以完全相同的滞留性样式被给予的。但是，假定我们接受同一个主体的

350 各个感知,意向的时间自身必然是不同的。现在,如果我们另外提供一个完全相同意义的拟-感知,那么它重又提供在这个或那个延续中的一个当下。这个想象与一个重复系列的每一个感知情况怎样?一个对象由于具体本质而在此到处是"被意指的",这个具体本质是同一的,但是时间确定是同一的?在此时间被意指之物的同一性应该随着哪一个〈重复〉感知发生?人们应该说:正如每一个感知有其时间,但是同一个个体主体的所有感知构造一个时间的统一性,构造一个唯一的时间秩序,想象也同样如此?但是人们对任意的想象能够这样说?我相继想象各样东西,我可以说,每样东西是随着另一个时间确定被想象的?但是,而后唯有当想象具有"关联"的时候,唯有当它们涉及一个想象-自我与这个想象-自我的一个意识关联的时候,这个想象-自我才不仅随意具有每一个想象,而且每一个想象才明确或不言明地以某种方式意向地涉及每一个想象。

在一个自我意识里面的任意感知必然具有关联,无论自我主动地联合它们,彼此结合地使它们发生关系,还是自我完全生活在它们外面,并且总是正忙于无论什么样的其他对象——它们自身具有"关联",它们构造其意向对象的一个包罗万象的关联。这就是说,每一个感知有其滞留性的视域,提供了闯入这个视域的可能性,提供了在回忆中展开这个视域的可能性,而后先行感知的所有对象在其中一定可以找到。作为体验的一个自我的想象具有关联——正如内意识的所有体验一样,这个内意识与感知这些体验的意识有关。但是,即使作为体验的想象在内意识中具有关联(这其实表明内意识构造了意向的关联),这些想象也没有它们对象关系中的关联。我们现在虚构的这个半人半马怪与我们此前曾虚构的一只河马彼此没有时间状况,并且在其中显露出来的是:拟-经验与现实经验一样对这一个或那一个自在的对象没有关联,这些现实经验在一个杂多经验的连续统一体中存在,它们在这个连续统一体中把一个唯一的时间构造成所有被感知与可感知的对象的形式。

正如彼此自在的想象没有关联(如果一个这样的关联不是随意被创造的,〈如果〉我们一开始就不接受想象,这些想象是一个关联的想象的块片),自在的想象与感知也没有关联,即重又没有意向关联,除非它们具有类似性关联,具有相同性关联,即具有拟-完全一致的关联,更确切地说:它们没有为意向的个体对象确立一个联系的关联。

在所有感知之间被创造的意向联系对意向对象来说是时间联系。它是在被动性领域中被创造的,并且在此意义上是在感性中被创造的。

在这里,我们注意到在内在感知与超越感知之间的一个区别。内在感知构造其相即对象。如果我们从某个感知回行,闯入其视域(或者也许更确切地说,闯入其滞留性的晕),那么相即感知对象的时间系列就在回忆中的倒退与重又前进中对我们出现,并且在此不可能有感性的争执。① 在超越感知中则不同。在此,也许已经在感知中,在活的当下领域,存在一个感知转入第二个与之争执地贯穿自身的感知,并且在每一个被缠绕出来的过去感知中也同样如此。在感性自身中(即首先〈在〉综合联系的思维〈中〉)出现了争执。但是,在此应该关注的是,对此没有涉及意向时间,没有涉

---

① 当然,在明白性的临界值中。

及属于引号中的对象之物的时间,由于关于时间要素本身彼此争执的与贯穿自身的意向对象没有争执,例如,仿佛作为两种不同着色的着色出现在同一个时间状况中,也出现在带有同一个着色的两个时间状况的争执中。感性的争执,在一定程度上原初被动出现的争执,必然带来同一个时间确定的两个对象。

因此,无论如何,"感性"被构造的时间系列是一个唯一的时间系列,除了其他方面被构造或可构造的统一性特性与不一致性特性之外,正是感性被构造的(原初显现的)所有意向之物本身,它把自身编入这个时间系列。因此,尽管所有显现之物争相显现,它也有其确定的时间位置,并且不仅在自身中具有一个现象的时间,这就是说,具有一个在意向对象性本身中被给予的时间,而且有其在这一个时间中的固定位置。(更确切地说:如果它只能以相互扬弃的方式相继显现,并且在那里这一个显现之物显现,其他显现之物以被掩盖性[Verdecktheit]的方式被意识到,那么每一个这样被掩盖或敞开被给予的对象之物确实必须〈有〉其意向的时间状况与在这一个时间中的状况。)

第3节 时间作为"感性"的"形式"〈与作为经验对象世界的形式:通过内时间意识构造经验与想象及其意向相关项的一个统一关联〉

现在,我们理解了康德律的内在真理,时间是感性的形式,因而是每一个可能的客观经验世界的形式。在对客观现实性的所有询问之前，或者说得更确切些，在对确然地给"显现"以优先权的东西询问之前，在对确然地给在直观经验中自身给予的意向对象以优先权的东西询问之前，〈为〉此我们把真的这个述谓或现实对象判给它们，所有"显现"的事实或本质特性就已经存在，真的或被表明为无意义的"显现"的事实或本质特性就已经存在，即这些"显现"是给予时间的，并因此所有被给予的时间把自身嵌入一个时间。

当然，现象学的一个主要难题在于完全阐明，每一个经验（例如每一个再回忆）为什么偏要与同一个自我的每一个其他经验具有那个关联，或者与同一自我意识流中每一个其他经验具有那个关联（再回忆为什么偏要与各自现时感知具有那个关联），那个关联创造这一个时间中的所有被经验到之物的被联系性，并且也在于理解这个必然性，但这个必然性要求是一个这样的必然性，后者对每一个可能自我及其经验有效。

人们在此必须小心谨慎，必须关注是否陷入循环论证：如果人们谈论意识流，那么人们就已经以某种方式以无限的时间为前提，在这个时间的准线上仿佛人们从意识到意识后退或者前进。无论如何，人们也必须澄清这个明见性，即存在像一条意识流的这样的某物，并且必须澄清在这里在本质中存在的必然性。

在此，其实人们可以以什么为前提？一个意识是现时被给予的（或者在可能性中被表象为被给予的），它必然继续流动。存在这个可能性，即而后出现对意识的再回忆。但是，意识一定必然是先行的，而且如果是这么回事，一条意识流一定必然连接起来，一定必然存在这个可能性，即从再回忆向现时感知前进？因此，这属于内意识现象学。

然而,我们首先向想象看去,这个想象自身是一个内意识的体验,而且在此具有时间性,并且是在一个关联中被构造的——一如感知。

无论想象的统一性如何多种多样,无论它有多少阶梯,我们也可能另外再吸收范畴种类的想象综合,在这个想象的统一性里面,被想象之物是一个时间之物,每一个感性想象想象一个感性对象,并且意向的时间性属于作为单纯意向对象的这个感性对象。

现在,想象如何把自身添加在想象上,而且没有范畴的综合,以至于它们联合成一个想象的统一性?我想象一个声音,而后想象第二个声音,如此等等。为什么这些想象始终有关联,为什么它们联合成一个想象的统一性,为什么它们与一首旋律的显现统一性联合起来?并且如果我同时想象一个颜色,如果我想起想象中的一个颜色,当这首旋律消逝的时候,这时这些被想象的意向对象没有建立必然关系,因此这些想象必然没有一个想象的统一性,只要颜色与声音在想象中显现为同时发生的,并且在想象中流逝的某个颜色序列与一个想象的声音序列〈必然〉同样没有〈统一性〉?

因此,我们对内在想象不一定要说:它们在一个内意识的统一性中还现实生动到这种地步(作为内意识时间中的统一性现实被构造的想象),它们也把想象的统一性形成到这种地步,并且关于其意向的拟-对象它们也把一个时间系列构造到这种地步?在这里,这个被想象对象的时间与内意识对象的"现实"时间情况怎样?与想象自身的时间秩序情况怎样?看来,它们严格并行地流逝。它们相合。但是,人们将会说,想象对象不是现实对象。在现实意向对象的系列中,在现实声音、颜色的系列中,在现实体验的系列中,没有出现想象对象,它们是拟-现实性,并因此其时间形式是一个拟-时间形式,只是由于涉及行为的现实性它与现实对象的形式建立一个列入关系。如果我生活在感知中,那么我具有在其现实时间中的现实对象,如果我生活在想象中,那么我具有在想象时间中的想象对象。如果我由这一个观点渐渐变为另一个观点,那么我就可以发现类似性、相同性,并且在这下面我可以发现时间秩序的"同一性"。

这是现实的同一性？由于一个单纯的相同性相合或类似性相合在此确实没有发生,为什么我们不应该说现实的同一性？它确实是也在发生的同一个同一性,如果我按照其时间认同行为与对象。这如何与上面已说过的东西相符？我们应该说:在两边我与意向对象有关？并且这里在绝然的意向对象与被凸现为对象的意向对象之间没有区别,现实性(真实性)的价值应归于后者。在超越对象构造的领域存在意向对象,这些意向对象虽然是经验对象,但是是假对象。它们可能被划掉。但是,对此这些对象不是想象对象,恰恰相反,想象对象只是在开始时作为现实性可划掉。因此,虽然内在的想象对象是拟-对象,但不是无意义之物。只是如果它们被确立为经验对象,那么在"现实"时间中,在经验时间中,而且在与它们想象时间同一的位置上,就缺失一个"现实的"对象,并且也许这仅仅表明,单纯想象在此虽然能够确立,但是设定是绝不可能的。

或者,也许我们应该说:一如我们在未变异之物与变异之物之间具有相同性与类似性的明见性,以此方式我们也具有同一性的明见性？但是，我们在两侧具有一个相同性、类似性、同一性的变异，这个变异为这一个基础变异所确定。

这转而适用于意向对象一般：正如它们作为经验与虚构的意向对象（被表象之物本身）通常可能是类似的与相同的，以此方式它们作为这样的意向对象也可能是同一的——只是同一性是一个变异了的同一性，而后它总是包括时间的"同一性"。

现在，我们可以察觉出：不仅一个自我各自当下的，即在内在感知中被构造的内在对象具有一个构造时间的关联，而且在一个内意识关联中的某些感知中出现的经验一般也具有一个构造时间的关联，例如，感知与出现的内在再回忆具有一个构造时间的关联；并且如此统一时间的每一个关联的块片必然与每一个其他这样的块片联系起来，如同一个超越把握的意识结合为一地给予它们，因而出现对以前被构造之物的回忆。现在，这对所有内在对象有效，无论它们是内在被构造的原素素材，还是内在被构造的行为。

这便提供了对体验关联之统一性的认识，这个体验关联乃是通过对这一个时间的构造在内意识中的所有内在体验的关联，而且这可以这样理解，即我们绝不以意识关联的无限性为前提，而是在以内经验的某个观念为出发点并在其中认定某些我们通过新而又新的再经验而更丰富地思考的体验的同时明察到，无论在这些体验中走得有多么远，而且无论对现存的视域的闯入有多深，必定始终会有一条内在的体验河流或一个内在的体验秩序作为一个时间的对象先天地被构造起来，并且是对于这些在其中是"关于……"的感知的体验而言，例如关于感性领域的内在素材之感知的体验而言，而意向对象必定是在这同一个时间中显现给这些感知。

第4节 〈经验关联与想象关联之间的区别·这一个经验时间与许多想象时间〉

但是至于想象,这些想象在这个时间的关联中出现,这个时间作为内在时间被构造,我们已经确定:所有"同时发生的"、在一个内当下中出现的拟-感知,即关于当下之物与刚才过去之物的想象,以及此外所有在内意识中的一个关联行列中出现的〈拟-感知〉(那就是说,这些拟-感知如此彼此重叠地接续,以至于紧接着的拟-感知中的每两个拟-感知或几个拟-感知已经构造一个想象-时间的统一性),规定了一个想象时间的秩序,并且为想象对象规定了这个时间的一个秩序。因而,在此明见的是,如果以前想象的再回忆出现了,那么它们就呈现出客体,这些客体与当下想象的客体属于一个时间,并且属于一个与内在经验对象的"现实"内在时间相合的时间。

对一个想象体验的再回忆(在内意识中的再回忆)我们会说:想象虚构具有"已知之物"的特性,而且以想象中的被再回忆之物的想象观点具有"已知之物"的特性。

但是,关于内在想象的再回忆情况怎样,它们在上述意义上未被链接起来?在想象中一首旋律(不是作为再回忆,那就是说,不是作为已知的现实旋律)浮现在我眼前。我同时回忆起一个想象,在这个想象中我把另一首旋律浮现出来。这两首旋律一定必然具有一个时间统一性?一定必然有其相关的时间地位?当然,一切是在双重意义上内在地被理解的,即由于一个"感性地"属于它们的意向时间性,这应该涉及内在对象与想象中的"对象"。看来,问题应该得到否定回答。这样一些想象根本没有关联。

另一方面,我们理解(无论哪个阶段)感知与想象的不同关系的根据。所有意向关联是感知中的〈一个〉现实关联。在此它是直接被给予的、直接被构造的关联,而且这不仅对未变异意义上的感知有效,而且对拟-感知有效。所有在一个感知(或者拟-感知)统一性中的非直观的关联回指在现实直观统一性中的诸链接的关联,并因此合本质地向我们回指连续的再回忆(或者拟-再回忆),它们直观地重又给予链接。① 但是,现在属于一个自我感知之本质的是,这些感知只出现在连续的链接中。当我们具有一个内意识统一性的时候,一个自我的统一性就达及这么远,而且只能够达及这么远,并且所有在其中作为内在对象出现的感知也一定这么远地构造一个时间关联,这个时间关联与行为的内在时间关联相合。因此,每一个感知与作为一个感知之再造的每一个再回忆必须为其对象表明一个时间关系。

关于想象则不同,这些想象像所有行为一样把自身编入一个自我的一个内意识的统一性。这并不属于想象的本质,即它一定必然出现在连续的链接中,这个链接作为统一性是想象的连续性,并且它的确也不自身显明地出现在连续的链接中。如果想象以此方式出现在连续的链接中,即作为内感知之连续性的内意识被一个连续的内想象所伴随,那么在这个想象里面出现的想象感知(像被构造地出现在内意识中的现实感知一样)也必须构造一个想象时间的统一性。并且通过一个想象回忆关联,而且与涉及想象体验自身的一个现实回忆关联的现时内意识有关,每两个分开的想象必须联系在

---

① 现实直观之物前指新的现实直观,并且这个前指是前期待,向另一面是后回忆。

一起，产生〈关联〉，我们直观到这一个关联的想象时间连同其在连续贯穿中的想象对象。但是，情况并非如此，并且分开的想象没有先天的必然关联，以及在通常情况下在我们事实的内经验中也没有必然关联。因此，在这样一些情况下，询问对象是不是在其他对象中一个对象的前面或后面这是没有意义的。每一个在关联之外伫立的想象显示其想象时间（Einbildungszeit），并且当这样一些想象存在或者能够存在的时候，即当无限多的想象存在或者能够存在的时候，就"存在"其如此多的彼此不可比较的想象时间（撇开普遍的形式，撇开具体的本质一般）。这一个想象的绝对状况与另一个想象的绝对状况是不可能同一的；而相对间距、时间片段与这样的时间构成物属于具体的本质，它们是可比较的。

第5节 〈经验时间与想象时间之间以及在经验的不同时间瞬间之间的"相合"·相合仍然不表明时间的同一性〉

〈由于〉每一个想象对象在时间上与其平行当下的对象合一地（通过其想象时间的媒介物）被设定，即间接被设定，故现在在无关联的想象对象之间只剩下一个时间可相关性（Zeit-Beziehbarheit）。但是，在这方面还可以做如下补充：一个虚构的时间，例如一首被虚构的旋律的时间，一个被虚构的半人半马怪舞蹈的时间，按照一个确定片段与现实当下的时间"相合"，这个确定的片段为这个想象的开始与结束所限制。但是，一个直观再回忆的时间不正是这样客观地与现时当下的时间相合？并且一个直观被期待的对象性的时间也同样如此？因此，这可以用作论据，在相合中绝不存在一个现实的认同，并且关于再回忆我们没有中立化的行为，而是具有论断的行为！（人们不可以说：被再造的对象性是一个当下显现的对象性，这个当下显现的对象性涉及过去的对象性。〈人们也不可以说：〉再造性的显现［显现的对象］是当下的，具有一个当下的时间，即具有与感知当下同时发生的时间，只是它涉及过去的显现。这是完全错误的。因为一个当下显现的对象性是一个被感知的对象性，并且这个相关应该如何真正实现自身，获得充实？但是，不值得停留在这件事上。）

此外，我们得问：现在被想象的半人半马怪舞蹈的时间关系与我昨天讲课的时间情况怎样？这个过去的事件与这个虚构具有某种关系？看来，没有。除非我们已经决定认真对待与现时当下的"相合"。生活在虚构（Fiktion）中我只有虚构（Fiktum）的时间，并且另一个时间不属于这个虚构，而且与它没有关系。

这使我们回忆起内在原素素材的本己时间，这些素材恰恰形成一个在自身中封闭的"世界"。如果我们把这一时间与作为内感知统一性的体验的时间认同，那么我们当然也就没有真正的认同。① 但是，我们在两侧具有"现实"对象，并且没有虚构，那就是说，我们在两侧各具一现实时间，而且这一时间与另一时间不可分割地联系在一起，它们在联系中"相合"，不是相合为同一的，而是在最内部意识流的同一个构造性的统一性的彼此不可分割联系着的方面相合〈为〉一个相同的形式。

---

① 这在哪里得到了更详细阐述？目前，我还不理解它。

就想象与被想象之物本身以及再回忆与被再回忆之物本身来说也同样如此，只是被想象之物是一个非现实之物，而想象是一个现实之物，另一方面只是再回忆是一个当下之物，而被回忆之物是一个过去之物。在一种情况下，我们具有一个现实之物与拟-现实之物的相合，在另一种情况下，我们具有一个当下之物与过去之物的相合。

当然，这个相合是按照"内容"相合，也许是〈按照〉整个具体本质相合，但至少是按照时间要素相合；但是〈它〉表明了单纯的相同性。我们具有现实的同一性相合，在一个对象在两个行为中（根据它延续的不同片段直观地）被意识到的时候，好像我认同一个事物，好像我把我现在看到的一个盒子与我以前曾看到的一个盒子认同（尽管这个盒子已经发生了变化），或者当我具有关于同一个对象的两个再回忆并且直观地与它此在的同一个时间点相关的时候，那就是说，当我具有再回忆-重复的时候。在此，如果我们只考虑直观的内涵，那么按照时间内容的对象显现也许不完美地相合，或者根本不相合。但是，被意指的对象不是这个直观片段的对象，而是意向地继续伸展，而且在两侧继续伸展，并且相合涉及所有被意指的对象。但是，如果对象的延续在此意义上受直观被给予对象的直观〈延续〉的限制，那么在两侧内容相合，并且时间相合：像现在也必须是同一的这些内容一样，在这里这些时间被认同为绝对同一的时间。在此，我们具有对被意指之物的数字统一的纯粹与现实的同一性意识，并且具有对被意指之物的数字统一的看（Schauen），而在上述情况下我们只有两个对象性的必然的彼此重叠关系，这两个对象性之中每一个对象性有其时间，并因此这两个时间相合地相符。只是在这里本质是现实同一的。

第六编

论再回忆现象学

第二十一篇 〈不同种类的回忆及其重复〉

第1节 〈重复构造的回忆、想起的回忆与模糊的积淀连同其对重又朝向的刺激〉

1) 我感知 a，在其向后沉入原初的刚才-曾在与更远的曾在中，在其连续原初的延续下去等中，我把在其"当下"中、在其原初的开始中的 a 原初地把握为现在。并且甚至没有把握，这个原初的延续就在构造时间之物的体验连续性的原河流中构造自身，这个体验连续性自身是佯谬地在时间上被构造的，并且合感知地被意识到。

2) 我再回忆起 a：$E_1(a)$；我现在有一个体验（这个体验自身是合感知被构造的），在其中这个 a 以新的方式被意识到，以"被再回忆的"或者以前过去（这个以前过去与在感知那里本原延续具体意义上的"当下"相对）的特性被意识到。这个回忆体验就其而论是一个关于 a 的感知体验的变异，而且在自身本身中存在，并且不只有通过一个比较才存在。而且在其中关于 a 的感知以被再回忆的特性被意识到。

3) 我第二次回忆起 a，$E_2(a)$。并且 E_2 同时是 $E_2(W(a))$。

如果这个回忆具有重复回忆的特性,那么我甚至回忆起先前的回忆,回忆起 E_1。我同时(但是也许确实相继)体验到:

$E_2(a) + E_2(E_1(a))$

$E_2(W(a)) + E_2[W(E_1(a))]$

后者 $= E_2[W(E_1(W(a)))]$

4) 我第三次回忆起 a,并且也把它体验为新的重复。

$E_3(a) + E_3(E_2(a)) + E_3(E_2[E_1(a)])$

而且就对感知的引入来说,而后我们获得相应复杂与可容易列出的公式。

每一个新指数标明一个新的意识现在,第一个且在所有括号之前伫立的意识现在〈标明〉一个本原的意识现在,在这些括号中伫立的意识现在〈标明〉回忆变异,并且按加括号的阶段〈标明〉极其不同的阶段。

这显得极其复杂,并且对不可能反思性地看的人来说显得极其困难,显得的确太难以捉摸。但是,对此多次再回忆的现象得到完全充分的描述? 在确然的限制中是得到完全充分的描述,但是这需要极其本质的精致化。这表明,像这些现象在这些"纠缠"中显现的那样,它们远非如此简单的存在。

例如,我回忆起行军的士兵,他们昨天演唱了"我有一个战友"这段旋律,并且对恰恰演唱了这首歌曲的行军士兵的好些回忆同时显露出来。因此,我具有一系列对同一之物的回忆。但是,我们的情况不是这么回事,尽管它就要求类似的研究并且时间化类似的结果。

因此,我回忆起一支这样行军的部队,这支部队在演唱这首歌曲,并且同时我回忆起我重复地回忆了这个进程。这些回忆自身显露出来。但是,现在这个现象可以接受不同的形式:也许以想起的再回忆的方式带有再回忆的不确定的结束(敞开的结束,我不可能正确地说明,它们是多少),E(a)这个〈回忆〉显露出来,并且与此合一地显露出来的是一条链。在一个想起的再回忆下面(或者甚至在一个单纯的重复下面)我理解了再回忆的对立面,这个再回忆是生动的再回忆,或者是真正意义上再造的、重又生成时间对象的、重又在其延续中构造时间对象的再回忆。在后一种情况下,我们如此回忆以至于由于带有确定本质内涵的对象延伸到一个总是新的现在里面去,它"重又"作为现在开始,重又"延续下去",然而它以这个再回忆的样式充实〈一个〉现在,让〈一个〉现在向后沉入刚才-曾在,并且在其继续延续结束后完全按照其整个被充实的曾在延续越来越远地沉入刚才-曾在性。以想起的方式的再回忆的样式与这个构造性的生动的〈回忆〉对置,并且可能有别于与原初构造相衔接的这个保存,即从最后方面看,在旋律或旋律的一个部分已完全沉入模糊之后,它可能以某种方式还在此存在,我还能够回到它,还能够回"看"它。它从模糊中对主体产生其刺激,或者它的一个部分引起新的朝向。首先,其他刺激可能更强烈地起作用,但是这些阻碍可以略除,而这个刺激会增强,与此同时有关的要素(特殊的声音乐句)在模糊的背景中会较高地上潜,而后会经验到朝向。

在模糊中的这个此在与这个或多或少的上潜不可以说是再回忆。这些是属于原初意向视域的样式。也许人们会说,它们与原初构造的感知和滞留相对形成一个滞留的本己样式,客体是一个无生气的构成物,它在每一个体验的相位是作为其延续的整个时间片段的时间客体,它不再作为延续的客体构造自身,而是它是一，而且一下子存在，并且只以潜能性与一个结合为一的认同方式包含原初被构造之物本身，这个潜能性是能够转入一个再生成的潜能性。所有构造自身的东西，无论它是在这样一个原初时间构造的过程中，还是在其他情况下总是在各个过程中，甚至是在各个综合的行为关联中，除了原初构造的与原初给予客体的样式之外，它还具有一个次生意向性或被意识性的样式，具有一个模糊或含糊不清的静态表现的样式，这个表现在一个这样意识的每一个相位是完成之物，并因此在一束瞬间注意力中能够被把握；在一个"这般"（Dass）的特有意义上被把握，即在一个新的创造性的构造中、在一个动态的构造中表明自己究竟是什么。

现在，甚至一个再回忆可能具有从模糊的过去视域中显露出来的特性，它作为一个伫立之物与保持不变之物显露出来，它作为一个次生的感性起作用，对自发朝向产生一个刺激，而后如果我们"专注"于这个意向，那么它进一步对确立一个再构造的回忆产生刺激，这个再构造的回忆是回忆的再意识的变异中的一个感知的更新，在这个变异中事件作为一个延续之物的统一性拟-本原地重又构造自身。并且，因此由模糊的、无生气的回忆组成的一条再想起的链可能作为统一的刺激起作用，而且渐渐变为由构造的再回忆组成的一条链。

第2节 〈同一个过去的个体对象的几个不同回忆之间〉的同一性相合

无论我们让生动时间片段的模糊视域的无生气回忆中的一个

回忆任意地或者不自觉地"渐渐变为"一个构造的再回忆,还是我们当下化一个作为想起而显露出来的回忆进程,或者当下化构造的再回忆中的一个被回忆的延续客体,在无生气的或生动构造的回忆之间的同一性相合现象是奇特的。相合现象在所有情况下都难以描述,在那里在重复行为中个体之物被意识到,无论它涉及同一个对象的片段,这个对象贯穿这些片段在延续,还是涉及同一个封闭的对象的重复回忆,或者涉及其延续的一个片段的重复回忆。但是,一方面,在内意识中,在无生气的回忆与构造的回忆属于它的这一个时间形式中,我们具有分开的片段,并且在有关的行为现象中具有"相合"。确实,如果我们让关于同一之物的好些无生气的回忆显露出来,那么我们就具有一个体验序列,但是这些对象相合。并且确实在此朝着这个相合方向的总体验难以描述。但是我们以某种方式具有重复的体验,即具有好些体验,并且在每一个体验中独自具有一个意向对象。现在,在"认同"标题下,从这一个体验或者意向对象向另一个体验或者意向对象行进的是"同一性意识"标题下的一个本己的过渡意识,一种意识纽带?

体验作为一条"链"出现。如果我们〈关注〉行为方面,〈关注〉体验,这些体验恰恰有其在同一个时间中的位置,在这一时间中进行了构造,那么这是合适的。但是关于"对象"我们没有一条链,而且没有某种"认同",而是它只是一个对象,这个对象多次在不同的体验中显现。这的确与在一个"感性的"相同性意识那里不一样,好像三声相同的钟声相继响起,或者在滞留中被意识到,也许在无生气的滞留中被意识到,在那里我们具有三个现象,具有一个三位一体的现象,具有一条链,在这件事上在每一个现象中一个相同的对象被意识到,但是由于三个对象具有可认同的本质,没有发生一个比较,它们就在内容上彼此重叠地被联系在一起。如果我听到一个声音,特别是我多次地回到它,那么这些行为是不同的,但即使这个声音以不同的方式显现,它确实不显现三次,而是显现一次,只是以不同的显现方式显现。

而且如果我把一个无生气的回忆转入〈一个〉再构造的回忆,那么情况不同吗?我只是向同一个对象出发,向我分离地摆放它,我重新获得一个构造的直观,这个直观通过其在延续中的延展追踪这个对象。然而,在此需要小心谨慎。现在,我已经反复做了新的"尝试",并且重又得到完全相反的结果。

刚才我听到了双重钟声"1/2"。如果我重又并且多次回到它,在更新这个直观,那么我在每一个更新中具有"这个"钟声,但是在一系列的更新中我有一个类似的现象,好像我已经三次相继听到了钟声,只是恰恰重又还是存在本质特性的区别,一次存在的是一个相同性意识,另一次存在的是一个关于同一之物的意识,是一个带有一个同一时间位置的回音,而刚才三个不同的时间位置属于不同的钟声。

并因此就在从模糊之中重复显露出来那里,恰恰没有在一条链中的三个现象,但是有一条同一性的链?

但是,对我来说困难基于哪一点?如果我重复一个回忆,并且在这个回忆中(即以其确定的个体被给予性样式,从在其中它曾被感知等等这个面)重复被回忆之物本身,那么一个新体验就随着每一个重复进入,并且像我必须把它作为现象之物一样,我不进行反思,而是我进行体验,并且我已经指向了回忆对象。在新的重复中，再一次与当然贯穿这条链的是同一性意识的统一性，即是同一个个体的意识。在这里，这不是必然的，即我主动持守以前被重复之物；这就够了，即它以被动性保持自身，即作为渐渐消逝的、被动生成的主动性。因此，以此方式我在这个意识指向中只发现了一，并且如果而后我反思在其序列中的这些体验，那么我就发现了多。同样，如果在模糊中一个曾在之物重复地显露出来，并且我把目光转到这上面，那么它就是一。但是，如果我指向模糊的体验，指向刺激现象，指向反思的目光，那么我就具有多。一种情况是，我生活在认同中，这就是说，生活在意识中，这个意识包括个别的回忆，并且这些回忆中的每一个回忆具有指向曾在之物的意识样式。它恰恰根据认同的意义是一个曾在之物。但是，如果我进行反思，那么我就发现好些体验，就在每一个体验中发现其意向之物，发现被回忆之物，就在每一个体验中发现对此的指向，并且包容意识统一性地发现"同一个"。这的确不可能不同。因此，这也许确实是一个自身造成的困难。每一个重复具有一个本己的现象组成，具有一个本己的"被意指之物本身"，但是由于认同的综合，这个绝然的被意指之物是同一个。重复回忆一个东西，同样，例如，从同一个面变化〈或〉不变地重复发现一个东西在其延续中是同一个空间客体，而后也从不同的〈面〉变化〈或〉不变地重复发现一个东西在其延续中是同一个空间客体，这意味着，恰恰体验一个原初的同一性意识，在这个同一性意识中一个确定本质的体验杂多性这样或那样获得统一性。一个个体的统一性无非正是一个感知的相关项，并且由于这个感知，它无非正是诸关联敞开系列的认同当下化的观念可能性系统。

第3节 〈概述：回忆同一个事件的不同种类的重复〉

我们回到我们的主要考察。

由对同一之物的重复回忆组成的一条链（在回忆更新的意义上）可能是：

1）由作为模糊想起的回忆组成的一条链；

2）作为由重复的构造回忆组成的一条链，这条链在这个序列中自动出现，只要在每一条新链中对上一条链的回涉也在此存在。它还以已下沉状态的样式被意识到，并且新链自动出现。在这里，应该考虑主动性的区别，我对以前被感知之物感兴趣，它从模糊中产生其刺激，我朝向它并且重又进行构造，它再次产生其刺激，我重又跟踪它，充实在再一次再更新中的意向。

3）但是，这也可能存在，即一个回忆作为想起到来，随即它渐渐变为构造的再回忆，并且在这里同时对同一之物的一个昨天已进行了的回忆被"唤醒"了，或者说得更确切些，〈一个〉再回忆被"唤醒"了，并随之出现一个回忆，这个回忆不属于我直接的时间场与时间的体验场。

这样一些区分表明，上述这些公式化的展示还不够，并且刚才已经被暗示的这些可能与现实的纠缠未被考虑。这是另外一回事，无论 $E_1(a) + E_2(a)$ 有含义，即 E_1 作为想起是先行了的，并且现在 E_2 作为其充实的生动化，作为其再构造的成就还在延续下去，还是 E_2 出现，而后借此一个属于一个"以前时间时期的" E_1 被唤醒地出现；而这重又是另外一回事，无论一个自动渐渐变为另一个，并且自动意向相合，还是我已经主动地指向了更新，从刺激意向形成一个主动意向，如此等等。因此，最终人们必须探究所有这些现象。

附录17 （关于第二十一篇文字）：〈再回忆过程中的前摄与滞留·无限的过去与将来〉

再回忆不仅是一个序列的拟-被更新的流逝，而且在这个拟-流逝期间每一个以前相位已经前摄性地指向下一个相位。每一个相位具有变异的特性，但是每一个相位包含一个预期，这个预期指向紧接着的相位，并且贯穿这个紧接着的相位指向整个序列："现在这一定到来，而后这一定到来，如此等等。"这不是对"以前前摄"的再回忆，而是属于作为再回忆过程的再回忆（不属于作为任意过程的再回忆），而后在这个过程中"作为被再回忆的"被再回忆之物本身、被再回忆序列自身，以持续被充实的"期待"的样式具有一个消逝的特性。其实，这够奇特的了，并且像想象中的期待一样需要分析。

如果再回忆一再贯穿再造的流逝，如果当下流逝之物唤醒了对一个重又被贯穿的以前过去的回忆，如果这个重又贯穿唤醒地回引到以前的过去，那么这就动机引发了这个立义，即总而言之，在合回忆被给予之物或当下之物之前，以前的某物就曾在并且消逝了，在这之前重又这样，如此等等。并且在其中存在的是：如果每一个再回忆确实没有一个滞留性的视域，那么它就接受一个这样的视域，而且以一个对再回忆的前摄的形式接受一个这样的视域，这些再回忆在过程中按其意向内涵一定引向这些被给予的再回忆。另一方面，如果预先成功贯穿再回忆并且直到当下继续进行再回忆，那么这个立义一定被动机引发，即每一个回忆相位本身不仅指明了一个新的回忆相位，而且每一个事件无限地指明了将来之物。每一个事件相位与每一个完整的事件一定有其无限的将来视域，并且每一个相位一定带有一个前摄，这个前摄贯穿由各个前摄组成的一个连续统一体。但是，这需要这个对再回忆的重提？

我们应该说：诸序列在原过程中动机引发了新的序列？过程不仅是过程，而且是关于这个过程的意识，并且属于此的是一个必然的前摄性的动机引发，这个动机引发把这个过程的样式先示为意识的必然的原形式。

（对此获得了"不死性"——但是是来自经验地合规律的再回忆的空隙与结束，这就是说，我们获得了再回忆，这些再回忆带有不确定的与来自经验地不可确定的过去视域。）柏拉图《斐德罗篇》（第24章：一切灵魂都是不死的，因为凡是永远处在运动之中的事物都是不死的[①]）。

生活运动的无限性。

[①] 引自《斐德罗篇》245c。胡塞尔也许从《柏拉图对话》(*Platonis Dialogi secundum Thrasylli tetralogas dispositi*)版本了解了这句希腊文。C. F. 赫尔曼勘定，M. 沃尔哈伯，第1—6卷，莱比锡，1887—1902。根据胡塞尔的位置陈述（24章），在那儿也可找到篇章划分。引文与《柏拉图作品》(*Platonis Opena*, brevique adnotatione critita instr, J. 布尔内特，重印，T.15，牛津，1952—1954)勘定版文字相符。——编者注

附录18 （关于第二十一篇文字第1节）：关于回忆学说的重要注解〈：以前之物的显露〉

在这下面，我们不打算理解原初的滞留。每一个回忆像回指感知一样回指原初的滞留，因为感知合本质地渐渐变为原初的滞留，并且在这里模糊生成地渐渐变为习性保持不变的滞留；相关的是：原初被给予之物、其本身具有现在这个"主体"样式的被感知之物，以刚才-曾在的样式渐渐变为同一之物，而后以以前-曾在的样式渐渐变为同一之物，它连续变化地成为总是以前之物，并且作为这个总是以前之物"无意识地"保留在这个连续变化的样式中。触发自我的与"重又显露地被意识到"的它以回忆的样式出现。

在此显露（再造性地被意识到）的是在这个"以前"样式中的"以前之物"，但是这个样式是一个自身连续变化的样式。在这里应该关注：如同原初的感知被给予之物不是现在点，而是连续的当下，以前曾在之物与被感知的曾在之物也不是一个点，而是一个片段。

再回忆是一个对以前之物的意识，属于这个再回忆之本质的是：有别于滞留的刚才-意识，它必然首先具有显露的形态。在这个显露瞬间，整个以前之物、一个完整的延续在未区分的统一性中以以前的时间样式被意识到，并且这对每一个意识的时间相位有效，每一个时间相位具有显露的特性。但是，这属于一个显露的以前的本质，即它可以展显，即它让〈自身〉以一个拟-

原初的方式变成一个构造的仿佛感知当下。每一个再回忆具有两个样式：显露的样式，含糊不清的、不明确的再回忆的样式；被再造再更新的感知之明确再回忆的样式。并且这个显露必然早先发生。

附录19 （关于第二十一篇文字第2节）：本质与"观念"·同一-精确本质的观念化与观视·〈重复回忆的明见性作为同一性意识的明见性的先决条件〉

如果在个体直观的变化中，在同一个直观的相继中或者在个别直观的改变中，通过不作考虑的诸要素的任意变化，我凸显一个共同之物并且把它凸显成一个埃多斯，这个埃多斯在不断保持不变的或相同的瞬间个别化自身，那么而后我如何能够对此毫不怀疑：相同性是完全的相同性，并且我具有一个确定的同一本质，这个本质而后在这些相同〈瞬间〉现实地个别化自身？我对具体本质及其抽象要素提出这个问题，这些抽象要素是最低级的差。①

我难道可以知道，在感知中的、现在甚至在如此极其不稳定的想象中的被直观之物每次提供了现实的相同之物，并且如果我在同一些实例中把握一个埃多斯，这个埃多斯在两侧个别化自身，并

---

① 有关回忆明见性的疑问，而且是有关同一个被回忆之物的重复明见性的疑问。

且只是在对此是相同的两者中个别化自身,那么这个埃多斯就是另一个埃多斯的一个单纯的"重复"——这不是很有可能的,即我在此欺瞒自身,我忽略这些微小的差(我在确切的注意中甚至遇到它们),并因此除了大的相似性之外,不存在任何东西?因而我究竟由何处知道"最低级的差"?我可以"重复地设想"每个东西,这应该有助于此,在此这自身恰恰有可能是一个欺瞒,而后我应该由何处知道,是否是重复?它每次如何能够被给予?

因此,最低级的差与确定的个别要素是"观念"。我在感知中也包括在想象中直观发现的每一个相同性,其本身通过"相合"把自身给予我,在这个"相合"中没有间距凸出来;但是无间距的相合是一个临界值,是一个观念。与之相符的是作为观念的确定要素(这个要素在其不变的延续中也是观念),并且同样是作为最低级普遍之物之观念的确定要素。

而且如果我一次空泛地表象,而后直观地表象,如果我一般总是使一个非直观的意向与一个直观相合,那么我由何处可以知道,是否这个非直观的意向在相合前与相合中曾按照其"意义"现实地保持不变,并且曾现实地与这个直观的意义相合?此外,我的确常常能够以后补的方式观察到:直观按照其意义改变自身,空泛的意向侵占了新的意义,等等。如果我们从事于本质学说,例如从事于现象学,那么我们在此也以观念的观点活动。诸本质研究,例如几何学研究,是"理想科学"。但是,我们不把观念把握为现实被构造的相同性或同一性的普遍化,而是把它们把握为观念直觉。这些观念直觉为这些直观的情况与这些情况的综合所占据,并且观念直觉作为纯粹的本质直觉有其明见性。

一次我直观地意识到一个变化,另一次直观地意识到一个不变,同样我直观地意识到两个客体或好些分开客体的一个相同性,例如,意识到一系列声音的一个相同性。

由于我回转到 a,而后回转到 b,那就是说,在重复的后回忆中我认同 a 是同一个,并且认同 b 是同一个,而后我使 a 和 b 达到叠推的相合,我具有凸现的感性的相同性现象,并且转向一个相同性的关系的构造。我由何处、有何权力毫不怀疑:这个重复被回忆的 a 总是正好呈现为同一个,并且此后我达到相合的东西现实地是同一个 a,它首先曾本原地被给予?

在反思中我只可以说:在越过重复回忆而自身扩展的这个意识中,关于被回忆之物起作用的是一个同一性意识的统一性,而后如果我在重复的回忆中认同 b,那么这以相同性的形式继续。在相同性相合中凸现出来的是不同之物,并且只有一部分"相同之物"相合,这个部分是从这个不同之物中凸显自身的,这些整体就其"共同之物"而言不是同一的,但是是相同的。如果我如此转向 cd 并且回转到 a,那么 a 可以证实 $\neq$ d? 如果我在外感知中或者以感觉材料形式已经给予 abcd,那么在此实事如此存在,即我感知 a,而后感知 b,而后再一次感知 a,并且同时在这个意识中,它是同一个 a,我在回忆中具有作为刚才-曾在的或被感知的同一个 a。而后在回忆中同一地持守 a,我转向 b,我在重复中认同这个 b,如此等等,并且最终我重又回转到 a,再一次认同它,并且现在发现 a 不同于 c,这个 c 就其而言重又与自身本身认同。

我由何处知道,在这里到处如此被假定的这样一些自身认同中,与自身本身的同一性不仅现实地曾被意指,而且现实地曾在?我们由何处知道,被回忆的 a 与现在新被感知的 a 现实同一地是同一个,而且如果它是一个个体的 a,那么它按照在时间上扩展自身的整个本质是同一的?

在"现实同一性"与单纯误认的同一性之间的区别如何产生,并且同一性直观如何表明自身是现实本原给予的直观,是相即的直观?或者说,对现实同一性的断言通常如何合法化自身?

附录20 （关于第二十一篇文字）:〈重复与回忆:基于构造时间的意识连续性的不同种类的回忆被给予性与重又被给予性〉

回忆被给予性与重又被给予性或自身被给予性:

1) 在再造性的被给予性意义上的重又被给予性,它仿佛是自身被给予的。这个自身不是现时的自身,而是当下化的自身。

2) 在现时的(未变异的)本原的被给予性意义上的重又被给予性,但是随着意识第二次被给予的,多次被给予的。重又被认识到的。那就是说,"自身被给予"印象的,并且同时回忆起:

a) 在个体客体那里:重复考察同一个客体,重复返回一个连续的进程。首先被给予之物与重又被给予之物在个体上是同一个;它在延续并且已经延续了。时间的统一性包括两者。

b) 在本质客体那里:重复的被给予性。重又认识的意识,已知性的意识。已经被给予曾在的。在不同时间中的被给予之物是在时间中被给予的,但是它自身不是时间的。所有本质把握以个体现象为前提。被给予状态是时间的,被给予之物与时间性有关,但是它在所有时间中是同一的同一个,并且不是延续、变化意义上的同一之物,如此等等。

对被给予性的回忆。我回忆起一个进程:这个进程作为当下化的进程在此伫立,而后我可以说,"它曾在"(它过去与现时现在有关)。我回忆起一个定句,回忆起 S 这个概念。例如,在非本真的回忆中,这个概念作为当下化的概念在此伫立。或者它重又"被实现地"在此伫立,它是被给予的与被给予曾在的。或者作为被给予曾在的,但是,在这里这等值于被给予的。

在这里应该进一步进行各种各样的研究。

重又被给予性的意识作为对以前被给予性的回忆意识是真实意义上的重复意识。我在回忆中提供证据,逐步地提供证据。我逐步地回忆起,我正是如此进行的。每一步是一个"重复",是一个再回忆。也包括非真实的、"象征性的"、含混不清的"重复"与再回忆。但是,像在所有回忆那里一样,在此存在不同的阶段。

我提供一个证据,并且恰恰回到一个被提供的证据部分,回到一个最后关联。"这时,已经被证明了,如此等等。"但是,没有完满的重复,我就重又在统一性意识中连续流逝的关联的链中或路线中回行,而且我立义再意识中的一个环节或一个链式部分。因此,在每一个统一已流逝的进程中,可能存在一个对开始的"持守",一个对这个或那个块片的"持守",并且可能存在对开始的目光回转,对这个或那个块片的目光回转。

与此不同的是在统一性意识中断之后的再回忆。与此不同的是对好多年以前我碰到的东西的再回忆,对我重又想起的东西的回忆。这个重又想起不同于对流逝的或已流逝的关系(Fadens)的仍然持守,并且不同于目光转向这个或那个部分,在这件事上目光可能是明白或不明白的。这条链"再次"一个环节一个环节地(在回忆意识中)经过我的手,这个回忆意识带有直观的重复,或者带有非直观、含混不清的重复,如此等等。

我们也可以这样说:如果第一个重又当下化凸现,那么它自身是一个现时现在,并且属于其本质的是,被当下化之物具有与这个现在相对的过去样式。尽管过去之物不像一个本原意识那样是如此确定的,它也有一个回忆系列的一个不确定的晕,这个回忆系列向前通向现时现在,再回忆自身也属于这个现时现在。我们也许可以补充:在"生动的"滞留还继续的时候,无论我回转到某个"曾在",而这就是说,〈无论〉我当下化某个"曾在",还是我进行另一个任意的再回忆,"回转到"一个"曾在"总是具有同一个普遍特性。总的说来,我具有构造时间意识的仍然生动的流动。但是,这个生动的持续流动构造了某物,构造了时间的客观性,而且以一个持续可变的流逝样式构造。每一个被构造之物可以重新流过(首先在一个素朴的目光中可以把握),并且这重又假定:这个整体重新开始被意识到;在对这个开始的重又设定中一个前指的意识在行进,并且这个意识延展到直至现时现在的整个流逝片段上面(如果时间客体已经完全流逝了,这个意识也延展到空泛的片段上面,因为空泛的片段也是被构造的某物)。每一个再回忆都有一个类似的特性。被回忆之物作为某物在此伫立,它具有一个过去样式,并且有一个与现时现在有其流逝联系的过去样式。属于一个时间点之本质的是,其流逝样式无限地变异自身。〈属于〉一个回忆之本质的是,它具有一个"回转到"一个已经在时间上被构造之物的特性。〈属于〉对同一之物的两个再回忆之本质的是,它们虽然再回忆同一之物,但是,这个被再回忆之物第二次正好围绕内在"时间间距"改变了其客观的流逝样式,这些再回忆作为现时的时间事件彼此具有这个内在"时间间距"。

因此,应该研究作为构造时间现象的连续性的本原的内意识或者构造时间的意识,在这些构造时间现象中时间性以其客观的流逝样式构造自身,并且应该研究内当下化的意识(与所有其他意识方式),在这些意识方式中时间之物以在其流逝样式中的其他方式被意识到,而且被意识为现实的,或者被意识为想像的,如此等等。同样,在这里应该补充的是,正如每一个构造时间的意识有其无限的过去视域,它也有一个无限的将来视域。注意的目光可以专注于现在,并且在这里可以前指越来越新的现在的河流,在这件事上过去片段在本质上属于意识,然而目光并未走进它们。但是,为了在某一个点上站岗,目光也可以"向后"转,看向过去的被构造的整体(一个相反的贯穿:它作为持续的贯穿是可能的?)。但是,这仅仅是可能,因为除了完满确定的滞留之外,或多或少确定的或未确定的前摄连同对现时现在的构造也是被给予的。

代替流逝样式,人们也可以说:时间定位的样式类似于空间定位的样式,例如,它们在那里以流逝滞留为根据,在这里它们以空间"距离"关系与这一类关系为根据。

附录21 （关于第二十一篇文字）：意识流统一性的被给予性·〈可能回忆与期待系列的动机引发〉

"过去的内在之物"不可能为单纯的想象可能性、回忆确立一个标题，而是为变异的可能性确立一个标题。

从现时感知与感知当下出发把过去虚构为被我感知的曾在的过去，这可能给予无限多的想象可能性。但是，一个唯一可能的回忆系列被凸现为真的与现实的回忆系列，与这些真的与现实的回忆相符的是一个作为被我感知的曾在的过去。一个回忆是一个当下化的立场意识，并且一个直观的过去直观地制作一个过去之物。但是，对过去此在的直观与把这个此在设定为过去的立场直观，并非毫无顾虑地是这个立场直观，后者使在其合回忆的过去状态中的过去之物获得真正的被给予性，因此使作为被感知的曾在之物获得真正的被给予性，那就是说，使之获得表明。以某种方式每一个回忆把过去设定为且给予为被感知曾在的、直观的过去；但是，属于这个被给予性意识之本质的是一个由向外指的意向组成的连续性：被回忆之物沿着被构造的时间系列指向一个后继的被回忆之物，并因此连续指向直至现在的一个后继的被回忆之物，而且由于出现这个回忆系列，被回忆之物用它确证与证实这个回忆与每一个继续的回忆，并且找到它在现时现前中最后的具体根据，找到它在本原（原生）的回忆及其流淌的结束中最后的具体根据，找到它现时的感知相位中最后的具体根据。

尽管在此（作为确证）的充实进行得不一样，但是，回忆的变异按其命题,按其可能被奠基的确证可能性也朝向相反的方向;如果目光指到前过去的视域,那么这个视域难以持续直观地贯穿,但是对一个上潜的前过去事件的每一个抓住导致一个确证,由于它贯穿一个由直到产生怀疑的回忆对象性的序列事件组成的连续统一体。在这个贯穿中不仅最后回忆经验到其确证,而且整个贯穿的系列根据其所有相位与在其中以回忆特性现实直观的一切经验到其确证。(一个更确切的描述在此会表明许多纠缠。)这还需要关于将来与期待的平行阐述。因此,以此方式甚至"过去的内在之物"不对认识主体表明一个单纯的想象可能性,这个单纯的可能性是表象再回忆的,并且这样的内在之物一般不是现时的回忆被给予之物,而是属于每一个体验当下之本质的是一个过去视域,而且属于此的是这个本质规律:这个视域作为观念是明见可展显的,以至于可以明察到存在一个非空泛的,而是被动机引发的可能性,即确立由回忆组成的有秩序的系列,这些系列一再相互交织地得到证实。

我谈论一条意识流,因而我把一个在过去与将来中的延展归于它。属于此的是这个先天:属于一个被给予的意识、一个本原被把握的意识之本质的是某个结构,是一个当下意识,并且是一个"原生回忆"的片段。① 对此还不够,〈继续属于此的是〉一个视域,是一个无限的、大体上空泛可表象的视域,但这个视域以充满一些再回忆的这个表象的方式让诸可能性自身保持敞开。② 存在这个本质规律,即属于每一个视域的是一个一维的连续统一体,并且是一个由可能的再回忆组成的唯一的连续统一体,这些可能的再回

---

① 并且必须添加一个原生期待的片段。
② 代替再回忆,关于将来视域的前期待也同样如此。

忆以确证的方式,以持续充实的方式从一个任意的点开始可以贯穿,并且它们从一个任意的点一直延展到现时现在,或者说得更确切些,一直延展到认识主体的现时感知。但是,人们不可以虚构一个连续统一体,并且重又虚构另一个连续统一体,以及虚构由再回忆组成的任意多的连续统一体,完全任意地虚构,只是它们联合成一个连续过去的一个回忆直观的统一性?不!这无疑是先天的,即对每一个感知来说,对每一个当下意识来说,如果我们在其完满的具体化中接受它,并因此随着其主体及其空泛视域只有一个唯一的完全确定的回忆系列是可能的,那么它与一个多方面得到证实的并且限定在现在中的〈再回忆〉的观念相符。

但是,体验流的将来与期待视域的充实情况怎样?期待确实不与回忆起着同一个作用,并且看来与属于过去的这个先天相比,属于将来的这个先天具有一个本质不同的内容。(当然),一个唯一的期待系列借此(直观地)被凸现为由前回忆组成的连续统一体,即它通过现时感知的继续被充实,并且一个唯一的期待系列必须存在于这个凸现中。在回忆的时候我们贯穿各个回忆,并且在这个回忆关联中存在充实,只是这个系列必须限定在现时感知中。但是,其实这个系列自身并不充实,在此意义上,不像在这些回忆序列的流逝中一个新的后来过去的每一个设定在连续先行的过去的设定中充实自身。我只可以等待将来,而且我并不通过单纯的期待获得它。就我而言,它从未在这个单纯的期待中获得被给予性。但是,而后过去获得诸回忆中的被给予性?过去从未现在被给予,它曾被给予。但是,过去状态本身原初地被意识到,并且在过去之物的直观时间意识的游戏中确然地被意识到。将来之物本身如何原初地被意识到并且直观确然地被意识到？但是存在直观的期待,这些期待是从自身确证的系列中的当下流出的;但是存在各种可能性,即我如此构想一个将来的块片,以至于在其中没有任何东西是虚构的,并且所有组成部分以将来出现的同时性与序列为依据。如果我总是可以这样继续下去,并且总是可以这样构想新的将来,以至于在进展中一切是被动机引发的,那么情况怎样？将来如何能够合期待地被动机引发？只是从过去的过程被动机引发。在过去的本质中或者在回忆意识的本质中存在的是,同一之物的某些内容与形式对将来先天具有一个动机引发力。照此,过去的过程给将来确定准则,确定普遍的准则,但也确定个别的规定,像意志确定它们的那样。

将来本原地被给予为通过现时感知在将来视域的充实中的将来。因此,作为起点,将来被给予性以现时经验为前提,但是,而后这个经验变为新的经验:新物的意识与刚才-曾在之物相对,与刚才-被感知之物相对。一方面我从新物、本原被感知之物转向旧物、被感知的曾在之物;另一方面我从存在的新物转向一个进入的新物,而这个存在的新物已经成为曾在。如果我始终在期待中,那么我就进行将来的预期,我预先把握这些尚未存在的感知,我预期这些尚未存在的感知。如果我始终在回忆中,那么我就进行再意识,我追溯这些已经曾在的感知。在展望中,在前摄中转向新的感知,我发现新物是这个展望的充实,在这件事上用作出发点的新物成为旧物。在基于滞留或再回忆的回顾中,我发现旧物是重又被意识到之物,是仿佛重又在此的,并且用作起点的当下之物成为将来之物,它已经成为当下。

第二十二篇 〈回忆作为充实的现象学分析〉

第1节 〈一个个体进程回忆的渐次明见性：朝向进一步确定的意向及其理想的临界值〉

为了通过比较综合地把握相同性，我必须重复回到同一之物，回到对比环节 a，并且同样重复回到对比环节 b。为了综合地认同，为了综合地把同一之物作为同一之物来把握，我必须按照同一性意识的"素朴的"进行再一次回到先前被意识到之物与同一个此后被意识到之物，并且把它们综合地设定成一。

重复地回到同一之物：我们在此以回忆为根据。在此出现了问题。关于回忆的明见性可以询问①：

1) 我对此具有明见性，即我以前已经现实地感知到了被回忆之物，而且它是现实地曾在的？

2) 如果这个最初的明见性存在，那么我也对此具有明见性，

---

① 对存在作为曾在存在的明见性。

并且我如何对此具有明见性,即与现在在再回忆中被感知为以前的浮现之物一样,以前被感知之物具有被感知曾在的特性,或者恰恰与现在在再回忆中浮现为曾在的浮现之物一样,曾在之物具有曾在的特性?对如在的明见性,这个如在作为如此曾在地-存在,也包括作为如此被感知地-曾在存在。

现在,完全具体化地说,我们偏爱对个体或个体进程的回忆。如果我再一次生成一个回忆,或者如果我"专注"于一个回忆,当这个回忆"还"延续下去的时候,当它也许还在流逝的时候,当进程的直观性作为"空泛意向"还继续留在我记忆中的时候,或者当被回忆之物还不变地始终"在把捉中"的时候,如果我重又生成这个回忆,那就是说,如果我开始进行一个新的回忆,这个新的回忆与"继续留在我记忆中的"回忆同一性相合,并且使寓居于它的这个充实的趋向活跃起来,进一步给我带来被回忆之物,并且重又进一步在重复的与新重复的生成中给我带来被回忆之物,这个生成是对各个越来越近带来的回忆的生成。如果我这样进行,那么这就可能出现,即我"觉察到"并且表明:其实,进程、延续的实事确实与我按照原初回忆意指的不是一回事。这个男人确实没有黑色的头发,而是有棕色的头发,或者他带有黑色的头发浮现在我眼前,但是,详细、进一步观看(进一步回忆),他具有完全不同的、金黄色的头发。在向不同确定的不同指向中也同样如此。

对此已经略述了在回忆中进一步带来的基本现象,这个回忆是重复回忆中的回忆,并且是在这里被结合为一系列重复的回忆中的回忆。这些行为属于一个系列,它们构成一个真正与确定的"视觉场"或时间场。对重复回忆的同一之物的展显也属于这个进一步带来。在此，现象学地区分自身的是，作为曾在与被感知-曾在的未被分析的被回忆之物的总体特性与在展显者上的这些特殊特性；即在被编排给部分认同中的总体被回忆之物的这些要素那里，现象学地区分自身的是总体上"真正被回忆之物"与总体上具有一个代用品特性的东西。并且在这里重又在后者上现象学地区分自身的是形式或属的最普遍之物与确定的特殊之物，形式或属的最普遍之物使编排成为可能，并且自身必然一同属于"现实"被回忆之物的习性（例如，在我们头发颜色的例子中，颜色一般作为殊相的属范围），确定的特殊之物可能具有不同的特性；即在特征上被刻画为现实地被回忆的，但或许不完全是如此曾在的，或者被刻画为虽然是被回忆的，但不完全是如此曾在的，被刻画为在强度上留存下来的，在某个质性方向上留存在真实之物后面的，如此等等。

在此，我们与连续可变化的对象有关，与连续可变化的特征有关。真实特征，真实对象，例如，现实曾在的对象，已经现实地被感知的对象，是一个"观念"，而且我们如此得到这个观念：正如上面已注意到的那样，属于回忆意识的是一个意向与可能充实的确然的等级性。我们可以现时化被动的意向（作为被动的趋向），可以把它变为有强度的追求。我们可以更深地闯入回忆，可以（在越来越"完美的"回忆中）合回忆地给我们"进一步带来"被回忆之物。并且被回忆之物离我们越近，它就越多地具有真正-如此-曾在的特性，但是这同时表明，意识是一个单纯靠近的意识，即是一个较远或较近距离的意识，或者就是"近处"的意识，就这点而言它并不绝然地使其相关项具有现实如此曾在的特性，或者并不绝然地使之具有"像它现实曾在那样的被回忆的"特性。但是,而后如果一个意识确实没有这个单纯接近或单纯近处的特性,在那里根本没有相当远的远处,那么确实还可以做出这个尝试,即提升在同一个进展指向中的意向的主动性,并且这可能出现,即一个新回忆赋予其相关项较高完美性的特性,而以前的回忆赋予其相关项"却只是一个接近"的特性。在此得到描述的事件是现象学的,它们标明在可能回忆本身上的固有的本质事件。

因此,关于在回忆意向之本质中的这个等级性,它完全类似于那个统觉的特性,这些特性诚然也与回忆事件关联,在那个统觉中我们把一个颜色立义为红色,而且在纯粹红色的观念下面把它立义为红色,只要我们把它立义为相当红的、非常红的,我们就把它〈立义〉为纯粹红的;或者只要我们把一条线立义为相当直的,立义为完全直的,在这件事上我们可以示范性地把新的现象持于面前,在这些新的现象中这个直(Gerade)更加接近"现实的"直性(Geradheit)。同样,被给予之物作为一个这样的被给予之物,在其中我们必须看到一个纯粹之物或现实之物的不完美表现,在此,在作为这个被给予之物之立义的统觉中,存在一个我们可以使之活跃起来的意向的趋向,存在一个在其中我们可以进展的闯入的指向,对此这个意向的充实导致诸系列统觉,在它们的关联中存在一个等级性,存在一个向越来越高的完美性的进展,并且存在对一个在有限中存在的临界值的接近,与这个临界值的"间距"变得越来越小(对此我们没有真正的间距,因为界限自身不是感性的被给予性)。可能越来越多地被传递的这些转变系列向一个会聚位置会聚,这个会聚位置自身是一个理想的被假定之物,并且其实不是作为个别现象被给予的。因为在那里一个感性的个别之物是在现实之物与纯粹之物的意识中被给予的，在此更深的闯入与一个进一步接近的可能性始终保持敞开。因此一个敞开的无限属于每一个临界值。

因此，以此方式一个理想的临界值也已经位于每一个对具体个体的回忆中，每一个回忆作为一个对一个曾在之物的意向，这个曾在之物就其而论作为一个连续可变化之物允许一个现实化的等级性。我们可以把空泛的回忆称为一个单纯的潜能性，这个潜能性在直观回忆中有其现时化的等级性，并且在这里在自身中具有作为一个相对现实之物的被回忆之物；但是，作为观念，真正曾在与现实曾在自身是绝对意义上的这个现实之物。当然，从不同方面并且在连续性的不同路线中，人们可以部分追踪质性的线性连续体地接近同一个特征，部分无秩序地接近同一个特征，并且也是这样接近整个个体，这个个体的确作为整体之物伫立在一个连续性中。接近的等级性自身的确不可以与实事的连续性混淆，例如，不可以与转变的连续性混淆，这些转变是由"显得相似的"（非几何学相似的）形态到相似形态的转变，或者是由颜色到颜色的转变，如此等等。另一方面，就内容而言的连续性对那一个进一步带来来说是一个先决条件，我们在此已经描述了那一个进一步带来。人们仿佛在实事的连续统一体中活动，并且达到直观的东西借此接近曾在的实事自身，即它是对某物的直观，这个某物在这个连续统一体中与被意指之物具有实事的间距，并且具有一个可减少的间距；随着间距的减少包含在回忆中的意识也减少了，这个意识是意向之实现的不完美性的意识。

第2节 〈回忆充实过程中不同种类的不明白性与不确定性·回忆中的被动进展与主动进展〉

但是,还应该区分回忆中的一个等级性的另一个样式,即按照明白回忆与模糊回忆的区别进行区分。完美的明白性也是一个观念;合回忆地具有曾在的特性的东西是真正-曾在,如果它以完美的明白性实现曾在作为连续统一体中的被意指的会聚位置。

还应该顾及一些进一步的现象学特性。如果我们说:我回忆起 X,但这对我是不明白的,他是高大的还是矮小的,他是棕色的还是黑色的,如此等等,那么明白性可能在第二个意义上存在,由于我把一个现实的回忆"图像"浮现在眼前,他直观地伫立在我的回忆目光前。我以一个体形并且用一种头发颜色表象他,但这个明白之物自身不作为被回忆的〈颜色〉给予自身。在通常情况下,它也不会固定地保持不变,它会不稳定,并且也许突然变为另一种常常区别很大的颜色,并且没有颜色作为曾在的颜色给予自身,没有颜色作为自身被回忆的颜色给予自身,而且也许没有颜色作为"接近"现实的颜色给予自身。

在此存在什么,并且如果它作为颜色被给予,或者作为差不多是被回忆客体的颜色被给予,作为几乎就是被回忆客体的颜色被给予,在此存在什么?看来,我们必须回答:合回忆直观被给予的人恰恰作为具有合回忆特性的人是"以前曾在的人"。因此,在此存在一个被充实的意向,但是是一个不完美地被充实的意向。意向本身有其意义,并且这个意义是被充实的意义,可展显的直观要素达及这么远，这些要素自在地具有固有的回忆特性（直观被给予的对象组成部分本身）。但是，这些代用品不指明意义的相应组成部分的充实，而是在这方面意义或者循着其意义的意向未被充实。更确切地说，〈意义是〉根据合属之物被充实的，这个合属之物通过意义的普遍结构被预先确定，但是不是按照差被充实的，这个差作为某一个差必须在此存在，它充满属形式，并且在此存在，但不是作为循其意义的回忆意向的充实。现在，这可能存在，即回忆意义在这个指向中是不确定的；但这也可能存在，即它是确定的，只是未被充实。但是，在后一种情况下，确定性可能是一个相对的确定性，那就是说，可能是相对不确定的与相对确定的。

383

但是，这些可能发生的情况需要现象学的澄清。一个回忆的不确定性，而且与属充满的特性有关的完全不确定性，绝不是一个任意的可确定性。与在单纯想象中一样，在回忆中我们绝不伫立在一个愿望领域。在想象中也可能出现不确定性，例如，它保持敞开，正如被想象的半人半马怪在未被觉察到的背面显得的那样，并且即使在其中某物是按照正面的样式被确定的，以此方式我也不可以问，这个半人半马怪在仔细观察时从所有的面会显得怎样。这在意向中是不确定的，并且可以合想象地任意地被充满。在回忆中不确定性具有另一个特性。这个不确定性指明一个可能充实的维度，但是在这个维度里面指明一个确定的指向，只是这个指向尚未凸出来。关于颜色被回忆之物是不确定的，但是"实际上它有一个确定的颜色"，并且我还"可以"回忆起这个颜色。不确定性是一个可确定性。意向具有这样的性质，即它不是任意地被充实，而是只能够通过回忆某个更确切的、按照这个意向更确定的意义被充实,或者被纳入充实的轨道。因此,这个不确定性指明一个潜能性,这个潜能性也是闯入这个意向的潜能性,也是进一步带来被意指之物的潜能性。因此,一个进一步带来是通过一个可能的过程来描述特性的,这个过程是进一步确定意向的过程,或者是进一步确定意向意义的过程。

但是,这不仅涉及直观的回忆,而且已经涉及非直观的回忆,即涉及这样一些回忆,它们一开始就具有空泛的回忆意向,但是在其空泛里面有其意义,这个意义时而是完美的意义,时而是较不完美地被确定的意义。较高的确定性在进入直观性之前已经具有一个意向充实的特性。但是,不同于单纯的想象意向,回忆意向是一个"带有受束缚的行进路线"的意向,或者说,它是一个不带有图像的意向,这个意向不仅一般有其意义,并且通过其意义先示直观化的道路,并因此先示进一步带来被意指的真实之物与现实之物的道路,而且具有一个这样的意义,这个意义也以向其敞开的位置对更确切的意义先示进一步确定,并且如此极力先示,以至于它在所有不确定性那里已经指向一个完全确定的明白性极,已经指向作为被感知的曾在者的曾在者。此外,这里应该补充的是,除了通过回忆自身不可充实的不确定性,并非所有不确定性对此是绝不可能的,即以前感知自身包含的这些不确定性,从回忆的立场来看始终是敞开的不确定性。但是,以前感知现象学地表明完美的回忆是现象,这个完美的回忆的确是曾在感知本身之意识的观念。因此,其实对此被陈述的是一个同义反复,即回忆按其本己本质要求一个最后充实的观念,并且不确定性的维度可能属于这个观念,而后这些维度在其方面自身恰恰必须具有回忆特性。

已阐述的观点不仅适用于完全不确定性的情况,这个不确定性与一个被先示的属范围的一个特性有关,而且适用于相对不确定性的情况。我的回忆是相对不确定的,如果我对此毫不怀疑,这就是说,作为这个回忆的组成部分我现实地具有,这个男人曾有大胡子,但是始终不确定的是,他有过一个什么样的胡形。

但是,现在,完全的确定性其实在某种意义上是相对的不确定性。只是不稳定的界限〈是固定确定的〉,这就是说,那个任意性的界限〈是固定确定的〉,那个任意性在此可以考虑,并且对此没有进一步得到被回忆之物自身,它就允许随意充满类型的范围(只要意义的一个进一步确定也不与此合一地随之出现,但是它一定会随之出现,并且一定会以单义的方式随之出现)。我确切地知道,这个人如何曾在。我有一个确切的对他的回忆,有一个完全确定(尽管瞬间也许空泛)的意义的回忆,如果我"在此意义上"有一个确定的会聚位置,或者有一个在其周围的领域,这个领域以"满足的"方式使我接近它。总的看来,对我来说,这并不取决于射中尽最大可能的确切性,并且最终射中绝对的确切性;在最严格意义上,把被回忆之物自身给予我的这个精确性,的确是一个在无限中存在的观念。然而,区分却是一目了然的。"有大胡子的",这标明一个不明确的广度的类型,但是这个类型作为类型有其特性,〈意义〉作为一个相应不明确的组成部分,并且作为一个在相应的广度中可充实的组成部分把自身嵌入这个特性。但是,类型广度的习性与这个广度的可充实性的特性在本质上有别于"确切确定的"这个类型,即有别于在通常纯粹意义上确切确定的这个类型(属于此的是"满足"各自的实践观点"的东西"的现象学类型),这个类型包括一个细微差别的领域,"这不进一步取决于这些细微差别"。但是,在后面伫立的是精确之物的观念,是理想确切之物的观念,这个观念在此标明严格意义上真正-曾在之物本身的一个临界值。

我们曾重复谈到可能闯入回忆,谈到更确切地与更明白地、以上升的完美性可能回忆起已经被回忆之物。回忆可能是一个回忆被动性,回忆可能作为一个想起到来,并且可能由想起到想起进展,在这件事上也可能出现进一步确定,出现变得更明白。但是,正如我们所说的那样,回忆也可能成为一个主动性的媒介物。"没有我们的帮助",由回忆渐渐变为回忆的这个被动的趋向在完美性的意义上就可能松弛自身;如果它是够有力的,那么它就自动松弛自身,并且我们追随"倾向"。但是,这些变化作为主体的变化有其特性,并且像所有主体的变化一样有其特性,具有可能自由的领域的特性。因此,属于这些变化的是一个"我可以";我不仅可以追随趋向,我可以自由地使它松弛,我可以闯入意向,可以向我离散摆放与进一步确定其意义,可以向明白性与被回忆之物自身进展。在此,这个自由的"我可以"和往常一样不排除阻碍、兴趣的偏向、"疲乏"的阻碍,如此等等。但是,一个不同的观念也合本质地属于回忆,并且属于接近"完美"回忆的属于其本质的可能无限系列(一个无限的系列,这个系列按其特性自身是一个观念,并且是一个合本质地属于回忆本身的观念),这个不同的观念是一个可能自由的观念,并且是一个克服所有对立趋向的可能张力(Kraftanspannung)的观念,在其中这个无限的系列得到了贯穿,并且在对终极目标的无限接近中这个终极目标越来越好地被"达到"。

第 3 节 〈当接近回忆与感知中一个对象时对实践观点与精确观点的普遍区别·与不同兴趣相符的是不同的相即性形式〉

如果我们回顾被给予的展示,那么可想而知的是更有力地拉长一个区分,这个区分在这些展示中已经显露出来。

回忆-自身是关于一个"对象"的意识,是关于被感知的曾在"对象"的意识,并且生活在这个回忆中(在这个表达式特殊的、被我使用的意义上)是指向-对象。对象在这里是这个指向的目标。它、对象自身、现实对象是一个观念,是一个完美射中的观念的相关项。但是,我们不一定要区分实践的观点与精确的观点?前者目的在于对象作为实践的观念,这就是说,作为实践的终极目标(寓居于每一个回忆作为实践的动力,被列入每一个回忆作为实践的圆满实现),但是后者目的在于"严格的""精确的""最后的"真理中的对象,作为康德意义上的观念。作为对实践感兴趣者,我不指向精确之物,作为对精确感兴趣者,我不指向实践的同一之物。人们在此将以不同的意向为依据,当然,类似之物正好像切合感知一样切合这些意向。

感知指向对象。感知在此是最完满意义上的感知,在那里它"达到"对象并且与之"相即"。对有实践倾向者来说,如果他这样觉察到对象,正如他必须实践地觉察到它的那样,如果他觉察到对象的情况,而且这样觉察到它,正如他想觉察到它的那样,或者正如对象完全满足了他的那样,那么感知就是最完满意义上的感知。作为一个实践的人,如果我从每一个远处觉察到一间房子,每一个远处向我指明它的情况,对此它在通常的实践关系中或者在我现在特别占主导地位的实践兴趣中向我走来,那么我就完美地觉察到它。我进一步走近并且看到所有对我无关紧要的"细小的"凹凸不平、着色区别等等,这并不创造完美的感知,它不给图像附上任何差别,根据这些差别它向我走来,因此,这些差别并不改变作为实践同一性的同一性。共同的感知客体按其确定内涵是实践的最佳值。超出这方面的这些进一步确定的差别在实践上不是差别。它们要求一个新的兴趣,不要求实践的兴趣,这个实践兴趣是对那个同一之物感兴趣,它让实践的可有可无之物(*adiaphora*)的一个无限充盈保持敞开,而是要求"理论的"兴趣,这个理论的兴趣以相同的方式对一切被感知之物有用,而且它应归于每一个区别,确定的区别是具有这样性质的东西的区别。感知意向指向它们的这些实践的兴趣或最佳值在变化。对这一个实践的观点来说是一个本质区别的东西,对另一个实践的观点来说是一个可有可无之物,反之亦然。理论的观点包括所有可能的实践观点的最佳值,由于它以同一个兴趣包括所有确定,包括在对象中可区别的一切,并且包括能够被经验为应归于它的一切,这个兴趣不是一个相对与非本质的兴趣,而是对纯粹对象本身感兴趣,纯粹对象本身是诸特性之基质。

并且现在每一个感知与联合成一个感知统一性的每一个感知关联变得不完美,并且对象成为目标,这个目标作为观念存在于无限之中,但是以某种方式又存在于有限之中。就是只要感知让可能性对完全新的对象特性保持敞开,这些特性根本不是预先被动机引发的,并且一再如此,那么我们就具有一个无限的视域,具有一个敞开之物和未知之物的视域。另一方面,每一个被开启的视域,每一个已经有其动机引发的视域,规定一个确定经验的指向,并且在主动的理论经验中进入这个指向,我们越来越多地接近对象作为在这方面确定的对象;并且对象的确定在这个指向中是一个理想的界限,但是这个界限不存在于无限之中,只要对它的一个无限的接近(无限的测量等)被先示为观念。

但是,从各方面看,人们不可以给感知的不完美性与回忆的不完美性以同等的地位。感知瞄向如其所是的对象,并且完美的感知其实用这个完美的对象经验构形自身,它以活动着的方式控制感知的无限性,控制现实已进行(与在回忆中可再造)的感知的无限性与可能感知的无限性,并且可以自由地抓住每一个无限的事物确定性。但是,完美的回忆是完美接近或射中被回忆之物的观念,正如它是被感知曾在的那样。

这当然不是回忆完美性的提升,如果我想用(超出回忆的)经验确定曾在自身。

当然,逻辑学是精确之物的领域,是一门关于精确意义上的存在者的本质学说。对所有范畴概念来说,在实践上同类的和实践上同一的、不变的与精确同一的、精确有区分的概念之间存在这些已指明的区别。

$a=b=c$ 推出 $a=c$ 不对一个实践的相同性有效。可以用不重要的区别建造重要的区别;它们不是毫无价值的事,而是不重要的小事,从这些不重要的小事可以积累重要意义。

附录22 （关于第二十二篇文字第1节）：〈滞留作为一种感知与再回忆的明见性〉

过去曾是过去的当下，这个明见性表明：通过一个在一个相合意识中自身衔接的再回忆，"置身于"原初滞留性被意识到的过去是可能的。在现前域中，我们已经连续传递了被原体现的当下点，并且借此远离某一个在目光中被把握的滞留性的过去点。在这里，这个在现前中存在的片段（或者间距），而且作为形式并且不按照充盈的内容，用作"客观"时间片段（时间片段自身）的"立义内容"。

时间实在之物的感知在持续原体现的河流中的被动认同或相合中进行，并且在滞留的不断相合中向滞留面进行，各自的原体现沉入这些滞留；在某一个带有滞留性变化的瞬间现前的每一个滞留性片段的持续相合中也同样如此，这个片段自身溢入这些变化。每一个滞留性片段是过去的"感知"，并且不是在其瞬间现前中的抽象中是过去的"感知"，而是在这些瞬间现前的持续相合中是过去的"感知"，那就是说，滞留性片段的持续相合连续统一体是这个感知。如果我们设想一个已完全下沉了的对象或进程，但这个对象或进程还在现前中，那么我们在这个滞留的统一性中具有过去的"感知"，这就是说，我们在其不断的、在意义上与自身相合的河流中具有过去的"感知"，这个感知就其而言在与一个更新的再回忆的相合中给予被当下化之物一个过去的价值，给予被当下化的具体当下一个过去的价值，并且给予原初的过去一个变异了的当下价值（这还不是完全明白的）。

就当下样式中的一个时间客体而言，通常意义上的感知等于原初给予的意识，那就是说，等于对实在之物的意识。但是，这个延续当下的这些流动当下点的这个连续的综合，以原初滞留的一个不断连续的综合为前提，这些原初滞留作为滞留性的连续统一体，因此它们属于一个通常感知之体验的完满的具体组成。如果我们把宽泛意义上的感知称作对在其时间样式中实在之物的本原意识，那么不仅当下感知是感知，而且滞留也是感知，是对在其过去样式中过去之物的感知。在此，更多的洞察力与明白性必定起作用！

概念译名索引

（德—汉）

（概念后的数字为原著页码，即本书边码）

A

Abklang 余音 55, 60, 65, 75f., 79, 82‑85, 87f., 156, 159, 198, 218‑220, 243f., 249f., 252, 254, 256, 270f.

Ablauf 进程、过程 5f., 14, 24‑26, 36, 64, 75, 100, 115, 150, 167, 187, 196, 198, 200, 202, 216, 233, 245f., 249, 253, 256, 267, 272, 275, 368, 376

Ablaufsmodi 进程样式 134, 151, 314, 374

Abspielen 进行、发生 337, 375

Abstufung 渐次变化 7, 15, 17, 55, 67, 75f., 85, 87, 122, 125, 147, 214f., 236, 295

Affektion 触发 68, 276, 280f., 284‑287

Ähnlichkeit 相似性 54, 74, 82f., 88, 125, 290, 337, 355, 370, 354

Akt 行为 9f., 81, 107‑114, 120‑123, 132f., 162, 164, 168f., 174, 176, 178, 180, 184, 190, 199, 219, 225, 239, 245, 247, 250‑252, 266, 280, 287, 296, 310, 313‑315, 318, 320‑323, 329, 332‑334, 344‑346, 354, 357f., 360, 365f., 379

A priori 先天的 98f., 183, 190, 275, 298f., 329f., 333, 342f., 358, 377

Assoziation 联想 276, 283

Auffassung 立义 10, 14, 18, 21, 50, 52‑54, 59, 61‑64, 74, 81, 88f., 153, 156, 159, 161f., 164‑166, 168‑170, 172‑174, 176‑178, 180, 182, 184‑186, 188,

190，192 - 194，196，198 - 205，208，210，212，214 - 220，222，224，226，228，230，232 - 234，236，238，240，242 - 250，252 - 257，259f.，262，264，266，268，270，272f.，380

Aufmerken 注意 5，11，68，105，112，225

Aufmerksamkeit 注意力 3 - 6，42，56，63，71，79，95，112，115，167f.，186f.，205，212，225，251，253，255，262 - 264，266f.，276，363

Ausbreiten 扩展 310

Ausbreitung 扩展 74f.，119，157，310，312，315

Ausdehnung 广延、延展 246，303 - 306，312，315

B

Beachten 关注 51，62，64，68，101，113，135f.，146，157，196，217，241，262f.，351

Bemerken 留意 66，167，197f.，236，239，262，264，266，302，351

Beseelen 赋予灵魂、激活 62，153，177，259

Bewußtsein 意识 3，5 - 7，9 - 13，18，20 - 32，35f.，38 - 42，44 - 48，50f.，53 - 58，61f.，66 - 69，72，80，84 - 88，90，93 - 101，103，106 - 113，116 - 118，120 - 123，125 - 132f.，138，142 - 144，146 - 148，150，154 - 164，166f.，171 - 179，187f.，191，193，197 - 199，201，203 - 208，210 - 212，216，218 - 224，226，228 - 235，238，241，243f.，246 - 250，252，254 - 256，258 - 261，264，266，268 - 272，279，281 - 283，289，292 - 294，296，310 - 314，318f.，321，328，342f.，345，347，350，353，357f.，363 - 366，368 - 377，380，382，384，386，389

Bildbewußtsein 图像意识 55，57，86，156

C

Cogito 思、我思 241，280，284

D

Datum 素材 7f.，13，19f.，57f.，62f.，121，127f.，134，139，161f.，167，175，201 - 203，218f.，222，243，246，250，254 - 256，258，282，

284, 286, 315, 323 - 325

Dauer 延续 17, 69f., 96 - 100, 103, 105, 108, 113, 115 - 117, 121f., 127f., 134f., 137f., 140, 170f., 182, 195, 201, 211, 249, 252, 280, 287, 290f., 294 - 296, 301, 304 - 307, 310f., 313 - 317, 320 - 325, 331, 333, 335, 338f., 349f., 360 - 366, 369, 371f.

Deckung 相合 14, 27, 41, 49, 70f., 77, 80, 82f., 85 - 87, 102, 111, 113, 116 - 119, 122, 125f., 132, 149, 154, 157, 164, 171, 180, 222, 225f., 248, 252, 256, 259, 275, 282, 290f., 296, 312, 314f., 320, 358 - 360, 364, 370f., 389

Dehnung 延伸 301

Deuten 释义 148, 162, 246

Diagramm 图表 7, 14 - 16, 18, 20f., 37, 39f., 41, 49, 82, 85, 88, 106, 109, 115, 123, 131, 197, 229 - 231, 235 - 238, 240, 261f., 264f., 271

Differenz/differenzieren 差异、差 62, 80, 92, 116, 291, 300, 303, 338f., 370, 383

Diskontinuität 间断性 280, 308

Diskret 个别的、不连续的 57, 102, 109, 211

E

Eigenwesen 本己本质 131, 160, 174, 182

Empfindung 感觉 55, 59, 79, 173, 213, 215

Empirisch 来自经验的 97, 333, 341, 369

Ereignis 事件 5f., 11f., 21, 26 - 28, 36 - 38, 45, 62f., 70f., 73, 75f., 79f., 88, 134, 140, 181, 185, 199f., 206, 211, 213f., 216, 231, 233, 235, 237, 239, 243 - 246, 248, 251, 253f., 256, 259f., 262, 264f., 267 - 271, 273, 321f., 356, 375

Erfahrung 经验 38, 91, 96, 289 - 291, 327, 329, 333, 335 - 338, 341, 343, 345 - 348, 350, 352f., 355f., 358, 377, 388

Erinnerung 回忆 46, 50, 53, 55, 57, 81, 86, 112, 138, 141, 176, 214, 225, 232, 240, 252, 270, 290f., 321, 329, 332, 336, 343,

350f., 355, 361 - 373, 375 - 386, 388

Erlebnis 体验 4f., 12, 35, 56, 58, 62f., 66, 82, 93, 107, 115f., 121, 126, 128 - 130, 133, 157f., 160, 164 - 169, 173, 176, 179, 184 - 189, 195 - 200, 203 - 208, 221 - 223, 225, 245, 251, 253, 257, 259 - 261, 267, 272, 277, 279 - 281, 287, 290, 318f., 324f., 329, 342, 346, 350, 353f., 359, 361, 363, 365f.

Erscheinung 显现 50, 172f., 183f., 202, 245, 313, 317, 325, 352, 359

Erwartung 期待 4, 7 - 9, 11, 13, 38, 214, 232, 328, 349, 368, 375 - 377

Erweiterung 扩展、延伸 303, 307, 338

Erzeugung 生产、生成 157, 190

Evidenz 明见性 57, 72, 137, 119, 206 - 208, 274, 280, 298, 353, 355, 370f., 378, 389

Extension 延展、伸展 76, 98, 376

F

Folge 序列、后果 10, 17, 20f., 23 - 25, 36, 42 - 44, 48, 76f., 79f., 83f., 94, 98, 101, 104, 106, 110f., 114 - 117, 123, 126f., 129, 144, 149f., 153, 161, 164, 170f., 178, 185, 187, 197f., 201, 211, 213, 219, 222, 230, 246 - 248, 252, 254, 257, 260 - 262, 267 - 271, 275, 283, 292, 295, 298, 305 - 307, 316f., 323, 331f., 342, 356, 366 - 368, 376f., 381, 385

Früher 以前的、从前的 291, 369f.

G

Gegenständlichkeit 对象性 36, 40, 61, 118, 131, 136, 173, 175, 187, 196, 199, 212, 228, 248, 277, 284, 310, 314, 324, 332, 339, 352, 359

Gegenwart 当下 11, 20, 34, 36, 38, 40f., 44 - 46, 52, 56, 60f., 65f., 68, 87, 91, 93, 104 - 106, 111, 113, 115f., 130, 134 - 137, 140f., 143, 146, 150, 159, 161, 181, 194, 208, 210f., 218, 221f., 224, 226, 241, 244, 251f., 258, 265, 268, 274f., 291, 293 - 295, 323, 330, 349 - 351, 356, 358f., 361,

368f., 377, 389

Gegenwärtigung 当下具有 254, 256

Gleichheit 相同性 86, 170, 290f., 326f., 332 - 334, 337, 345, 351, 355, 360, 370f., 378, 388

Gleichzeitig 同时的 231, 356

Gleichzeitigkeit 同时性 118, 133, 211, 267, 315f., 377

I

Ich 自我 3f., 6, 14, 18, 50, 52, 56f., 68, 78, 80, 87 - 92, 94f., 108, 120, 128f., 131 - 133, 135, 158, 173, 183, 185f., 193 - 195, 199, 204, 208, 215, 224 - 226, 230, 245 - 248, 251 - 253, 255 - 257, 262f., 268f., 272, 275 - 287, 293, 297, 300f., 315, 318, 323 - 325, 327 - 330, 332, 337, 342, 344, 348, 350, 353, 357f., 361f., 365, 369, 370 - 373, 376, 382, 385f.

Identität 同一性 57, 70, 105, 117, 127, 136, 139, 180, 182f., 249, 274, 287, 289, 293f., 296, 326, 330, 337f., 346, 350, 354f., 358, 366, 370, 372, 387

Impression 印象 19, 61, 243, 268, 282

Individualität 个体性 70, 239, 289, 304, 321, 331, 340f., 349

Inhalt 内容 7, 11, 16, 35, 52f., 55, 60, 63, 66f., 69, 71f., 104f., 125 - 129, 142, 144f., 149f., 153 - 156, 159 - 162, 164, 176, 179, 183, 188, 198, 205, 210, 212 - 215, 217f., 220, 224, 233, 235, 238 - 241, 243, 248, 252f., 259, 270f., 285 - 289, 291 - 293, 295, 299, 324, 330f., 360, 376, 389

Intention 意向 4, 9f., 20, 25f., 31, 38, 40 - 42, 63, 102, 357, 363f., 367f., 371, 378, 380 - 385

Intentionalität 意向性 3f., 6 - 10, 12, 16, 23, 25f., 28, 33 - 35, 42, 46, 62f., 82, 110, 126f., 131, 161, 164f., 169f., 175f., 207, 219, 225f., 228 - 240, 247 - 277, 318, 363

J

Jetzt 现在 4, 6, 12, 14, 17 - 19, 25, 35f., 41, 50 - 53, 55 - 60, 66f., 70 - 73, 75 - 79, 82, 84, 88 - 92,

101, 103 - 105, 115f., 125 - 130, 132, 134 - 136, 138 - 148, 155, 159f., 162, 178, 181 - 183, 185 - 187, 194, 198, 202f., 210, 213f., 217, 220f., 225f., 228, 231, 235 - 238, 241, 249f., 252 - 254, 259, 262 - 271, 274, 282, 285f., 291 - 295, 297f., 302, 312, 314, 323 - 325, 328 - 331, 333, 346, 349f., 359f.

K

Koexistenz 并存 82 - 84, 119, 127, 179, 260, 309

Komponent 组成部分 9, 87, 112, 156, 225, 233, 238, 268, 277, 284f., 349

Konkretum 具体 64, 113, 179, 303 - 308

Konstitution 构造 3, 5, 8, 11f., 16f., 24, 34, 36, 54, 69f., 108f., 117, 119 - 121, 128, 131, 133, 153, 161, 168, 170, 173, 184, 191f., 195, 198 - 201, 203f., 206f., 245f., 254, 256f., 261f., 267, 275, 281f., 286, 289, 293, 319, 321f., 330, 352, 363, 365,

367, 371

Kontinuum 连续统一体 8 - 10, 15, 17, 19, 24f., 31, 33, 35, 39, 42 - 44, 46, 59, 64, 70, 75 - 77, 85, 90, 93 - 96, 99 - 101, 115, 121, 123, 125, 127f., 135, 139, 142 - 145, 147 - 149, 151, 154, 165, 179, 183, 196, 210f., 213f., 223, 227, 229f., 233, 235f., 238 - 240, 246f., 250, 254, 258, 265, 268, 270, 274, 293 - 295, 306, 310, 312, 316, 325, 336, 351, 368, 375f., 381f.

L

Lage 状况 206, 293, 315, 328, 331, 333, 340, 352, 358

M

Material 材料 53

Mitvergegenwärtigung 一同当下化

Modifikation 变异 7 - 15, 17, 19, 24 - 27, 34, 38, 41, 43, 47, 50, 52 - 56, 58, 62f., 65f., 68f., 81 - 85, 87f., 110, 124, 142 - 147, 149, 162, 172, 176f., 190, 196 - 198, 201 - 203, 210, 212, 214, 220, 225, 231f., 235 - 241, 243,

245，247f.，250 - 253，255，260，262f.，265f.，268，271，289f.，293，324f.，328，335，355，361f.，364，375

Moment 瞬间、要素 4，7，23，26 - 29，32f.，36，39，47，55f.，60 - 62，66f.，69，72f.，75，82，84f.，87f.，93 - 96，98f.，101 - 103，106，109，113，116，121f.，126，130，134，143，147，149，153，155 - 162，169，178，181，198，200 - 203，212，214，218f.，228，233，235，238 - 240，300，303 - 306，310 - 314，316，320，324，329，359，363，369f.，379，382，385

N

Nachklang 余音 249，259

Noematisch 意向相关项的 41，65 - 67，97，107，118，120 - 122，129，142f.，145，147，149 - 151，153 - 155，159，161 - 163，240，268，278，290，316f.，319

Noetisch 意向活动的 97，120f.，130，147，149，153，159，162，201，238，244，259f.，345

O

Objekt 客体 1 - 3，10，42，50，57，62，114，136，165，174，185，199，217，251，272，285f.，340，346，356，363，374

Objektive 客体的、客观的 6，36，59，65，73，92，98，119f.，130，133f.，136 - 138，140，179，181，183f.，186，197，243f.，249，253，267，283，294f.，297，310，316f.，319，323f.，340

Ontisch 本体的 277

P

Phänomen 现象 29，69，73，103，116，173，215，283，362，365，384

Phänomenologie 现象学 65，86，102，114，120，269，289f.，294，298，300，302，304，306，308，312，314，316，322，324，326，328，330，332，334，336，338，340，342，344，346，348，350，352 - 354，358，360，362，364，366，368，370 - 374，376，380，382，384，386，388

Phantasie 想象 50，53，55 - 59，88f.，

120f., 128, 162, 172, 175f., 212 - 215, 221f., 290f., 303, 315, 318, 327f., 333 - 343, 345 - 347, 349 - 351, 353 - 355, 358 - 360, 368, 370, 375, 383

Phantasma 想象材料 55, 59

Phase 相位 7 - 9, 11f., 14f., 18, 21, 25 - 28, 30 - 32, 35f., 38f., 56, 58f., 67, 71, 82, 84, 90, 93, 95, 97f., 100f., 103, 105f., 109f., 115, 123, 125, 127f., 138, 144, 146, 148f., 151, 154, 159 - 162, 178f., 183f., 198, 211 - 213, 215 - 219, 223f., 227 - 229, 233, 239, 250, 252, 264, 266, 268, 280, 283, 295, 312, 363, 368f.

Potentialität 潜能性 28, 46, 169, 188, 192, 198, 200, 204, 224, 230, 233, 251

Primär 原生的、第一性的 42, 167, 195, 197f., 205, 210, 240

Protention 前摄 3, 7 - 29, 38, 40f., 46 - 48, 74, 117, 170f., 210, 214, 226f., 229 - 231, 262, 368, 377

Q

Qualität 质性 127, 138, 195

R

Raum 空间 72, 74, 90 - 92, 151f., 184 - 186, 277, 301, 404, 407 - 409, 412, 419, 445, 461

Reduktion 还原 132, 264, 274f., 281, 440f.

Reell 实项的 23, 40, 42, 102, 110, 112, 153 - 156, 161f., 177f., 212f., 215, 220, 275, 279

Regreß 后退、倒退 27, 191, 199, 226, 234, 262, 271, 288, 325

S

Sachverhalt 事态 234, 322 - 325

Spontaneität 自发性 247f., 255

Starr 刚性的 90f., 136f., 140, 182f., 297

Stetigkeit 持续性 26, 27, 143

Strecke 片段 3f., 8f., 14 - 17, 20 - 24, 29, 33, 37, 39, 63, 66 - 69, 71, 76 - 78, 80f., 84f., 87f., 93 - 96, 98, 102, 109, 117, 134, 146, 148, 150 - 153, 167, 170, 181f., 185f., 211 - 214, 219, 227, 229, 231, 240f., 249, 261, 266, 274, 283f., 296f., 311, 321f., 349, 359, 366, 369, 374, 389

Subjektivität 主体性 132，184，275

Substrat 基质 162，288，295，299，322

Sukzession 演替 96f.，101，106，110，112f.，118，127，130，134，149，178f.，251，295f.，298，309，313

T

Temporalzeichen 时态符号 250

Terminieren 限定 348

Typus 类型 52，147，153，208，319f.，385

U

Übereinander 相互叠加 81，102，191

Unendlich 无穷的 30，37，192，200，270，293，300，306，376

Urimpression 原印象 268，282

Urpräsentation 原体现 3f.，11f.，14，62，82，111，113f.，116，123，167，169‐171，180，210，121f.，215‐217，289，389

Urprozess 原过程 6，10，13，17，20，26‐33，36，76，82，90，92，94，96，100，102，104，106，108，110，112，114，116，118，120，121，122，124，126，128，130，132，134，136，138，140，144，146，148，150，152，154，156，158，160，162，180，188，190f.，198f.，201，203‐207，209，213，220，222‐228，243‐248，253f.，256f.，260，266f.，270，368

Urpräsenz 原现前 4f.，7，12，50，52，55，60f.，62，99，110，121，220，274

Ursprung 起源 323，442f.

Ursprünglich 原初的 3，5，7，10f.，13，51，54，56，61，63f.，68，70，72，77，84，93‐97，99，102f.，107，109f.，113f.，116，120‐122，127，130，135，137‐143，147‐149，159，154，161f.，164‐169，171，175，178，183，188，197‐199，203，206‐208，210，217，222f.，225，233，239f.，246，249，251f.，254‐256，259，269，271‐276，281，283，286f.，291‐293，295‐298，311，313，316，319，321，328，330，352，361，363，366，369f.，377，379，389

Urstrom 原河流 34f.，107f.，110，

113f., 197, 203, 220, 239, 361

Urtatsache 原实事 103f., 212

Urteil 判断 120-122, 183, 190, 208, 222, 241, 296, 322, 324, 342f.

V

Veränderung 变化 53, 105, 182f., 311, 322, 371f.

Verbleiben 持留 161, 195, 271, 303, 340, 370

Verfließen 消逝 4, 50, 65, 94, 103, 137, 368

Vergangenheit 过去 16, 26, 29, 38, 40, 44f., 56-58, 60f., 65, 68, 73, 87, 91, 94-96, 104-106, 115, 126, 130, 135f., 138-142, 144, 148, 153, 181, 183, 185f., 202, 211, 227f., 232, 235f., 241, 244, 247, 254, 261f., 270, 292-297, 325, 330, 361, 368, 374-377, 389

Vergegenwärtigung 当下化 10, 50, 55, 58, 60-62, 89, 176, 221, 280, 332, 367, 374

Verharrendes 固持之物 208f., 217, 295, 322, 431

Verlauf 进程、过程 13, 22, 36, 38, 73, 99, 129, 136, 165, 190, 197, 205, 217, 272, 368

Vermeinen 臆想 422

Vorher 先前、此前 21, 118, 138, 148, 158, 204, 206, 247, 276, 278, 284, 350, 370, 418, 420, 440

Vorhin 刚才 36, 62, 70, 105, 114, 146, 153, 186f., 213, 275, 314, 365f., 457

Vorkommnis 事件 35, 120, 136, 184, 186, 251, 253, 255, 287, 380

Vorstellung 表象 10, 85, 92, 141, 207f., 215, 290, 327, 376

W

Wahrnehmung 感知 5, 50, 55, 58f., 61, 86, 88, 92f., 95, 100, 107-110, 112-116, 121-123, 138f., 162f., 166f., 169-175, 177f., 184, 188-194, 197, 203-206, 208, 213-215, 217f., 221, 226, 236, 245, 251, 254, 257f., 260, 262, 272f., 290f., 324, 327f., 333f., 339, 343, 346, 349-351, 353, 356-358, 361, 364, 367, 369-371, 375-377, 384, 386-

389

Wiedervergegenwärtigung 再当下化 61, 332, 373

Z

Zeit 时间 6 - 8, 11, 29, 35f., 45, 70, 76, 78, 90f., 93f., 96f., 99, 101, 105, 107 - 112, 114, 116 - 118, 120 - 123, 129 - 141, 146, 151f., 161, 164 - 167, 169, 173, 176f., 181 - 189, 192, 194, 197 - 200, 203f., 208f., 217, 229, 239, 241, 243, 246, 248, 250, 252 - 254, 258, 260f., 266 - 270, 272, 274, 277, 279 - 287, 291, 293 - 298, 301, 304, 306f., 310 - 328, 330 - 332, 334 - 341, 344 - 346, 350 - 353, 355f., 358 - 360, 365, 372, 389

Zeitmodalität 时间样式 90, 91 - 94, 115, 122, 125, 129, 132, 135f., 138 - 140, 142, 181, 297

Zeitobjekt 时间客体 58, 95

Zugleich 同时、同样 7, 14 - 16, 19, 23 - 26, 36f., 39, 44f., 60, 64, 72, 74, 78f., 82, 87f., 95, 98, 102, 116f., 120, 124f., 135, 137, 143f., 167, 188, 206, 211, 213, 215, 239, 247f., 251, 256f., 274, 282f., 285, 291, 301, 316f., 334f., 347, 354, 361f., 367, 371f., 380

Zukunft 未来、将来 8, 21, 29, 36, 38, 41, 44, 46, 91, 142, 146, 148, 181, 232, 274, 294, 323, 330f., 368, 374 - 377

Zurücksinken 回坠 72, 106, 361

人名译名索引

(人名后的数字为原著页码,即本书边码)

Hume 休谟 13,298,301,342

Kant 康德 187,208,299,317,352,
 386,424

Locke 洛克 113,169

Plato 柏拉图 369

译后记

胡塞尔对时间现象学的研究，大致可分为三个时期。第一个时期是1905—1911年，M.海德格尔于1928年将部分1904—1905年冬季讲座稿与1905—1910年的13个附录一起以《内时间意识现象学讲座》为题发表，其中部分文字源于1909—1911年和1917年的研究手稿，这在倪梁康先生译出的《内时间意识现象学》（商务印书馆，2009年9月第1版）考证版的增补文字中有文献资料方面的证明。第二个时期是1917—1918年，研究成果就是《关于时间意识的贝尔瑙手稿》，胡塞尔生前已经把贝尔瑙手稿称作他的主要著作（倪梁康先生在其尚未发表的《胡塞尔弗莱堡时期的"现象学哲学体系"巨著计划》一文中考证性地指出，胡塞尔1917年的时间研究也是其"体系著作"的一部分），并且准备以《关于时间起源著作的第一卷》为书名出版。第三个时期包含大约自1929年以后撰写的有关时间的研究手稿，胡塞尔计划以《关于时间起源著作的第二卷》为书名出版这些手稿。这些手稿又称作"C-手稿"，D.洛马尔于2006年以《关于时间构造的后期文字（1929—1934）》为书名编辑出版，编入胡塞尔系列第八卷。贝尔瑙手稿最初由海德格尔在《讲座》前言中公开提到，虽然胡塞尔生前多次表示，希望早日结束有关贝尔瑙手稿的出版工作，但由于种种原因，这一方案未能实现，1969年E.芬克把贝尔瑙手稿移交给鲁汶胡塞尔档案馆，2001年R.贝耐特和D.洛马尔将这些手稿整理出版，题为《关于时间意识的贝尔瑙手稿》，编入《胡塞尔全集》第三十三卷。

接下来的问题是，贝尔瑙手稿在内容上与早期文本有何关联？在贝尔瑙手稿中，胡塞尔用"滞留"这个术语取代《内时间意识现象学》中的"原生回忆"或"新鲜回忆"这个术语，胡塞尔有时又把这种不独立的、直观的过去意识称为第二性的当下，即那些先行的时间点在其中被给予的样式。实际上，贝尔瑙手稿分析滞留的文字并不少于对"前摄"的分析，这也表明，对滞留结构的探究是贝尔瑙手稿的中心课题之一。在对滞留的新阐释中，胡塞尔仍然坚持区分对当下声音的当下把握与对过去声音的当下把握，他试图彻底澄清这两种把握作为一个唯一当下感知行为的不独立要素，而且他既不把滞留理解为一种合想象的当下化行为，又不把它理解为一种事后综合的范畴行为，而是把它视为感知本身的一种样式。

在《内时间意识现象学》中，绝大多数文字被用来描述滞留及其作用，只有在第24节中胡塞尔才明确谈到前摄，认为前摄是对将要到来之物的原本意识，它以将来的样式表明其在时间结构中的关系，但它尚未得到像原印象或滞留那样的充实。但是，在贝尔瑙手稿中，前摄的地位得到了显著提高。胡塞尔的基本观点是，滞留内在于前摄，前摄内在于滞留，而且他也具体分析了在滞留性变异的连续统一体中前摄的作用以及滞留对前摄内容规定的影响。胡塞尔的这个新发现源自对时间意识更为动态的规定，而这个规定恰恰与发生现象学相关联。确切地说，滞留性与前摄性的变异连续体在"原体现"上交叠在一起，被动的趋向与预期、充实与脱实的体验支配着整个意识生活的进程。

在贝尔瑙手稿中，胡塞尔用"原体现"这个概念来代替早期文本中的"原印象""原感觉"或"原意识"，并且认为，在感知的河流中，原体现不仅是意向的原现前的持续登场，而且是被充实的期待。胡塞尔对原体现的新界定与其对意识概念的新阐释是相一致的，在《胡塞尔全集》第二十四卷中，胡塞尔把意识三分为：作为体验的意识、作为意向意识的意识、作为执态的意识。在这里，胡塞尔指出，意向意识的本质特征在于，它涉及一个对象，它是在一个统觉中并随着这个统觉构造自身的意识。在贝尔瑙手稿中，由于胡塞尔不仅把原体现视为由某种立义内容要素所构成，而且视为由对此立义内容的立义要素所构成，因此，原体现的意识不再是一个印象意义上的意识，不再被视为体验的意识，而是一个关于当下之物的意向意识。胡塞尔这个新的明察表明，原体现的意识兼具被动的、接受的、意向的、主动的特征。

在早期文本中，针对演替的表象如何可能形成一个统一这个难题，胡塞尔指出，延展的、被分配的感知就在于这些交叠行为的"融合"，但这些行为中没有一个行为有权被称作感知。在贝尔瑙手稿中，胡塞尔则指出，在意识相位之间的意向联结必须实存，与时间直观（时间对象的感知）河流相符的是这些现前的河流，并且时间直观不仅是一条河流，而是对一条河流的意识；不仅一个瞬间现前瞬间地被意识到，而且一条河流在具体感知中被意识到。在考虑意识相位之间的关联是如何出现的时候，胡塞尔引入了"一阶现前"与"二阶现前"。"从一个对象性的时间中，我们必须区分它的体现样式的时间，而且甚至这个时间有其变式，有其现前样式。

这些第二个现前样式、第一现前的现前是一个二维的连续统一体。""我们对'在每一个瞬间、眼下'中的一阶现前的河流具有一个意识,这个意识作为相关项具有'受限制的'领域,我们把这个领域称作二阶的瞬间现前。"由此可见,无论是在《内时间意识现象学》还是在《关于时间意识的贝尔瑙手稿》中,胡塞尔始终认为,时间意识结构由两个进程所构建:一方面,在现前时间中,存在着一个客体的意识,这个意识在其延续中持续在延展;另一方面,也存在着关于这些意识演替相位的意识。

胡塞尔在早期文本中把关于感觉的内意识称作"绝对意识",在贝尔瑙手稿中把它称作"原过程"或"原河流"。尽管术语有所不同,但疑问并未消除:该如何规定这个"绝对意识"或"原过程"的本质?在早期文本中,胡塞尔认为,在关于感觉素材的绝对意识中,必须涉及一种意向意识,这些感觉材料不可能作为"实项的"组成部分属于"绝对意识",否则,在关于一个感觉材料的一个变异了的意识与一个未变异的意识之间的区分,就会变得令人费解。因此,他把关于"绝对意识"与感觉材料的关系确定为一个构造关联,在"绝对意识"中感觉本身作为一个内在时间对象构造自身。在贝尔瑙手稿中,胡塞尔重新考虑了这些疑惑,而且对如下问题并没有给出最终结果:是否在"原过程"与时间"事件"之间确实涉及一个构造关联,是否"原过程"与"事件"确实属于两个不同的意识阶段,是否"原过程"中的"事件"确实作为内在对象得到凸显和把握。在贝尔瑙手稿中,尽管胡塞尔试图在自我性的时间进程与前-自我性的,即原素的时间进程之间做出一个彻底的区分,但他尚未获得关于"原过程"与时间"事件"之关联的任何最终规定。

无论在早期文本还是在贝尔瑙手稿中，时间意识中的无限后退都具有不同的形式，第一个形式表现为，每个新出现的"原印象"或"原体现"变异先行的原印象的被给予性，接着出现的新的原印象不仅变异先行的原印象，而且也变异与其相联系的第一个原印象的滞留，直至无限。但是，这个无限后退是相对不危险的，因为我们不会怀疑第一个原印象的可能性。无限后退的第二个形式涉及关于绝对意识的意识。胡塞尔把一个超越时间对象的意识称作一个前-意向的感觉素材的意向立义，但这个感觉素材同样也被意识到，而且在绝对意识中被意识到。接下来的问题是，是否绝对意识确实构成一个独立的意识阶段，是否在这里涉及一个意向的与超越论构造的意识，以及是否这个意识的意向性还具有对一个前-意向的立义内容的意向立义的形式。如果后者也需要一个进一步的意识，那么它不仅丧失了其作为绝对的特征，而且也必然出现一个新的无限后退，这个无限后退会使整个现象学大厦发生动摇。

在早期文本中，胡塞尔解决这个无限后退的决定性步骤在于，设定绝对意识不仅是关于内在时间对象的意识，而且是关于其自身的意识。胡塞尔指出，"绝对的"滞留性意识的河流包含一个双重的意向性，"横意向性"与内在时间对象有关，"纵意向性"具有河流的自身关联的形式，具有河流的自身意识的形式，这两个意向指向在连续的滞留性变异之河流的流逝中属于同一个进程，是彼此不可分割、联系在一起的。在贝尔瑙手稿中，与绝对意识有关的无限后退重新被提及，但胡塞尔不再把自身意识的出现视为"纵意向性"的成就，而是认为它源于一个当下直观充实的体验，源于从滞留性的前摄向其直观的现实化的连续过渡的意识。胡塞尔认为，当下的充实体验是一个关于被预期之物的当下-生成的意识,在这里涉及一个在流动的当下中被确定的原河流的自身意识。毋庸置疑,胡塞尔这个观点是对《逻辑研究》中"动态充实"观点的进一步阐发。

在贝尔瑙手稿中,胡塞尔也考虑了一个"无意识"的原过程的可能性,这种考虑在《内时间意识现象学》中就曾出现过。问题是,一个未被把握的原过程是否具有一个构造性的成就,如果为了赋予原过程一个构造性的成就,需要一个事后的自我性的把握,那么我们不仅对其独立性及其意向特征存疑,而且也难以谈论原过程的原初的自身意识。于是,胡塞尔又回到了布伦塔诺的内意识学说的近处,即"原过程"无非是关于意向行为的自我性进行的一个伴随现象。因而,"原过程"虽然一定涉及一个意向的行为意识,但不一定涉及一个对象的行为意识。在贝尔瑙手稿中,胡塞尔也尝试把范式"立义—立义内容"用于阐述原过程本身,但是,这重又使他遭受了无限后退的危险,而贝尔瑙手稿的显著特征之一就是试图避开各种无限后退。从实事上看,胡塞尔在《内时间意识现象学》中就曾给范式"立义—立义内容"划定使用范围,并且指出它不适用于对绝对意识的分析。

随着贝尔瑙手稿的出版,其学说地位和意义在国际现象学界引发了不同的评议。例如,编者 R. 贝耐特指出,贝尔瑙手稿超出早期文本的决定性的进展在于向一种发生现象学的新阐发,在向发生的时间分析的转向中,胡塞尔现在主要关注形成于前-自我性的趋向、追求与阻碍等等现象学课题,它们标明了一个被动流逝的原过程的意向性。译者在此不再列举其他各种评议性的褒贬观点，译者只是更倾向于认为，要从整体上确定贝尔瑙手稿的地位和意义，有两步基础性的工作必须要先行完成：其一，堪比胡塞尔三个时期的时间现象学文本；其二，把时间现象学置于意识现象学哲学体系下进行考察。

本书根据《胡塞尔全集》第三十三卷（Edmund Husserl：*DIE BERNAUER MANUSKRIPTE ÜBER DAS ZEITBEWUSSTSEIN (1917/18)*，HERAUSGEGEBEN VON RUDOLF BERNET UND DIETER LOHMAR, Kluwer Academic Publishers, 2001）译出。书中的边码为原著页码，原著没有概念索引，为方便读者查阅，译者在附录部分做了概念译名索引，并译出人名译名索引。

倪梁康先生的论著《胡塞尔现象学概念通释》和译著《内时间意识现象学》为本书术语译名的统一提供了重要根据。此外，译者在翻译过程中遇到极其晦涩的字句，多次以邮件形式或当面烦请先生指教和点拨，先生每次都不厌其烦尽心逐一斧正。一句话，没有先生的前期工作和帮助，就没有本书的译出。在此表示诚挚的敬意和谢意！

译者自知学养有限，迻译过程中错讹、笔力不逮之处难免，敬请诸位专家和读者提供批评和指正，以备译者他日证义与润文。

肖德生

2015 年 4 月 25 日于南宁

图书在版编目(CIP)数据

胡塞尔文集. 关于时间意识的贝尔瑙手稿：1917—1918 /（德）埃德蒙德·胡塞尔著；肖德生译.—北京：商务印书馆，2022
ISBN 978-7-100-20175-9

Ⅰ.①胡… Ⅱ.①埃… ②肖… Ⅲ.①胡塞尔（Husserl, Edmund 1859—1938）—现象学—研究 Ⅳ.①B516.52②B81-06

中国版本图书馆 CIP 数据核字(2021)第 145961 号

权利保留，侵权必究。

胡塞尔文集
关于时间意识的贝尔瑙手稿
(1917—1918)
〔德〕埃德蒙德·胡塞尔 著
〔瑞士〕鲁道夫·贝耐特 〔德〕迪特尔·洛马尔 编
肖德生 译

商务印书馆出版
(北京王府井大街36号 邮政编码100710)
商务印书馆发行
山东临沂新华印刷物流
集团有限责任公司印刷
ISBN 978-7-100-20175-9

2022年5月第1版　开本 787×960　1/16
2022年5月第1次印刷　印张 33¾
定价：168.00 元